U0751236

“十二五”國家重點圖書出版規劃項目
2011—2020年國家古籍整理出版規劃重點項目
國家古籍整理出版專項經費資助項目

海外中文古籍總目

新西蘭奧克蘭大學中文古籍目録

Chinese Rare and Pre-modern Books at the University of Auckland

孔　健（Jian Downing）［新西蘭］林海青（Haiqing Lin）編
［新西蘭］John Laurie　孔　健（Jian Downing）圖版拍攝

中華書局

圖書在版編目（CIP）數據

新西蘭奥克蘭大學中文古籍目録 / 孔健，（新西蘭）林海青編 . — 北京 : 中華書局, 2017.3
（海外中文古籍總目）
ISBN 978-7-101-12327-2

Ⅰ. 新… Ⅱ. ①孔… ②林… Ⅲ.院校圖書館 – 中文圖書 – 古籍 – 圖書館目録 – 新西蘭 Ⅳ. Z826.12

中國版本圖書館CIP數據核字 (2016) 第 280355 號

責任編輯：張　昊
封面設計：邢　毅

中華書局

古逸英華

海外中文古籍總目

新西蘭奥克蘭大學中文古籍目録

孔健〔新西蘭〕林海青 編
〔新西蘭〕John Laurie　孔健 圖版拍攝

*

中 華 書 局 出 版 發 行
（北京市豐臺區太平橋西里38號　100073）
http://www. zhbc. com. cn
E-mail:zhbc@zhbc. com. cn
北京信彩瑞禾印刷廠印刷

*

889×1194毫米 1/16 • 33½印張
2017年3月北京第1版　2017年3月北京第1次印刷
定價：850. 00元

ISBN 978-7-101-12327-2

總　序

中華文明悠久燦爛，數千年來留下了極爲豐富的典籍文獻。這些典籍文獻滋養了中華民族的成長和發展，也廣泛地傳播到世界各地，不僅對周邊民族産生了深刻影響，更對世界文明的融合發展做出了卓越貢獻。可以説，中華民族創造的輝煌文化，不僅是中華文明的重要組成部分，更是全人類共同的文化遺産，需要我們共同保護、傳承、研究和利用。而要進行這一工作，首先需要對存世典籍文獻進行全面地調查清理，編纂綜合反映古典文獻流傳和存藏情况的總目録。

由全國古籍整理出版規劃領導小組（簡稱"古籍小組"）主持編纂、歷時十七年最終完成的《中國古籍總目》就是這樣一部古籍總目録。它"全面反映了中國（大陸及港澳臺地區）主要圖書館及部分海外圖書館現存中國漢文古籍的品種、版本及收藏現狀"，著録了約二十萬種中國古籍及主要版本，是迄今爲止對中國古籍流傳與存藏狀况的最全面最重要的總結。但是，限於當時的條件，《中國古籍總目》對於中國大陸地區以外的中文古籍的調查、搜集工作，"尚處於起步階段"，僅僅著録了"港澳臺地區及日本、韓國、北美、西歐等地圖書館收藏的中國古籍稀見品種"（《中國古籍總目·前言》），並没有全面反映世界各國各地區存藏中國古籍的完整狀况。

對於流傳到海外的中國古籍的搜集和整理，始終是我國學界魂牽夢繞、屢興未盡的事業。清末以來幾代學人迭次到海外訪書，以書目提要、書影、書録等方式將部分收藏情况介紹到國内。但他們憑個人一己之力，所訪古籍終爲有限。改革開放以來，黨和政府對此極爲重視。早在一九八一年，黨中央就明確提出"散失國外的古籍資料，也要通過各種辦法争取弄回來或複製回來”（中共中央《關於整理我國古籍的指示》，一九八一年九月十七日）。其時“文革”結束不久，百業待興，這一高瞻遠矚的指示還僅得到部分落實，難以規模性地全面展開。如今，隨着改革開放事業的快速發展，國際間文化交流愈加密切，尤其是《中國古籍總目》的完成和中華古籍保護計劃的實施，爲落實這一指示提供了堅實的基礎，可以説，各項條件已經總體具備。在全球範圍内調查搜集中國古籍、編纂完整反映中國古籍流傳存藏現狀的總目録，爲中國文化的傳承、研究提供基礎性數據，已經成爲黨和政府以及學術界、出版界的共識。

據學界的初步調研，海外所藏中國古籍數量十分豐富，總規模超過三百萬册件，而尤以亞洲、北美洲、歐洲收藏最富，南美洲、大洋洲、非洲也有少量存藏。海外豐富的中國古籍藏量以及珍善本的大量存在，爲《海外中文古籍總目》的編纂提供了良好的基礎。而且，海外收藏中國古籍的機構有的已經編制了館藏中國古籍善本目録、特藏目録或聯合目録，關於海外中國古籍的提要、書志、叙録等文章專著也不斷涌現，對於編纂工作無疑具有很高的參考價值。然而，目前不少海外圖書館中國古籍的存藏、整理、編目等情況却不容樂觀。絶大多數圖書館中文館員數量極其有限，無力系統整理館藏中文古籍；有的甚至没有中文館員；有的中國古籍只能被長期封存，處於自然消耗之中，更遑論保護修復。啓動《海外中文古籍總目》項目，已經刻不容緩。

長期以來，我們一直關注着海外中國古籍的整理編目與出版工作。二〇〇九年《中國古籍總目》項目甫告竣工，在古籍小組辦公室的領導下，編纂出版《海外所藏中國古籍總目》的計劃便被提上日程，並得到中共中央宣傳部、國家新聞出版廣電總局的高度重視，被列入《“十二五”國家重點圖書出版規劃》、《2011—2020年國家古籍整理出版規劃》。經過細緻的調研考察和方案研討，在“十三五”期間，項目正式定名爲《海外中文古籍總目》，並被列爲“十三五”古籍整理出版工作的五大重點工作之一。中華書局爲此組織了專業團隊，專門負責這一工作。

《海外中文古籍總目》是《中國古籍總目》的延續與擴展，旨在通過團結中國國内和世界各地相關領域的專家學者，組成編纂團隊，吸收最新研究成果進行編目，以全面反映海外文獻收藏單位現存中文古籍的品種、版本及收藏現狀。在工作方法與編纂體例上，《海外中文古籍總目》與傳統的總目編纂有着明顯的區别和創新。我們根據前期的調研結果，結合各海外藏書機構的情況和意見，借鑒中華古籍保護工程的有益經驗，確定了“先分館編輯出版，待時機成熟後再行統合”的整體思路。同時,《海外中文古籍總目》在分類體系、著録標準、書影採集等方面都與全國古籍普查登記工作高度接軌,確保能夠編纂出一部海内外標準統一、體例一致、著録規範、内容詳盡的古籍總目。

編纂《海外中文古籍總目》,可以基本摸清中國大陸以外地區的中文古籍存藏情況,爲全世界各領域的研究者提供基礎的數據檢索途徑,爲系統準確的古籍整理出版工作提供可靠依據,爲中國與相關各國的文化交流活動提供新的切入點和立足點。同時,我們也應該認識到,中國的古籍資源既是中國的,也是世界的,整理和保護這些珍貴的人類文明遺産,是每一個人的共同責任和使命。

二〇一七年一月,中共中央辦公廳、國務院辦公廳印發了《關於實施中華優秀傳統文化傳承發展工程的意見》,其中明確提出"堅持交流互鑒、開放包容,積極參與世界文化的對話交流,不斷豐富和發展中華文化"的基本原則,並將"實施國家古籍保護工程,加强中華文化典籍整理編纂出版工作"列爲重點任務之一。遥想當年,在兵燹戰亂之中,前輩學人不惜生命捍衛先人留下的典籍。而今,生逢中華民族實現民族復興的偉大時代,我們有責任有義務完成這一幾代學人的宏願。我們將努力溝通協調各方力量,群策群力,與海内外各藏書機構、學界同仁一起,踏踏實實、有條不紊地將《海外中文古籍總目》這一項目繼續開展下去,盡快完成這樣一個動態的、開放的、富於合作精神的項目,使之早日嘉惠學林。

中華書局編輯部

二〇一七年二月

目　録

前　言

本目録收録了新西蘭奧克蘭大學圖書館收藏的231種中文古籍和8種中文檔案資料。這些文獻都是産生於1912年之前，采用抄寫或雕版印刷等方式製造，並以中國傳統方式裝訂而成的。奧克蘭大學圖書館所藏中文古籍版本多樣，内容廣泛。在版本上，館藏文獻的最早出版時代，可以追溯到公元十七世紀早期（明代晚期），如明萬曆三十二年（1604）刻本《新鐫古今大雅北宫詞紀》、明萬曆三十三年（1605）刻本《新鐫古今大雅南宫詞紀》以及明崇禎（1628—1644）虞山毛氏汲古閣刻本《陸放翁全集》等。而清代文獻則是館藏古籍的主體部分，收藏有刻本、抄本、套印本、石印本等多種版本類型的古籍，如清康熙四十七年（1708）吴調元刻本《林和靖先生詩集》、清乾隆二年（1737）刻本《莊子因》以及清光緒二年（1876）廣州翰墨園刻六色套印本《杜工部集》等。在内容上，館藏古籍涵蓋中國哲學、歷史、宗教、文學和戲劇等多個方面，此外還有部分公元十九世紀中期（清代中期）的檔案文獻，綜合反映了古代中國的社會生活和學術發展，是研究中國文學、歷史和文化傳統的寶貴資料。

奧克蘭大學圖書館的古籍特藏，一部分來自於機構的慷慨捐贈，其中就包括新西蘭奧克蘭戰争紀念館的贈品。另一部分則來自於本館的廣泛采購，其中包括一些著名藏書家的收藏。特别值得一提的是，館藏的許多珍貴古籍皆來自於熊式一（Hsiung Shih-I,1902—1991）的私人藏書。“熊氏藏書”由時任奧克蘭大學中國文學教授、亞洲語言文學系主任閔福德先生（John Minford, 1988—1991年在任）爲本校自倫敦購得。熊式一是著名的作家、劇作家和翻譯家，第一位在倫敦西區劇院

(the West End Theatre)公演劇目的中國導演。他致力於將中國古典戲劇作品翻譯成英文，使中國的戲劇瑰寶得以在西方傳播。

鑒於文獻的古老和易損性，這批古籍保存在具有特殊安全和環境保護系統的奥克蘭大學圖書館總館特藏部，並僅限於在特藏部閲覽室查閲。

我們謹在此誠摯地感謝奥克蘭大學圖書館原館長Janet Copsey自始至終對於本項目的支持和關注。感謝圖書館有關領導Ksenija Obradovic和Stephen Innes的幫助和協調。感謝特藏部館員Jo Birks的大力協作。

孔健(奥克蘭大學圖書館元數據部)

林海青(原奥克蘭大學圖書館亞洲語言部)

二〇一六年五月

PREFACE

This catalogue describes 231 pre-modern Chinese rare books and eight archival documents held in Special Collections, University of Auckland Libraries and Learning Services, New Zealand. The books were published before 1912 using woodblocks and are bound in the traditional Chinese style. The oldest book dates to the early 17th century (late Ming dynasty) while the majority were published in the Qing dynasty. These texts reflect the social and intellectual life of pre-modern China and are a valuable resource for studying Chinese literature, traditions and history.

The works include books previously owned by a significant collector and a formed archival collection of 19th century Chinese documents. Some of the works were given to the Library by generous donors, including the Auckland War Memorial Museum. Others were purchased, including rare books from the collection of Hsiung Shih-I (熊式一, 1902–1991), which were acquired from London for the Library by Professor John Minford, Professor of Chinese and Head of the Asian Languages and Literatures Department at the University from 1988 to 1991. Hsiung Shih-I was a writer, playwright and translator. He was the first Chinese person to direct a West End Theatre play, and translated classic Chinese plays into English.

Due to their age and fragility, the items are housed in the Asian Languages collection in Special Collections, a closed access facility in the General Library. They are available for use in the Special Collections reading room.

For their support of this project, we extend our sincere thanks to Janet Copsey, former University Librarian, Ksenija Obradovic, Associate University Librarian, Collections, Stephen Innes, Special Collections Manager and Jo Birks, Assistant Librarian, Special Collections.

Jian Downing, Metadata Department, University of Auckland Libraries and Learning Services

Haiqing Lin, former Asian Languages Librarian, University of Auckland Libraries and Learning Services

May 2016

凡　例

著録原則

一、本目録依據《中文善本書機讀目録編目規則》(Cataloging Guidelines for Creating Chinese Rare Book Records in Machine-Readable Form)和《中華古籍總目編目規則》的相關原則進行著録。

二、本目録信息依據古籍原書著録，著録項包括基本信息和附注。如古籍原書的信息不完整，必要時參考相關資料補充。

三、基本信息包括書名、卷數、責任者(朝代、姓名、責任方式)、版本(出版年、出版地、出版者、版本類型)、册數以及版式等。

四、本目録依據《全國古籍普查登記手册》中的《漢文古籍分類表》，按書籍内容特徵組織編排。

書名

五、書名信息依正文卷端著録。卷端未題書名者，則依該書内封、目録、序、跋和版心等其他位置所題書名著録。

六、如内封、序和版心等位置所題書名與卷端書名不同時，則作爲其他題名於附注項加以著録。

卷數

七、卷數信息依正文所標卷次、卷目據實著録在書名之後。

八、正文所存卷數不足者，著録原有卷數，並於附注項説明實存或實缺之卷數及卷次。

責任者

九、責任者信息依正文卷端著録，内容包括責任者時代、姓名和責任方式。

十、責任者時代以朝代加〔〕著録於姓名之前。

十一、各責任者以通用真實姓名著録，一般不取字號、別稱。

十二、如責任者信息不在卷端，則依内封、序、跋和工具書著録，並提供信息來源。

十三、正文卷端所題責任者時代、姓名未盡可信者，責任者項前加"題"字。僧侶所著之書，著録其法名，並在法名前冠以"釋"字。

十四、責任方式信息一般依正文卷端著録，性質相同或相近的責任方式適當歸併。

出版年

十五、出版年信息依内封、牌記、序、跋和其他參考信息著録，内容包括朝代、年號紀年和公元紀年。

十六、干支、太歲及佛曆等紀年，轉换爲相應的朝代年號紀年。

十七、未能確定具體出版年份之書，則依據其版刻特徵並參考相關文獻對其出版年略加界定。

出版地

十八、出版地信息依内封、序、跋等確切信息著録。

出版者

十九、出版者信息依内封、序、跋、版心及其他參考信息著録。

二十、官方刻書機構、書坊、藏板地及抄本的抄寫者，皆作爲出版者著録。

版本類型

二十一、版本類型信息依實際情況著録爲“刻本”“抄本”“套印本”“石印本”等。

二十二、影刻、翻刻之書所據底本情況，在附注項加以著録。

册數

二十三、册數信息依本館所藏版本的實際裝訂册數著録於版本項之後。

版式

二十四、版式信息依正文卷端著録，内容包括行款字數、書口、邊欄、魚尾、半框尺寸、開本尺寸、版心上中下各部所鎸内容以及眉欄信息等。

附注

二十五、附注項著録編目信息源，或其他編目證據。同時還記録了書籍本身附加的重要信息，例如牌記内容、序跋篇目、批校題跋、收藏印記、叢書子目和所屬叢書等。

索書號

二十六、本目録提供館藏索書號以方便讀者檢索。索書號按美國國會圖書館分類法編制。

書影圖片

二十七、本目録每種書皆附有書影圖片，書影采自卷端和具有典型著録意義的頁面。

索引

二十八、本目録索引包括書名筆畫索引和著者名筆畫索引。其中書名索引含正題名、其他題名、子目題名和所屬叢書題名。

BIBLIOGRAPHIC DESCRIPTIONS

The bibliographic descriptions follow the *Cataloging Guidelines for Creating Chinese Rare Book Records in Machine-Readable Form* and the *Chinese Guidelines for Creating Chinese Rare Book Records*. The chief source of information for describing a Chinese rare book is the item itself, so each record consists of transcribed information, descriptions and notes, mostly taken from various elements within the book. Where necessary, reference sources have also been consulted and are attributed in the record. Each book is described by title, author, publication date, publisher, format, and so on. The items are organised following the Chinese classification schema for cataloguing Chinese rare books.

Title

The title information is primarily transcribed from the caption（卷端）, which is the title at the beginning of the text. If there is no caption title, the title information has been taken from other parts of the book, including the table of inner cover（内封）, contents（目録）, preface（序）, postscript（跋）and centre column（版心）. Any variant forms of the title printed elsewhere in the text, such as the inner cover, preface and centre column, are also recorded.

Juan

The Juan(卷, scroll) is an important element for identifying a Chinese rare book. It demonstrates not only the physical parts of the book, but also reflects the structure of the contents. The number of scrolls is recorded after the title information.

Statement of Responsibility

The caption is also the primary source of information for the statement of responsibility. The name, rather than style name(字) or art name(號) of the author and other contributors, is transcribed from the caption. If this information is not in the caption, the other sources used are the preface, postscript, inner cover and reference sources.

Publication Date

Identifying the publication date of Chinese rare books is a challenge. The primary source for determining the date is the inner cover, followed by the printer's colophon(牌記), postscript, preface and reference sources. The publication date is recorded by Chinese regal year, dynasty name, Chinese transitional cyclic years, and the equivalent Western years.

Publisher

The publisher details come from the following sources: inner cover, preface, postscript, centre column and reference sources.

Volumes

The volume numbers record the binding units held by this Library.

Block Format

The block format is a significant feature of Chinese old and rare books. It provides important information for the cataloguer to identify the version of the book and the time period of its publication. The information recorded about a book's block format is based on the half-folio of the caption page, including the measurement of the framed border, the number of columns per page, the number of characters per column, whether it has a white (blank) or black centre column, border lines, fishtail, and the upper, middle and lower sections of the centre column.

Notes

The notes explain the sources of information and other cataloguing evidence used to identify a book. Any other interesting features are also recorded, such as naming taboos relating to emperors, signs of censorship, ownership, and so on.

Library of Congress Classification

Each book has been assigned a Library of Congress classification number to help patrons locate the item.

經部

叢編　易類　書類　詩類

001. 十三經注疏：三百六十卷，附考證　〔唐〕孔穎達等注疏〔清〕張照等考證

PL2461.Z6 S45 1871

清同治十年（1871）廣東書局刻本　一百二十册

半葉10行21字，小字雙行字同，白口，左右雙邊，單黑魚尾，半框21.7×14.6釐米，最大邊長28.0釐米。書名頁鎸“武英殿本，十三經注疏，同治十年廣東書局重刊”，牌記鎸“菊坡精舍藏板”，上書口鎸“乾隆四年校刊同治十年重刊”。鈐“静觀園主人”“熊式一藏書”“公諸同好”等印。子目：

周易注疏十三卷，附考證　〔魏〕王弼注　〔晉〕韓康伯注　〔唐〕陸德明音義　〔唐〕孔穎達疏　附周易略例一卷　〔魏〕王弼撰　〔唐〕邢璹注　〔唐〕陸德明音義

尚書注疏十九卷，附考證　〔漢〕孔安國傳　〔唐〕陸德明音義　〔唐〕孔穎達疏

毛詩注疏三十卷，附考證　〔漢〕毛亨傳　〔漢〕鄭玄箋　〔唐〕陸德明音義　〔唐〕孔穎達疏

周禮注疏四十二卷，附考證　〔漢〕鄭玄注　〔唐〕陸德明音義　〔唐〕賈公彦疏

儀禮注疏十七卷，附考證　〔漢〕鄭玄注　〔唐〕陸德明音義　〔唐〕賈公彦疏

禮記注疏六十三卷，附考證　〔漢〕鄭玄注　〔唐〕陸德明音義　〔唐〕孔穎達疏

春秋左傳注疏六十卷，附考證　〔晉〕杜預注　〔唐〕陸德明音義　〔唐〕孔穎達疏

春秋公羊傳注疏二十八卷，附考證　〔漢〕何休注　〔唐〕陸德明音義

春秋穀梁傳注疏二十卷，附考證　〔晉〕范甯集解　〔唐〕陸德明音義　〔唐〕楊士勛疏

論語注疏二十卷，附考證　〔魏〕何晏集解　〔唐〕陸德明音義　〔宋〕邢昺疏

孝經注疏九卷，附考證　〔唐〕玄宗李隆基注　〔唐〕陸德明音義　〔宋〕邢昺校

孟子注疏十四卷，附考證　〔漢〕趙岐注　〔宋〕孫奭音義並疏

爾雅注疏十一卷，附考證　〔晉〕郭璞注　〔唐〕陸德明音義　〔宋〕邢昺疏

武英殿本
十三經注疏
同治十年廣東書局重刊

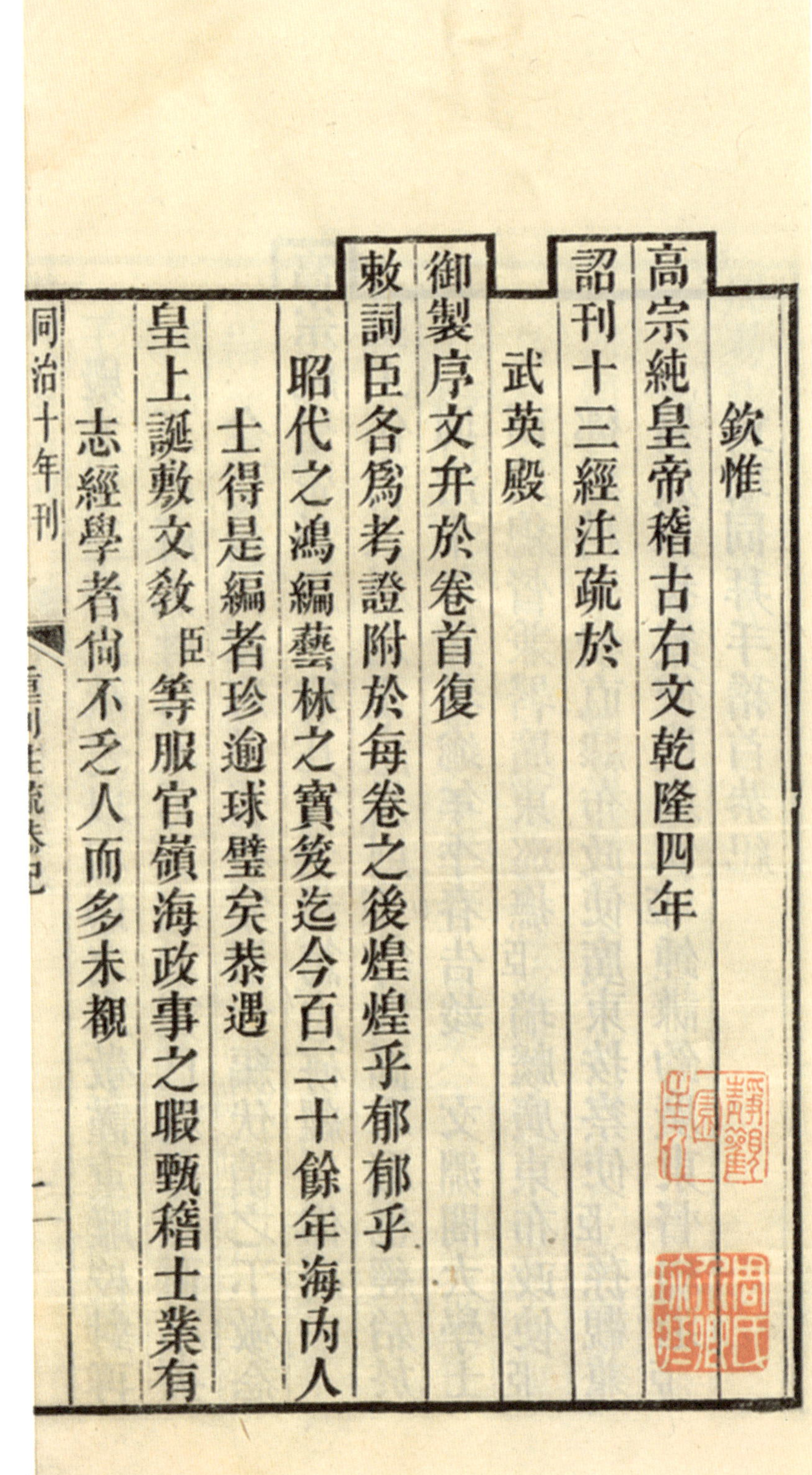

欽惟
高宗純皇帝稽古右文乾隆四年
詔刊十三經注疏於
武英殿
御製序文弁於卷首復
敕詞臣各爲考證附於每卷之後煌煌乎郁郁乎
昭代之鴻編藝林之寶笈迄今百二十餘年海內人
士得是編者珍逾球璧矣恭遇
皇上誕敷文敎臣等服官嶺海政事之暇甄稽士業有
志經學者尚不乏人而多未覩

同治十年刊　重刊注疏恭記　二

周易注疏卷一

魏王弼注　唐陸德明音義　孔穎達疏

上經　乾

䷀ 乾下乾上

乾元亨利貞【音義】乾竭然反依字作乾下乙乾從旦从从音偃說卦云乾健也此八純卦象天亨許庚反卦德也訓通也餘放此【疏】正義曰乾者此卦之名謂之卦者易緯云卦者掛也言懸掛物象以示於人故謂之卦但二畫之體雖象陰陽之氣未成萬物之象未得成卦必三畫以象三才寫天地雷風水火山澤之象乃謂之卦也故繫辭云八卦成列象在其中矣是也但初有三畫雖有萬物之象於萬物變通之理猶有未盡故更重之而有六畫備萬物之形象窮天下之能事故六畫成卦也此乾卦本以象天天乃積諸陽氣而成天故此卦六爻皆陽畫成卦也此既象天何不謂之天而謂之乾者天者定體之名乾者體用之稱故

乾隆四年校刊

002. 周易兼義：九卷　〔魏〕王弼注 〔唐〕孔穎達正義　

清嘉慶三年（1798）蘇州金閶書業堂刻本　六册

半葉9行21字，小字雙行字同，白口，左右雙邊，無魚尾，半框18.0×12.8釐米，最大邊長24.0釐米。版心上鎸書名，中鎸卷次，下鎸“汲古閣”。書名頁鎸“嘉慶三年仲冬，汲古閣原本，十三經注疏，金閶書業堂重雕”，書名頁二鎸“周易注疏略例附”，卷末牌記鎸“皇明崇禎四年歲在重光協洽古虞毛氏繡鎸”。

所屬叢書：《十三經注疏》。有張鳳翮“十三經注疏序”。據明崇禎四年（1631）毛氏汲古閣本重刻。

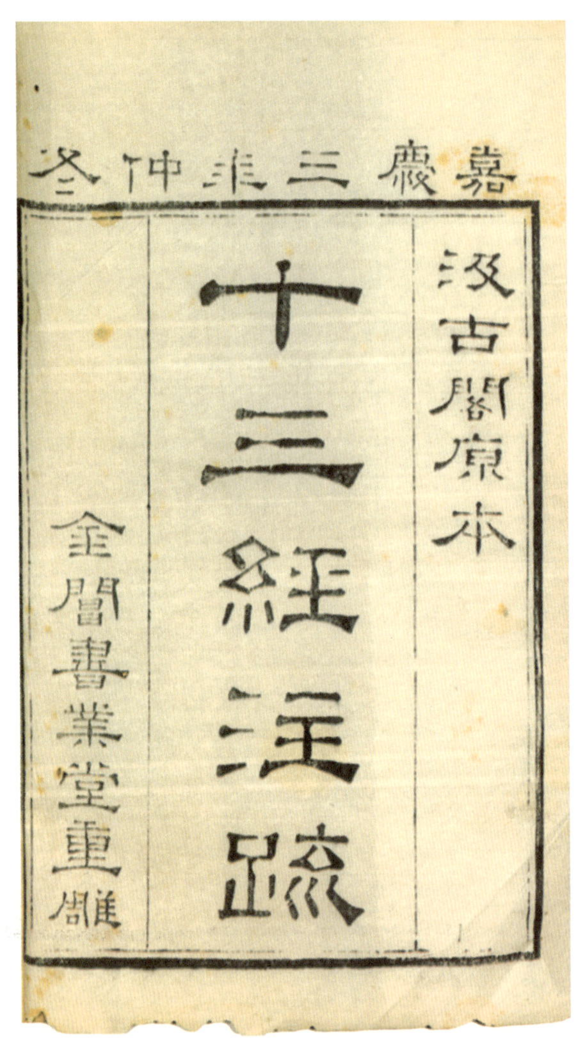

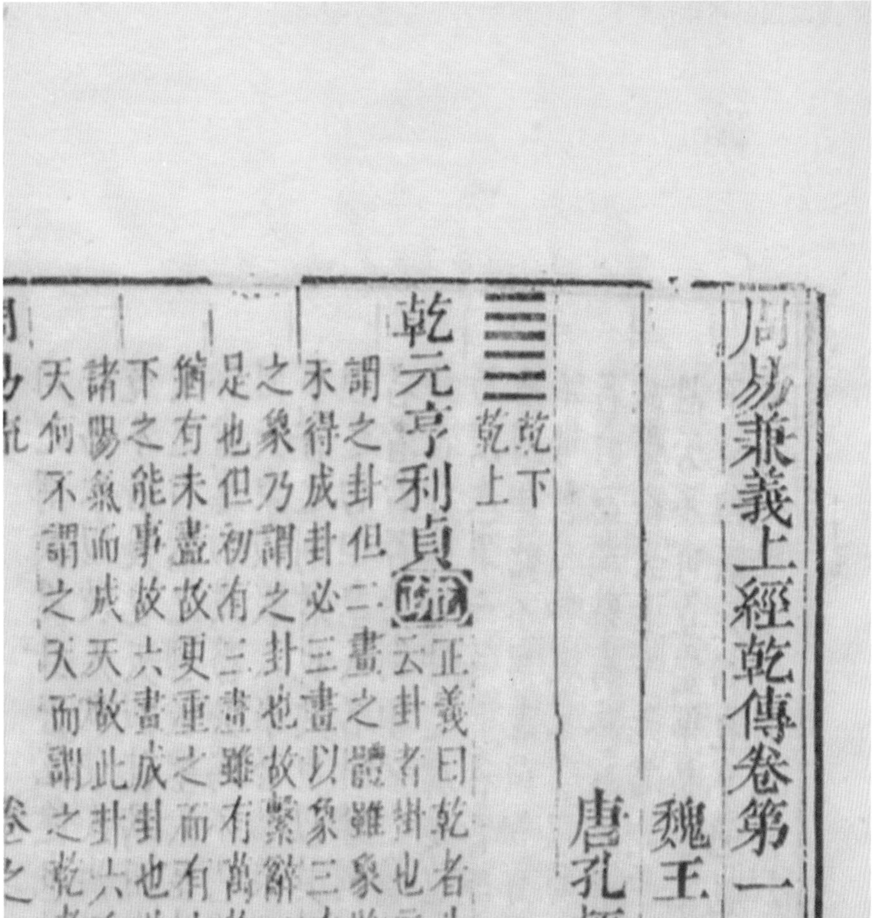

周易兼義上經乾傳卷第一

魏王弼註

唐孔穎達正義

☰ 乾下乾上

乾元亨利貞【疏】正義曰乾者此卦之名謂之卦者易緯云卦者掛也言懸掛物象以示於人故謂之卦但二畫之體雖象陰陽之氣未成萬物之象未得成卦必三畫以象三才爲天地雷風水火山澤之象乃謂之卦也故繫辭云八卦成列象在其中矣是也但初有三畫雖有萬物之象於萬物變通之理猶有未盡故更重之而有六畫備萬物之形象窮天下之能事故六畫成卦也此乾卦本以象天天乃積諸陽氣而成天故此卦六爻皆陽畫成卦也此既象天何不謂之天而謂之乾者天者定體之名乾者體

003. 御纂周易折中：二十二卷，首一卷 〔清〕李光地等纂

清康熙五十四年（1715）内府刻本 十二册

半葉8行18字，小字雙行22字，白口，四周雙邊，單黑魚尾，半框22.5×16.2釐米，最大邊長25.2釐米。版心上鎸書名，中鎸卷次及小題，下鎸頁碼。

康熙五十四年“御製周易折中序”言刻書事。

御纂周易折中卷首

綱領一 此篇論作易傳易源流

周禮大卜掌三易之灋。一曰連山。二曰歸藏。三曰周易。其經卦皆八。其別皆六十有四。○陸氏德明曰。宓犧氏之王天下。仰則觀於天文。俯則察於地理。觀鳥獸之文。與地之宜。近取諸身。遠取諸物。始畫八卦。因而重之。爲六十四。文王拘於羑里作卦辭。周公作爻辭。孔子作彖辭象辭文言繫辭說卦序卦雜卦十翼。班固曰。孔子晚而好易。讀之韋編三絶。而爲之傳。傳卽十翼也。自魯商瞿子木受易於孔子。以授魯橋庇子庸。子庸授江東馯臂子弓。子弓授燕周醜子家。子家授東武孫虞子乘。子

御纂周易折中 卷首 綱領一 一

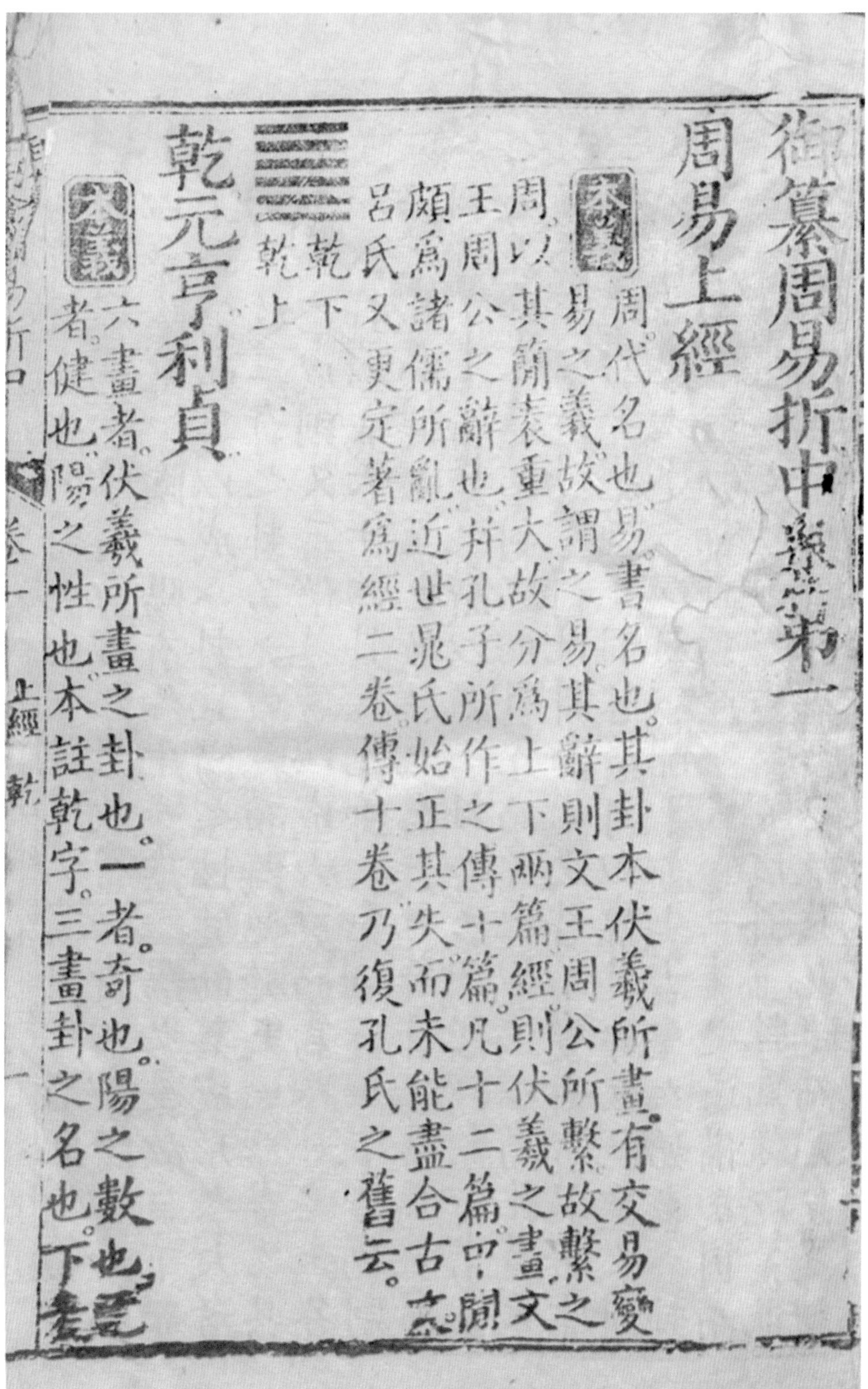

御纂周易折中卷第一

周易上經

本義 周代名也。易書名也。其卦本伏羲所畫，有交易變易之義，故謂之易。其辭則文王周公所繫，故繫之周。以其簡袠重大，故分爲上下兩篇。經則伏羲之畫，文王周公之辭也。并孔子所作之傳十篇，凡十二篇。中閒頗爲諸儒所亂，近世晁氏始正其失，而未能盡合古文。呂氏又更定著爲經二卷，傳十卷，乃復孔氏之舊云。

☰ 乾下 乾上

乾元亨利貞

本義 六畫者，伏羲所畫之卦也。一者，奇也，陽之數也。乾者，健也，陽之性也。本註乾字，三畫卦之名也。下者

御纂周易折中 卷一 上經 乾 一

004. 虞氏易禮：二卷 虞氏易事：二卷 虞氏易候：一卷 〔清〕張惠言撰

虞氏易變表：二卷 〔清〕江承之撰 PL2464.Z7 C22 1832

清道光十二年（1832）閩中王懷佩刻本　三册

半葉10行24字，小字雙行字同，白口，左右雙邊，單黑魚尾，半框19.7×15.4釐米，最大邊長26.4釐米。版心上鎸書名，中鎸卷次，下鎸頁碼。

各卷書名頁分别題"虞氏易禮二卷""虞氏易事二卷""虞氏易候一卷""虞氏易變表二卷"。"虞氏易事"與"虞氏易候"合訂。清道光十二年仁和陳善"虞氏易變表跋"言刻書事。

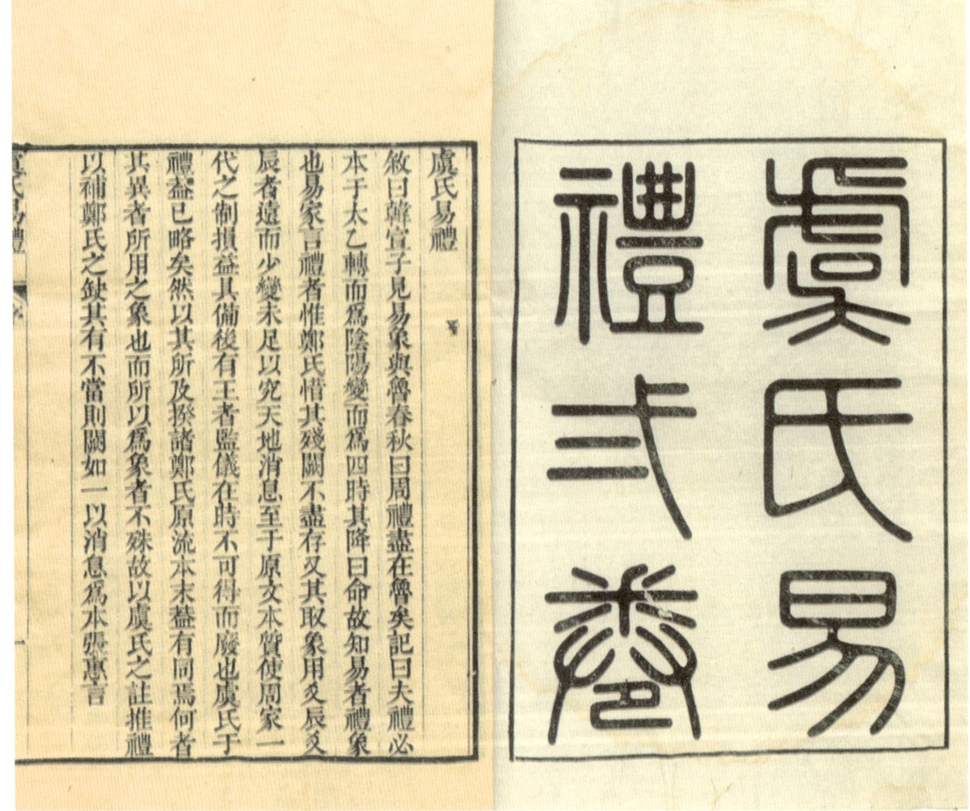

虞氏易禮二卷

虞氏易禮

敘曰韓宣子見易象與魯春秋曰周禮盡在魯矣記曰夫禮必本于太乙轉而爲陰陽變而爲四時其降曰命故知易者禮象也易家言禮者惟鄭氏惜其殘闕不盡存又其取象用爻辰爻辰者遠而少變未足以究天地消息至于原文本質使周家一代之制損益具備後有王者監儀在時不可得而廢也虞氏于禮蓋已略矣然以其所及揆諸鄭氏原流本末蓋有同焉何者其異者所用之象也而所以爲象者不殊故以虞氏之註推禮以補鄭氏之缺其有不當則闕如一以消息爲本張惠言

虞氏易禮 一

虞氏易禮卷上

張惠言述

周家受命三卦

晉康侯用錫馬蕃庶晝日三接注觀四之五晉進也坤爲康康安也初動體屯震爲侯故曰康侯震爲馬坤爲用故用錫馬惠定宇云錫讀納錫諸侯所以享王艮爲多坤爲衆故蕃庶离日在上故晝日三陰在下故三接矣初六晉如摧如貞吉罔孚裕无咎注晉進也摧憂愁也應在四故晉如失位故摧如動得位故貞吉應离爲罔坎稱孚坤弱爲裕四雖孚而離于罔四變則在坤而裕欲四之五成巽初受其命故无咎也六二晉如愁如貞吉受茲介福于其王母注應在坎上故愁如得位處中故貞吉也貞益謂注似非五乾爲介福艮爲手四五

虞氏易事卷上

張惠言學

乾

元亨利貞孔子贊以四德易之言元皆訓爲始不訓爲大彖有言大亨者乾以元始萬物得其始而大大非元之本義也

用九用六聖人明言用若爻象無變動是九六无用此費氏易之誤也若揲得此九六一爻然後有一爻之象則爻變揔而不可用若乾之坤乃爲用九坤之乾乃爲用六是二用止二卦此左氏之誤也

乾六爻皆君道荀氏説也卽繫辭一君二民二君一民之義乃通六十四卦言之其在乾六位則兼君臣要之六爻皆聖人之

虞氏易事 卷上 一

虞氏易變表卷上

歙江承之撰

上經

旁通變來卦變　彖別　象別　爻變

初爻　二爻　三爻　四爻　五爻　上爻

乾

乾通坤　息坤　既濟

坤　復

元彖曰利貞彖萬物資曰雲行始乃統雨施品天物流形

震春　兌秋　坎冬　離夏

既濟

復　潛龍勿用

臨　見龍在田利見大人

泰　君子終日乾乾夕惕

躍

龍在天

005. 尚書注疏：二十卷　〔唐〕孔穎達疏　

清嘉慶三年（1798）蘇州金閶書業堂刻本　十册

半葉9行21字，小字雙行字同，白口，左右雙邊，無魚尾，半框17.9×12.5釐米，最大邊長24.0釐米。版心上鎸"尚書疏"，中鎸卷次及頁碼，下鎸"汲古閣"。書名頁題"尚書注疏"，序題"尚書正義"，卷末牌記鎸"皇明崇禎五年歲在玄黓涒灘古虞毛氏繡鎸"。

所屬叢書：《十三經注疏》。據明崇禎五年（1632）毛氏汲古閣本重刻。

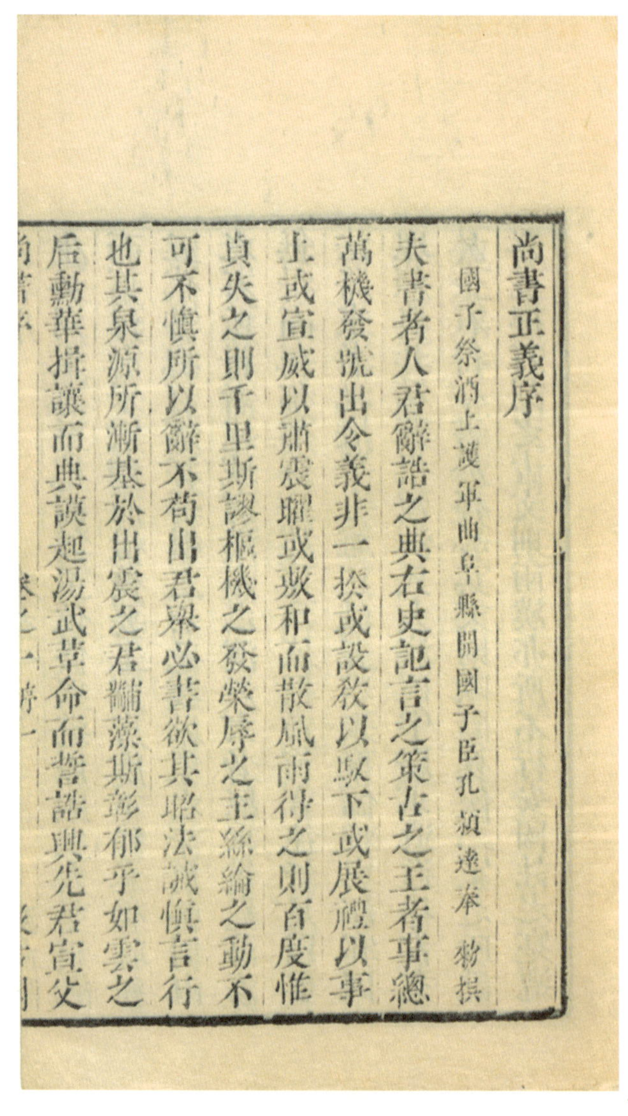

尚書正義序
國子祭酒上護軍曲阜縣開國子臣孔穎達奉　勑撰
夫書者人君辭誥之典右史記言之策古之王者事總
萬機發號出令義非一揆或設教以馭下或展禮以事
上或宣威以肅震曜或敷和而散風雨得之則百度惟
貞失之則千里斯謬樞機之發榮辱之主絲綸之動不
可不慎所以辭不苟出君舉必書欲其昭法誡慎言行
也其泉源所漸基於出震之君黼藻斯彰郁乎如雲之
后勳華揖讓而典謨起湯武革命而誓誥興先君宣父

尚書註疏卷第一

漢孔氏序

唐孔穎達疏

尚書序【釋文】此孔氏所作述尚書起之時代并敘爲注之由故相承講之今依舊爲音【疏】正義曰道本沖寂非有名言既形以道生物由名舉則凡諸經史因物立名物有本形形從事著聖賢闡教事顯於言言愜羣心書而示法既書有法因號曰書後人見其久遠自於上世尚者上也言此上代以來之書故曰尚書且言者意之聲書者言之記是故有言以聲意立書以記言故易曰書不盡言言不盡意是言者意之筌蹄書言相生者也書者舒也書緯璿璣鈐云書者如也則書者寫其言如其意情得展舒也又劉熙釋名云書者庶也以記庶物又爲著言事得彰著五經六籍皆是筆書此獨稱書者以彼五經者非是

尚書疏　卷之一　一

006. 書經體注：六卷，圖一卷 〔清〕范翔纂 PL2465 .Z6 H756 1815

清嘉慶二十年（1815）永安堂刻本　四册

上下兩欄，上欄爲“新刻書經體注”，半葉23行25字，無界行，下欄爲“書經”，半葉9行17字，小字雙行字同，白口，四周單邊，單黑魚尾，半框21.7×14.5釐米，最大邊長27.0釐米。版心上鎸“書經體注”，下鎸卷次及小題。書名頁鎸“嘉慶乙亥年新鎸，范紫登先生訂，合纂諸子解説，書經體注，字遵部頒正韻，永安堂梓行”。

有仇兆鰲“尚書體注序”“禹貢九州歌”“文辨異”，宋嘉定二年（1209）蔡沈“書經集傳序”。書名取自書名頁。

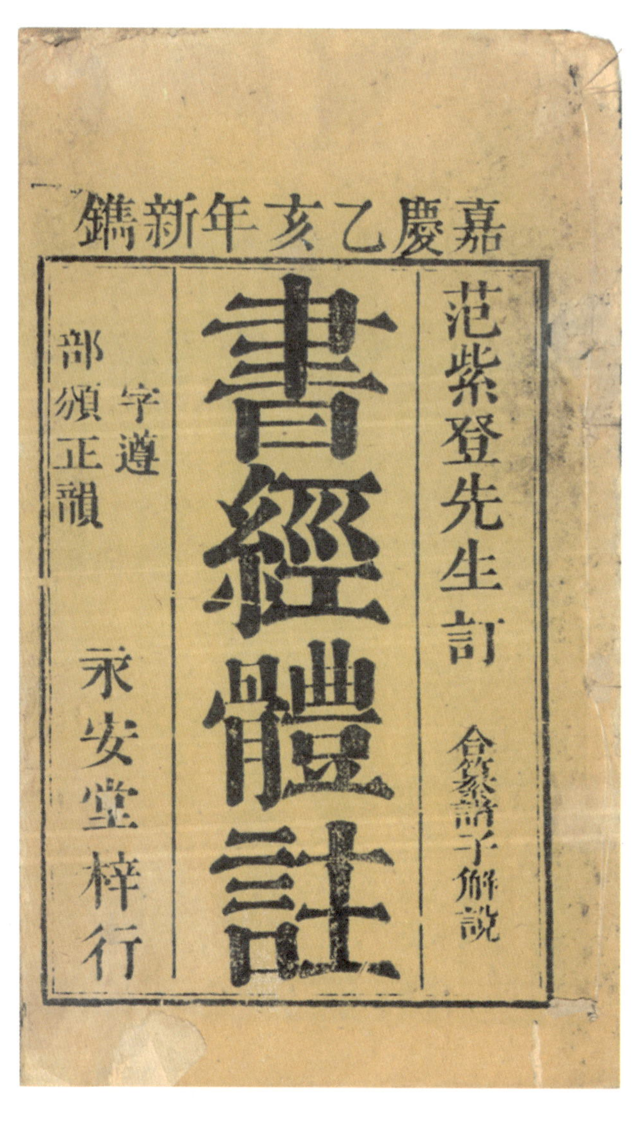
嘉慶乙亥年新鐫
范紫登先生訂
合纂諸子解說
書經體註
字遵部頒正韻
永安堂梓行

新刻書經體註

西陵傾且菴先生鑒定　孫　渭鴻擧
苕溪范　翔紫登參訂　姪孫　攢南何　同鈔

堯典分三段看首二節記其盛德大業之實也乃命六節記其敬天勤民之實也咨四岳至末記其勞於下得人之實也篇中敘德業以欽字冠之蓋堯舉人心法下文又曰欽名曰欽哉見心法治法無二理也朱子曰堯是初頭第一個聖人尚書堯典是第一篇典籍說堯之德都未下別字欽是第一個字如今看聖賢千言萬語大事小事莫不本於敬

首節史臣說曰若稽考古之帝堯開太古之皇風闢中天之昌運功業無處不到謂之放勳要其勳之所以放者總無非自其心言其心則欽焉而實則其中存焉而無不照聽文焉而各有經緯思焉而謀慮深探日此四者皆本於天性自然不由勉强安安而又安也心体如是故其行諸身者莫以持己恭實乃由中而發何允恭而遜

書經體註

書經卷之一　蔡沈集傳

虞書　虞舜氏因以爲有天下之號也書凡五篇堯典雖紀唐堯之事然本虞史所作故曰虞書其舜典以下夏史所作當曰夏書春秋傳亦多引爲夏書此云虞書或以爲孔子所定也

堯典　堯唐帝名說文曰典從册在丌上尊閣之也此篇以簡册載堯之事故名曰堯典後世以其所載之事可爲常法故又謂爲常也今文古文皆有

曰若稽古帝堯曰放勳欽明文思安安允恭克讓光被四表格于上下

曰粤越通古文作粤曰若者發語辭

一

007. 詩：八卷 〔宋〕朱熹集傳 PL2464.J9 C5 1818

清嘉慶二十三年（1818）金陵芥子園刻本 四册

半葉9行17字，小字雙行字同，白口，左右雙邊，無魚尾，有眉欄，行2字，半框16.7×12.8釐米，眉欄1.4×12.0釐米，最大邊長28.0釐米。版心上鐫小題，中鐫頁碼，下鐫卷次及“芥子園”。書名頁鐫“嘉慶戊寅年新鐫，遵依洪武正韻，芥子園重訂監本詩經”，目録末牌記鐫“古吴李氏校訂，金陵芥子園梓”，卷末鐫“殷武六章三章章六句二章章七句一章五句商頌五篇十六章一百五十四句”“金陵芥子園訂本”。各册書衣手題“Presented by J.F. Davis Esqr. May 2 1829”。

有宋淳熙四年（1177）朱熹詩傳序。

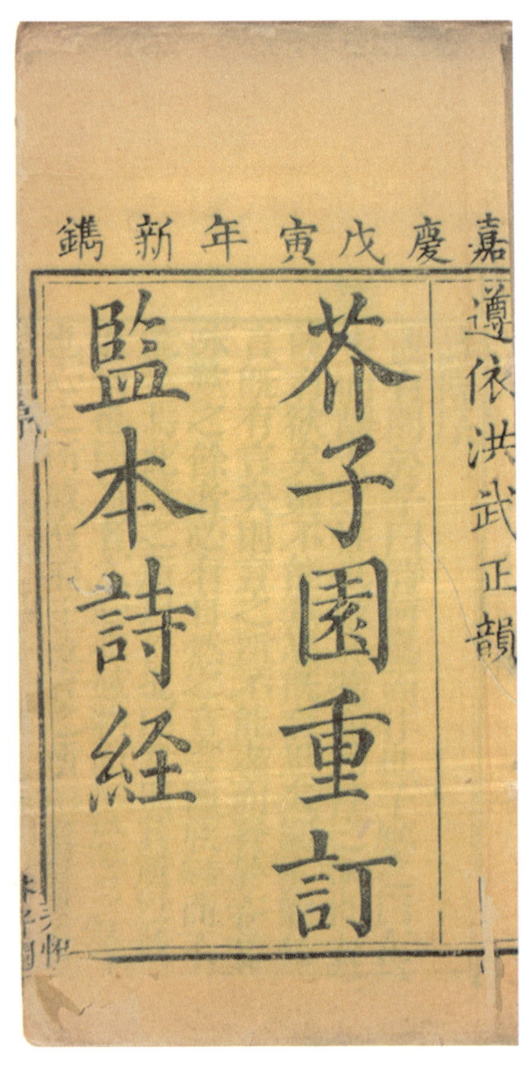
嘉慶戊寅年新鐫

遵依洪武正韻

芥子園重訂

監本詩經

雍去聲 亶多旱反 父音甫 辟音

詩卷之一　朱熹集傳

國風一

國者諸侯所封之域而風者民俗歌謠之詩也謂之風者以其被上之化以有言而其言又足以感人如物因風之動以有聲而其聲又足以動物也是以諸侯采之以貢於天子天子受之而列於樂官於以考其俗尚之美惡而知其政治之得失焉舊說二南爲正風所以用之閨門鄉黨邦國而化天下也十三國爲變風則亦領在樂官以時存肄備觀省而垂監戒耳合之凡十五國云

周南一之一

周國名南南方諸侯之國也周國本在禹貢雍州境內岐山之陽后稷十三世孫古公亶父始居其地傳子王季歷至孫文王昌辟國寖廣於是徙都于豐而分岐周故地以爲周公旦召公奭之采邑且使周公

008. 重訂詩經衍義合参體注大全：八卷 〔宋〕朱熹集注 〔清〕黄維章撰 〔清〕江晉雲輯

清康熙二十六年至宣統三年間（1687—1911）刻本 四册

上中下三欄，上欄爲《重訂詩經衍義合参體注大全》，半葉24行26字；中欄爲《詩經集注》批注，半葉26行4字；下欄爲《詩經》，半葉9行17字，小字雙行字同，白口，四周雙邊，單黑魚尾，半框22.3×14.0釐米，最大邊長27.0釐米。版心上鎸“詩經衍義合參大全”，中鎸詩經小題及卷次。書名頁鎸“西陵顧且庵先生鑒定，苕溪范紫登評選，增訂旁訓詩經體注衍義，聯墨堂藏板”。

所屬叢書：《五經體注》。有清康熙二十六年范必英序，宋淳熙四年（1177）朱熹“詩經集傳序”。首附《詩經大全圖》。

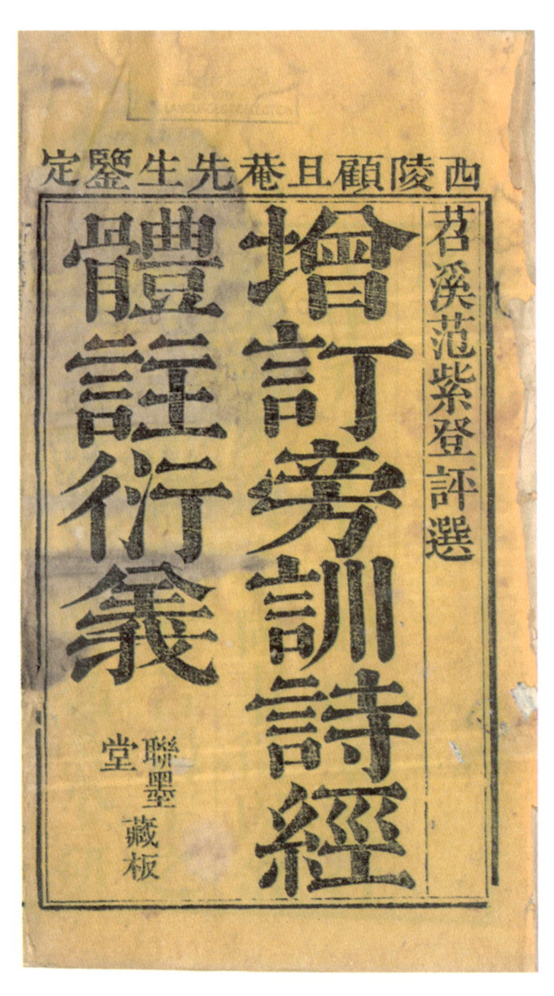

重訂詩經衍義合參體註大全

永福 黃淮玉先生 手定
金浦 江晉雲先生 輯著
西陵 汪 祖殷武 曾國郵璋生 氏仝訂

○伊川程氏曰二南爲教於衽席之間閨門之中上下貴賤之所同也故用之鄉人用之邦國而謂之正風

○安成劉氏曰男女亂倫而邶鄘衛之風變君臣失道而王國之風變好色淫荒而齊國之風變儉嗇褊急而魏國之風變以至唐風變而憂傷秦風變而武勇陳風變而淫遊歌舞檜曹之風變而亂極思治此十三國風之大概也然變詩亦可以風化天下而亦各有音節如季札所觀是已故采之樂官其言詩使夫學者時習之以自省而知所戒焉亦莫非所以爲教也

○三山李氏曰二南皆文王之風化周南之詩多爲文王故言王者之風召南之詩多爲諸侯而作故言諸侯之風雖曰諸侯之風其實是文王教化之所及故小序言文王之所以教先王郎太王也

○朱子曰詩言文王之德者係之周公以周公主內治故也言諸侯之國被文王之化以成德者係之召公以召公長諸侯故也文王治岐其東有紂其西是夷其其德化故其化自北而南先被于江漢之域也

○安成劉氏曰集傳於國風之下係以一者以國風居四詩之首也下文周南之一者周南又居國風十五國之首也後做此

○鄭氏曰采官也周

詩經卷之一

朱熹集註

國風一 國者諸侯所封之域而風者民俗歌謠之詩也謂之風者以其被上之化以有言而其言又足以感人如物因風之動以有聲而其聲又足以動物也是以諸侯采之以貢於天子天子受之而列於樂官於以考其俗尚之美惡而知其政治之得失焉舊說二南爲正風所以用之閨門鄉黨邦國而化天下也十三國爲變風則亦領在樂官以時存肄備觀省而垂監戒耳合之凡十五國云

周南一之一 周國名南南方諸侯之國也周國本在禹貢雍州境內岐山之陽后稷十三世孫古公亶父始居其地傳子王季歷至孫文王昌辟國寖廣於是徙都于豐而分岐周故地以爲周公旦召公奭之采邑且使周公

009. **詩經精華：十卷**　〔清〕薛嘉穎撰　

清同治三年（1864）刻本　四册

半葉13行15字，小字雙行30字，白口，四周單邊，單黑魚尾，有眉欄，行6字，半框19.7×14.0釐米，最大邊長24.2釐米。上鎸書名，中鎸篇名及卷次，下鎸頁碼。書名頁鎸“同治甲子年春鎸，詩經精華，崇文會藏版”。鈐“蔣克鎔”印。

有陳龍標序。

[illegible]傳五 [illegible]經祝 [illegible]鳩也四牡 言[illegible]之辭是也 雎鳩關關雎鳩 之鳩也鳴鳩布 穀也曹風之鳴 鳩是也鶻鳩大 明之鵰是也鶻 鳩學鳩小宛之 鳴鳩[illegible] 之鳩是也 前漢外戚傳自 古受命帝王非 獨德茂亦有外 戚之助焉夏之 興也以塗山而 桀之放也以妺 喜殷之興也以 有娀而紂之殺 也嬖妲己周之

詩經精華卷一

國風 (朱傳)國者諸侯所封之域風者民俗歌謠之詩今之凡十五國

(詩序)南言化自北而南也案以周地爲周公之采邑曰周南以召地爲召公之采邑曰召南孔疏文王化被於下民述其志作歌武王采

周南 得之時二公已有爵土命其行化遂分繫之非由二公有土此詩始作也

妃匹之際萬化之原我文王刑于寡妻足立千古夫婦之準也詩人因淑文王后妃之德而推本言之曰彼雎鳩義不再匹每和鳴於河洲之上矣(朱傳)關

關關雎(音疽)鳩 雎鳩(爾雅)王雎(郭氏)鵰類今江東謂之鶚好在江邊沚中(毛傳)摯而有別案嚴氏鷙鳥不再匹立則異處是有別也徐氏陸氏佃皆云鶚性好峙每立不移處所謂鷙立義取諸此嚴氏說遇據此則鷙之爲鳥有恒因幽深之緣最合興義○(毛傳)慎固幽深

關關雌雄相應之和聲河北方流水之通名洲水中可居之地

若關雎之有別則性定則神閒以爲逑子將

在河之洲 窈(杳)窕(徒了反)淑女 淑善女者未嫁之稱指文王之妃太姒窈窕之德豈易求哉故參差之荇菜尚左右無方以求

況君子可無內助之賢乎是以生有聖德之文王必配以德成窈窕之淑女乃爲善匹也○窈窕(毛傳)云幽閒也折中心欽則致

君子好逑(音求)匹也(君子指文王逑匹也)

(朱傳)此未得而言參(初金反)差(楚宜反) 參差長短不齊貌荇(音杏)菜(爾雅)接余其葉浮水陸氏璣云白莖葉紫赤色正圓徑寸餘浮在水上根在水底與水深淺等何氏楷凡草之可食者皆以菜名之故荇亦名

詩經精華

010. 詩經繹参：四卷　〔清〕鄧翔撰　　PL2466.Z6 D464 1867

清同治六年（1867）孔廣陶刻朱墨套印本　四册

半葉9行23字，小字雙行字同，白口，四周雙邊，單黑魚尾，半框17.0×13.5釐米，最大邊長30.0釐米。版心中鎸卷次，下鎸頁碼，卷次頁碼爲朱印。書名頁鎸“詩經繹参”，牌記鎸“同治丁卯孔氏藏板”。欄上朱墨雙色套印眉批。

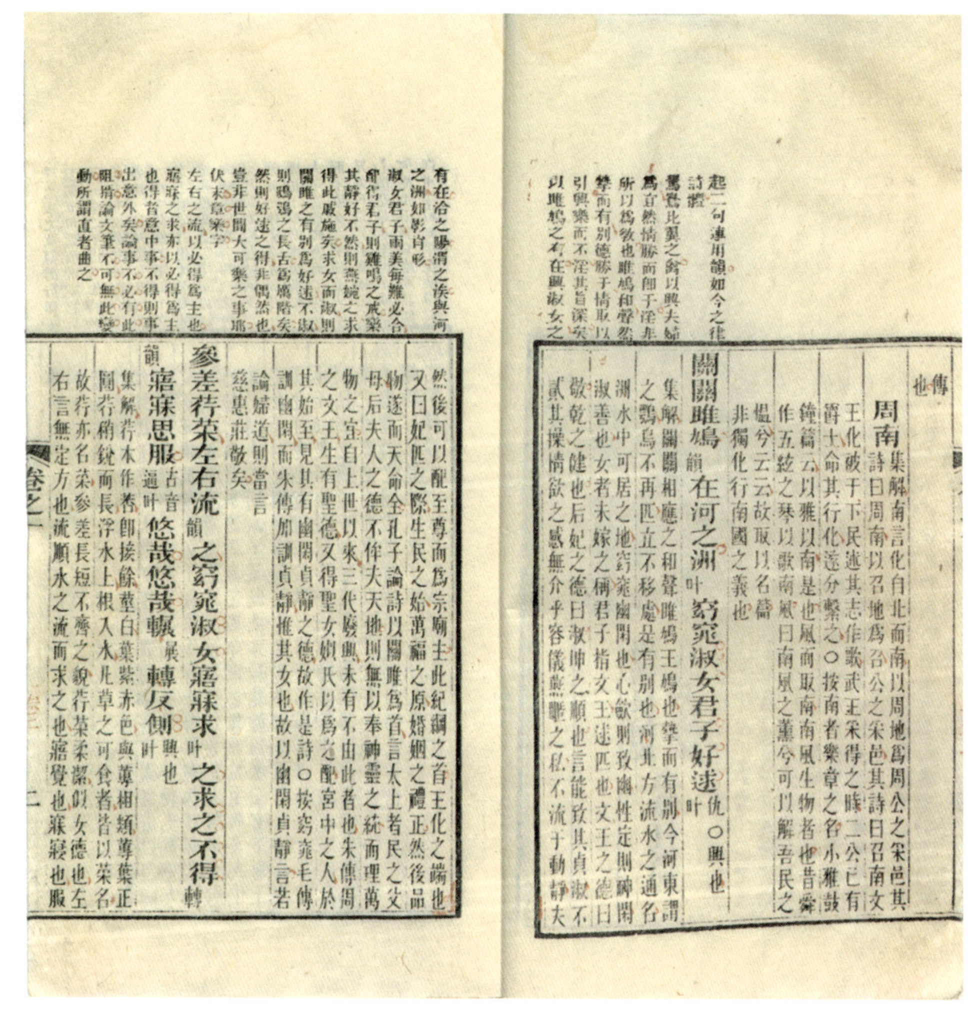
起二句連用韻如今之律
詩體
鸞鳳比翼之貌以興夫婦
爲言然情勝而側于淫非
所以爲教也雎鳩和聲然
摯而有別德勝于情取以
引興樂而不淫其旨深矣
以雎鳩之有在興淑女之

傳也
周南集解南言化自北而南以周地爲周公之采邑其詩曰周南以召地爲召公之采邑其詩曰召南文
王化被于下民述其志作歌武王采得之時二公已有
爵士命其行化遂分繫之○按南者樂章之名小雅鼓
鐘篇云以雅以南是也風而取南南風生物者也昔舜
作五絃之琴以歌南風曰南風之薰兮可以解吾民之
愠兮云云故取以名篇
非獨化行南國之義也
關關雎鳩韻在河之洲叶窈窕淑女君子好逑叶仇○興也
集解關關相應之和聲雎鳩王鳩也摯而有別今河東謂
之鷙鳥不再匹立不移處是有別也河北方流水之通名
洲水中可居之地窈窕幽閒也心歛則致幽性定則神閒
淑善也女者未嫁之稱君子指文王逑匹也文王之德曰
敬乾之健也后妃之德曰淑坤之順也言能致其貞淑不
貳其操情欲之感無介乎容儀燕昵之私不流于動靜夫

有在洽之陽渭之涘與河
之洲如影肖形
淑女君子兩美每難必合
節衍君子則雞鳴之戒樂
其靜好不然則燕婉之求
得此戚施矣求女而淑則
關雎之有別爲好逑不淑
則鴟鴞之長舌爲厲階矣
然則好逑之得非偶然也
豈非世間大可樂之事哉
伏末章樂字
左右之流以必得爲主也
寤寐之求亦以必得爲主
也得皆意中事不得則事
出意外矣論事不必有此
題論文筆不可無此變
動所謂直者曲之

然後可以配至尊而爲宗廟主此紀綱之首王化之端也
又曰妃匹之際生民之始萬福之原婚姻之禮正然後品
物遂而天命全孔子論詩以關雎爲首言太上者民之父
母后夫人之德不侔夫天地則無以奉神靈之統而理萬
物之宜自上世以來三代廢興未有不由此者也朱傳周
之文王生有聖德又得聖女姒氏以爲之配宮中之人於
其始至見其有幽閒貞靜之德故作是詩○按窈窕毛傳
訓幽閒而朱傳加訓貞靜推其女也故以幽閒貞靜言若
論婦道則當言
慈惠莊敬矣
參差荇菜左右流韻之窈窕淑女寤寐求叶之求之不得轉
韻寤寐思服古音逼叶悠哉悠哉輾展轉反側叶興也
集解荇木作莕即接餘莖白葉紫赤色與蓴相類蓴葉正
圓荇稍銳而長浮水上根入水凡草之可食者皆以菜名
故荇亦名菜參差長短不齊之貌荇菜柔潔似女德也左
右言無定方也流順水之流而求之也寤覺也寐寢也服

卷之一　二

詩經繹參卷之一

南海鄧 翔巢閣甫著

受業 孔廣陶少唐 馬浩泉翰墀 仝叅訂校刊
羅嘉耀沛卿 莫壁書綺屏

國風集解國者諸侯所封之域風者民俗歌謠之詩諸侯采之以貢于天子天子受之而列于樂官于以考其俗尚之美惡而知其政治之得失焉二南爲正風所以用之閨門鄉黨邦國而化天下也十三國爲變風亦領在樂官以時存肄備觀省而垂監戒蓋男女亂倫而邶鄘衛之風變君臣失道而王風變田遊荒淫而齊風變儉嗇褊急而魏風變以至唐風變而憂傷秦風變而勇鬬陳風變而淫遊歌舞曹檜二風變而亂極思治此十三國之大槩也吳楚無風楚辭在荆山吳未通上國也滕薛無詩微也鄶檜皆滅于鄭而號無詩陳蔡皆列會盟而蔡無詩有司失

011. 詩傳注疏：三卷　〔宋〕謝枋得撰　

清乾隆三十八年至五十一年（1773—1786）安徽歙縣長塘鮑氏刻本　一册

半葉9行21字，細黑口，左右雙邊，無魚尾，半框13.0×9.9釐米，最大邊長20.0釐米。版心中鎸子目書名及卷次，下鎸“知不足齋叢書”。

所屬叢書：《知不足齋叢書》第十一集。吴長元乾隆四十六年（1781）序言是書據“《永樂大典》各韻所載元人詩經纂注中采録一百六十四條，歷搜諸書又得一百三十七條，存詳去略編爲三卷”。

弁言
宋謝疊山先生詩傳注疏原本久佚卷帙無攷元人解詩互相徵引删節詳略亦各不同今於永樂大典各韻所載元人詩經纂注中採錄一百六十四條歷搜諸書又得一百三十七條存詳去略編爲三卷祇標篇目不餘經文以脫略甚多也先生生板蕩之朝抱黍離之痛說詩見志於小雅變傷哀怨之什恒致意焉而於經義發明透暢又非空作議論者比解無衣之與子同仇寓高宗南遷之失論皇父之不遺一老刺似道誤國之姦
詩傳注疏弁言　一　知不足齋叢書

詩傳注疏卷上

弋陽 謝 枋得 君直 著

周南

葛覃

貴爲后妃正位乎內供織紝豈無嬪嬙盛服飾豈無文繡有司者治之足矣今也刈葛爲絺其事至勞澣衣潔裳其事至細手之而不倦足之而不怠豈樂爲𫄨𥀬哉將化天下以盡婦道也爲人婦者聞后妃知本如此豈不克勤克儉乎豈不盡孝盡義乎故曰一國之事繫一

012. **毛詩注疏：二十卷** 〔漢〕鄭玄箋〔唐〕孔穎達疏

清嘉慶三年（1798）蘇州金閶書業堂刻本　三册

半葉9行21字，小字雙行字同，白口，左右雙邊，無魚尾，半框17.9×12.5釐米，最大邊長24.0釐米。版心上鐫"毛詩疏"，下鐫"汲古閣"。

存3卷：卷十八、十九、二十。所屬叢書：《十三經注疏》。據明崇禎三年（1630）毛氏汲古閣本重刻。

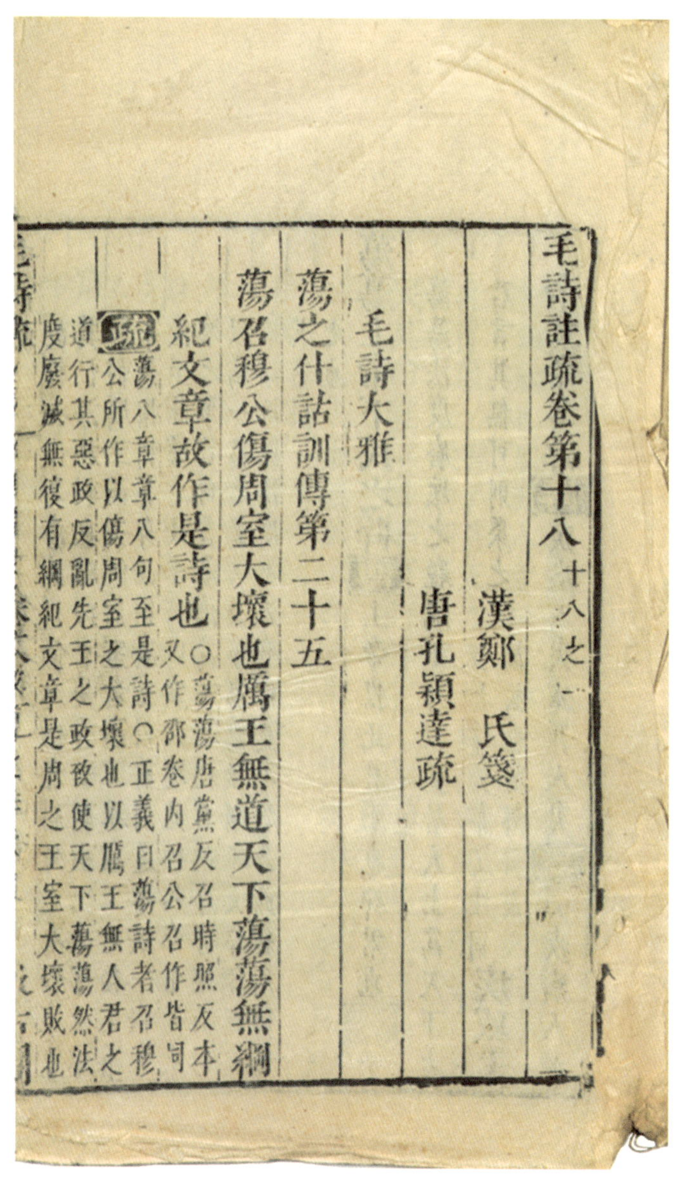
毛詩註疏卷第十八 十八之一
漢鄭　氏箋
唐孔穎達疏
毛詩大雅
蕩之什詁訓傳第二十五
蕩召穆公傷周室大壞也厲王無道天下蕩蕩無綱紀文章故作是詩也○蕩蕩唐黨反召時照反本又作邵卷內召公召作皆同
疏蕩八章章八句至是詩○正義曰蕩詩者召穆公所作以傷周室之大壞也以厲王無人君之道行其惡政反亂先王之政致使天下蕩蕩然法度廢滅無復有綱紀文章是周之王室大壞敗也

事賦斂也威罪人者峻刑法也其政教又多邪僻不
由舊章○辟匹亦反本又作僻注同斂力豔反駿荀閏反本亦作峻邪似嗟反天生烝
民其命匪諶靡不有初鮮克有終傳諶誠也箋云烝
衆鮮寡克能也天之生此衆民其教道之非當以誠
信使之忠厚乎今則不然民始皆庶幾於善道後更
化於惡俗○烝之承反諶市林反鮮息淺反注同道音導本亦作導疏蕩蕩至有終○正義
曰穆公傷厲王無道壞滅法度言今蕩蕩然廢壞法
度者上帝之君王乃以此無法度爲下民之君也
又言王無法度之事重賦斂以疾病人峻刑法以威
罪人如此者是上帝之君王又其下政教之命甚多
邪僻言其無法度不由舊章也元本天之生此衆民
其使人君爲政教之命以教導之非欲使之誠信乎

013. 毛詩傳箋：三十卷，附鄭氏詩譜一卷，音義三卷　〔漢〕鄭玄箋

清嘉慶二十一年（1816）木瀆周孝垓枕經樓刻本　五册

半葉9行22字，小字雙行字同，白口，左右雙邊，單黑魚尾，半框18.3×13.8釐米，最大邊長25.0釐米。版心上鎸書名，中鎸卷名，下鎸頁碼。

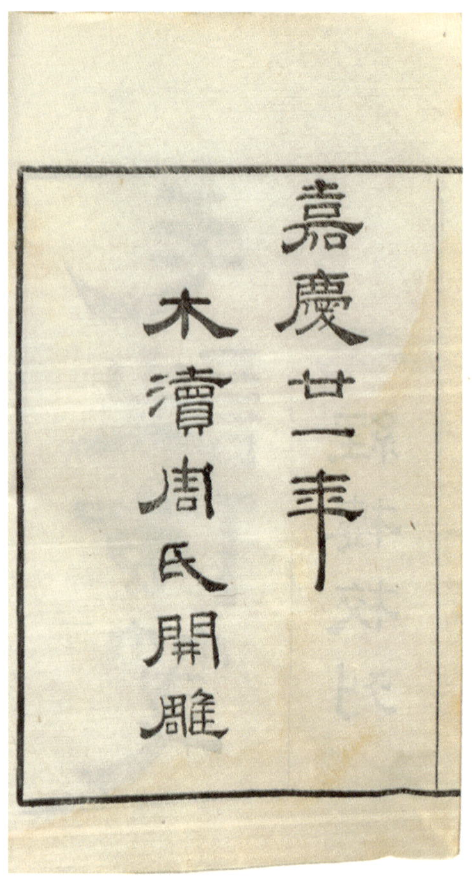

周南關雎故訓傳弟一

毛詩國風　鄭氏箋

關雎后妃之德也風之始也所以風天下而正夫婦也故用之鄉人焉用之邦國焉風風也教也風以動之教以化之詩者志之所之也在心爲志發言爲詩情動於中而形於言言之不足故嗟歎之嗟歎之不足故永歌之永歌之不足不知手之舞之足之蹈之也情發於聲聲成文謂之音發猶見也聲謂宮商角徵羽也聲成文者宮商上下相應治世之音安以樂其政和亂世之音怨以怒其政乖亡國之音哀

禮記類　三禮總義類

014. 寄傲山房塾課纂輯禮記全文備旨：十一卷 〔清〕鄒聖脉纂輯

PL2467.Z6 H9 1764

清乾隆二十九年（1764）刻本　六册

上下兩欄，上欄20行10字，下欄10行20字，小字雙行字同，白口，四周單邊，單黑魚尾，半框18.8×13.5釐米，最大邊長25.5釐米。版心上鎸“禮記全文備旨”。卷二、四、五、六、七、八、九、十、十一下欄題“陳澔集説”。牌記鎸“遵奉禮部議覆刊行，霧閣鄒梧岡纂輯，禮記備旨全文，禮記自湖南學政李綬奏請銷毁删本，嗣後生章專習禮記者，務須誦讀全經，不得仍以删本自欺滋誤學者，永爲定式，同文堂藏板”。

有元至治二年（1322）陳澔“禮記集説序”。清乾隆二十九年王紫紳序言刻書事，刻書年據序言。

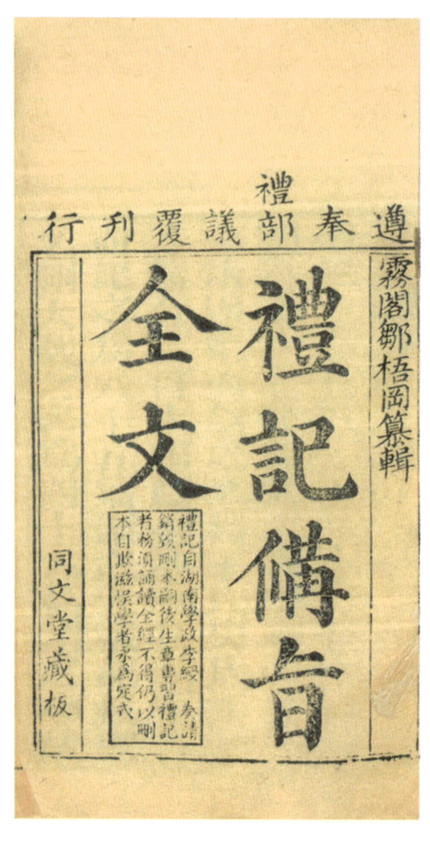
遵奉禮部議覆刊行
霧閣鄒梧岡纂輯
禮記備旨
全文
禮記自湖南學政李綬奏請銷毀刪本嗣後生章專習禮記者務須誦讀全經不得仍以刪本自欺滋誤學者永爲定式
同文堂藏板

寄傲山房塾課纂輯禮記全文備旨卷之一

霧閣鄒聖脈梧岡氏纂輯　男廷猷可庭編次　孫鴻聯 景揚 章琳 仝校訂

曲禮節旨

孟子曰首章言君子修身其要在此三者言其效足以安民乃禮之本故以冠篇○敬字是徹上徹下之道帝王然士君子亦然首句本包得下二句又必若下二句者以八字言則在貴渾淪難於着於貝於貌言主用力所謂制外以養

曲禮上第一 禮曰曲禮三千言節目之委曲其多如是也此即古禮經之篇名後人以為篇多故分為上下

○曲禮曰毋不敬，心之儼若思，貌之敬安定辭，言之敬安民哉。君子修身其要在此三者而其效足以安民乃禮之本故以冠篇心定者具言安以舒此君子修己以敬而其效至於安人安百姓也。講此言修己以敬工夫見本於敬也敬字重看包括全部毋不敬身心內外說只及貌言者以其所係尤切也安民哉句是成就敬中看出平天下實效有歎美意在○此條雖主敬要貼定禮字蓋敬者禮之綱也毋不敬身心內外不可使有一毫之不敬也其容貌必端

禮記全文備旨　卷之一　曲禮上

015. 禮記體注大全合參：四卷　〔清〕周熾輯　

清康熙五十年至光緒元年間（1711—1875）刻本　四册

上下兩欄，上欄爲《禮記體注大全合參》，半葉20行24字，下欄爲《禮記纂注参訂讀本》，半葉8行17字，小字雙行字同，白口，四周單邊，無魚尾，半框19.5×14.0釐米，最大邊長26.8釐米。書名頁鎸“范紫登先生原本，銅陵周旦林纂訂，禮記體注大全合參，本衙藏板”。

所屬叢書：《五經體注》。有清康熙五十年周旦林序。

禮記體註大全合參卷之一　標題備載

銅陵周　熾昌森手輯

男　錫較字

曲禮上

曲禮篇○此言禮以敬爲主君子體之以修身其功至密而其效最宏也敬字不但包括全章并包括全部毋不敬該身心內外說下氣及儼言者以其所係尤切也安民只說理就從敬中看出齊家治國平天下之實效非虛擬也○敬字重禮者儼敬而已矣故包括全部○毋不敬只是此心主一無適不敢偷佚儼字神凝氣定的模樣凡人有所思其貌必端非若思者言其貌之無不敬也安者從容不迫定者堅確不移辭安且定言其辭之無不敬也末句安民見得修己以敬如此則心無不正身無不修無論致身即安百姓之功效亦豈外此也哉此節敬字重而禮字亦不可放開

賢者節○此言賢者得中之行賢者二字要隔泛泛賢學言只而字俱是轉語重下四句上安字活是安而處之下安字死是理

禮記體註大全合參卷之一

禮記纂註彙訂讀本

莪溪范紫登先生原本

曲禮上　禮之纖文小節曰曲

曲禮曰毋不敬儼若思安定辭安民哉　毋無通

修己之君子身心內外不可一毫不敬敬形於貌無不儼然若有所思敬形於辭安舒堅定而不搖亂如此以修己則安民之理不亦即此而具也哉

賢者狎而敬之畏而愛之愛而知其惡憎而

曲禮上　一

016. 禮書：一百五十卷　〔宋〕陳祥道撰　PL2469.Z6 C446 1804

清嘉慶九年（1804）福建郭氏校經堂刻本　十七册

半葉9行21字，小字雙行字同，白口，四周雙邊，單黑魚尾，半框14.8×10.8釐米，最大邊長23.0釐米。版心中鐫書名及卷次，下鐫“校經堂”。書名頁鐫“嘉慶甲子，禮書，郭氏重刊”，牌記鐫“大清嘉慶甲子福清郭氏校刊”。

郭龍光跋言刻書事。

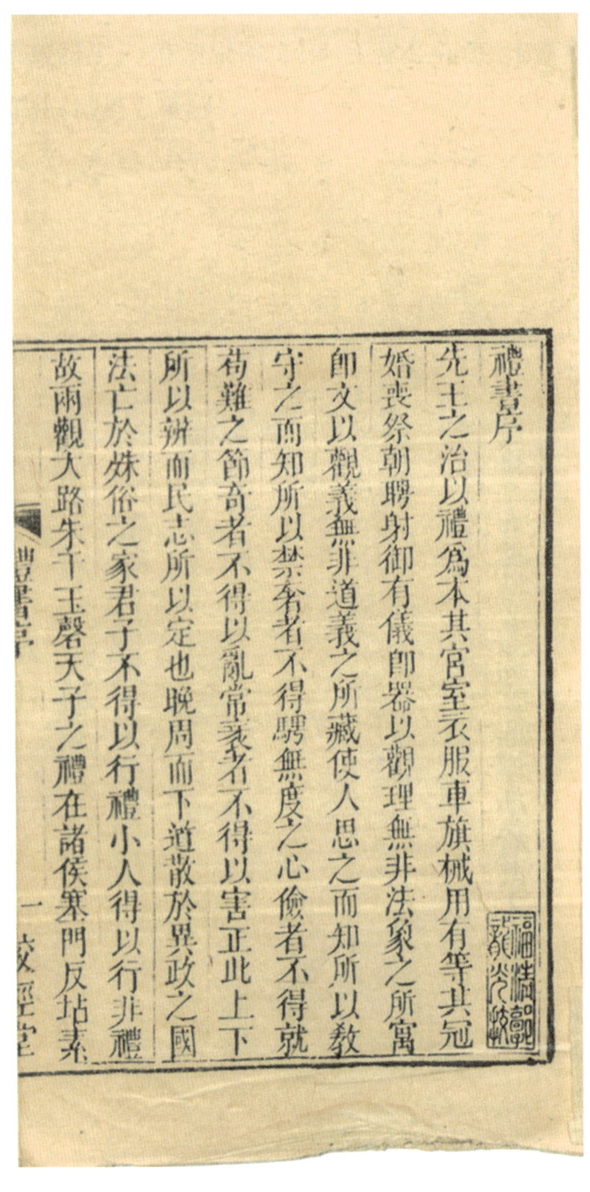

禮書序

先王之治以禮爲本其宮室衣服車旗械用有等其冠婚喪祭朝聘射御有儀即器以觀理無非法象之所寓即文以觀義無非道義之所藏使人思之而知所以教守之而知所以禁奢者不得騁無度之心儉者不得就苟難之節奇者不得以亂常衺者不得以害正此上下所以辨而民志所以定也晚周而下道散於異政之國法亡於殊俗之家君子不得以行禮小人得以行非禮故兩觀大路朱干玉磬天子之禮在諸侯塞門反坫素

禮書序　一　校經堂

禮書

宋左宣義郎太常博士賜緋魚袋陳祥道譔

冕服

書曰天命有德五服五章哉又曰予欲觀古人之象日月星辰山龍華蟲作會宗彝藻火粉米黼黻絺繡以五采彰施于五色作服汝明孔氏曰日月星爲三辰宗廟彝尊亦以山龍華蟲爲飾火爲火字粉若粟冰米若聚米黼若斧形黻爲兩已相背葛之精者曰絺五色備曰繡周禮典絲凡祭祀共黼畫組就之物典命上公九命其衣服以九爲節侯伯七命其衣服以七爲節子男五命其衣服以五

春秋左傳類　春秋公羊傳類
春秋穀梁傳類　春秋總義類

017. **春秋左傳注疏：六十卷**　〔晉〕杜預注〔唐〕孔穎達疏

清嘉慶三年（1798）蘇州金閶書業堂刻本　三十册

半葉9行21字，小字雙行字同，白口，左右雙邊，無魚尾，半框17.9×12.5釐米，最大邊長24.0釐米。版心上鎸“春秋疏”，中鎸卷次，下鎸“汲古閣”。書名頁鎸“春秋注疏”，卷末牌記鎸“皇明崇禎十一年歲在著雍攝提格古虞毛氏鎸”。

所屬叢書：《十三經注疏》。據明崇禎十一年（1638）毛氏汲古閣本重刻。

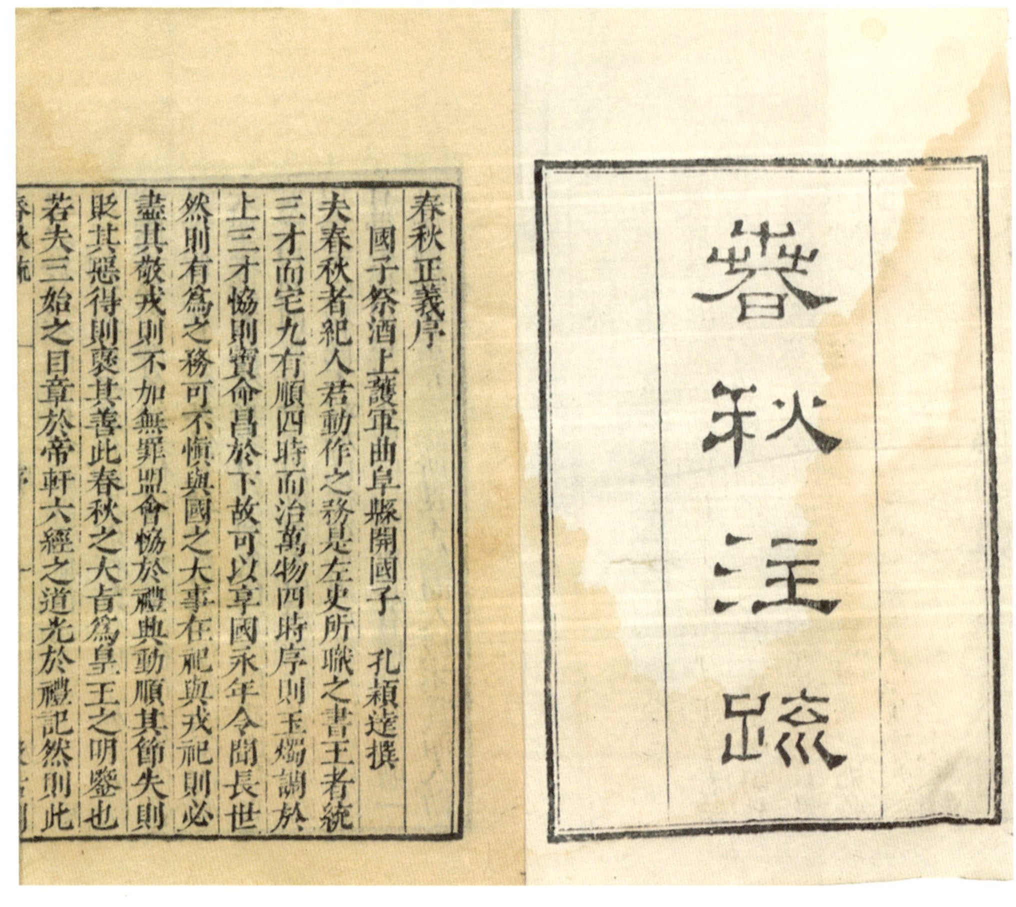

春秋注疏

春秋正義序

國子祭酒上護軍曲阜縣開國子　孔穎達撰

夫春秋者紀人君動作之務是左史所職之書王者統三才而宅九有順四時而治萬物四時序則玉燭調於上三才協則寶命昌於下故可以享國永年令聞長世然則有爲之務可不慎與國之大事在祀與戎祀則必盡其敬戎則不加無罪盟會協於禮興動順其節失則貶其惡得則褒其善此春秋之大旨爲皇王之明鑒也若夫三始之目章於帝軒六經之道光於禮記然則此

春秋左傳註疏卷第一

晉杜　氏註

唐孔穎達疏

春秋序

○陸曰此元凱所作既以釋經故依例音
之本或題爲春秋左傳序者沇文何以爲
釋例序【疏】正義曰此序題目文多不同或云春
今不用　秋序或云左氏傳序或云春秋經傳
集解序或云春秋左氏傳序按晉宋古本及今
定本並云春秋左氏傳序今依用之南人多云
此本釋例序後人移之於此且有題曰春秋釋
例序置之釋例之端今所不用晉太尉劉寔與
杜同時人也宋大學博士賀道養去杜亦近俱
爲此序作註題並不言釋例序明非釋例序也
又晉宋古本序在集解之端徐邈以晉世言五
經音訓爲此序作音且此序稱分年相附隨而

018. 讀左補義：五十卷，首二卷 〔清〕姜炳璋輯 PL2470.Z6 C45 1782

清乾隆四十七年（1782）同文堂刻本 十四册

半葉11行23字，小字雙行字同，白口，左右雙邊，單黑魚尾，半框18.3×13.9釐米，最大邊長26.0釐米。版心上鐫書名，眉端鐫評。書名頁鐫“進呈御覽，采入四庫全書，四明姜白巖輯，讀左補義，右文堂發兑，同文堂藏板”，卷末鐫“壬寅歲重校正”。

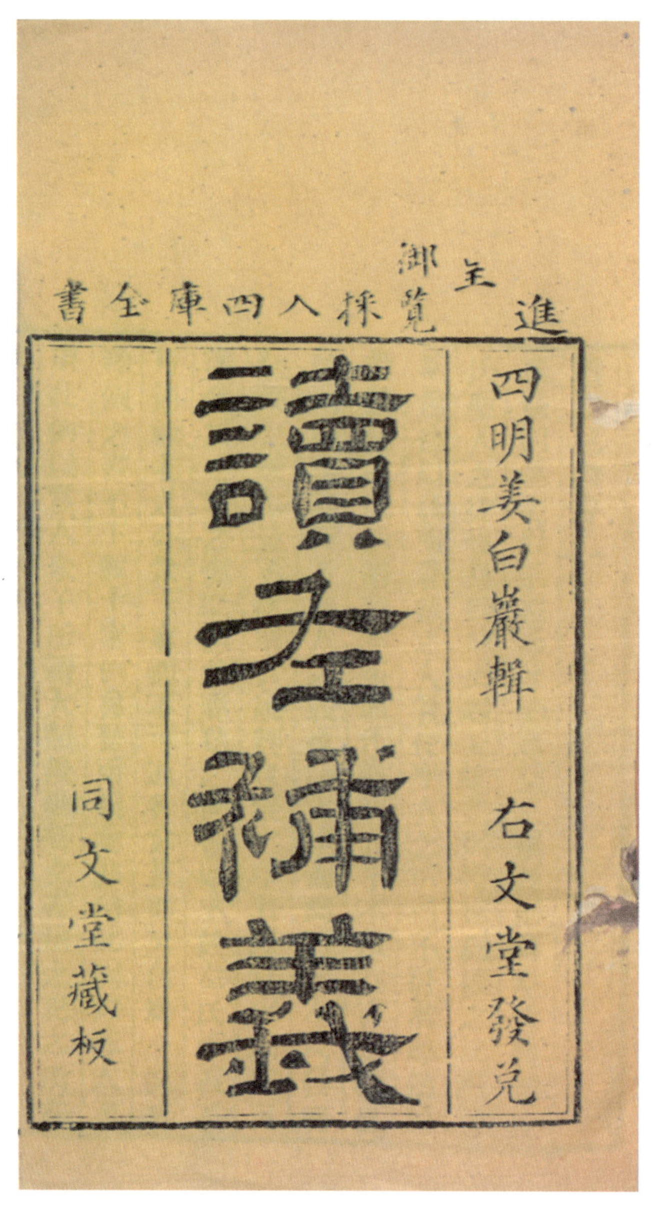
進呈御覽 采入四庫全書
四明姜白巖輯
讀左補義
右文堂發兑
同文堂藏板

讀左補義卷首

白巖　姜炳璋　輯

綱領上

春秋書法有義有例有定者義也故定哀之微辭即隱桓之大義無定者例也故隱桓之定例非閔僖之成法左氏魯史也其所稱凡例前史所傳於作傳時復卽事而類推之使學者有見其得失而但於敘事中發明聖人之義也史官之例有五因約畧指數以例其餘

一西周舊典九則

周公制禮手定典章宏綱細目皆備大史內史小史

019. 春秋公羊注疏：二十八卷　〔漢〕何休注〔唐〕徐彦疏

清嘉慶三年（1798）蘇州金閶書業堂刻本　十册

半葉9行21字，小字雙行字同，白口，左右雙邊，無魚尾，半框18.0×12.5釐米，最大邊長24.0釐米。版心上鎸“公羊疏”，中鎸卷次，下鎸“汲古閣”。書名頁鎸“公羊注疏”，序文卷端鎸“春秋公羊傳注疏”，書末有牌記單行陰文鎸“皇明崇禎七年歲在閼逢閹茂古虞毛氏繡鎸”。

所屬叢書：《十三經注疏》。據明崇禎七年（1634）毛氏汲古閣本重刻。

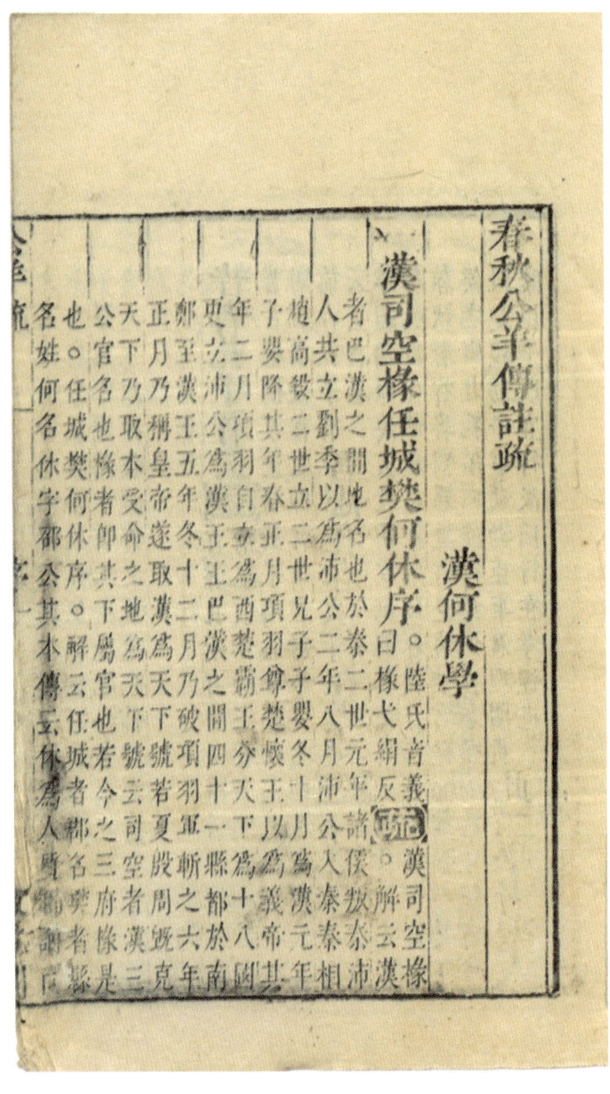

春秋公羊傳註疏

漢何休學

漢司空掾任城樊何休序。陸氏音義曰掾弋絹反疏漢司空掾。解云漢

者巴漢之間地名也於秦二世元年諸侯叛秦沛

人共立劉季以為沛公二年八月沛公入秦秦相

趙高殺二世立二世兄子子嬰冬十月為漢元年

子嬰降其年春正月項羽尊楚懷王以為義帝其

年二月項羽自立為西楚霸王分天下為十八國

更立沛公為漢王王巴漢之間四十一縣都於南

鄭至漢王五年冬十二月乃破項羽斬之六年

正月乃稱皇帝遂取漢為天下號若夏殷周既克

天下乃取本受命之地為天下號云司空者漢三

公官名也掾者即其下屬官也若今之三府掾是

也。任城樊何休序。解云任城者郡名樊者縣

名姓何名休字邵公其本傳云休為人質樸訥口

春秋公羊註疏隱公卷第一 起元年盡元年

漢何休學

春秋公羊經傳解詁隱公第一。陸曰解詁佳買反下音古訓也

何休學。學者言爲此經之學即註述之意【疏】春秋至第一。解云案舊題云春秋隱公經傳解詁第一公羊何氏則云春秋者一部之總名隱公者魯侯之謚號經傳者雜縟之稱解詁者何所自目第一者無先之辭公羊者傳之別名何氏者邵公之姓也今定本則升公羊字在經傳上退隱公字在解詁之下未知自誰始也又云何休學今案博物志曰何休註公羊云何休學有不解者或答曰休謙辭受學於師乃宣此義不出於已此言爲允是其義也。問曰左氏以爲魯哀十一年夫子自衛反魯十二年告老遂作春秋至十四年經成不審公羊之義孔子早晚作春秋乎。答曰公

020. 春秋穀梁傳注疏：二十卷　〔晉〕范甯集解〔唐〕楊士勛疏

清嘉慶三年（1798）蘇州金閶書業堂刻本　五册

半葉9行21字，小字雙行字同，白口，左右雙邊，無魚尾，半框18.0×12.6釐米，最大邊長23.9釐米。版心上鎸"穀梁疏"，中鎸卷次，下鎸"汲古閣"。書名頁鎸"穀梁注疏"，卷末牌記鎸"皇明崇禎八年歲在旃蒙大淵獻古虞毛氏繡鎸"。

所屬叢書：《十三經注疏》。據明崇禎八年（1635）毛氏汲古閣本重刻。

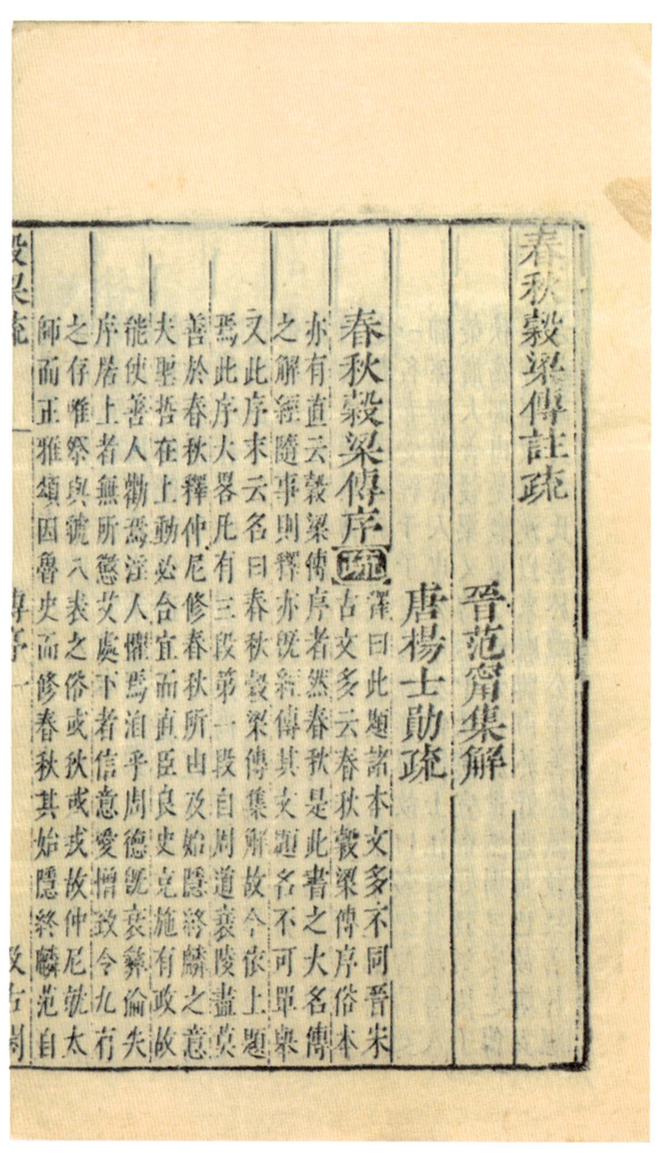

春秋穀梁傳註疏

晉范甯集解

唐楊士勛疏

春秋穀梁傳序【疏】釋曰此題諸本文多不同晉宋古文多云春秋穀梁傳序俗本亦有直云穀梁傳序者然春秋是此書之大名傳之解經隨事則釋亦既經傳共文題名不可單舉又此序末云名曰春秋穀梁傳集解故今依上題焉此序大略凡有三段第一段自周道衰陵盡莫善於春秋釋仲尼修春秋所由及始隱終麟之意

夫聖哲在上動必合宜而直臣良史克施有政故能使善人勸焉淫人懼焉泊乎周德既衰彝倫失序居上者無所懲艾處下者信意愛增致令九有之存唯祭與號八表之俗或狄或戎故仲尼就太師而正雅頌因魯史而修春秋其始隱終麟范自

穀梁疏　　傳序　一　　汲古閣

春秋穀梁註疏隱公卷第一　起元年盡三年

晉范甯集解

唐楊士勛疏

春秋穀梁傳隱公第一

【疏】春秋至第一○釋曰春秋者此書之大名傳之解經隨條即釋故冠大名於上也名曰春秋者以史官編年記事年有四時之序春先於夏秋先於冬故舉春秋二字以包之賈逵云取法陰陽之中知不然者以孝經云春秋祭祀以時思之豈是取法陰陽之中故知非也玉藻云動則左史書之言則右史書之左史所書春秋是也右史所書尚書是也則春秋立名必是仲尼以往三代以來不審誰立之耳仲尼所修謂之經經者常也聖人大典可常遵用故謂之經穀梁所修謂之傳傳不敢與聖人同稱直取傳示於人而已故謂之傳魯世家隱公名

021. 欽定春秋傳説彙纂：三十八卷，首二卷 〔清〕王掞等撰 PL2470 .Z6 1721

清康熙六十年（1721）内府刻本 二册

半葉8行18字，小字雙行22字，白口，四周雙邊，單黑魚尾，半框21.7×16.1釐米，最大邊長27.5釐米。版心上鐫書名，中鐫卷次及小題，下鐫頁碼。

存4卷：卷十一至十四。所屬叢書：《御纂七經》。纂修者與刻者據“職名”。王圖炳書清康熙六十年“御製序”。

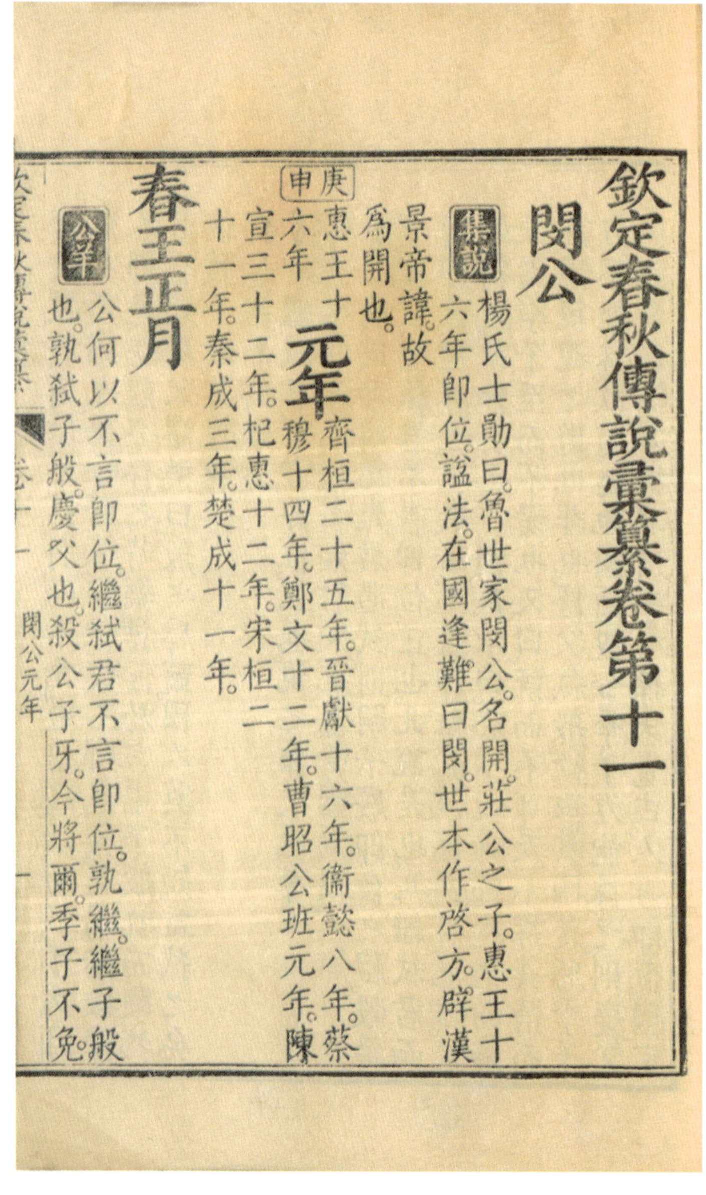

欽定春秋傳說彙纂卷第十一

閔公

集說 楊氏士勛曰魯世家閔公名開莊公之子惠王十六年即位諡法在國逢難曰閔世本作啓方辟漢景帝諱故爲開也

庚申 惠王十六年 元年 齊桓二十五年晉獻十六年衛懿八年蔡穆十四年鄭文十二年曹昭公班元年陳宣三十二年杞惠十二年宋桓二十一年秦成三年楚成十一年

春王正月

公羊 公何以不言即位繼弑君不言即位孰繼繼子般也孰弑子般慶父也殺公子牙今將爾季子不免

欽定春秋傳說彙纂 卷十一 閔公元年 一

欽定春秋傳說彙纂卷第十三

丁卯 惠王二十三年 **六年** 齊桓三十二年。晉獻二十三年。衛文六年。陳宣三十九年。蔡穆二十一年。鄭文十九年。曹昭八年。杞成公元年。宋桓二十八年。秦穆六年。楚成十八年。

春王正月

附錄左傳 晉侯使賈華伐屈。夷吾不能守。盟而行。將奔狄。郤芮曰。後出同走。罪也。不如之梁。梁近秦而幸焉。乃之梁。

集說 王氏錫爵曰。夷吾以不能守故而盟。有如可守。將誰與校乎。重耳曰。君父之命不校。此文公之所以霸也。

022. 春秋體注大全合參：四卷 〔清〕周熾纂輯

清嘉慶道光間（1796—1824）刻本　四册

上下兩欄，上欄爲《春秋體注大全合參》，半葉20行24字；下欄爲《春秋胡傳參訂讀本》，半葉8行17字，小字雙行字同，白口，左右雙邊，單黑魚尾，半框20.1×14.6釐米，最大邊長20.0釐米。版心上鐫"春秋體注大全合參"及卷次，中鐫小題，下鐫頁碼。書名頁鐫"范紫登先生原本，銅陵周旦林纂訂，春秋體注大全合參，本衙藏板"。

所屬叢書：《五經體注》。有清康熙五十年（1711）周熾序。

春秋體註大全合參卷之一　標題備旨

若溪范紫登先生鑒定

銅陵周　熾日燊纂輯

男　曾學

隱公元年

公即位之一年不曰一年而曰元年者何也蓋元者仁也體元者人君之職也故天地生物之心在天爲元在人即爲仁天地以元爲用而萬物以之生成人君體元爲用而經綸參贊之業皆從此而出故治国在正心而正心工夫却在體元人君苟能體此則以天地之心爲心存何家国天下之不正乎文言曰君子體仁足以長人此之謂也況歷稽帝王所云元日元祀皆取此義可見夫子春秋一書無非祖述帝王之心法以爲書法也此傳重在體元若人君之職一句見得人君以正心爲要而正心莫要于體元誠能體元與天地合其德與帝王同其用後之爲君者不可不明此義也

破題

春秋胡傳參訂讀本　彙註輯要

宋文定胡安國傳

參合諸家傳註

魯隱公　名息姑姬姓侯爵自周公子伯禽始受封傳世二十有三至隱公惠公庶長子攝主國事在位十一年謚法不尸其位曰隱

元年　周平王四十九年春秋本魯史故用魯君年月記事

○即位之一年必稱元年者明人君之用也乾元天之用坤元地之用成位乎其中則與天地參故體元者人君之職而調元者宰相之事元即仁也仁人心也春秋深

孝經類　四書類

023. **孝經鄭注：一卷**　〔漢〕鄭玄撰　

清嘉慶二年至七年（1797—1802）安徽歙縣長塘鮑氏刻本　一册

半葉9行18字，小字雙行字同，細黑口，左右雙邊，無魚尾，半框13.0×9.9釐米，最大邊長20.0釐米。版心中鎸子目書名及卷次，下鎸"知不足齋叢書"。

所屬叢書：《知不足齋叢書》第二十一集。卷首清乾隆五十七年（1792）盧文弨疏：徵刻古今名人著作疏。與《孝經鄭注補證》《孝經鄭氏解輯》合訂一册。

孝經鄭註

仲尼居仲尼孔子字曾子侍曾子孔子弟子也子曰先王有至德要道子者孔子以順天下民用和睦上下無怨以用也睦親也至德以教之要道以化之是以民用和睦上下無怨也汝知之乎

曾子避席曰參不敏何足以知之參名也參不達子曰夫孝德之本也人之行莫大於孝故曰德之本也教之所由生也教人親愛莫善於孝故言教之所由生復坐吾語汝身體髮膚受之父母不敢毀傷孝之始也立身行道揚名於後世以顯父母孝之終也夫孝始於事親中

024. 孝經注疏：九卷，附孝經正義　〔唐〕玄宗李隆基注〔宋〕邢昺疏

清嘉慶三年（1798）蘇州金閶書業堂刻本　一册

半葉9行21字，小字雙行字同，白口，左右雙邊，無魚尾，半框17.8×12.0釐米，最大邊長24.0釐米。版心上鎸書名，中鎸卷次，下鎸“汲古閣”。卷末牌記鎸“皇明崇禎二年歲在屠維大荒落古虞毛氏鎸”。

所屬叢書：《十三經注疏》。據明崇禎二年（1629）毛氏汲古閣本重刻。

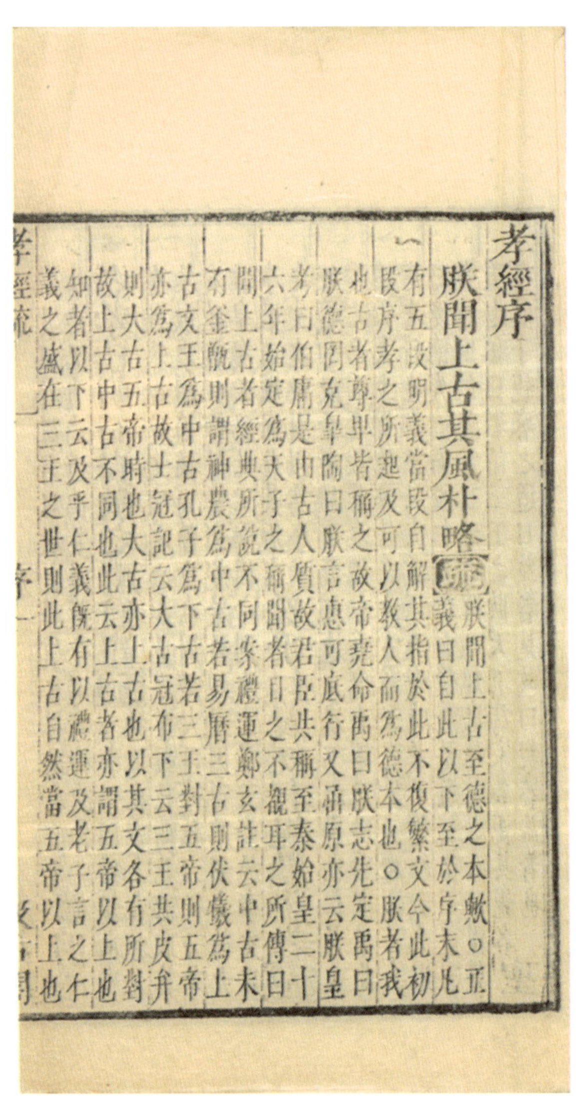

孝經序

朕聞上古其風朴略【疏】朕聞上古至德之本歟○正義曰自此以下至於序末凡有五段明義當段自解其指於此不復繁文今此初一段序孝之所起及可以教人而爲德本也○朕者我也古者尊卑皆稱之故帝堯命禹曰朕志先定禹曰朕德罔克臯陶曰朕言惠可厎行又屈原亦云朕皇考曰伯庸是由古人質故君臣共稱至秦始皇二十六年始定爲天子之稱聞者目之不覩耳之所傳曰聞上古者經典所說不同案禮運鄭玄註云中古未有釜甑則謂神農爲中古若易曆三古則伏犧爲上古文王爲中古孔子爲下古若三王對五帝則五帝亦爲上古故士冠記云大古冠布下云三王共皮弁則大古五帝時也大古亦上古也以其文各有所對故上古中古不同也此云上古者亦謂五帝以上也知者以下云及乎仁義旣有以禮運及老子言之仁義之盛在三王之世則此上古自然當五帝以上也

孝經疏　序　一

孝經註疏卷第一

宋邢昺校

開宗明義章第一

疏正義曰開張也宗本也明顯也義理也言此章開張一經之宗本顯明五孝之義理故曰開宗明義章也第次也一數之始也以此章總標諸章以次結之故爲第一冠諸章之首焉案孝經遭秦坑焚之後爲河間顏芝所藏初除挾書之律芝子貞始出之長孫氏及江翁后倉翼奉張禹等所說皆十八章及魯恭王壞孔子宅得古文二十二章孔安國作傳劉向挍經籍比量二本除其煩惑以十八章爲定而不列名又有荀昶集其錄及諸家疏並無章名而援神契自天子至庶人五章唯皇侃標其目而冠於章首今鄭註見章名豈先有改除近人追遠而爲之也御註依古今集詳議儒官連狀題其章名重加商量遂依所請章者明也謂分析科段使理章

025. 孝經鄭注補證：一卷 〔清〕洪頤煊補證

清嘉慶二年至七年（1797—1802）安徽歙縣長塘鮑氏刻本　一册

半葉9行18字，細黑口，左右雙邊，無魚尾，半框13.0×9.9釐米，最大邊長20.0釐米。版心中鐫子目書名及卷次，下鐫“知不足齋叢書”。

所屬叢書：《知不足齋叢書》第二十一集。卷首清乾隆五十七年（1792）盧文弨疏：徵刻古今名人著作疏。與《孝經鄭注》《孝經鄭氏解輯》合訂一册。

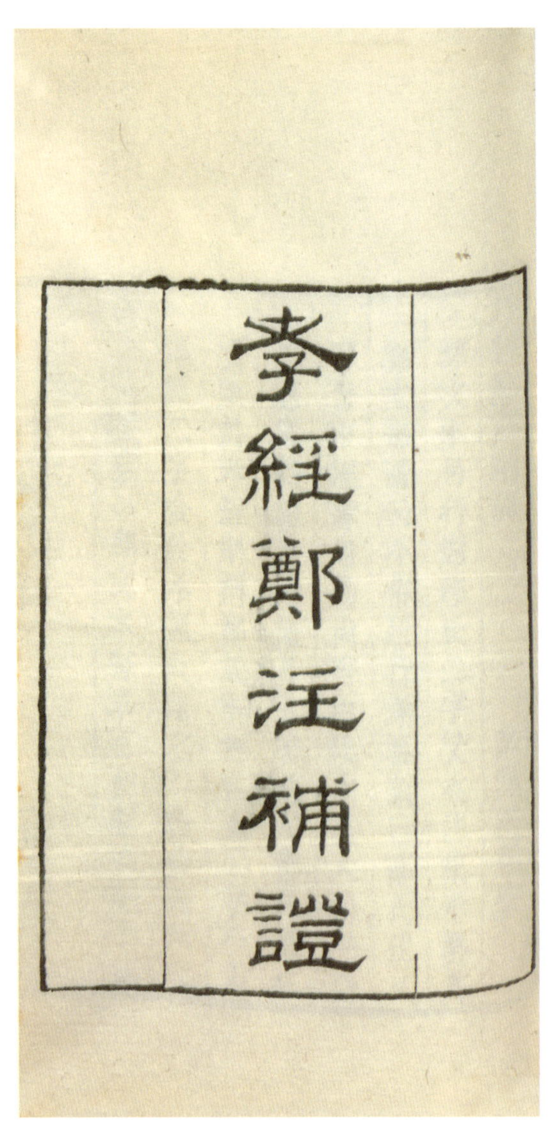

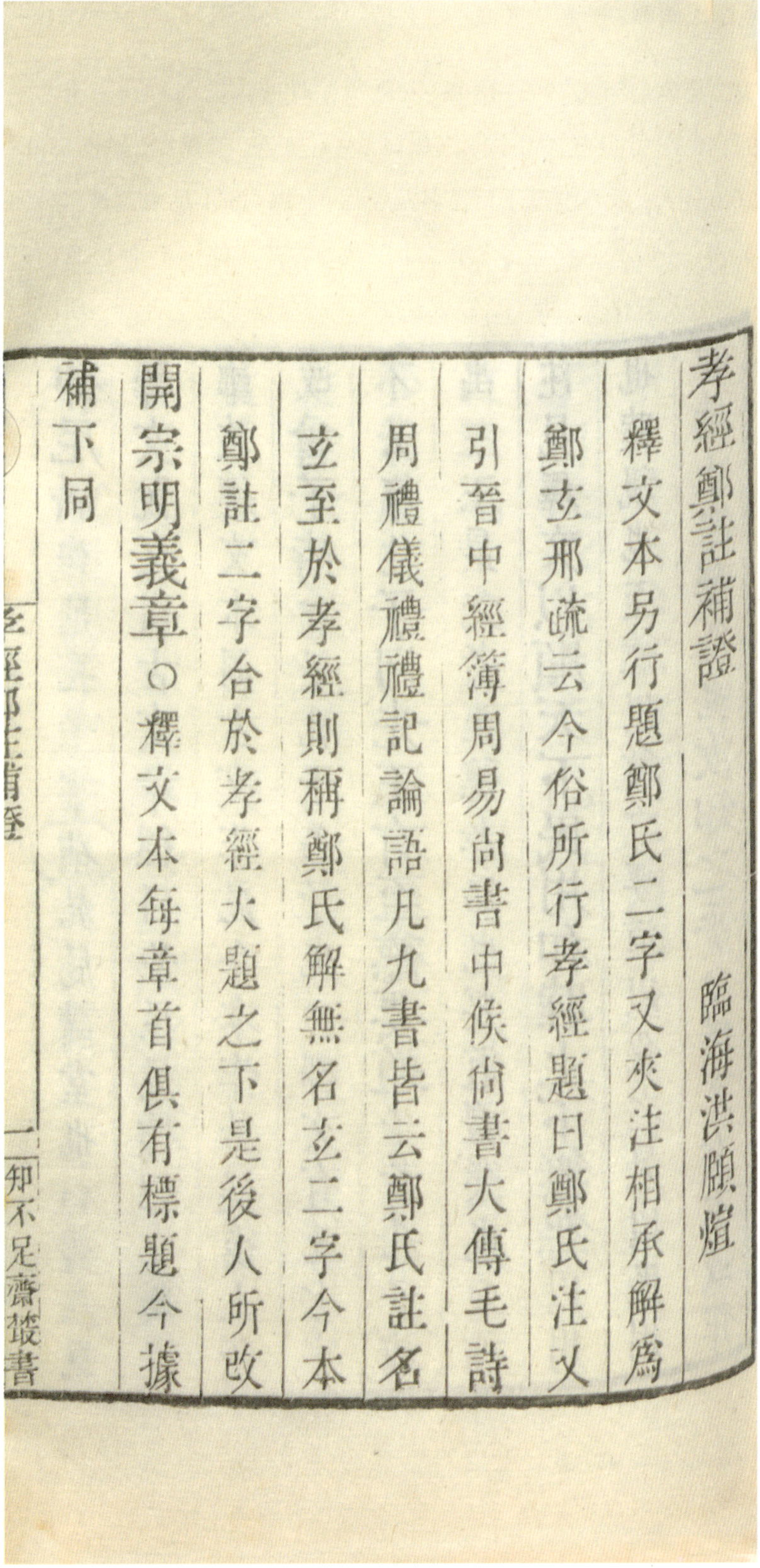

孝經鄭註補證　　臨海洪頤煊

釋文本另行題鄭氏二字又夾注相承解爲鄭玄邢疏云今俗所行孝經題曰鄭氏注又引晉中經簿周易尚書中候尚書大傳毛詩周禮儀禮禮記論語凡九書皆云鄭氏註名玄至於孝經則稱鄭氏解無名玄二字今本鄭註二字合於孝經大題之下是後人所改補下同

開宗明義章○釋文本每章首俱有標題今據

孝經鄭注補證　一　知不足齋𣫍書

026. 孝經鄭氏解輯：一卷 〔漢〕鄭玄撰 〔清〕臧庸輯 AC149 .Z45 v.161

清嘉慶二年至七年（1797—1802）安徽歙縣長塘鮑氏刻本 一册

半葉9行18字，小字雙行字同，細黑口，左右雙邊，無魚尾，半框13.0×9.9釐米，最大邊長20.0釐米。版心中鎸子目書名及卷次，下鎸“知不足齋叢書”。

所屬叢書：《知不足齋叢書》第二十一集。卷首清乾隆五十七年（1792）盧文弨疏：徵刻古今名人著作疏。與《孝經鄭注》《孝經鄭注補證》合訂一册。

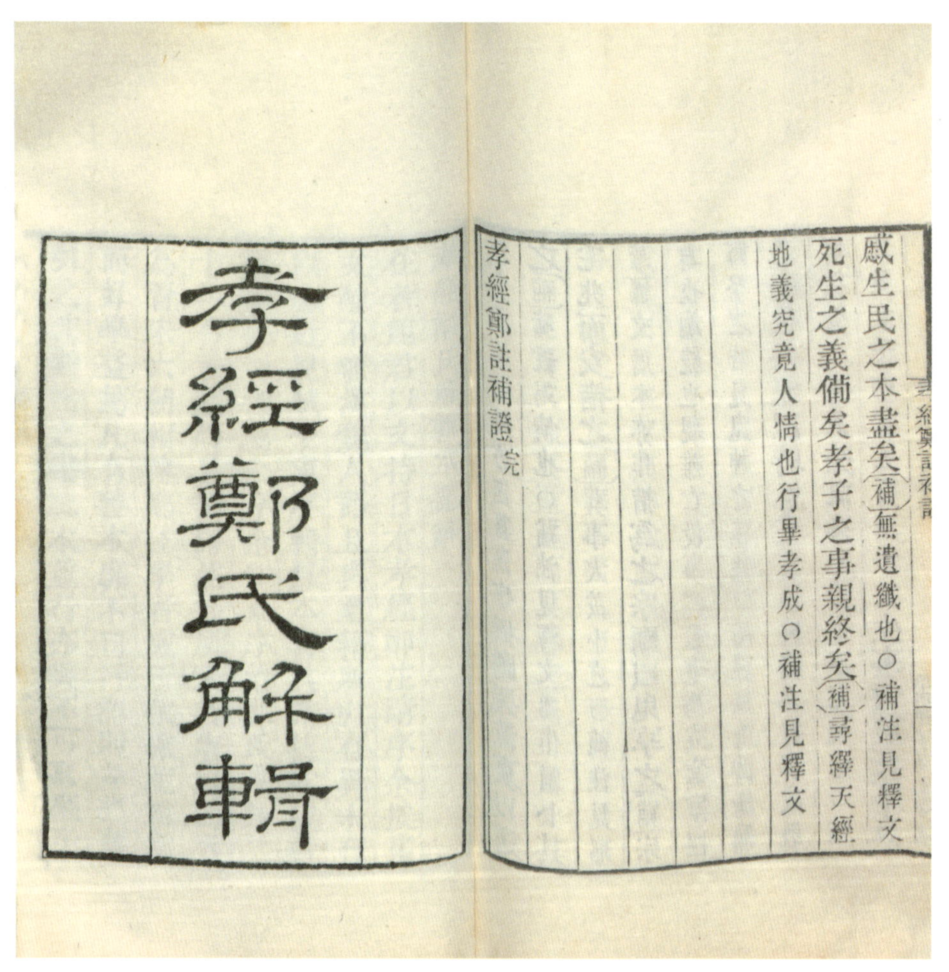
感生民之本盡矣（補）無遺纖也○補注見釋文
死生之義備矣孝子之事親終矣（補）尋繹天經
地義究竟人情也行畢孝成○補注見釋文
孝經鄭註補證 完

孝經鄭氏解輯

孝經　鄭氏解唐劉知幾議曰晉中經簿孝經稱鄭氏解無名玄二字　釋文曰鄭氏相承解爲鄭玄

開宗明義章第一釋文題開宗明義章　正義曰鄭注見章名　按正義石臺本唐石經今本皆有第一二字釋文無下並同章名下經文一字依唐石經也

仲尼居曾子侍

尻尻講堂也釋文　正義御製序并注劉炫述義曰若依鄭注實居講堂按尻當作居此因釋文上云說文作尻因并改此也以隸書寫篆文自稱正體者發端於南宋毛居正岳珂等而近時學者爲尤甚然唐石經具存無此異樣可以之誣古人乎因今之輯孝經鄭注者無不過信此字故首訂正之

027. 論語注疏解經：二十卷 〔魏〕何晏撰 〔宋〕邢昺疏 PL2471.D4 L977 1798

清嘉慶三年（1798）蘇州金閶書業堂刻本　二册

半葉9行21字，小字雙行字同，白口，左右雙邊，無魚尾，半框18.0×12.6釐米，最大邊長24.0釐米。版心上鎸“論語疏”，中鎸卷次，下鎸“汲古閣”。目録前鎸“皇明崇禎十年歲在强圉赤奮若陽月古虞毛氏訂正鎸”。卷末牌記鎸“皇明崇禎十年歲在彊圉赤奮若古虞毛氏繡鎸”。

所屬叢書：《十三經注疏》。據明崇禎十年（1637）毛氏汲古閣本重刻。

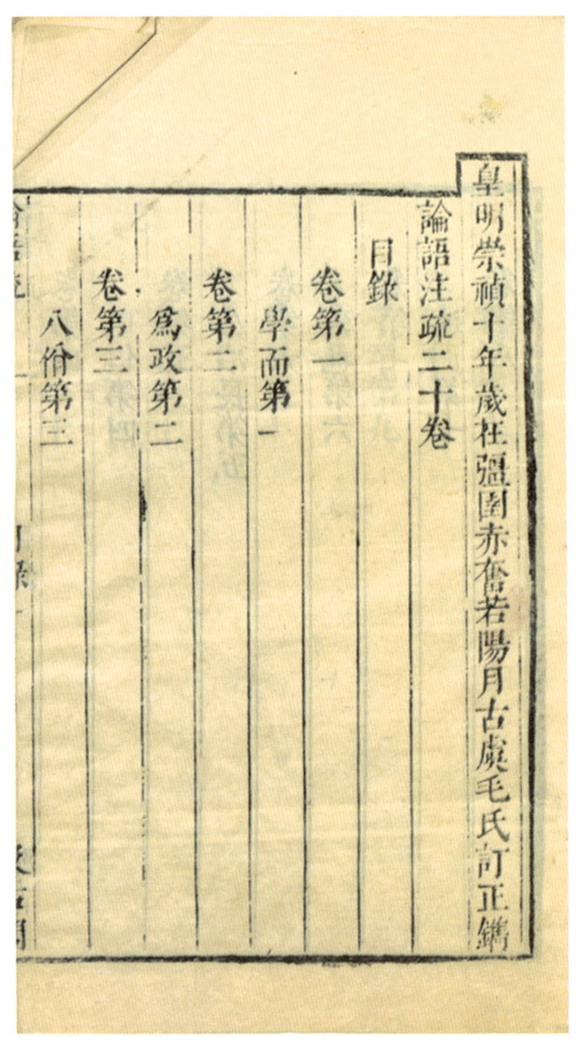

皇明崇禎十年歲在彊圉赤奮若陽月古虞毛氏訂正鐫

論語注疏二十卷

目錄

卷第一

學而第一

卷第二

爲政第二

卷第三

八佾第三

論語註疏解經卷第一

魏何晏集解

宋邢昺疏

學而第一【疏】正義曰自此至堯曰是魯論語二十篇之名及第次也當弟子論撰之時以論語爲此書之大名學而以下爲當篇之小目其篇中所載各記舊聞意及則言不爲義例或亦以類相從此篇論君子孝弟仁人忠信道國之法主友之規聞政在乎行德由禮貴於用和無求安飽以好學能自切磋而樂道皆人行之大者故爲諸篇之先既以學爲章首遂以名篇言人必須學也爲政以下諸篇所次先儒不無意焉當篇各言其指此不煩說第順次也一數之始也言此篇於次當一也

子曰學而時習之不亦說乎【注】馬曰子者男子之通稱

論語疏　卷之一

028. 孟子注疏解經：十四卷 〔漢〕趙岐注 〔宋〕孫奭疏　　PL2474.Z6 C42 1798

清嘉慶三年（1798）蘇州金閶書業堂刻本　六册

半葉9行21字，小字雙行字同，白口，左右雙邊，無魚尾，半框17.2×12.7釐米，最大邊長24.0釐米。版心上鎸“孟子疏”，中鎸卷次，下鎸“汲古閣”。書名頁鎸“孟子注疏”，序題“孟子正義序”，卷末牌記鎸“皇明崇禎六年歲在昭陽作噩古虞毛氏繡鎸”。

所屬叢書：《十三經注疏》。據明崇禎六年（1633）毛氏汲古閣本重刻。

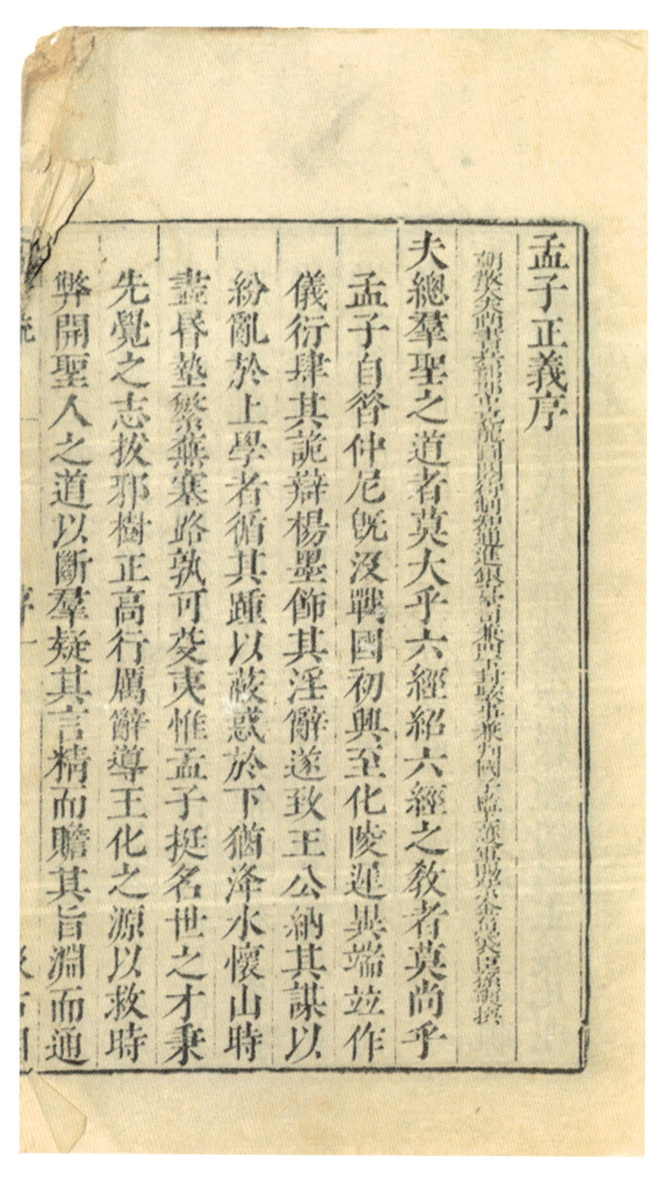

孟子正義序

[illegible]

夫總羣聖之道者莫大乎六經紹六經之教者莫尚乎
孟子自昔仲尼既沒戰國初興至化陵遲異端並作
儀衍肆其詭辯楊墨飾其淫辭遂致王公納其謀以
紛亂於上學者循其蹤以蔽惑於下猶洚水懷山時
盡昏墊繁蕪塞路孰可芟夷惟孟子挺名世之才秉
先覺之志拔邪樹正高行厲辭導王化之源以救時
弊開聖人之道以斷羣疑其言精而贍其旨淵而通

孟子註疏解經卷第一上

漢趙氏註

宋孫奭疏

梁惠王章句上凡七章【註】梁惠王者魏惠王也魏國名惠謚也王號也時天下有七王皆僭號者猶春秋之時吳楚之君稱王也魏惠王居於大梁故號曰梁王聖人及大賢有道德者王公侯伯及卿大夫咸願以爲師孔子時諸侯問疑質禮若弟子之問師也魯衛之君皆尊事焉故論語或以弟子名篇而有衛靈

孟子疏　卷一上　一　汲古閣

029. 孟子疏證第三種正經界：六卷 〔清〕连鶴壽撰 DS706.5 .Z4

清道光（1821—1850）刻本　六册

半葉10行21字，小字雙行字同，白口，四周雙邊，無魚尾，半框17.7×13.3釐米，最大邊長29.0釐米。版心上鎸書名，中鎸卷次及頁碼，下鎸“弟三種”。書名頁鎸“孟子疏證弟三種，趙鶴生題”。

卷首凡例末記“李生召棠，字布南，貴池人，年未冠，恂恂好學，此六卷係所手抄，附記於此”。

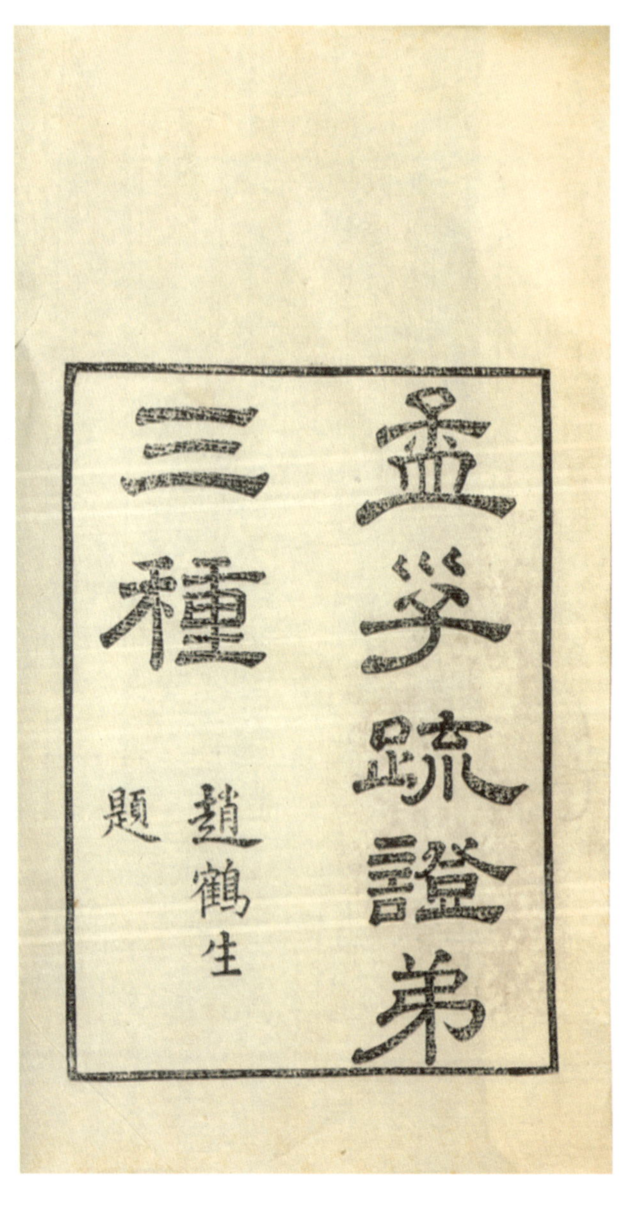

孟子疏證弟
三種
趙鶴生
題

孟子疏證弟三種正經界

吴江沱鶴壽青匡著

夏九州經界疏證

堯典言舜肇十有二州冀沇青徐楊荆豫梁雍見于禹貢其餘三州不可得聞馬融鄭元王肅咸謂舜以青州越海而分齊爲營州冀州南北太遠分衛爲并州燕以北爲幽州此徒見爾雅釋地有幽營周禮職方有幽并遂取以補十二州之名非他有所據也墨子兼愛篇禹治天下西爲西河漁竇以泄渠孫皇之水北爲防原泒

孟子疏證　卷一　一　弟三種

030. **四子書：十九卷** 〔宋〕朱熹撰

清咸豐十年（1860）刻本　六册

半葉9行13字，小字雙行字同，白口，左右雙邊，單黑魚尾，半框18.5×13.4釐米，最大邊長26.7釐米。版心上鎸書名，中鎸頁碼，下鎸“菜根香館”。書名頁鎸“咸豐庚申重校宋本，四子書，順德霞石何氏藏版”。鈐“蔣克鎔印”。子目：

大學章句一卷；中庸章句一卷；論語集注十卷；孟子集注七卷，附四書句辨、疑字辨、四書圖

書名據書名頁。清道光七年（1827）何瑞熊跋言刻書事。

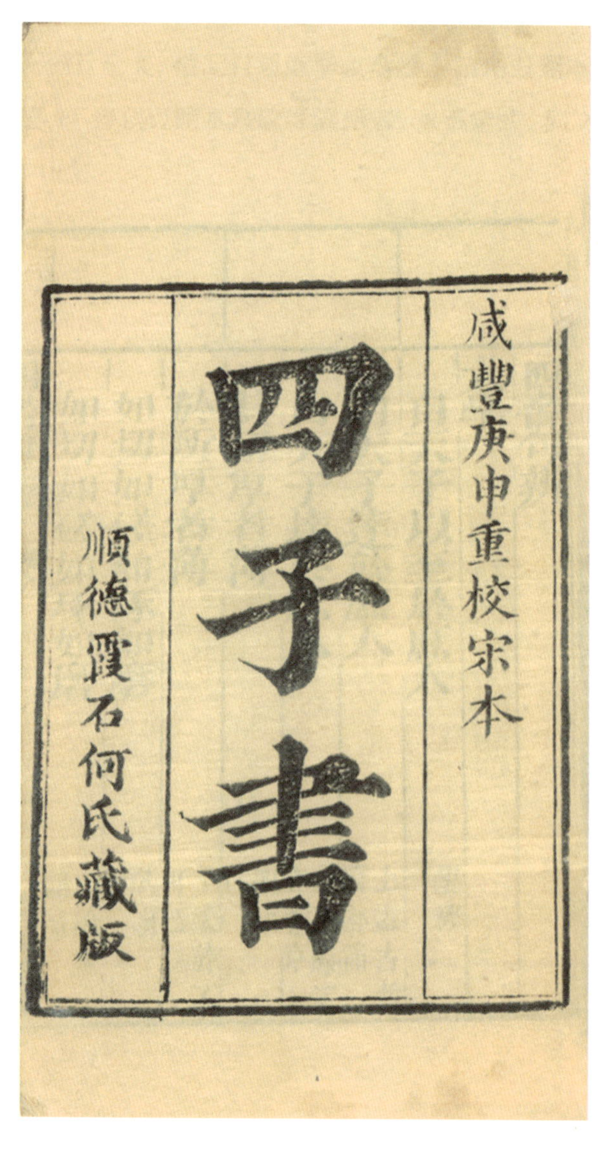
咸豐庚申重校宋本
四子書
順德霞石何氏藏版

四書句辨

大學

自天子以至於庶人 聖經

自天子達於庶人 上孟古者 棺椁節

自天子達於庶人 上孟滕定 公薨章

其所厚者薄 聖經

於所厚者薄 下孟於不 可已

如切如磋如琢如磨 淇澳 節

如切如磋如琢如磨 上論無 諂章

四書句辨 一

菜根香館

031. 新訂四書補注備旨：八卷　〔明〕鄧林撰〔清〕杜定基增訂

PL2463.Z6 D36

清咸豐至宣統間（1851—1911）石印本　六册

半葉11行45字，小字雙行字同，白口，四周雙邊，單黑魚尾，半框21.5×13.5釐米，最大邊長26.7釐米。版心上鐫“四書補注備旨”，中鐫書名卷次，下鐫頁碼。鈐“蔣克鎔印”。

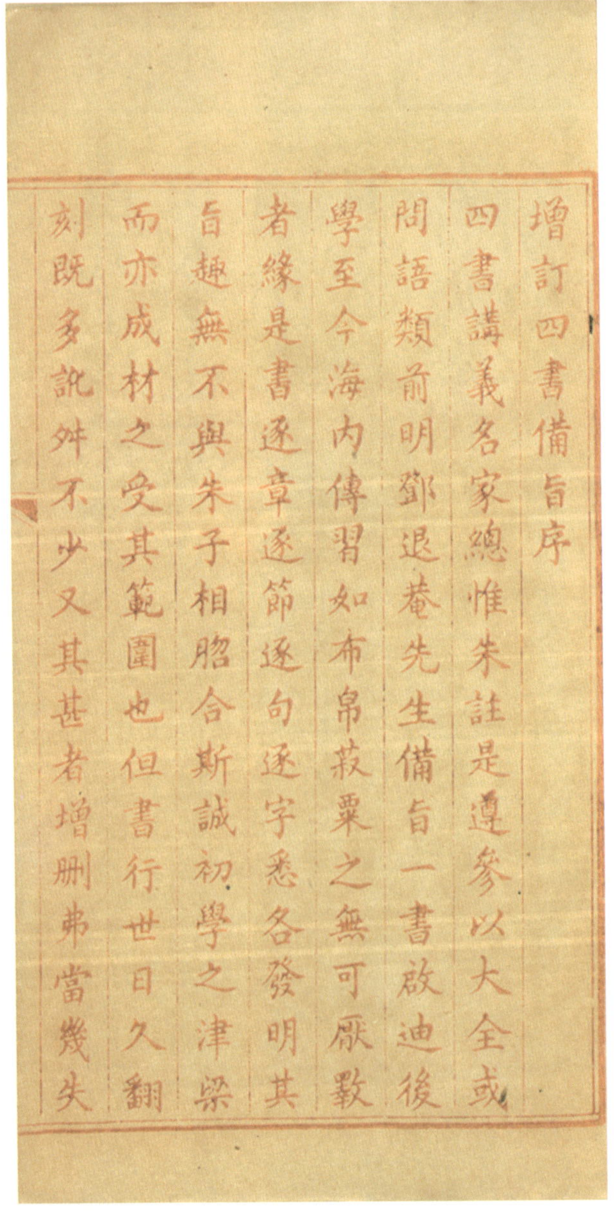
增訂四書備旨序
四書講義名家總惟朱註是遵參以大全或問語類前明鄧退菴先生備旨一書啟迪後學至今海內傳習如布帛菽粟之無可厭斁者緣是書逐章逐節逐句逐字悉各發明其旨趣無不與朱子相脗合斯誠初學之津梁而亦成材之受其範圍也但書行世日久翻刻既多訛舛不少又其甚者增刪弗當幾失

新訂四書補註備旨大學卷之一

粵東鄧 林退菴先生手著　裔孫 煜灌生編次

寶安祁文友珊洲先生重校　江甯後學杜定基起元增訂

曾子

曾參南武城人鄫國之後夏少康封其次子曲烈於鄫當家襄公時邾莒滅鄫鄫世子巫奔魯去邑而爲曾氏巫數傳生點點生參年十六孔子在楚命參之楚受學焉性至孝家貧食力儆衣躬耕

大學章旨

此章孔子明先王立學教人之法以詔後世大學二字是主腦分兩段看前一段三節是統言綱領而推其先後以結之示人以知序也後一段四節是詳言條目而要其本以結之示人以知要也通章不出三綱領然三綱領又不出明德後段歸到修身爲本正見明德爲本處講聖經要影傳語但不可顯侵

大學節旨

此節言大學之綱領明明德是下文格致誠正修之

大學此書名大學者以其所載皆大人之學也原在禮記中以記其博學可以爲政也

子程子曰大學孔氏之遺書而初學入德之門也於今可見古人爲學次第者獨賴此篇之存而論孟次之學者必由是而學焉則庶乎其不差矣

○**大學之道**大學對小學言不對異端曲學道是學的方法**在明明德**三在字俱作當字看明是用功以明之也明德指所受於天之仁義禮智說**在親民**親當作新是革其舊染意民是家國天下之人不可㬎作百姓看**在止於至善**止字照註兼必至不遷二意至善即明新恰好處

【註】大學者大人之學也明明之也明德者人之所得乎天而虛靈不昧以具衆理而應萬事者也但爲氣稟所拘人欲所蔽則有時而昏然其本體之明則有未嘗息者故學者當因其所發而遂明之以復其初也新者革其舊之謂也言既自明其明德又當推以及人使之亦有以去其舊染之污也止者必至於是而不遷之意至善則事理當然之極也言明明德新民皆當止於至善之地而不遷蓋必其有以盡夫天理之極而無一毫人欲之私也此三者大學之綱領也

【講】曾子述聖經以垂訓

032. 四書地理考：十五卷 〔清〕王鎏撰

清道光十五年（1835）壑舟園刻本 四册

半葉11行22字，小字雙行字同，粗黑口，左右雙邊，雙對黑魚尾，半框18.3×5.0釐米，最大邊長28.2釐米。版心上鎸書名，中鎸卷次，下鎸頁碼。

封面題簽損壞，附壑舟園所著書目。

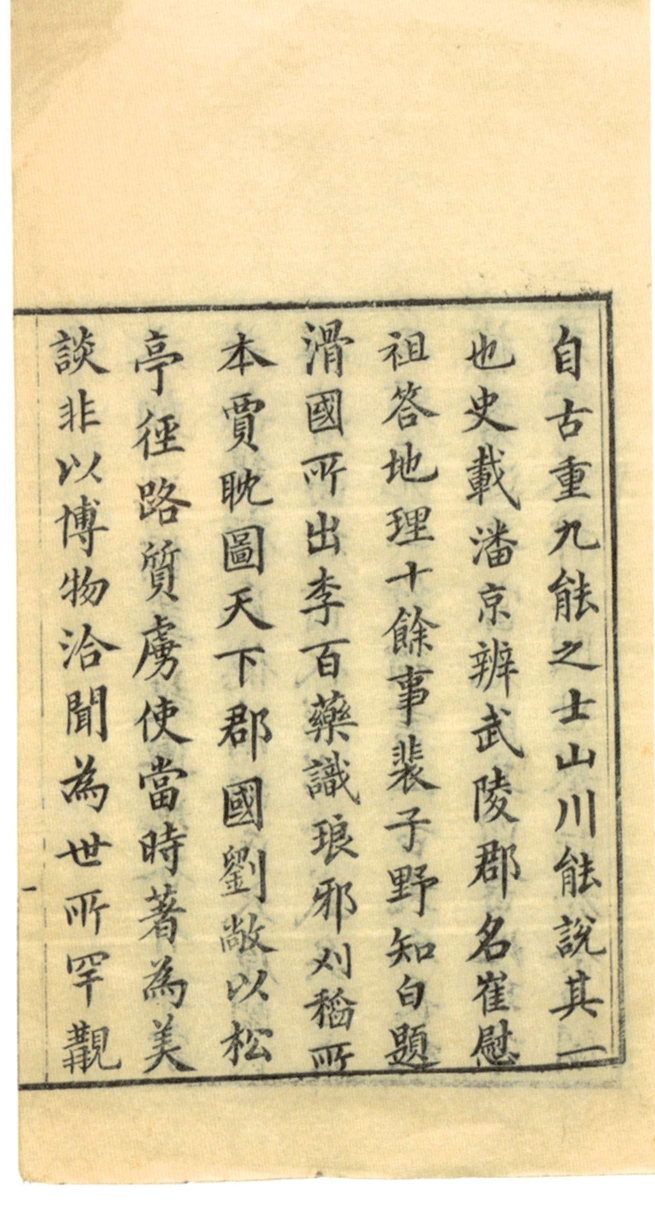

自古重九能之士山川能說其一也史載潘京辨武陵郡名崔慰祖答地理十餘事裴子野知白題滑國所出李百藥識琅邪刈稻所本賈耽圖天下郡國劉敞以松亭徑路質虜使當時著為美談非以博物洽聞為世所罕覯

四書地理攷卷一

東洞庭王瑬原名仲鎏亮生著

地名類

陬

陬在今兗州府鄒縣○水經注云漷水又逕魯國鄒山東南而西南流春秋左傳所謂嶧山也邾文公之所遷今城在鄒山之陽依巖阻以墉固故邾婁之國曹姓也叔梁紇之邑也孔子生于此後乃縣之因鄒山之名以氏縣也王莽之鄒亭矣京相璠曰地理志嶧山在鄒縣北繹邑之所依以爲名也山東西二十里高秀獨出積石相臨殆無土壤石間多孔穴洞達相通往往有如數間屋處其俗謂之

033. 四書經史論策合編：四卷，附四書五經義 PL2463.Z6 S5 1898

清光緒二十四年（1898）羊城新學書局刻本　四册

半葉9行25字，白口，四周雙邊，單黑魚尾，半框13.8×10.7釐米，最大邊長21.1釐米。版心上鎸書名，中鎸卷次，下鎸頁碼。書名頁鎸“四書經史論策合編，内附四書五經義，戊戌秋潘霄漢署”，牌記鎸“羊城新學書局藏本”，序後署“時務學堂主人題時光緒戊戌秋七月”。

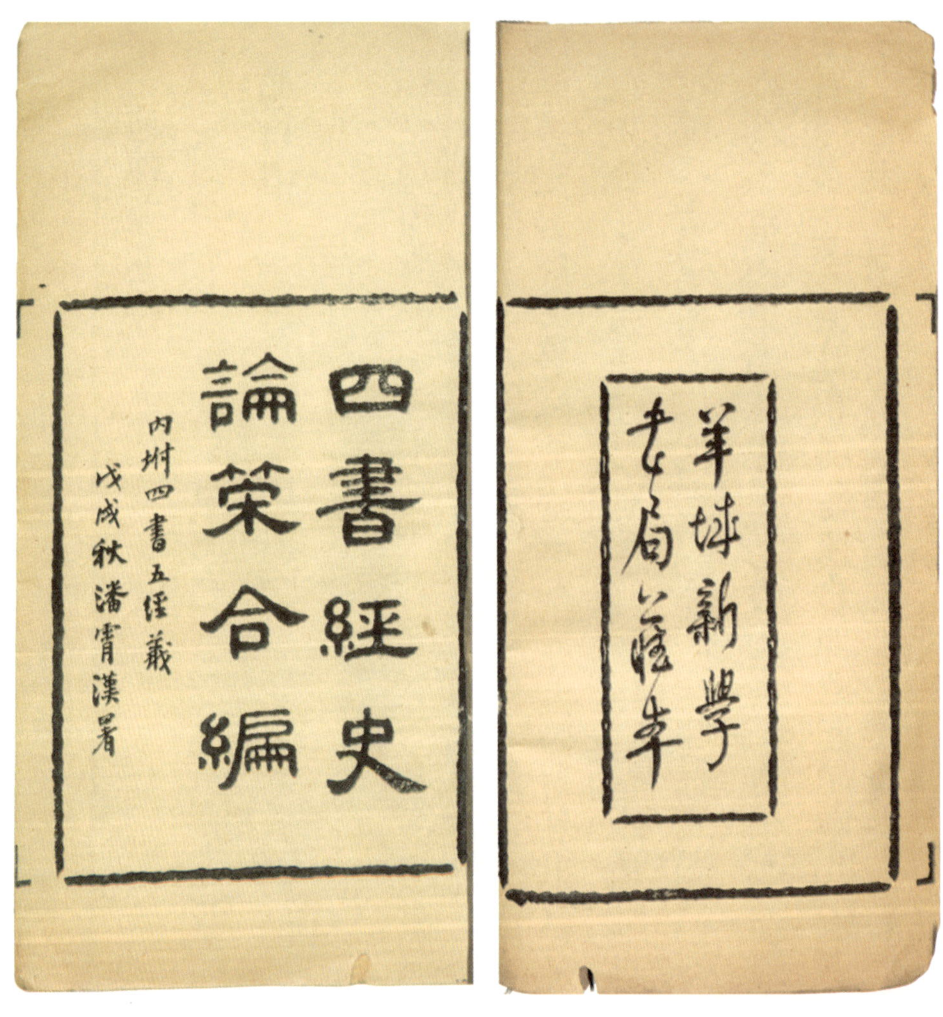

爲人臣止於敬論　　尤侗

人臣事君如事天則可謂純臣矣蓋人或有無禮於君未有以天爲戲者然天亦有異日月光華天之治也雷雹以風天之亂也事治天者樂天者也樂天者易以慢事亂天者畏天者也畏天者易以怨慢與怨皆不敬之大者而無慢難無怨尤難嗚呼文王其不可及也已詩云於緝熙敬止敬者文王之心法也君臣父子國人之間莫不有之而獨於爲人臣稱止敬者何蓋文王一生大節於爲人臣盡之矣顧其所爲者極難耳紂之不善離心離德九侯醢鄂侯誅三公之中一人存幸而得囚危孰甚焉將死乎曰吾少師

群經總義類　小學類

034. 經義述聞：十五卷〔清〕王引之撰　　PL2461.Z7 W35 1817

清嘉慶二十二年（1817）武寧盧宣旬刻本　六册

半葉10行21字，小字雙行字同，粗黑口，左右雙邊，單黑魚尾，半框17.6×12.5釐米，最大邊長23.0釐米。版心中鎸書名及卷次。書名頁鎸“嘉慶丙子阮元著，經義述聞”，各册末鎸“武寧盧宣旬校”。

有清嘉慶二年（1797）王引之序，清嘉慶二十二年阮元“經義述聞序”。刻書者據序言“盧氏於刻十三經注疏之暇付之刻工”。

嘉慶丙子阮元著

經義述聞

周易　　經義述聞一

高郵王引之

夕惕若

乾九五君子終日乾乾夕惕若厲无咎惠氏定宇周易述於惕若下增夤字其說曰說文夕部引易曰夕惕若夤案許慎敘曰其偁易孟氏古文也是古文易有夤字虞翻傳其家五世孟氏之學以乾有夤敬之義故其注易以乾爲敬俗本脫夤今從古增入也家大人曰經文夕與終日相對惕若與乾乾相對若增入夤字則贅矣今考惕若下本無夤字請列五證以明之文言曰故乾

035. 皇清經解：一百九十卷 〔清〕阮元輯

清光緒十七年（1891）上海鴻寶齋石印本　二十四册

上中下三欄，每欄33行24字，白口，四周單邊，單黑魚尾，半框16.1×10.6 釐米，最大邊長20.0釐米。牌記鎸“光緒辛卯仲夏上洋鴻寶齋印”。

清光緒十七年鴻寶齋主人序言是書據阮元編纂《皇清經解》之學海堂原刻本石印。

皇清經解石印縮本序

昔納蘭成公刊行通志堂經解海内說經之士羣然向風其根柢蓋出於玉峯徐氏誠漢唐宋[illegible]之創舉也越百有餘載而　皇清經解全書出焉書為儀徵阮相國文達公開府兩粵時命其門人嚴氏編輯於粵秀山麓之學海堂自道光甲申迄己丑而書始告成時文達已移節滇黔矣其中編校條例與夫後先次序詳載原序中觀者能自得焉惟原書集有千四百餘卷坊家裝作三百餘本之夥卷帙繁重則繙閱較難本齋雅擅縮摹夙印巾箱精品使繁冗之書統歸簡易爰購取阮刻初印真本縮影泐石印成善本將全書分訂二十四册其為取攜輕便何如有謂當時原刻校核似未精到間有脫誤重衍之處本齋深懼貽誤後人乃廣搜各家專籍逐加參訂最後復得湘中勞文毅公於咸豐庚申間開府兩粵時所印補刊本與阮刻兩兩相較微有不同爰集諸

皇清經解　序　一

皇清經解　卷一

顧處士左傳杜解補正

一

036. 相臺書塾刊正九經三傳沿革例：一卷 〔宋〕岳珂撰

清嘉慶八年（1803）安徽歙縣長塘鮑氏刻本　一册

半葉9行21字，細黑口，左右雙邊，無魚尾，半框13.0×9.9釐米，最大邊長20.0釐米。版心中鐫子目書名及卷次。

叢書：《知不足齋叢書》第十三集。據桐華館訂正本刊。與《元真子》合訂一册。

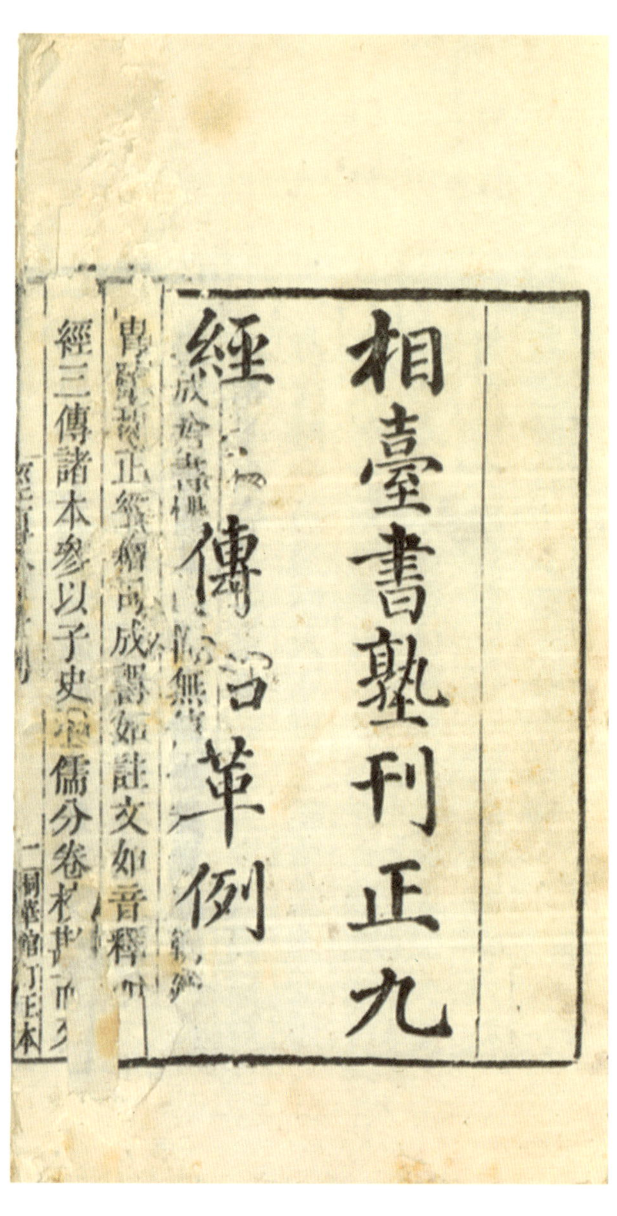
相臺書塾刊正九經三傳沿革例

相臺書塾刊正九經三傳沿革例

世所傳九經自監蜀京杭而下有建余氏興國于氏二本皆分句讀稱為善本廖氏又以余氏不免誤舛于氏未為的當合諸本參訂為最精板行之初天下寶之流布未久元板散落不復存嘗博求諸藏書之家凡聚數帙僅成全書懼其久而無傳也爰倣成刻梓命胄賢校正經編而成書如註文如音釋如句經三傳諸本參以子史[illegible]儒分卷校勘而又

一　桐華館丁巳本

037. 易堂問目：四卷 〔清〕吴鼎輯

清嘉慶至宣統間（1796—1911）刻本 三册

半葉10行21字，小字雙行字同，細黑口，左右雙邊，單黑魚尾，半框17.9×13.3釐米，最大邊長24.2釐米。版心上鎸書名，中鎸卷次及篇名，下鎸頁碼。書眉鎸御批注。書名頁鎸"鄉會試策問首經學，奉旨五經並試，誠士子之急務矣，御覽易堂問目，是編提要鈎元，爲諸經之樞紐，能不寶諸"。

據乾隆三十七年（1772）刻本翻刻。有鄒容成後序。

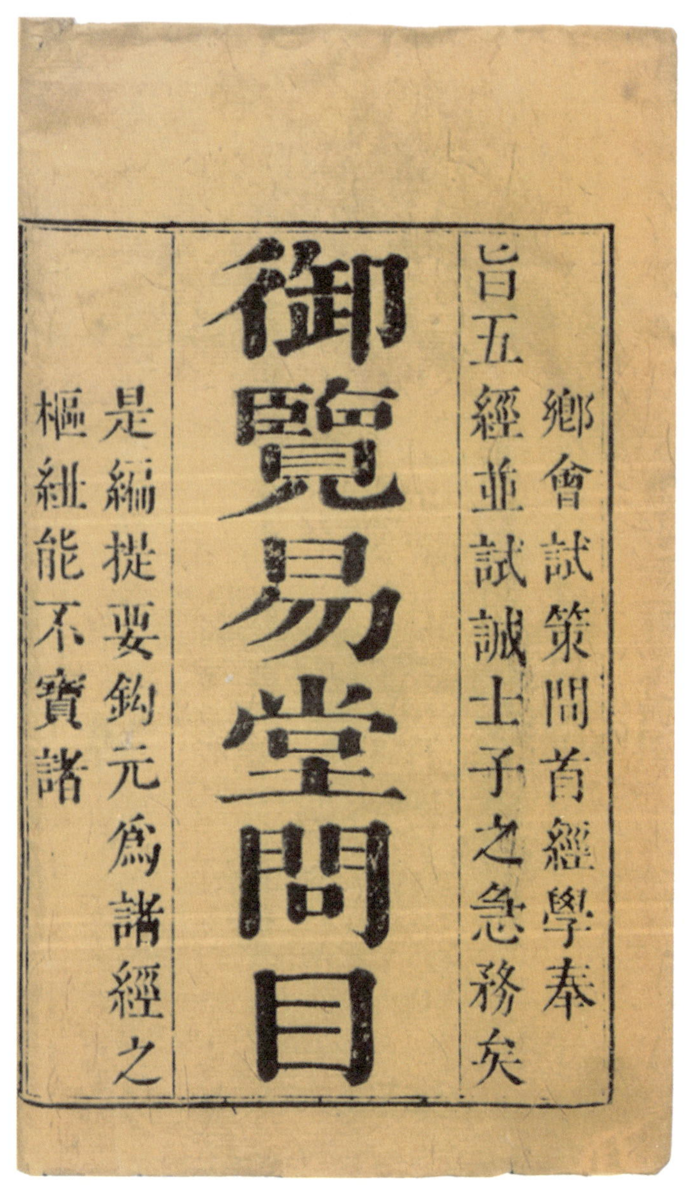

易堂問目卷之一

臣吳鼎著

郊社

問鄭氏註禮有六天之說一皇天大帝北辰耀魄寶二蒼帝靈威仰三赤帝赤熛怒四黃帝含樞紐五白帝白招拒六黑帝汁光紀王肅以爲天一而已安得有六鄭氏分圜丘與郊爲二祭冬至圜丘爲祭皇天大帝夏正郊天爲祭感生帝王肅以爲郊即圜丘圜丘即郊鄭氏之說何所本與王氏之說後儒孰善發明之與

鄭氏之說本春秋緯運斗樞文耀鉤元命苞見周

038. 説文解字：十五卷 〔漢〕許慎撰〔宋〕徐鉉等校定 PL1281.H83 S58

清順治康熙間（1644—1713）常熟毛氏汲古閣刻本　八册

半葉7行15字，小字雙行字數不等，白口，左右雙邊，單黑魚尾，半框20.5×15.0釐米，最大邊長29.2釐米。版心中鎸書名卷次，下鎸頁碼。書名頁鎸"北宋本校刊，説文真本，汲古閣藏板"，進牒後末行鎸"後學毛晉從宋本校刊男扆再校"。鈐"葉椿齡印""芥舟""學書不成去學劍"等印。

毛扆識言"先君購得説文真本，係北宋板，嫌其字小，以大字開雕，未竟而先君謝也。扆哀毁之餘，益增痛焉，久欲繼志，而力有不逮，今桑榆之景，爲日無多，乃鬻田而刻成之"。印主葉椿齡，字芥舟，福建閩縣人，咸豐三年（1853）任陝西綏德知州。

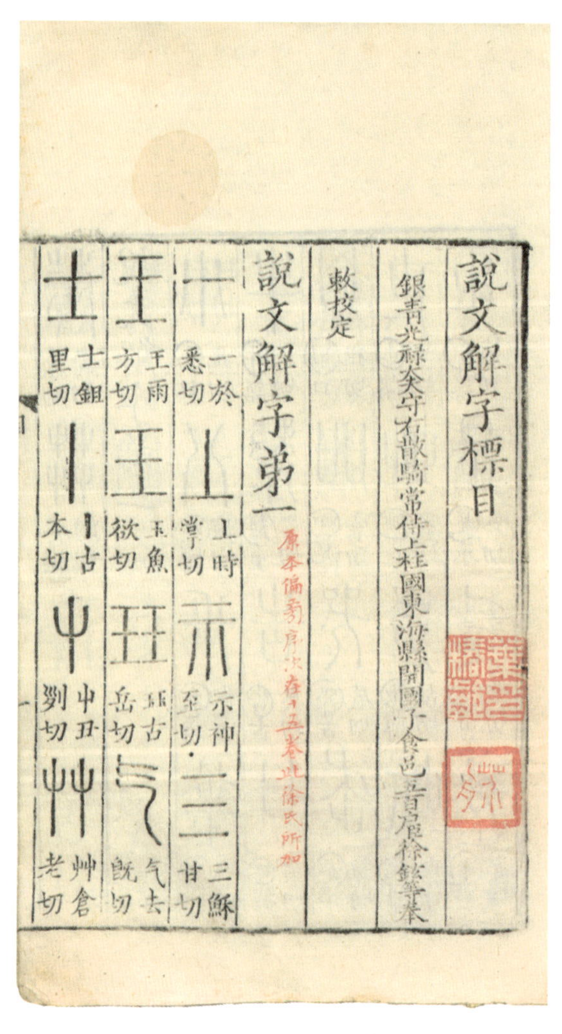

説文解字標目

銀青光祿大夫守右散騎常侍上柱國東海縣開國子食邑五百戶徐鉉等奉

敕校定

説文解字弟一

原本偏旁序次在十五卷此徐氏所加

一 於悉切　丄 時掌切　示 神至切　三 穌甘切

王 雨方切　玉 魚欲切　珏 古岳切　气 去既切

士 鉏里切　丨 古本切　屮 丑列切　艸 倉老切

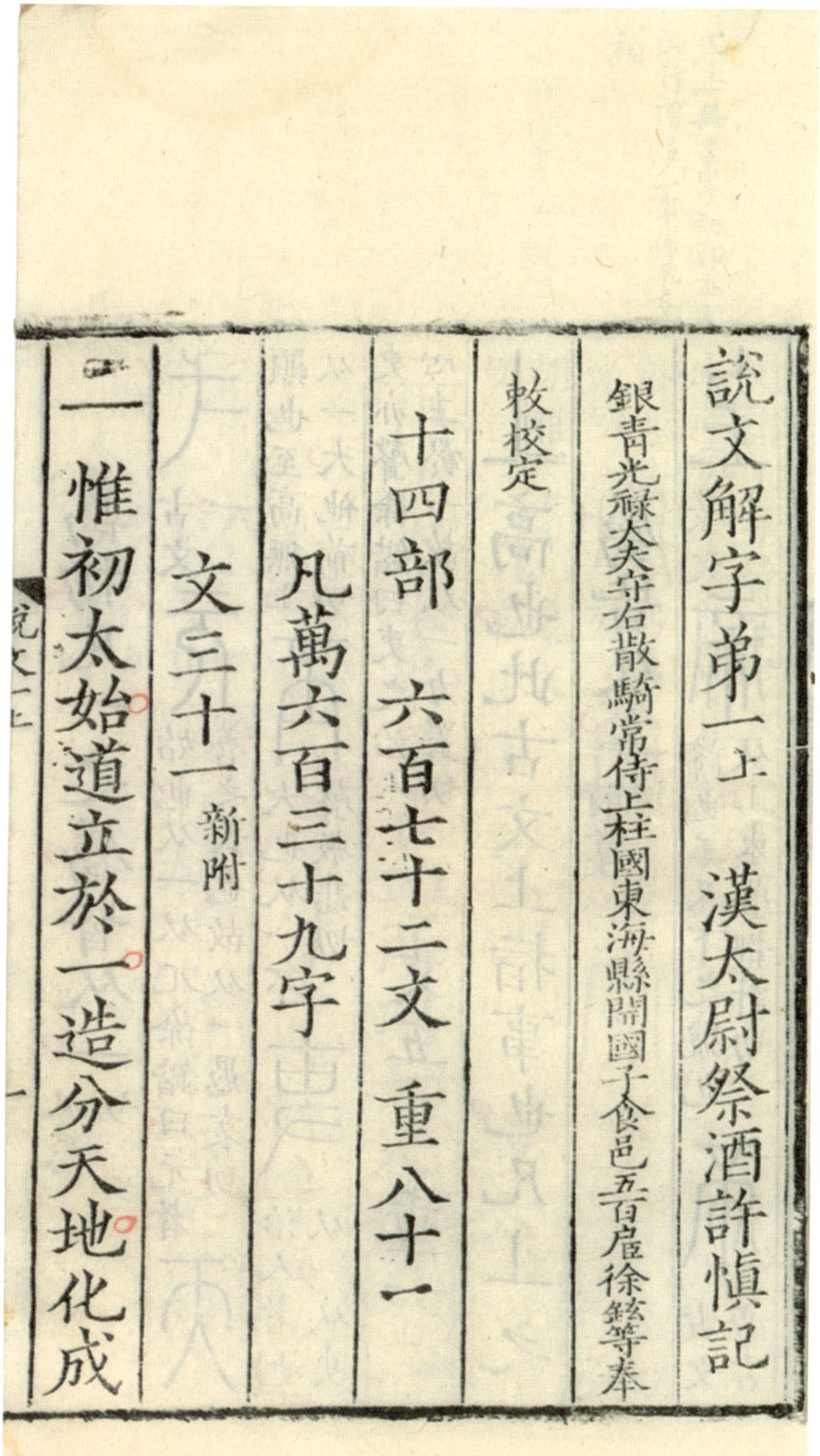

說文解字第一上　漢太尉祭酒許慎記

銀青光祿大夫守右散騎常侍上柱國東海縣開國子食邑五百戶徐鉉等奉

勅校定

十四部　六百七十二文　重八十一

凡萬六百三十九字

文三十一　新附

一　惟初太始道立於一造分天地化成

039. 説文解字：十五卷 〔漢〕許慎撰 〔宋〕徐鉉等校定 PL1281.H83 S58h

清順治康熙間（1644—1713）常熟毛氏汲古閣刻本 十册

半葉7行15字，小字雙行字數不等，白口，左右雙邊，單黑魚尾，半框20.5×15.0釐米，最大邊長29.2釐米。版心中鎸書名卷次，下鎸頁碼。書名頁鎸“北宋本校刊，説文真本，汲古閣藏板”，進牒後末行鎸“後學毛晉從宋本校刊男扆再校”。鈐“琅玕書屋清賞”“段振翮藏書印”“小容安堂藏”“哲如陳慶保藏書”“黃紹昌印”等印。

毛扆識言“先君購得説文真本，係北宋板，嫌其字小，以大字開雕，未競而先君謝也。扆哀毀之餘，益增痛焉，久欲繼志，而力有不逮，今桑榆之景，爲日無多，乃鬻田而刻成之”。S. I. Hsiung（熊式一）藏書。

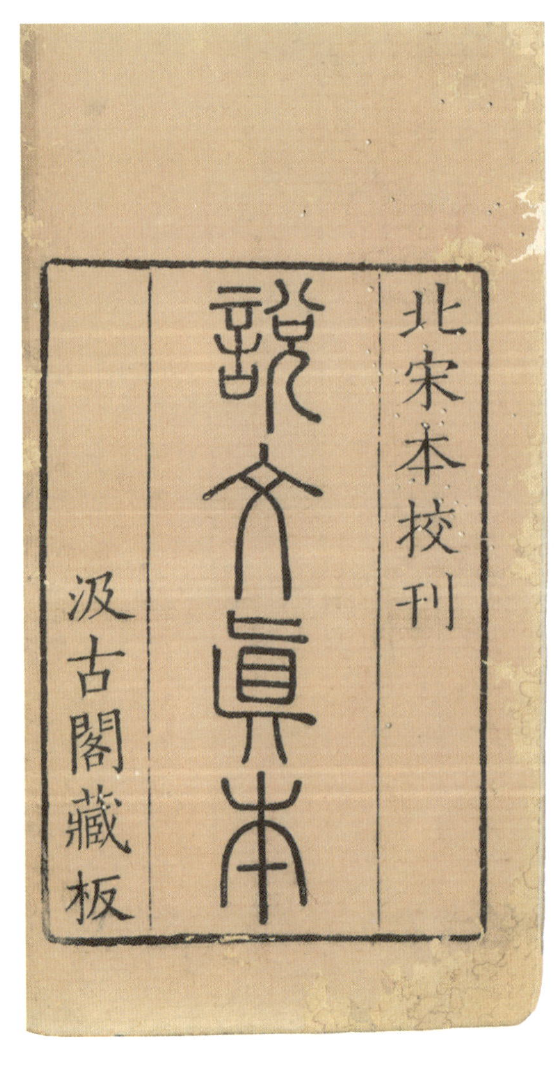

說文解字標目

銀青光祿大夫守右散騎常侍上柱國東海縣開國子食邑五百戶臣徐鉉等奉

敕校定

說文解字第一

一 於悉切

丄 時掌切

示 神至切 三

王 雨方切

玉 魚欲切

玨 瑴古岳切

气 去旣切

士 鉏里切

丨 古本切

屮 丑列切

艸 倉老切

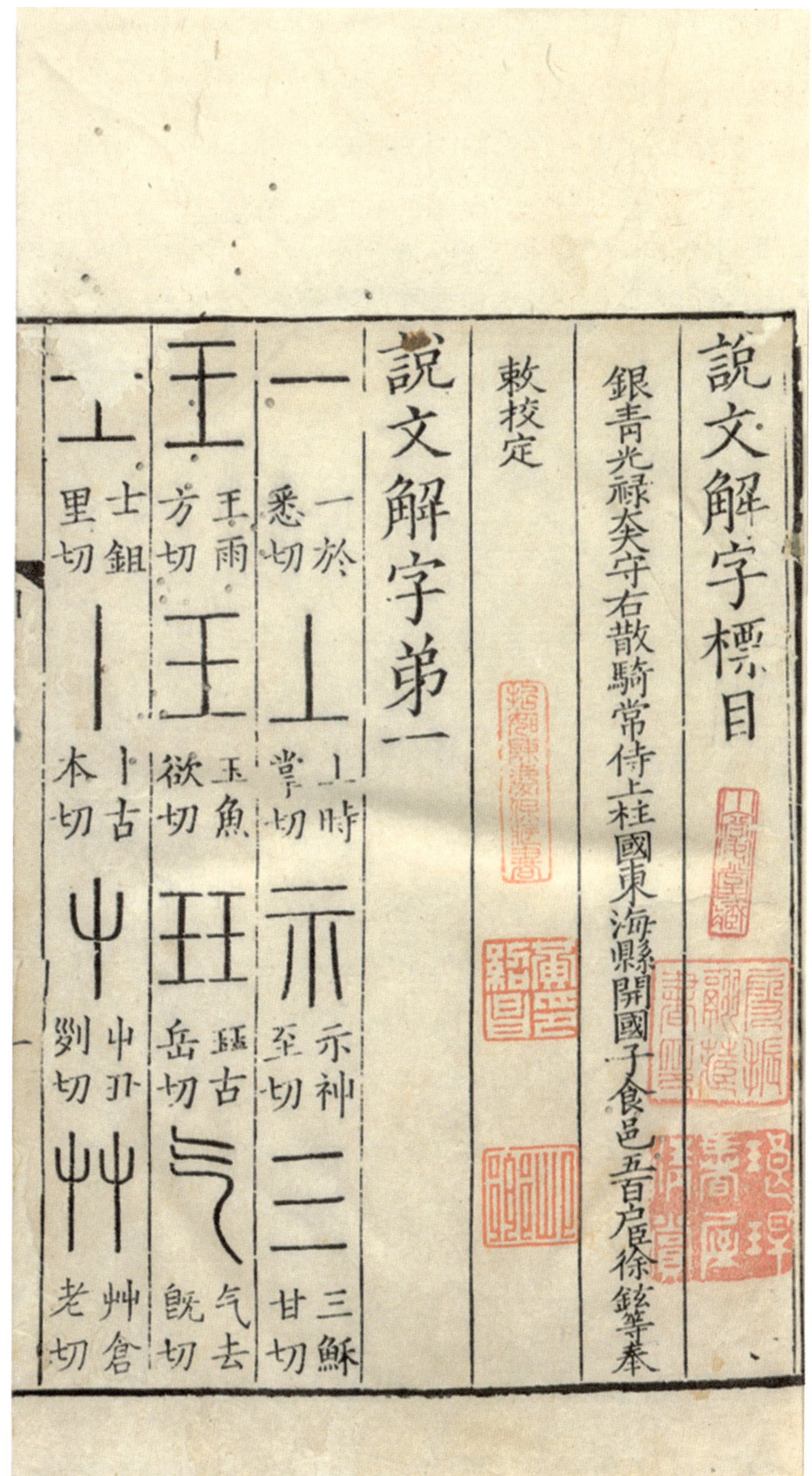

040. 六書通：十卷 〔明〕閔齊伋輯 〔清〕畢宏述篆訂

清乾隆六十年（1795）刻本　八册

半葉8行12字，小字雙行24字，白口，四周雙邊，半框20.9×15.4釐米，最大邊長29.0釐米。版心上鎸書名，中鎸韻部及聲部。

依上平、下平、去、入順序排列卷次，每聲部又分上、下二卷。有清乾隆六十年吴省蘭"題辭"。清康熙五十九年（1720）張涵序言刻書事。

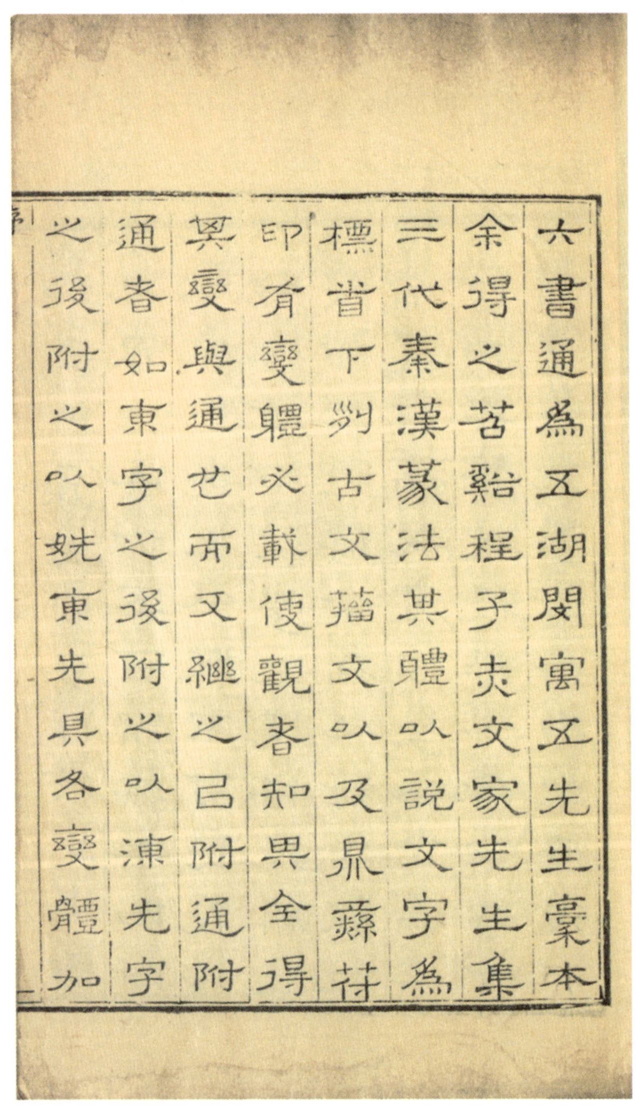

六書通爲五湖閔寓五先生稾本余得之苕谿程子表文家先生集三代秦漢篆法其體以說文字爲標首下列古文籀文以及鼎彝符印有變體必軒使觀者知其全得其變與通也而又繼之已附通附通者如東字之後附之以涷先字之後附之以姺東先具各變體加

六書通　　上平聲上第一

海鹽畢宏述既明篆訂　苕溪閔章含貞　程昌煒赤文　同校

一東

〔東〕 建首動也从木官溥說从日在木中得紅切　古文　古孝經　穆公鼎

印藪隴東太守章　東方賢　東里忠　東季　朱脩能印書

涷 說文水出發鳩山入於河德紅切　棟 極也多貢切　闕也作曹切○六書統云周币○閔氏詮

〔附通〕次曰篆說文之無變者三千餘字今各以類附於得變者於以通其變焉他書不與也以後免說文二字

〔冬〕 說文四時盡也都宗切　古文　石經　碧落碑　存乂

六書通　東　上平　一之一

041. 康熙字典：十二集，總目一卷，檢字一卷，辨似一卷，等韻一卷，附補遺、備考

〔清〕張玉書等纂　　　　PL1420 .K3 1827

清道光七年（1827）刻本　三十二册

半葉8行12字，小字雙行24字，白口，四周雙邊，單黑魚尾，半框19.0×14.0釐米，最大邊長19.2釐米。版心上鎸書名，中鎸分卷名，下鎸頁碼。

有清康熙五十五年（1716）陳邦彦書“御製康熙字典序”，清康熙四十九年（1710）上諭，清道光七年“重刊原奏道光七年奉旨重刊字典諸臣職名”“康熙字典凡例”。

書名頁爲朱墨印刷。著者據卷首“總閲官纂修官”。

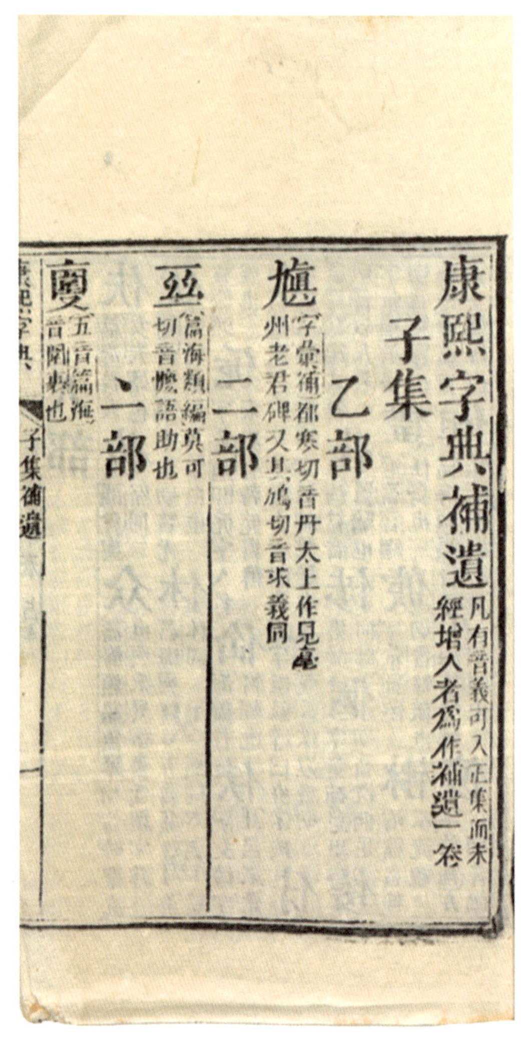

康熙字典補遺 凡有音義可入正集而未經增入者爲作補遺一卷

子集

乙部

[illegible] 字彙補都寒切音丹太上作兒[illegible]州老君碑又其鳩切音求義同

一部

[illegible] 篇海類編莫可切音[illegible]語助也

丶部

[illegible] 五音篇海音闕[illegible]也

康熙字典　子集補遺

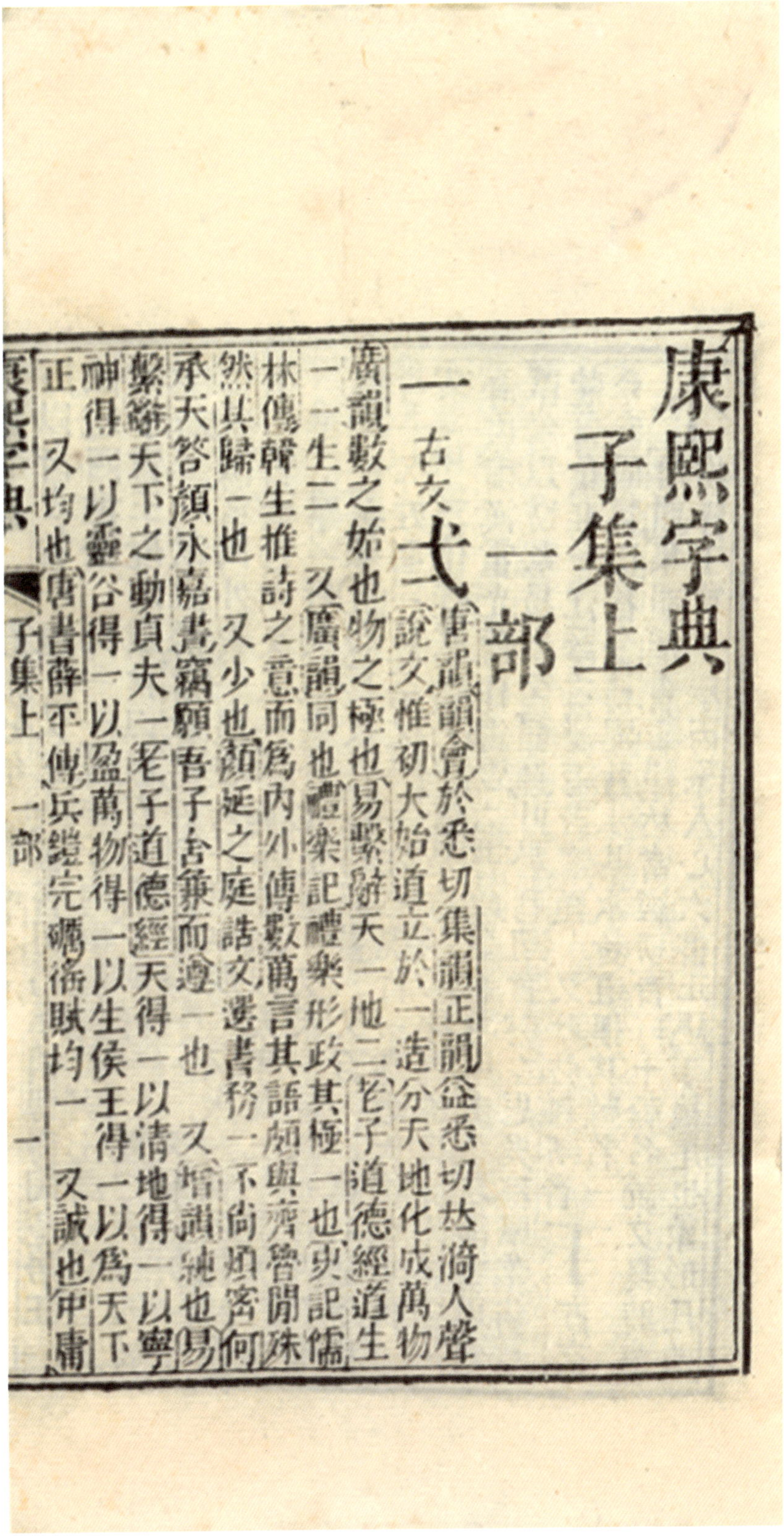

康熙字典

子集上

一部

一 古文弌 唐韻韻會於悉切集韻正韻益悉切𠀤漪入聲 說文惟初大始道立於一造分天地化成萬物 廣韻數之始也物之極也易繫辭天一地二老子道德經道生一一生二 又廣韻同也禮樂記禮樂形政其極一也史記儒林傳韓生推詩之意而爲內外傳數萬言其語頗與齊魯閒殊然其歸一也 又少也顏延之庭誥文選書務一不尙煩密何承天荅顏永嘉書竊願吾子舍兼而遵一也 又增韻純也易繫辭天下之動貞夫一老子道德經天得一以淸地得一以寧神得一以靈谷得一以盈萬物得一以生侯王得一以爲天下正 又均也唐書薛平傳兵鎧完礪徭賦均一 又誠也中庸

042. 藝文備覽：一百二十卷，補詳字義十四篇 〔清〕沙木集注

清嘉慶十一年（1806）廣東刻本　四十三册

半葉5行，字數不等，粗黑口，四周雙邊，單黑魚尾，半框20.4×13.1釐米，最大邊長24.0釐米。版心鎸集數、卷次及頁碼。書名頁鎸“吴穀人先生鑒定，藝文備覽，嘉興沙木青巖氏集注，男神芝鷗爽同較，本衙藏板”。

分子、丑、寅、卯、辰、巳、午、未、申、酉、戌、亥十二集。有嘉慶十一年吴熊光序、阿克當阿序、顧士振題。

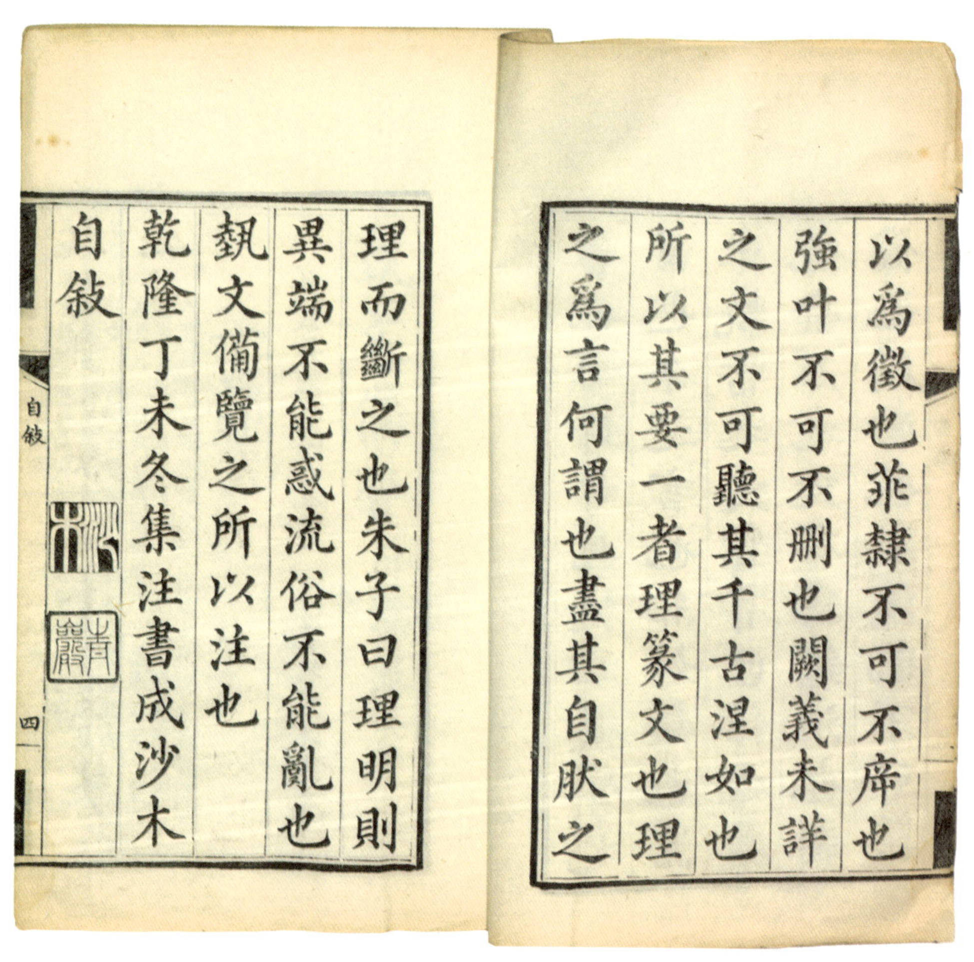

以爲徵也菲隸不可不庠也
強叶不可不删也闕義未詳
之文不可聽其千古涅如也
所以其要一者理篆文也理
之爲言何謂也盡其自肰之

理而斷之也朱子曰理明則
異端不能惑流俗不能亂也
埶文備覽之所以注也
乾隆丁未冬集注書成沙木
自敘

自敘　四

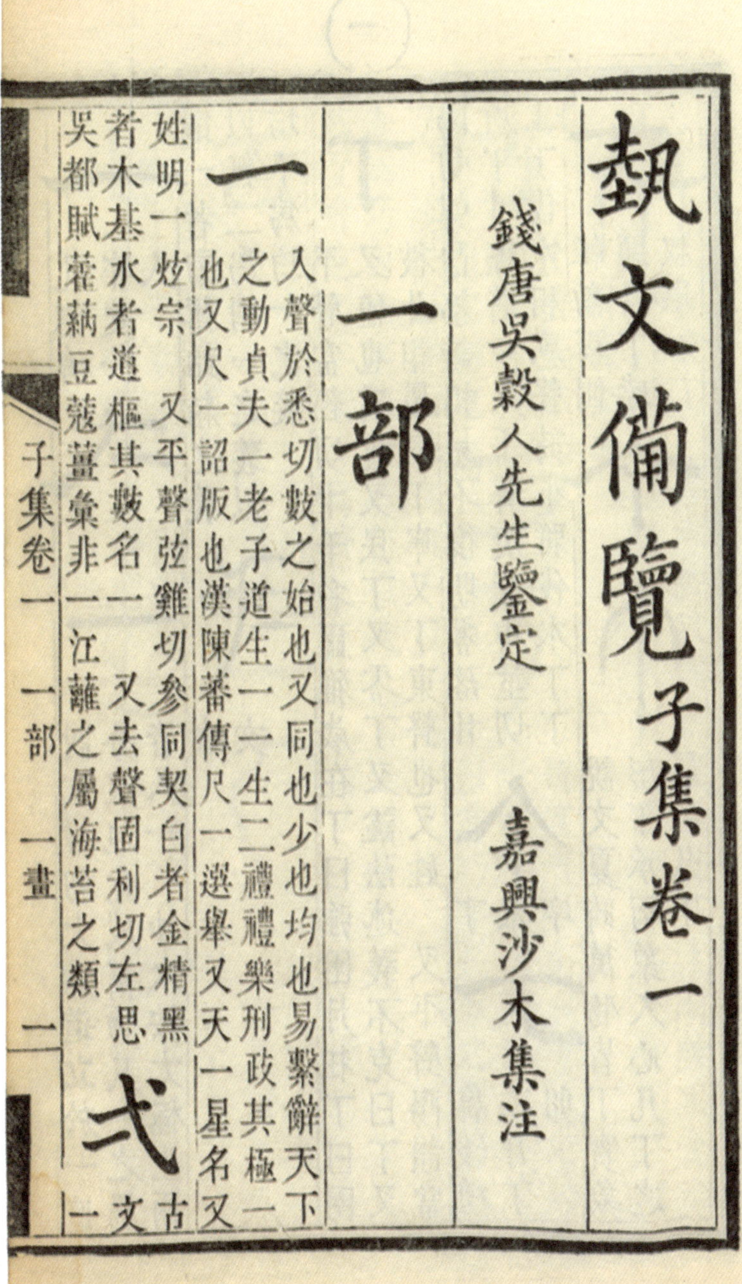

埶文備覽子集卷一

錢唐吳穀人先生鑒定　嘉興沙木集注

一部

一　入聲於悉切數之始也又同也少也均也易繫辭天下之動貞夫一老子道生一一生二禮禮樂刑政其極一也又尺一詔版也漢陳蕃傳尺一選舉又天一星名又姓明一炫宗　又平聲弦雞切參同契白者金精黑者水基水者道樞其數名一　又去聲固利切左思吳都賦藿蒳豆蔻薑彙非一　江蘺之屬海苔之類

弌　古文一

子集卷一　一部　一畫　一

043. 爾雅注疏：十一卷　〔晉〕郭璞注 〔宋〕邢昺疏　PL2470.Z5 G86 1798

清嘉慶三年（1798）蘇州金閶書業堂刻本　二册

半葉9行21字，小字雙行字同，白口，左右雙邊，無魚尾，半框18.2×12.7釐米，最大邊長24.0釐米。版心上鎸“爾雅疏”，中鎸卷次，下鎸“汲古閣”。書名頁鎸“爾雅注疏”，卷末牌記鎸“皇明崇禎改元歲在著雍執徐古虞毛氏繡鎸”。

存5卷：卷一至二、九至十一。所屬叢書：《十三經注疏》。據明崇禎元年（1628）毛氏汲古閣本重刻。

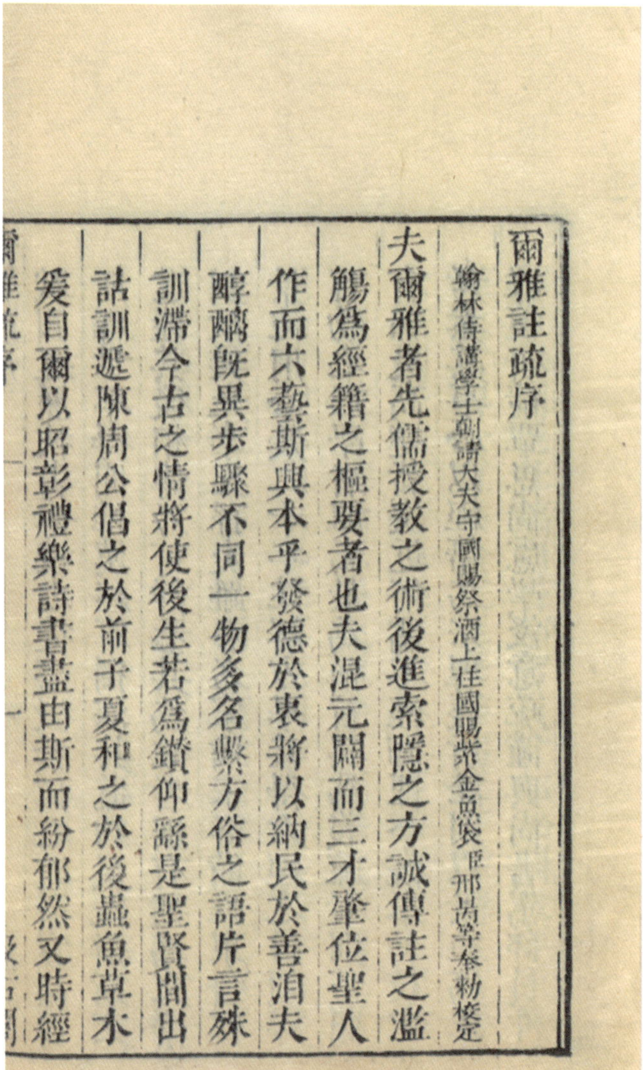
爾雅註疏序
翰林侍講學士朝請大夫守國子祭酒上柱國賜紫金魚袋臣邢昺等奉勑校定
夫爾雅者先儒授教之術後進索隱之方誠傳註之濫觴爲經籍之樞要者也夫混元闢而三才肇位聖人作而六藝斯興本乎發德於衷將以納民於善洎夫醇醨既異步驟不同一物多名繫方俗之語片言殊訓滯今古之情將使後生若爲鑽仰繇是聖賢間出詁訓遞陳周公倡之於前子夏和之於後蟲魚草木爰自爾以昭彰禮樂詩書盡由斯而紛郁然又時經
爾雅疏序　一　汲古閣

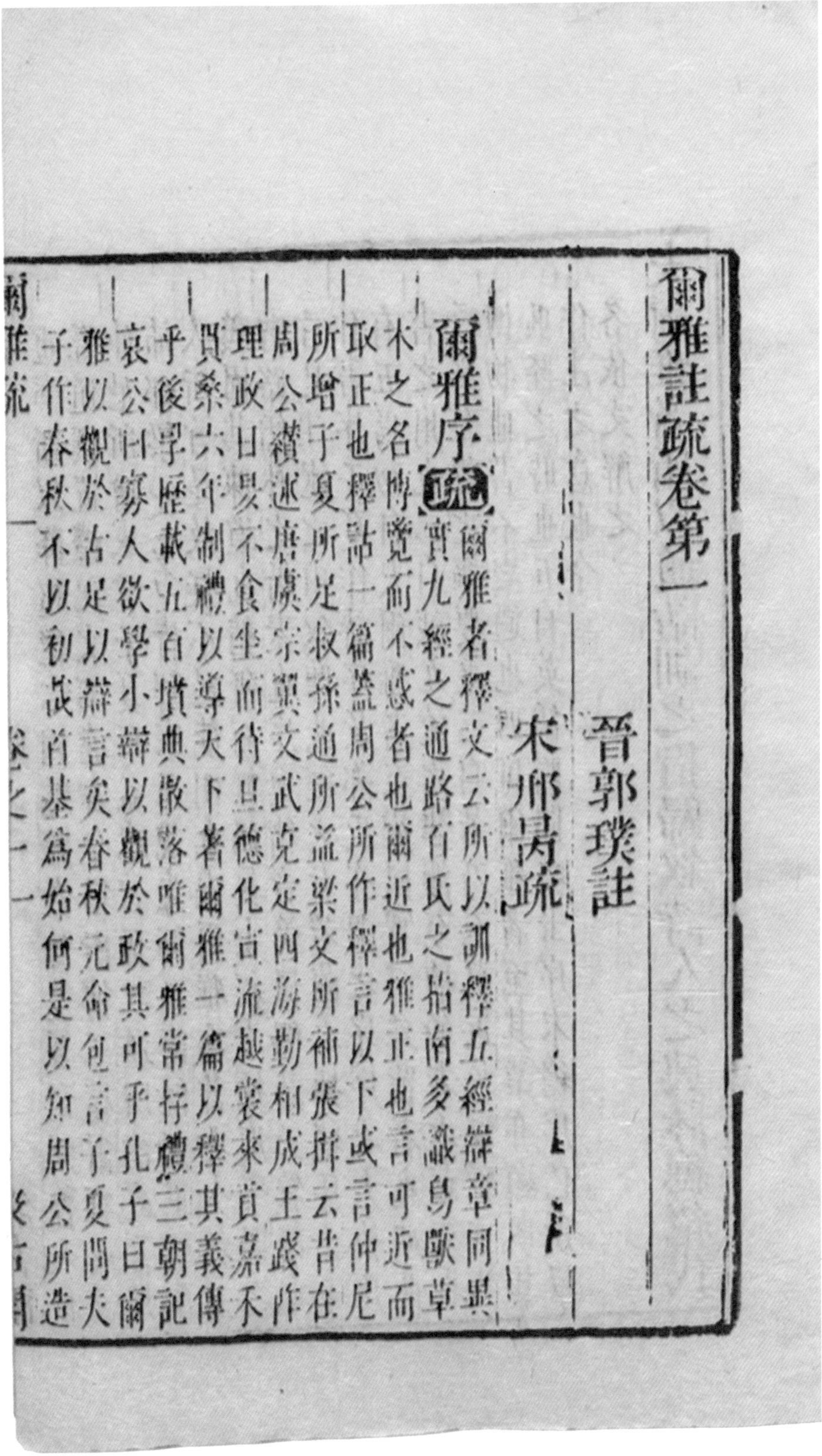

爾雅註疏卷第一

晉郭璞註

宋邢昺疏

爾雅序【疏】爾雅者釋文云所以訓釋五經辯章同異
實九經之通路百氏之指南多識鳥獸草
木之名博覽而不惑者也爾近也雅正也言可近而
取正也釋詁一篇蓋周公所作釋言以下或言仲尼
所增子夏所足叔孫通所益梁文所補張揖云昔在
周公纘述唐虞宗翼文武克定四海勤相成王踐阼
理政日昃不食坐而待旦德化宣流越裳來貢嘉禾
貫桑六年制禮以導天下著爾雅一篇以釋其義傳
乎後學歷載五百墳典散落唯爾雅常存禮三朝記
哀公曰寡人欲學小辯以觀於政其可乎孔子曰爾
雅以觀於古足以辯言矣春秋元命包言子夏問夫
子作春秋不以初哉首基爲始何是以知周公所造

爾雅疏　一　卷之一　一

044. 廣釋名：二卷 〔清〕張金吾撰 AC149 .Z45 v. 231–232

清嘉慶二十三年至道光三年（1818—1823）安徽歙縣長塘鮑氏刻本 二册

半葉9行21字，小字雙行字同，細黑口，左右雙邊，無魚尾，半框13.0×9.9釐米，最大邊長20.0釐米。版心中鎸子目書名及卷次，下鎸“知不足齋叢書”。

所屬叢書：《知不足齋叢書》第三十集。與《畫梅題記》《餘姚兩孝子萬里尋親記》合訂一册。

廣釋名卷一

昭文張金吾學

釋天

天顛也至高無上（許君說文解字一部）天之言瑱（毛詩君子偕老孔氏正義引春秋元命包）一曰天之爲言鎭也居高理下爲人鎭也（班氏白虎通義）故其字一大以鎭之也（爾雅釋天陸氏釋文引春秋說題辭）天神曰神（呂覽順民高氏注）神者伸也（王氏論衡論死）又申也（應氏風俗通義怪神）信也（風俗通義皇霸）一曰引出萬物者也（說文解字示部）

日之爲言節也含一開度立節使物咸別故謂之日言

史部

紀傳類　編年類　紀事本末類　雜史類

045. 史記：一百三十卷　〔漢〕司馬遷撰　〔南朝宋〕裴駰集解　〔唐〕司馬貞索隱　〔唐〕張守節正義　DS735.A2 S6 1866

清同治五年（1866）南京金陵書局刻本　二十册

半葉11行22字，小字雙行字同，粗黑口，四周雙邊，雙對黑魚尾，半框19.5×13.8釐米，最大邊長27.0釐米。版心上鎸書名及卷次，下鎸頁碼。書名頁鎸“史記集解索隱正義合刻本”，牌記鎸“同治五年首夏金陵書局校刊九年仲春畢工”。

所屬叢書：《二十四史》。

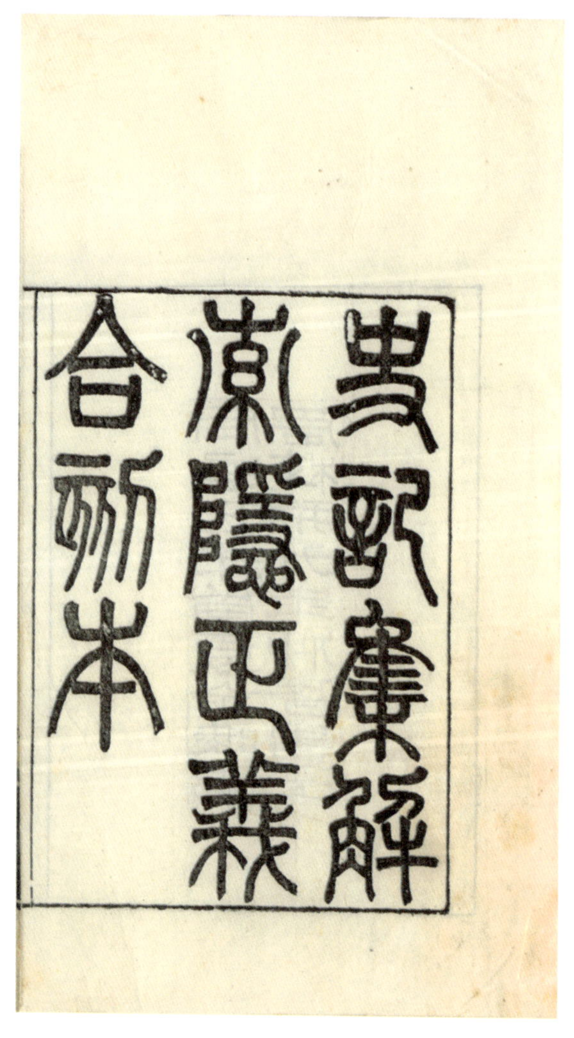
史記集解
索隱正義
合刻本

五帝本紀第一　史記一

集解凡是徐氏義稱徐姓名以別之餘者悉是駰注解
并集衆家義　索隱紀者記也本其事而記之故曰本
紀又紀理也絲縷有紀而帝王書稱紀者言爲後代綱
紀也　正義鄭玄注中候勑省圖云德合五帝坐星者
稱帝又坤靈圖云德配天地在正不在私曰帝案太史
公依世本大戴禮以黃帝顓頊帝嚳唐堯虞舜爲五帝
譙周應劭宋均皆同而孔安國尚書序皇甫謐帝王世
紀孫氏注世本並以伏犧神農黃帝爲三皇少昊顓頊
高辛唐虞爲五帝裴松之史目云天子稱本紀諸侯曰
世家本者繫其本系故曰本紀者理也統理衆事繫之
年月名之曰紀第者次序之目一者舉數之由故曰五
帝本紀第一禮云動則左史書之言則右史書之正義
云左陽故記動右陰故記言言爲尚書事
爲春秋案春秋時置左右史故云史記也

黃帝者集解徐廣曰號有熊　索隱案有土德之瑞土色
黃故稱黃帝猶神農火德王而稱炎帝然也此以
黃帝爲五帝之首蓋依大戴禮五帝德又譙周宋均亦以
爲然而孔安國皇甫謐帝王代紀及孫氏注系本並以伏
犧神農黃帝爲三皇少昊高陽高辛唐虞爲五帝注有
熊者以其本是有熊國君之子故也亦號軒轅氏皇甫謐

046. 漢書：一百二十卷 〔漢〕班固撰 〔唐〕顏師古注 DS748.13 .B36 1869

清同治八年（1869）南京金陵書局刻本　十六册

半葉12行25字，小字雙行37字，白口，左右雙邊，單黑魚尾，半框21.2×14.8釐米，最大邊長27.0釐米。版心鎸書名及卷次。

漢書敘例
唐正議大夫行祕書少監琅邪縣開國子顏師古撰
儲君體上哲之姿膺守器之重俯降三善博綜九流觀炎漢之餘
風究其終始懿孟堅之述作嘉其宏贍以爲服應曩說疏紊尚多
蘇晉衆家剖斷蓋尠蔡氏纂集尤爲抵捂自兹以降蔑足有云悵
前代之未周愍將來之多惑顧召幽仄俾竭芻蕘匡正睽違激揚
鬱滯將以博喻胄齒遠覃邦國弘敷錦帶啟導青衿曲稟宏規備
蒙嘉惠增榮改觀重價流聲斗筲之材徒思罄力駑蹇之足終慙
遠致歲在重光律中大呂是謂涂月其書始就不恥狂簡輒用上
聞粗陳指例式存揚榷
漢書舊無注解唯服虔應劭等各爲音義自別施行至典午中朝
爰有晉灼集爲一部凡十四卷又頗以意增益時辯前人當否號
漢書敘例

高帝紀第一上 師古曰紀理也統理衆事而繫之於年月者也 漢書一

正義大夫行祕書少監琅邪縣開國子顏師古注

高祖 荀悅曰諱邦字季邦之字曰國張晏曰禮謚法無高以爲功最高而爲漢帝之太祖故特起名焉師古曰邦之字曰國者臣下所避以相代也 沛豐邑中陽里人也 應劭曰沛縣也豐其鄉也孟康曰後沛爲郡而豐爲縣師古曰沛者本秦泗水郡之屬縣豐者沛之聚邑耳方言高祖所生故舉其本稱以說之也此下言縣鄉邑告喻之故知邑繫於縣也 姓劉氏 師古曰本出劉累而范氏在秦者又爲劉因以爲姓 母媼 文穎曰幽州及漢中皆謂老嫗爲媼孟康曰媼母別名音烏老反師古曰媼女老稱也孟音是矣史家不詳著高祖母之姓氏無得記之故取當時相呼稱號而言也其下王媼之屬意義皆同至如皇甫謐等妄引讖記好奇騁博强爲高祖父母名字皆非正史所說蓋無取焉寍有劉媼本姓實存史遷肯不詳載卽理而言斷可知矣他皆類此 嘗息大澤之陂 師古曰蓄水曰陂蓋於澤陂隄塘之上休息而寢寐也陂音彼皮反 夢與神遇 師古曰遇會也不期而會曰遇 是時雷電晦冥 師古曰晦冥皆謂暗也言大雷電而雲霧晝暗 父太公往視則見交龍於上已而有娠 應劭曰娠動懷任之意左傳曰邑姜方娠孟康曰娠音身漢史身多作娠古今字也師古曰孟說是也漢書皆以娠爲任身字邑姜方震自爲震動之字不作娠 遂產高祖高祖爲人隆準而龍顏 服虔曰準音拙應劭曰隆高也準頰權準也顏額顙也李斐曰準鼻也文穎曰音準的之準晉灼曰戰國策云眉目準頞權衡史記秦始皇蜂目長準李說文音是也師古曰頞權頞字豈當借準爲之服音應說皆失之 美須髯 師古曰在頤曰須在頰曰髯髯音人占反 左股有七十二黑子 師古曰今中國通呼爲黶子吳楚俗謂之誌誌者記也 寬仁愛人

047. 後漢書：一百卷　〔南朝宋〕范曄撰 〔唐〕章懷太子李賢注　**續漢志：三十卷**　〔晉〕司馬彪撰 〔南朝梁〕劉昭注補　

清同治八年（1869）南京金陵書局刻本　十六册

半葉12行25字，小字雙行37字，白口，左右雙邊，單黑魚尾，半框21.2×14.8釐米，最大邊長27.0釐米。版心鐫書名及卷次。

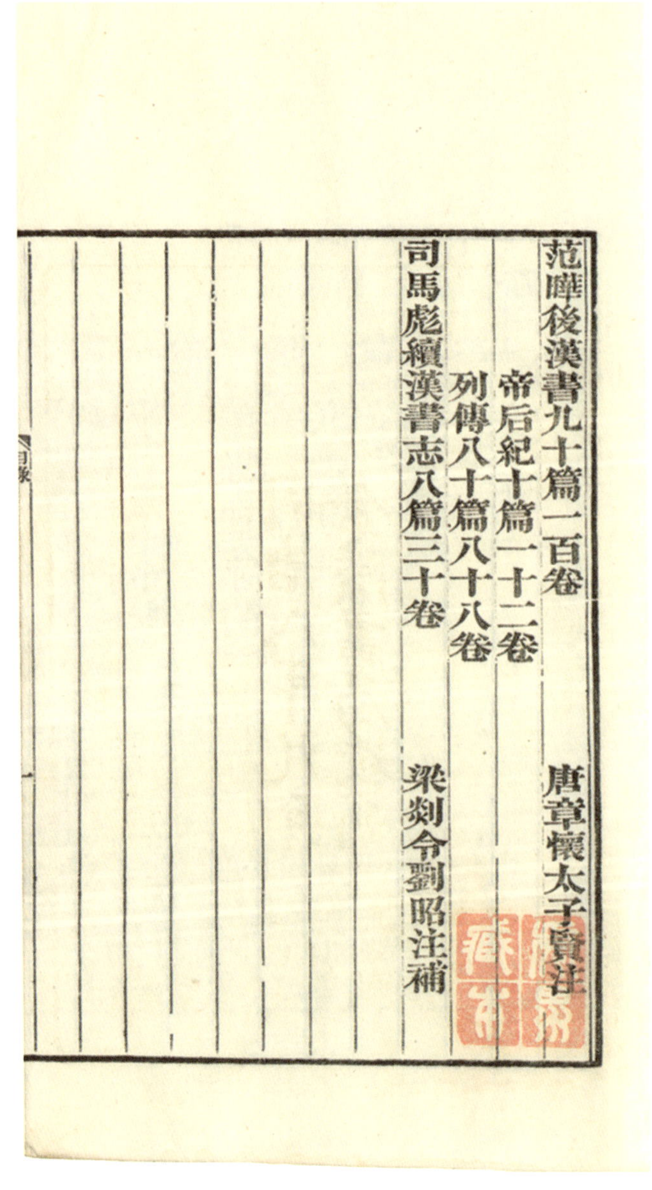

范曄後漢書九十篇一百卷　唐章懷太子賢注

帝后紀十篇一十二卷

列傳八十篇八十八卷

司馬彪續漢書志八篇三十卷　梁剡令劉昭注補

光武帝紀第一上　　後漢書一上

唐章懷太子賢注

世祖光武皇帝諱秀字文叔（禮祖有功而宗有德光武中興故廟稱世祖謚法能紹前業曰光克定禍亂曰武伏侯古今注曰秀之字曰茂伯仲叔季兄弟之次長兄伯升次仲故字文叔焉）南陽蔡陽人（南陽郡今鄧州縣也蔡陽縣故城在今隨州棗陽縣西南）高祖九世之孫也出自景帝生長沙定王發（長沙郡今潭州縣也）發生舂陵節侯買（舂陵鄉名本屬零陵泠道縣在今永州唐興縣北元帝時徙南陽仍號舂陵故城今在隨州棗陽縣東事具宗室四王傳）買生鬱林太守外（鬱林郡今郴州縣前書曰郡守秦官秩二千石景帝更名太守）外生鉅鹿都尉回（鉅鹿郡今邢州縣也前書曰都尉本郡尉秦官也掌佐守典武職秩比二千石景帝更名都尉）回生南頓令欽（南頓縣屬汝南郡故城在今陳州項城縣西前書曰令長皆秦官也萬戶已上爲令秩千石至六百石不滿萬戶爲長秩五百石至三百石）欽生光武光武年九歲而孤養於叔父良身長七尺三寸美須眉大口隆準日角（隆高也許負云鼻頭爲準鄭玄尚書中候注云日角謂庭中骨起狀如日）性勤於稼穡（種曰稼斂曰穡）而兄伯升好俠養士常非笑光武事田業比之高祖兄仲（仲郃陽侯喜也能爲產業見前書）王莽天鳳中（王莽建國六年改爲天鳳）迺之長安受尚書略通大義（東觀記曰受尚書於中大夫廬江許子威資用乏與同舍生韓

048. 新唐書糾謬：二十卷，補遺一卷，附録一卷 〔宋〕吴縝撰 〔清〕錢大昕校

AC149 .Z45 v.113-116

清乾隆五十八年（1793）安徽歙縣長塘鮑氏刻本 四册

半葉9行21字，細黑口，左右雙邊，無魚尾，半框13.0×9.9釐米，最大邊長20.0釐米。版心中鎸子目書名及卷次，下鎸“知不足齋叢書”。

所屬叢書：《知不足齋叢書》第十五集。與《修唐書使臣表》合訂一册。

新唐書糾謬

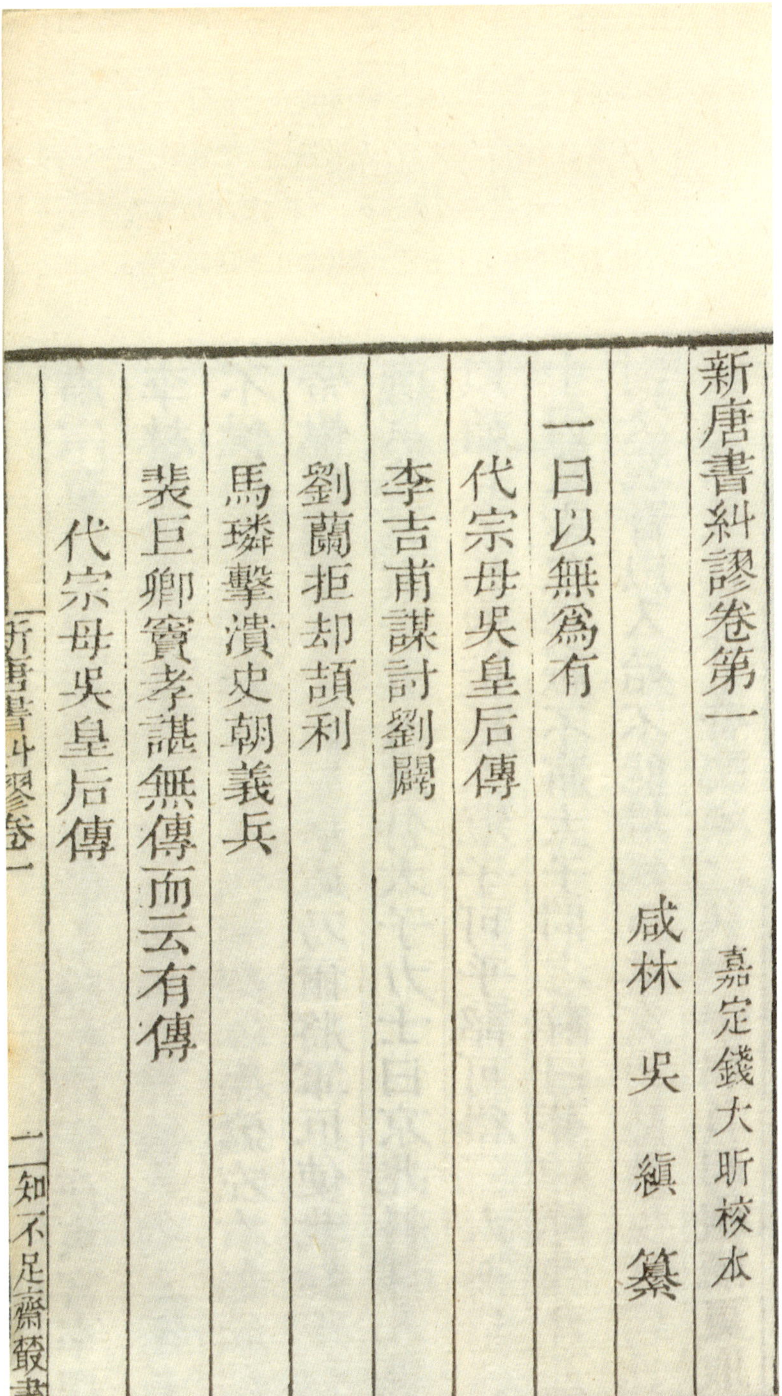

新唐書糾謬卷第一

嘉定錢大昕校本

咸林 吳 縝 纂

一曰以無爲有

代宗母吳皇后傳

李吉甫謀討劉闢

劉蕳拒却頡利

馬璘擊潰史朝義兵

裴巨卿賓孝諶無傳而云有傳

代宗母吳皇后傳

049. 修唐書使臣表：一卷 〔清〕錢大昕撰 AC149 .Z45 v.116

清乾隆五十八年（1793）安徽歙縣長塘鮑氏刻本 一册

半葉9行21字，小字雙行字同，細黑口，左右雙邊，無魚尾，半框13.0×9.9釐米，最大邊長20.0釐米。版心中鎸子目書名及卷次，下鎸“知不足齋叢書”。

所屬叢書：《知不足齋叢書》第十五集。與《新唐書糾謬》合訂一册。

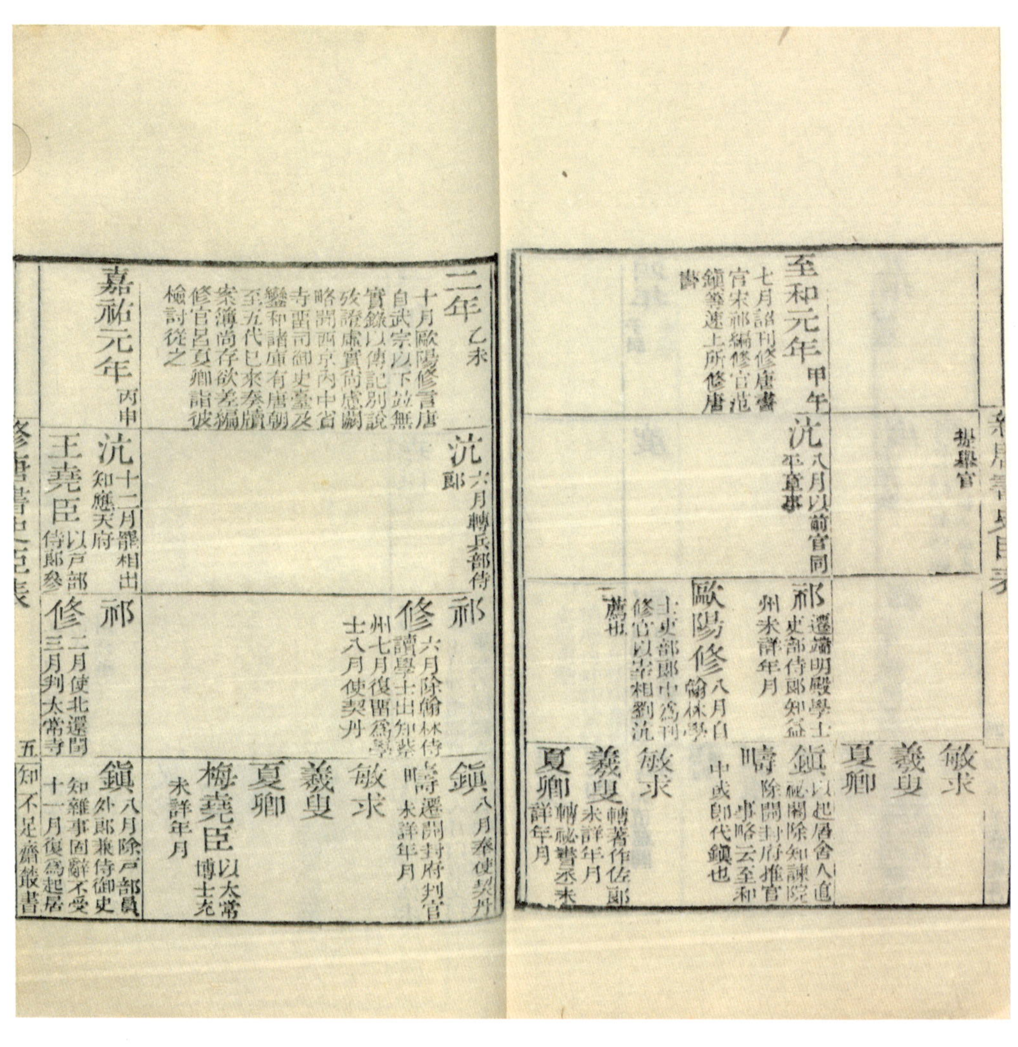

修唐書史臣表

嘉定　錢大昕　撰

	慶曆四年甲申	五年乙酉
	樞密使賈昌朝建議修唐書令館職日供唐書所未載者二事附於本傳	五月四日詔開局修唐書
提舉官		賈昌朝五月以工部侍郎平章事兼樞密使充提舉官
刊修官		王堯臣五月以翰林學士充 宋祁五月以翰林侍讀學士龍圖閣直學士右諫議大夫充十一月
編修官		曾公亮五月以度支員外郎集賢校理天章閣侍講充以編敕不入局 趙師民五月以宗正丞

050. 五代史纂誤：三卷 〔宋〕吴縝撰 AC149 .Z45 v.129

清乾隆四十二年至五十八年（1777—1793）安徽歙縣長塘鮑氏刻本　一册

半葉9行21字，小字雙行字同，細黑口，左右雙邊，無魚尾，半框13.0×9.9釐米，最大邊長20.0釐米。版心中鎸子目書名及卷次，下鎸"知不足齋叢書"。

所屬叢書：《知不足齋叢書》第十七集。附乾隆四十二年陸錫熊、紀昀、黄軒上書序。據武英殿聚珍版刊。

五代史纂誤目錄　武英殿聚珍版本
卷上
梁本紀三條　唐本紀十六條
晉本紀七條　周本紀五條
唐家人傳四條　晉家人傳一條
漢家人傳二條　周家人傳二條
梁臣傳八條
卷中
唐臣傳九條　漢臣傳二條

五代史纂誤目錄　一　知不足齋叢書

五代史纂誤卷上

宋　吴　縝　撰

梁本紀案章如愚山堂攷索云歐陽史前後舛誤如梁太祖紀作朱友謙而列傳作友諒此吴縝纂誤所爲作也則纂誤當有末帝以前事而永樂大典闕之

末帝三事

帝與趙巖謀討友珪自始謀以至卽位事二百餘字文多不錄

今按此事既見于此紀而袁象先楊師厚趙巖傳又三見之象先傳亦二百餘字大旨皆與此紀同頗爲

051. 御批歷代通鑒輯覽：一百二十卷 〔清〕傅恒等編

清末（1904—1911）上海廣益書局石印本 二十四册

半葉18行41字，小字雙行字同，白口，四周雙邊，單黑魚尾，半框17.0×12.0釐米，最大邊長20.5釐米。版心上鎸“兩朝御批通鑒輯覽”，中鎸卷數篇名，下鎸頁碼。

增批歷代
通鑑輯覽

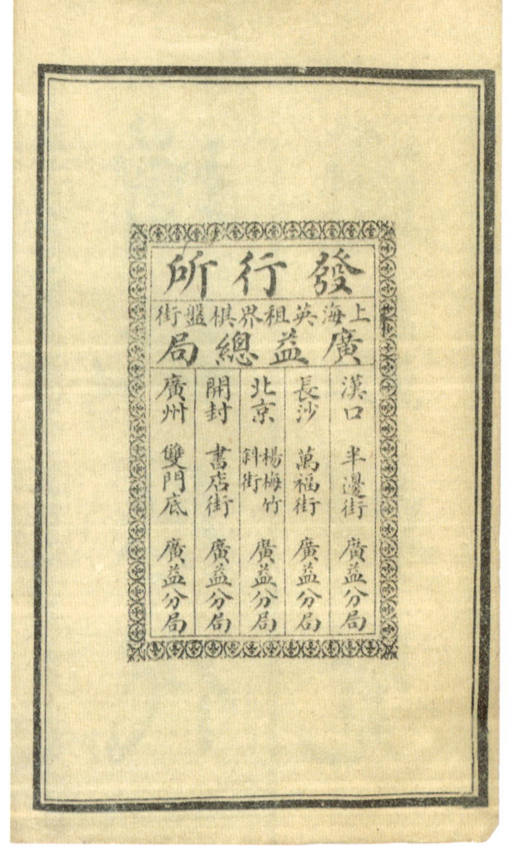
發行所
上海英租界棋盤街
廣益總局
漢口 半邊街 廣益分局
長沙 萬福街 廣益分局
北京 楊梅竹斜街 廣益分局
開封 書店街 廣益分局
廣州 雙門底 廣益分局

三皇五帝之説辯者紛如惟孔安國書序以伏羲神農黃帝之書爲三墳少昊顓頊高辛唐虞之書爲五典不臨分皇帝之號其説較爲簡當

君民之道莫大乎教養伏羲氏作佃漁畜牧皆所以爲養也而教即行其中後世視教養爲二者去古遠矣

御批通鑑輯覽卷一

伏羲氏 在位一百十五年傳十五世

太昊伏羲氏 帝生於成紀 帝母居於華胥之渚履巨人跡意有所動虹且繞之因而始娠生帝於成紀 華胥古國寰宇記藍田縣有華胥氏陵成紀故城在今甘肅秦州秦安縣 以木德繼天而王故風姓有聖德象日月之明故曰太昊

都陳 左傳陳太昊之墟鄭樵通志伏羲都陳宛邱城是也宛邱今河南陳州府治是

始畫八卦 帝德協上下有龍馬 説文龍鱗蟲之長玉篇馬武獸也此馬身而龍鱗故曰龍馬 負圖出於河 孔安國書傳伏羲氏王天下龍馬出河朱子河圖論圖之位一與六共宗而居乎北二與七爲朋而居乎南三與八同道而居乎東四與九爲友而居乎西五與十相守而居乎中 乃仰觀象於天俯觀法於地中觀萬物之宜始畫八卦卦有三爻因而重之爲卦六十有四以通神明之德而卜筮自此生焉 劉恕通鑑外紀伏羲德洽上下天應以鳥獸文章地應以河圖洛書則而象之乃作易說本禮緯含文嘉羅泌路史鄭樵通志皆因之考易大傳河出圖洛出書漢孔安國劉向父子班固俱以河圖授羲洛書錫禹宋邵子朱子並同今依書傳朱子爲據餘皆不取

教民佃漁畜牧 民處草野逐捕禽獸茹毛飲血帝始結網罟以教佃漁故曰伏羲養犧牲以充庖廚故又曰庖犧

以龍紀官 因龍馬之瑞故以龍名官號曰龍師春官爲青龍氏又曰蒼龍氏夏官爲赤龍氏秋官爲白龍氏冬官爲黑龍氏中官爲黃龍氏 僞三墳伏羲以共工爲上相柏皇爲下相朱襄爲飛龍氏昊英爲潛龍氏大庭爲居龍氏渾沌爲降龍氏陰康爲土龍氏栗陸爲水龍氏命官之名與後十五世帝號多同今不取

作書契 上古結繩以紀事帝易之以書契百官以治萬民以察

作甲歷 帝始立周天歷度 以定日月列星分度見晉書天文志 乃作甲歷日月歲時 日主晝月主夜日月相逐積三百六十晝夜而爲歲說見周髀算經 自此而生焉 外紀伏羲有甲歷五運通志甲歷起於甲寅王應麟曰甲寅之說蓋本通歷考大撓始作甲子若伏羲時已干支相配黃帝又何必命官專作乎今不取

制嫁娶 民男女無別帝制嫁娶以儷皮爲禮 儷音麗偶數 正姓氏通媒妁以重人倫之本而民始不瀆

052. 親征平定朔漠方略：四十八卷，紀略一卷　〔清〕温達等撰 DS754.6.W46 1708

清康熙四十七年（1708）抄本　五册

半葉7行20字，無界行，四周雙邊，雙對紅魚尾，朱紅上下象鼻，半框26.4×18.3釐米，最大邊長36.3釐米。函套上書“大清文宗顯皇帝本紀（第二函）”。

存2卷：卷二十五（康熙三十五年五月十八至二十九日）、卷二十六（康熙三十五年六月）及御製序、御製紀略、表。金黄緞面封面。新西蘭奥克蘭戰争紀念館1992年捐贈。

御製親征朔漠紀畧

三十四年八月。噶爾丹至克魯倫河。掠納木扎爾陀音後。竟於克魯倫土喇相近處居住。自秋徂冬。將朕三次使臣。甚加侮辱。朕因是深知此人力強志大。必將窺伺中原。不至殞命不止。豈容泛視寘諸度外。若聽碌碌庸人畏憚勞苦之言。恐後日亦似前代各省膏脂盡糜費於邊塞矣。故預為遠圖。

親征平定朔漠方畧卷之二十五

癸酉。

撫遠大將軍伯費揚古奏報勦滅噶爾丹於

昭莫多之地。羣臣入

賀。

上駐蹕中拖陵。大將軍伯費揚古為勦滅噶爾丹事。

遣副都統阿南達來奏。

053. 五國故事：二卷　〔宋〕佚名撰　

清乾隆三十八年（1773）安徽歙縣長塘鮑氏刻本　一册

半葉9行21字，細黑口，左右雙邊，無魚尾，半框13.0×9.9釐米，最大邊長20.0釐米。版心中鎸子目書名及卷次，下鎸“知不足齋叢書”。

所屬叢書：《知不足齋叢書》第十一集。清乾隆三十八年吴長元跋言是書爲據明劍光閣舊抄校他本而成。與《江南餘載》《故宫遺録》合訂一册。

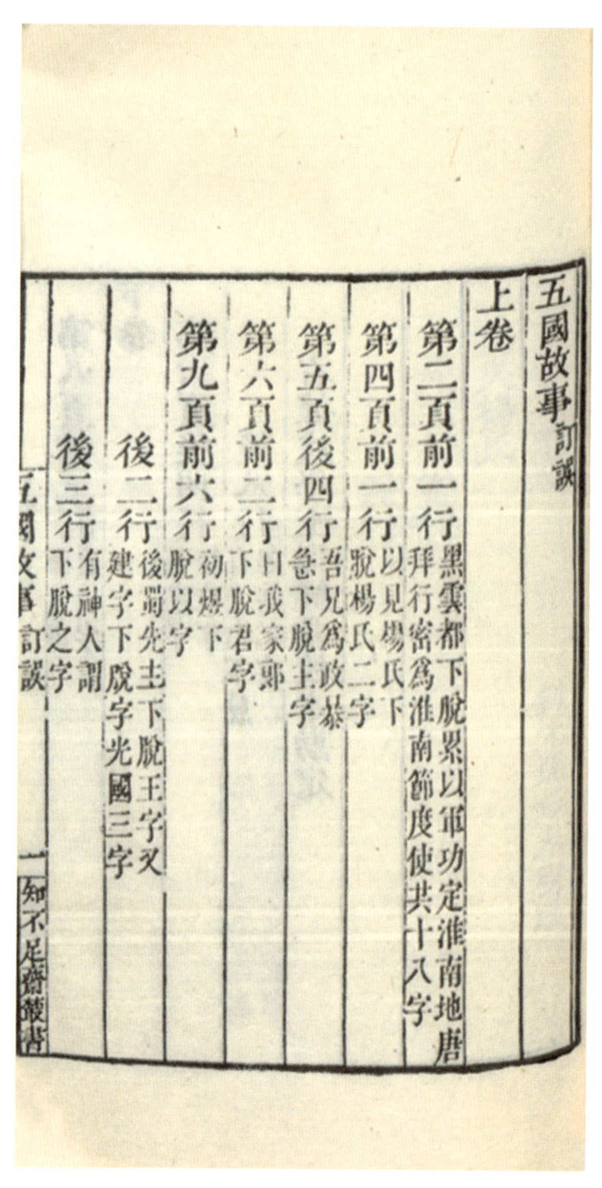

五國故事訂誤

上卷

第二頁前一行黑雲都下脫累以軍功定淮南地唐拜行密爲淮南節度使共十八字

第四頁前一行以見楊氏下脫楊氏二字

第五頁後四行吾兄爲政恭急下脫主字

第六頁前二行日我家郎下脫君字

第九頁前六行祕爆下脫以字

後二行後蜀先主下脫王字又建字下脫字光國三字

後三行有神人謂下脫之字

五國故事訂誤　一　知不足齋叢書

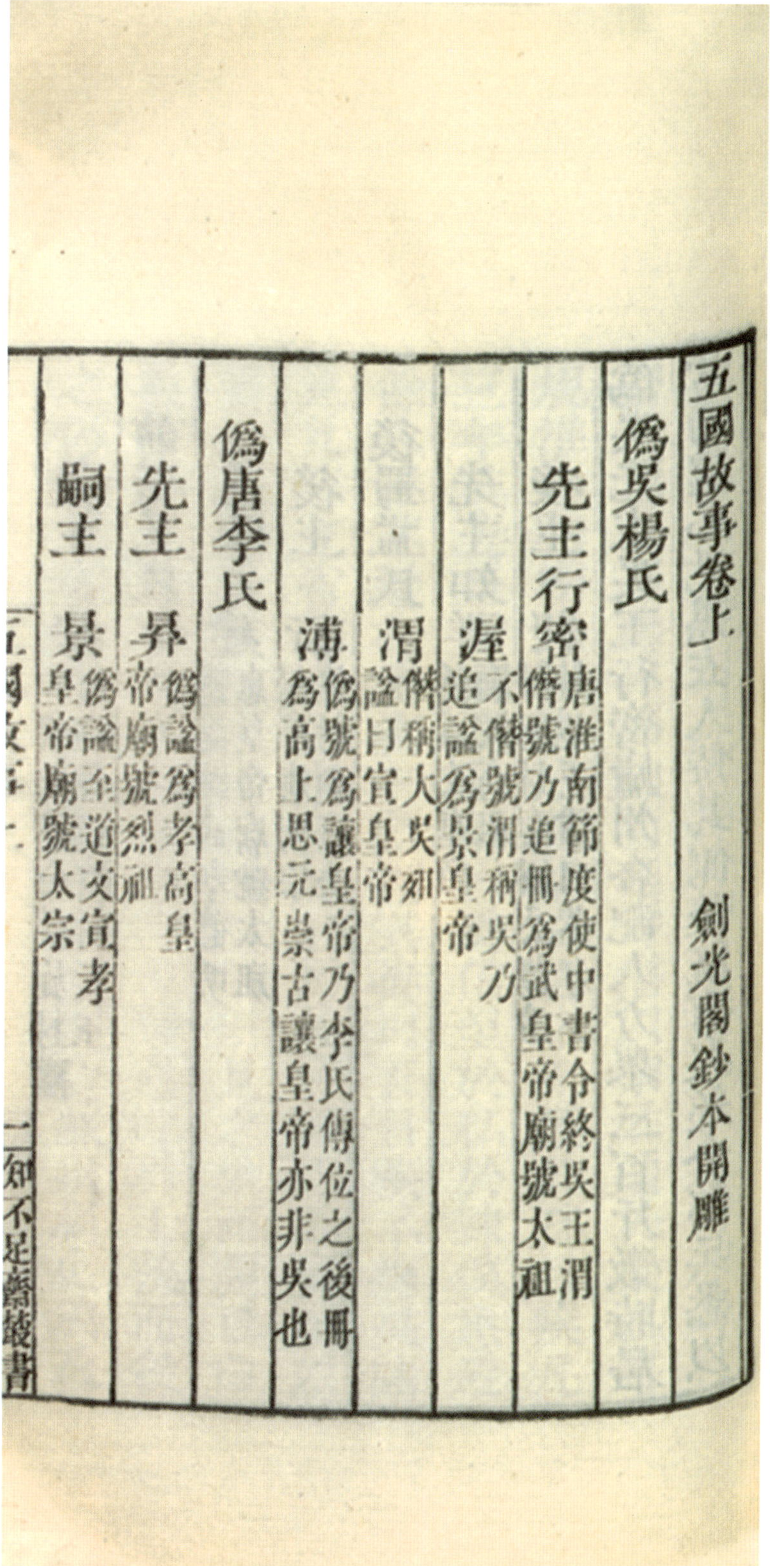

五國故事卷上　　劍光閣鈔本開雕

僞吳楊氏

先主行密　唐淮南節度使中書令終吳王渭僭號乃追冊爲武皇帝廟號太祖

渥　不僭號渭稱吳乃追諡爲景皇帝

渭　僭稱大吳初諡曰宣皇帝

溥　僞號爲讓皇帝乃李氏傳位之後冊爲高上思元崇古讓皇帝亦非吳也

僞唐李氏

先主　昪　僞諡爲孝高皇帝廟號烈祖

嗣主　景　僞諡至道文宣孝皇帝廟號太宗

054. 碧血録：二卷 〔明〕黄煜輯 **附周端孝先生血疏貼黄册：一卷** 〔清〕周茂蘭撰

清嘉慶八年（1803）安徽歙縣長塘鮑氏刻本　一册

半葉9行21字，細黑口，左右雙邊，無魚尾，半框13.0×9.9釐米，最大邊長20.0釐米。版心中鐫子目書名及卷次，下鐫“知不足齋叢書”。

所屬叢書：《知不足齋叢書》第十三集。

碧血序

逆璫毒流天下縉紳最烈楊左六君子之逮爲最先未幾繆周七君子繼之讀燕客目擊所紀拷掠之慘振古未聞起家詩書者乃至此極然諸君子上干天象下發芝祥日星河嶽豈偶然哉三尺童子爭相誦說無不思覩其遺文是編則皆鋃鐺後筆也楊中丞諸篇草於鎮撫血肉淋漓之餘讀之可涕可舞至於刀砍東風疑鬪道矣魏給諫自譜於檻車道上敘生平爲詳中及同志矛盾語存其眞不欲刪從來小人之乘君子未有不起

碧血序　一　知不足齋叢書

碧血錄上

楊大洪先生獄中書

逮民楊漣謹揭爲心不欲辨聊一白不辨之心以俟天下後世事漣今逮矣逮以楊鎬熊廷弼失封疆公行賄賂營求倖脱而漣與左光斗等爲賄營之人也此事而果有也即顏甲千重不能遮人之共唾縱喙長三尺安能欺念之獨知如其無之不見莫須有竟埋殺赤心人也此不必辨者也至漣之有此一逮也久已自知之而漣之遂成此一逮也由來之故天下亦能共知之難將

055. 四朝聞見録：一卷 〔宋〕葉紹翁撰 AC149 .Z45 v.28

清乾隆四十一年至四十三年（1776—1778）安徽歙縣長塘鮑氏刻本 四册

半葉9行21字，細黑口，左右雙邊，無魚尾，半框12.9×9.2釐米，最大邊長19.2釐米。版心中鎸子目書名及卷次，下鎸“知不足齋叢書”。

所屬叢書：《知不足齋叢書》第四集。

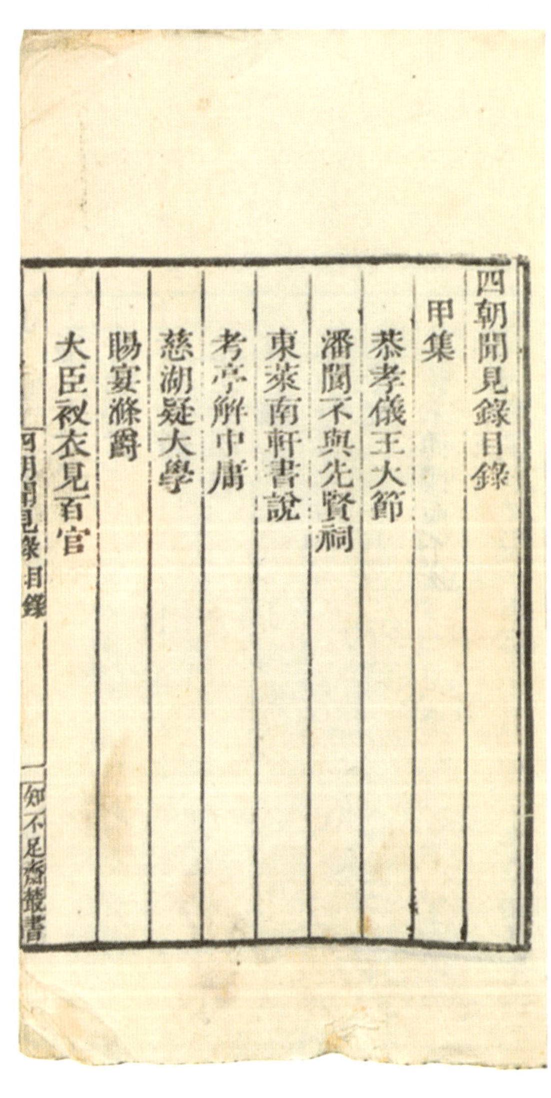

四朝聞見録目録

甲集

恭孝儀王大節

潘閬不與先賢祠

東萊南軒書說

考亭辨中庸

慈湖疑大學

賜宴滌爵

大臣衩衣見百官

四朝聞見録目録　知不足齋叢書

四朝聞見錄甲集

龍泉葉紹翁撰

恭孝儀王大節

恭孝儀王諱仲湜王之生也有紫光照室及視則肉塊以刃剖塊遂得嬰兒先兩月母夢文殊而孕動二帝北狩六軍欲推王而立之仗劍以郤黄袍曉其徒曰自有眞主其徒猶未退則以所仗劍自斷其髮其徒又未退則欲自伏劍以死六軍與王約以踰月而眞主不出則王當卽大位王陽許而陰實款其期未幾高宗卽位於

四朝聞見錄甲集　一　知不足齋叢書

載記類　傳記類

056. 粵行紀事：三卷　〔清〕瞿昌文撰　AC149 .Z45 v.166

清嘉慶二年至七年（1797—1802）安徽歙縣長塘鮑氏刻本　一册

半葉9行21字，小字雙行字同，細黑口，左右雙邊，無魚尾，半框13.0×9.9釐米，最大邊長20.0釐米。版心中鐫子目書名及卷次，下鐫“知不足齋叢書”。

所屬叢書：《知不足齋叢書》第二十一集。與《滇黔土司婚禮記》合訂一册。

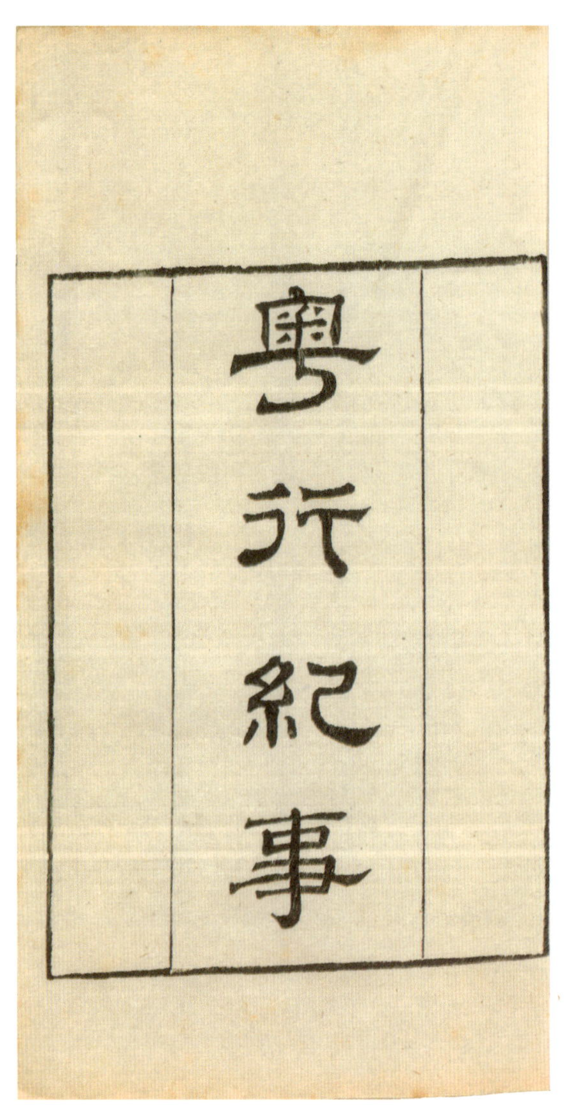

粤行紀事卷第一

常熟瞿昌文壽明甫著

順治二年乙酉時江南僭稱弘光元年四月初一日王父赴粤西巡撫之任昌文方十七歲隨父母同弟昌武送别錢塘江文以應試先歸月杪至家即聞大清兵下江南督師[illegible]閣部盡難之信人情洶洶星馳迎父母歸五月初十日南都不守數日閒大清兵克鎮江常州蘇州[illegible]松嘉湖杭諸郡邑中職方郎嚴君栻兵科君敏集紳士練義勇謀保一壘文穪

057. 滇黔土司婚禮記：三卷　〔清〕陳鼎撰　　AC149 .Z45 v.166

清嘉慶二年至七年（1797—1802）安徽歙縣長塘鮑氏刻本　一册

半葉9行21字，細黑口，左右雙邊，無魚尾，半框13.0×9.9釐米，最大邊長20.0釐米。版心中鎸子目書名及卷次，下鎸“知不足齋叢書”。

所屬叢書：《知不足齋叢書》第二十一集。與《粤行紀事》合訂一册。

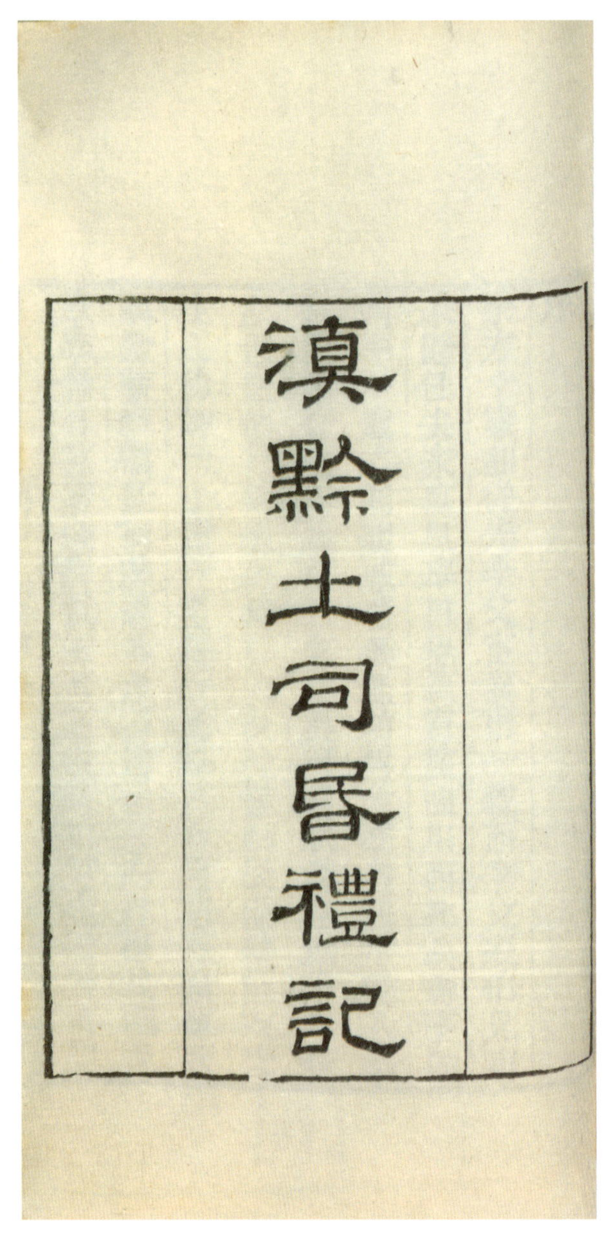
滇黔土司昏禮記

滇黔土司婚禮記

江陰 陳 鼎定九 著

滇黔龍土司本鷟氏也於周爲漢上諸姬左氏傳所載羅人鷟人是也楚滅宋蔡羅鷟四國俘其宗室放之南徼遂成苗彝今滇黔之間有宋家蔡家羅家龍家之苗卽其裔也四家之冠裳服飾冠婚喪祭一秉周禮以十一月建子爲歲首婚姻重媒妁備六禮然後成鷟氏於三國時伯仲從諸葛武侯平南蠻有功兄王於滇東爲龍氏弟王於滇南爲鳳氏一去鳥爲龍一堉爪爲鳳世

058. 江南餘載：二卷　〔宋〕鄭文寶撰　AC149 .Z45 v.84

清乾隆三十八年至五十一年（1773—1786）安徽歙縣長塘鮑氏刻本　一册

半葉9行21字，小字雙行字同，細黑口，左右雙邊，無魚尾，半框13.0×9.9釐米，最大邊長20.0釐米。版心中鎸子目書名及卷次，下鎸“知不足齋叢書”。

所屬叢書：《知不足齋叢書》第十一集。據四庫館輯《永樂大典》本刊。與《五國故事》《故宫遺録》合訂一册。

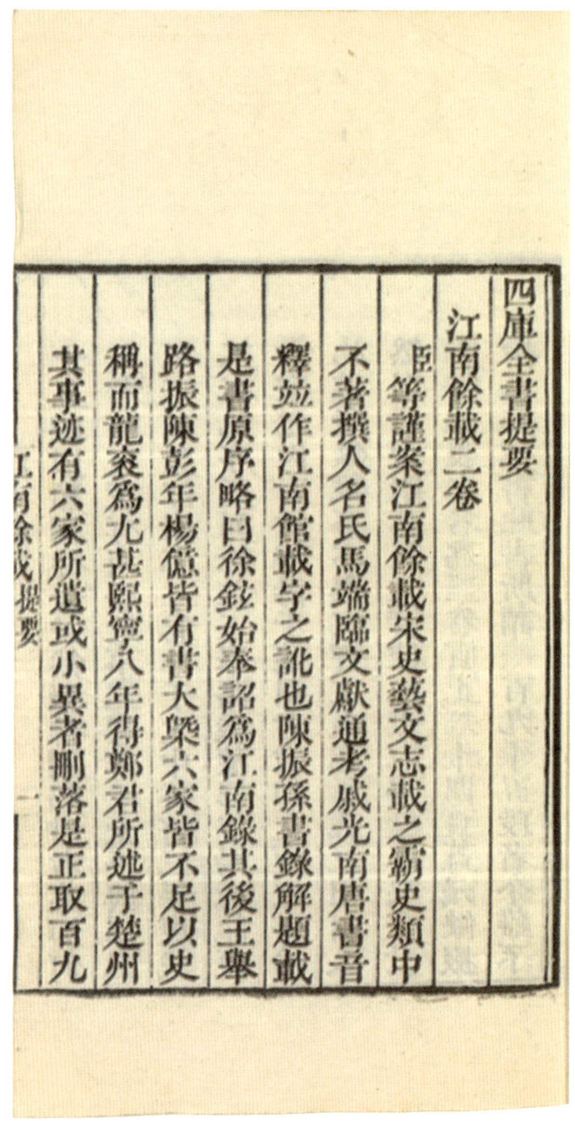

四庫全書提要

江南餘載二卷

臣等謹案江南餘載宋史藝文志載之霸史類中不著撰人名氏馬端臨文獻通考載戚光南唐書音釋兹作江南餘載字之訛也陳振孫書錄解題載是書原序略曰徐鉉始奉詔爲江南錄其後王舉路振陳彭年楊億皆有書大槩六家皆不足以史稱而龍袞爲尤甚熙寧八年得鄭君所述于楚州其事迹有六家所遺或小異者删落是正取百九

江南餘載提要

江南餘載卷上

昇元初烈祖南郊是日司天奏日延三刻按江南野史作月延三刻此作日未識孰是

天官書太乙紫宫尚紫故南郊壇壝皆取其色江南用五色此五帝壇耳禮官失之

江南文臣烈祖時唯稱楊彦伯高弼孫晟李匡明龔瀫蕭儼成幼文賈潭潭及事元宗元宗時江文蔚王仲連李貽業游簡言湯悦高越越及事後主張義方張緯鍾謨李克明張易趙宣輔宣輔及事後主陳繼善後主時徐鉉徐鍇韓熙載

江南餘載上　一　知不足齋叢書

059. 大清宣宗成皇帝本紀　〔清〕國史館編纂　　DS757 .D37 v.28-31

清咸豐至宣統間(1851—1911)國史館稿抄本　四册

半葉8行19字，四周雙邊，雙對紅魚尾，朱紅上下象鼻，半框28.0×18.5釐米，最大邊長37.5釐米。

存4卷：卷二十八至三十一(道光二十七至三十年)。金黄緞面封面。新西蘭奥克蘭戰争紀念館1992年捐贈。

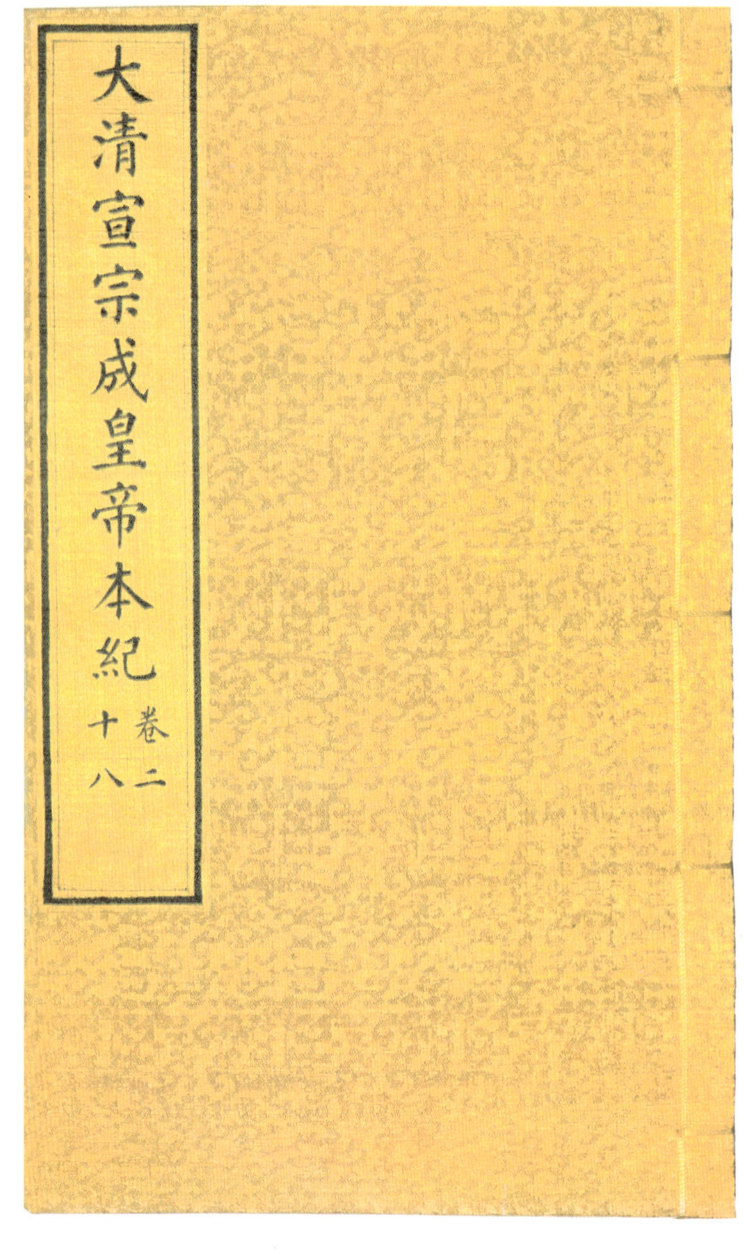

大清宣宗成皇帝本紀卷二十八

二十七年丁未春正月辛巳朔惟勤奏查扎薩克郡王伯錫爾呈獻地畝並開渠招佃章程允之乙酉恒通以駐防滋事未能約束降三品頂帶休致以鐵麟為荊州將軍裕誠為察哈爾都統以年屆九旬五世同堂賜何汝霖母丁氏御書扁額辛卯祈穀於

060. 浦陽人物記：二卷 〔明〕宋濂撰 AC149 .Z45 v.136

清乾隆四十二年至五十八年（1777—1793）安徽歙縣長塘鮑氏刻本 一册

半葉9行21字，細黑口，左右雙邊，無魚尾，半框13.0×9.9釐米，最大邊長20.0釐米。版心中鎸子目書名及卷次，下鎸“知不足齋叢書”。

所屬叢書：《知不足齋叢書》第十七集。有歐陽元“浦陽人物記序”，元至正十年（1350）鄭濤“浦陽人物記後序”，元至正十年戴良“浦陽人物記後序”，清乾隆五十七年（1792）戴殿泗“重刻浦陽人物記後序”。

浦陽人物記序
古者以公侯伯子男五等之爵分建邦國於天下繇其
國有大小故其制度文章亦有隆殺不相沿襲惟史氏
之官則皆得置之而史氏之所職掌凡時事之當否人
材之善惡田賦之多寡朝聘之往來又皆得書之其名
見於書傳者則晉之乘楚之檮杌魯之春秋是也自封
建廢而爲郡縣不復各有其官於是舉天下之大四海
之衆其事悉萃於一史氏使書之雖磬渭川之竹以爲
簡竭徂徠之松以爲煤焉能保其無闕遺乎後之君子

浦陽人物記序 一 知不足齋叢書

浦陽人物記卷上

忠義篇

濂嘗讀隋書見史臣所載張季珣事謂季珣家素忠烈兄弟俱死國難未嘗不竊歎其難也蓋自古忠臣能殺身徇義者何代無之求其一門而再見者曷其少哉將父兄子弟之所志有不同耶抑一死爲不易非大勇者不能全其節也當宋宣和初睦州方臘反攻破六州五十二縣棄官守委城邑望風而遁者往往皆是梅溶以單州助教攝松陽丞乃能挺身捍禦執死弗悔靖康末

浦陽人物記卷上　一　知不足齋叢書

061. **餘姚兩孝子萬里尋親記：一卷** 〔清〕翁廣平撰

清嘉慶二十三年至道光三年（1818—1823）安徽歙縣長塘鮑氏刻本 一册

半葉9行21字，小字雙行字同，細黑口，左右雙邊，無魚尾，半框13.0×9.9釐米，最大邊長20.0釐米。版心中鎸子目書名及卷次，下鎸“知不足齋叢書”。

所屬叢書：《知不足齋叢書》第三十集。與《廣釋名》《畫梅題記》合訂一册。

餘姚兩孝子萬里尋親記

吳江　翁廣平　海琛纂

萬里尋親記者爲我族叔祖楫山蓼野兄弟尋父作也楫山（施鯨暉列傳作接三）諱運槐字陟山蓼（一作綠）野諱運標字晉公（餘姚志作雋工）世居浙東餘姚縣父大環公諱瀛邑諸生篤於學性靜神迴終日冥坐遇山水勝處翛然有出塵之想其著作皆發揮理學不雜二氏鄉里以醇儒稱之初大環公內兄鄔君受粵西恭城令將之官以田質大環公之族人嫌其瘠必得大環公田乃可公慨然易券付

062. **初月樓聞見録：十卷　初月樓續聞見録：十卷**　〔清〕吴德旋著〔清〕康兆晋等校

清道光四年（1824）康兆晋刻本　四册

半葉10行22字，小字雙行字同，白口，左右雙邊，單黑魚尾，半框17.0×12.5釐米，最大邊長24.2釐米。版心上鎸書名，中鎸卷次。

有程德賚"初月樓聞見録跋"。

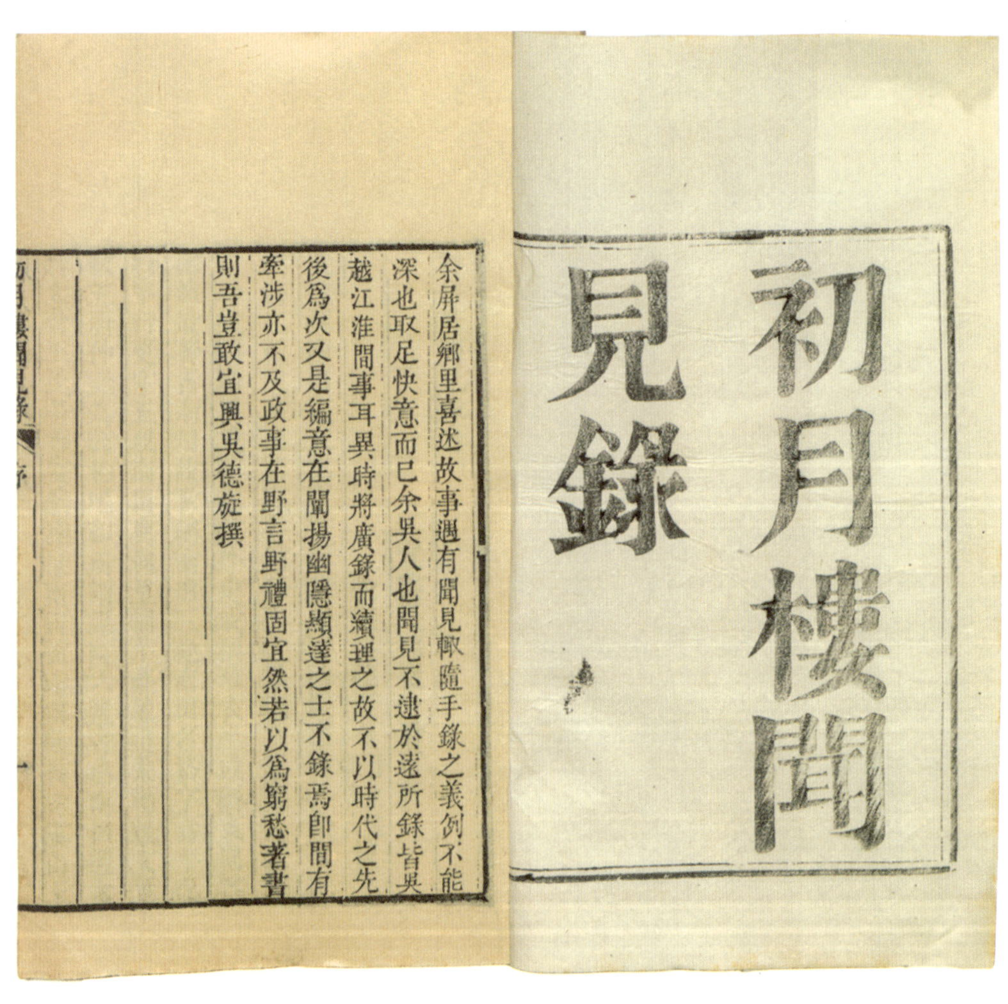

初月樓聞見錄

余屏居鄉里喜述故事遇有聞見輙隨手錄之義例不能深也取足快意而已余吳人也聞見不逮於遠所錄皆吳越江淮間事耳異時將廣錄而續理之故不以時代之先後爲次又是編意在闡揚幽隱顯達之士不錄焉即間有牽涉亦不及政事在野言野禮固宜然若以爲窮愁著書則吾豈敢宜興吳德旋撰

初月樓聞見錄序

初月樓聞見錄卷一

宜興吳德旋仲倫甫著

受業興縣康兆晉康侯、謙吉士校

武進惲南田畫工寫生書學褚登善酷似之詩其餘事也然爲之輒工南田居甌香館每作畫畢輒自題詩其上其自署或稱南田或稱白雲外史或稱草衣生或稱東園客壽然最著者南田故世稱南田三絶南田名格字壽平後以字行更字正叔南田與同里胡芊莊陳道柔楊起文董敷五唐仲元爲詩相唱和所謂毘陵六逸者也南田遊太倉太倉王氏多善畫然雅推南田而南田所畏者虞山王

063. 百家姓考略：一卷 〔清〕王相撰 〔清〕徐士業校

清乾隆至宣統間（1736—1911）刻本 一册

半葉7行8字，小字雙行17字，白口，左右雙邊，單黑魚尾，半框19.5×14.4釐米，最大邊長25.0釐米。版心上鎸書名。書名頁鎸“王晉升先生纂，徐士業先生校，百家姓考略，金陵味經堂梓”，書末頁鎸“旌邑劉御李刻字”。

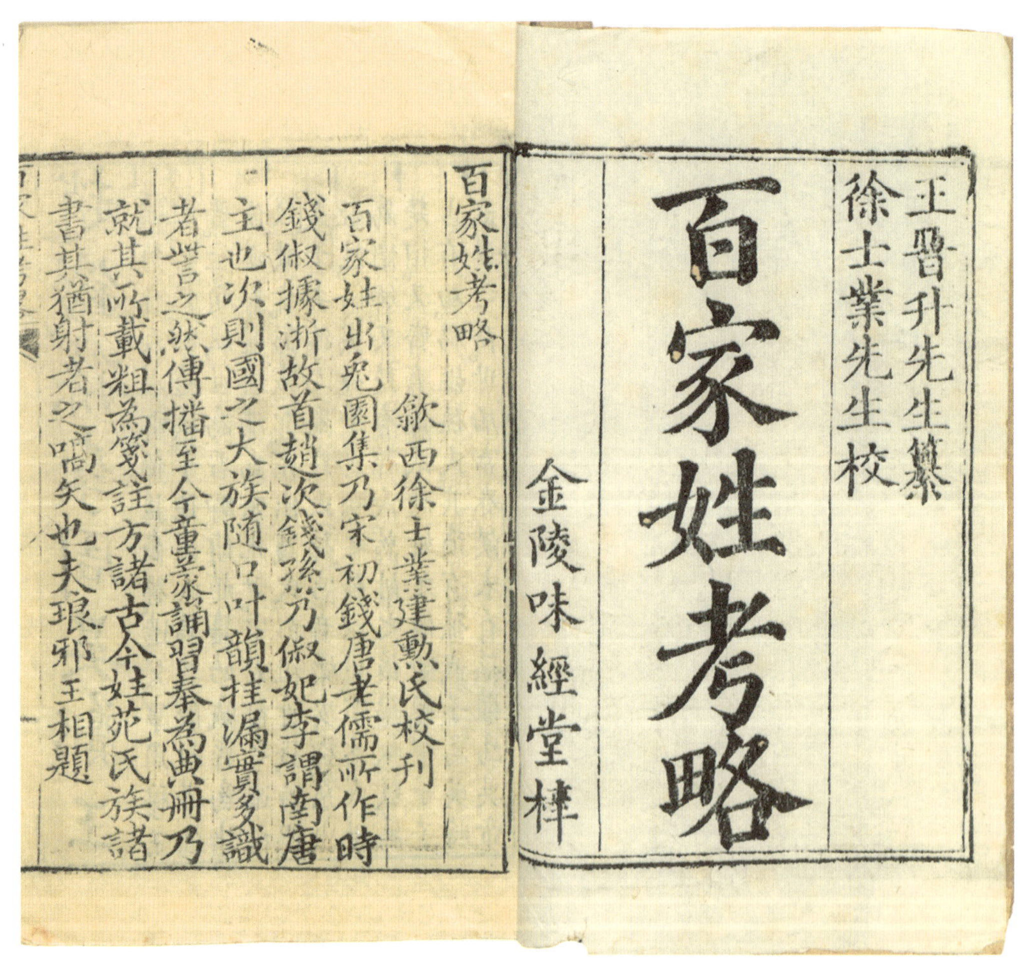
王晉升先生纂
徐士業先生校
百家姓考略
金陵味經堂梓

百家姓考略
歙西徐士業建勳氏校刊
百家姓出兎園集乃宋初錢唐老儒所作時錢俶據浙故首趙次錢孫乃俶妃李謂南唐主也次則國之大族隨口叶韻挂漏實多識者訾之然傳播至今童蒙誦習奉為典册乃就其所載粗為箋註方諸古今姓苑氏族諸書其猶射者之嚆矢也夫琅邪王相題

趙錢孫李周吴鄭王

趙 角音。天水郡。伯益裔孫。造父事周穆王。以功封於趙城。子孫因氏焉。其後叔帶仕晉。至趙夙世爲晉卿。傳趙籍始滅晉爲諸侯。漢有趙廣漢。爲京兆尹。宋太祖之遠祖。

錢 徵音。彭城郡。系出錢氏彭祖姓錢名鏗。支子去竹而爲錢氏。

孫 宫音。樂安郡。系出姬姓。衛武公子惠孫之孫。以祖字爲氏。世爲衛卿。又楚有孫氏。爲姓之後。孫叔敖爲楚相。又齊有孫氏。陳姓之後。陳無宇子子占有功。賜姓孫氏。其後有孫武子。爲吴將武子之裔。世居富春。漢末有孫權爲吴帝

064. 歷代畫家姓氏便覽：六卷　〔清〕馮津集編 〔清〕張銘甫批

清道光六年（1826）德聚堂刻本　六册

半葉9行21字，白口，四周單邊，單黑魚尾，半框13.2×10.3釐米，最大邊長 18.0釐米。版心上鎸書名，中鎸卷次及小題，各卷版心分别下鎸“禮、樂、射、御、書、數”。書名頁鎸“道光六年，丙戌孟春鎸，歷代畫家姓氏便覽，德聚堂藏板”。

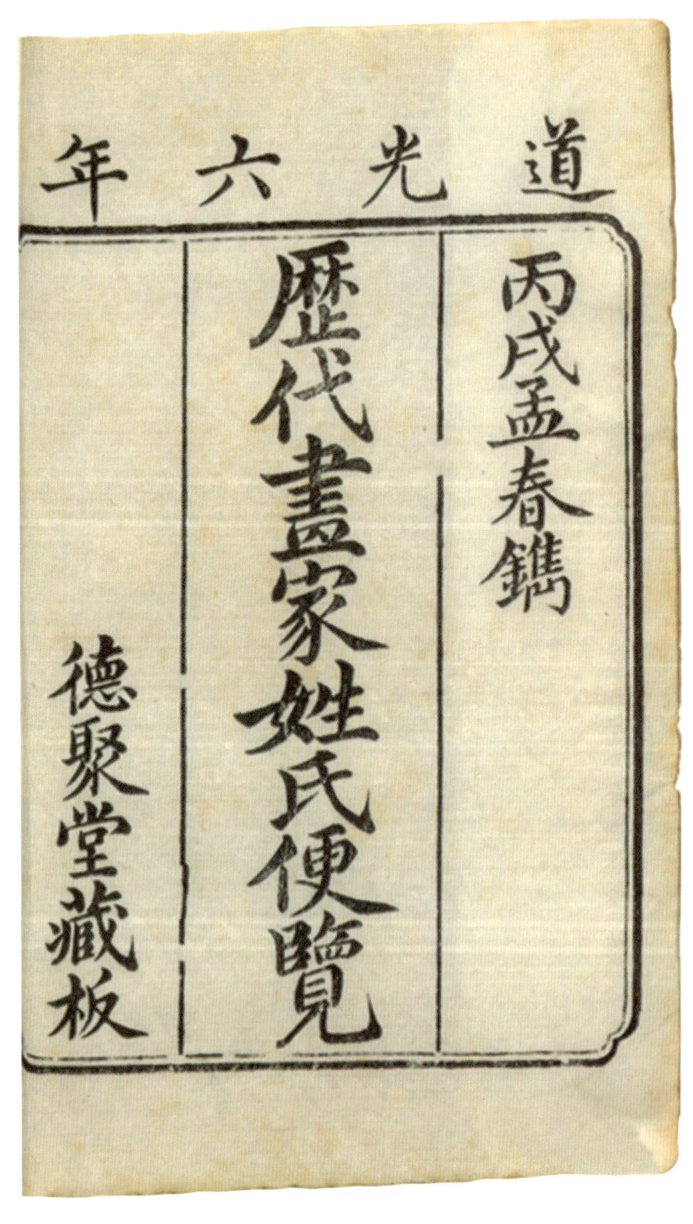

歷代畫家姓氏便覽首卷

桐鄉馮津雲樣集編
男召棠校梓

論畫

六法三品

謝赫云畫有六法一曰氣韻生動二曰骨法用筆三曰應物寫形四曰隨類傳彩五曰經營位置六曰傳模移寫六法精論萬古不移自骨法用筆以下五法可學而能如氣韻必在生知固不可以巧密得復不可以歲月

065. 高僧傳二集：四十卷　〔唐〕釋道宣撰　BQ634 .D36 1890

清光緒十六年（1890）江北刻經處刻本　十册

半葉10行20字，小字雙行字同，白口，左右雙邊，無魚尾，半框17.6×12.0釐米，最大邊長25.0釐米。版心中鎸書名、卷次。

高僧傳二集序
唐釋道宣撰
原夫至道絕言非言何以範世言惟引行即行而乃
極言是以布五位以擢聖賢表四依以承人法龍圖
成太易之漸龜章啓彝倫之用逮於素王繼轍前修
舉其四科班生著詞後進宏其九等皆所謂化導之
恆規言行之權致者也惟夫大覺之照臨也化敷西
壤迹紹東川踰中古而彌新歷諸華而轉盛雖復應
移存沒法被澆湻斯乃利見之康莊鉠有之宏略故
使體道欽風之士激揚影響之賓會正解而樹言扣

高僧傳二集卷一序　一

高僧傳二集卷第一

譯經篇初 本傳六人附見二十七人

梁楊都正觀寺扶南國沙門僧伽婆羅傳一

曼陀羅　木道賢
僧法　道命

梁楊都莊嚴寺金陵沙門釋寶唱傳二

梁武帝　梁簡文帝
僧朗　僧紹

魏北臺石窟寺恆安沙門釋曇曜傳三 曇靖

魏南臺永寧寺北天竺沙門菩提流支傳四

常景　李廓　寶意　覺定　法場　法希
楊衒之　曇顯　智賢　藏稱　智希

陳南海郡西天竺沙門拘那羅陀傳五

066. 釋迦如來密行化蹟全譜：不分卷 〔清〕釋開慧輯

清光緒二十三年（1897）揚州藏經院石印本　四册

半葉12行28字，白口，四周單邊，無魚尾，半框22.3×13.7釐米，最大邊長27.0釐米。版心上鐫書名，中鐫小題，下鐫頁碼。

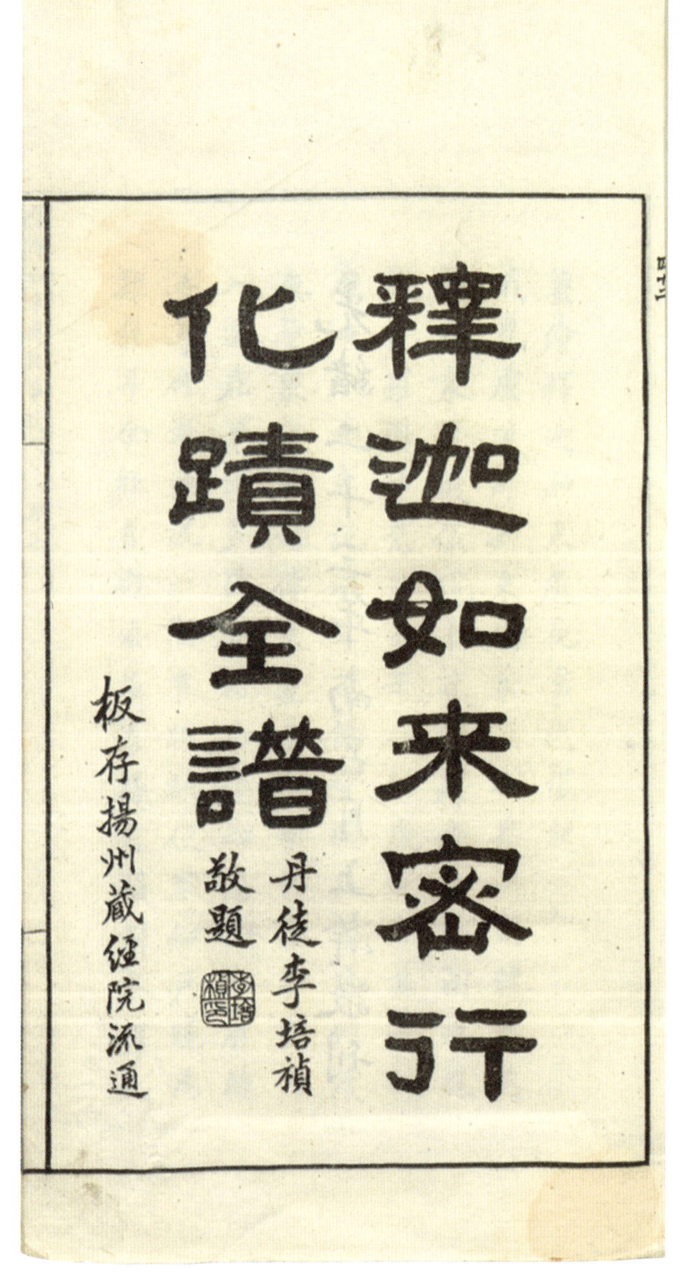

釋迦如來密行
化蹟全譜
丹徒李培禎
敬題
板存揚州藏經院流通

釋迦如來成道記

唐博士太原王勃撰

觀夫釋迦如來之垂迹也。淨法界身，本無出沒。大悲願力，示現受生。洎兜率陀天為護明菩薩，降迦毘羅國，號一切義成。金團天子選其家，白淨飯王為其父。玉象乘日，示來於大術胎中；金輪作王，創誕於無憂樹下。八十種隨形之妙好，槃若芬花；三十二大士之相儀，皎如圓月。四方而各行七步，九水而共沐一身。現優曇花，作師子吼，言胎分之已盡，早證常身，為度生以還來，今垂化迹。於是還羇襁褓，示類嬰兒。為占相也，悲悵於阿私陀仙；往郊祀也，驚起於大自在廟。或為童子，或學聲明。為講武也，箭塔箭井猶存；為捔力也，象迹象坑仍在。受欲樂於十歲，現遊觀於四門。樂沙門身，厭老病死。於是作瓶天子，以警覺彰伎女之醜容；淨居天人，以捧持躍車匿而嚴駕。逾春城於八夜，棲雪嶺於六年。人辭愉戀主之心，馬舐落蓮珠

067. 比丘尼傳：四卷 〔晉〕釋寶唱撰

清光緒十一年（1885）金陵刻經處刻本 一册

半葉10行20字，白口，左右雙邊，無魚尾，半框16.5×12.0釐米，最大邊長24.0釐米。版心中鎸書名及卷次，下鎸頁碼。

比丘尼傳卷第一

晉莊嚴寺釋寶唱撰

序

原夫貞心亢志奇操異節豈唯體率由於天真抑亦勵景行於仰止故曰希顏之士亦顏之儔慕驥之馬亦驥之乘斯則風列英徽流芳不絕者也是以握筆懷鉛之客將以語厥方來比事記言之士庶其勸誡於後世故雖欲忘言斯不可已也昔大覺應乎羅衛佛日顯於閻浮三界歸依四生向慕比丘尼之興發源於愛道登地證果仍世不絕列之法藏如日經天

比丘尼傳卷一 一 俠一

比丘尼傳卷第二

宋莊嚴寺釋寶唱撰

068. 廣列仙傳：七卷　〔明〕王世貞撰　　BL1802 .W36

明（1558—1644）刻本　六册

半葉9行18字，眉欄鎸批，白口，四周單邊，單黑魚尾，半框18.2×11.6釐米，最大邊長25.0釐米。版心上鎸書名，中鎸卷次，下鎸頁碼。鈐“墨南藏書”“研癖”“膠西周氏古琴閣”“墨南所藏”“聽玉笙樓蔣湘雲珍藏”“S. I. Hsiung”印。

有抄配：目録葉一至十。原書高21.5釐米，金鑲玉裝。是書不避清諱，推斷爲明刻本。王世貞撰“王雲陽傳”中述及雲陽生於嘉靖戊午年，據此可推斷此書成於明世宗嘉靖三十七年（1558）之後。

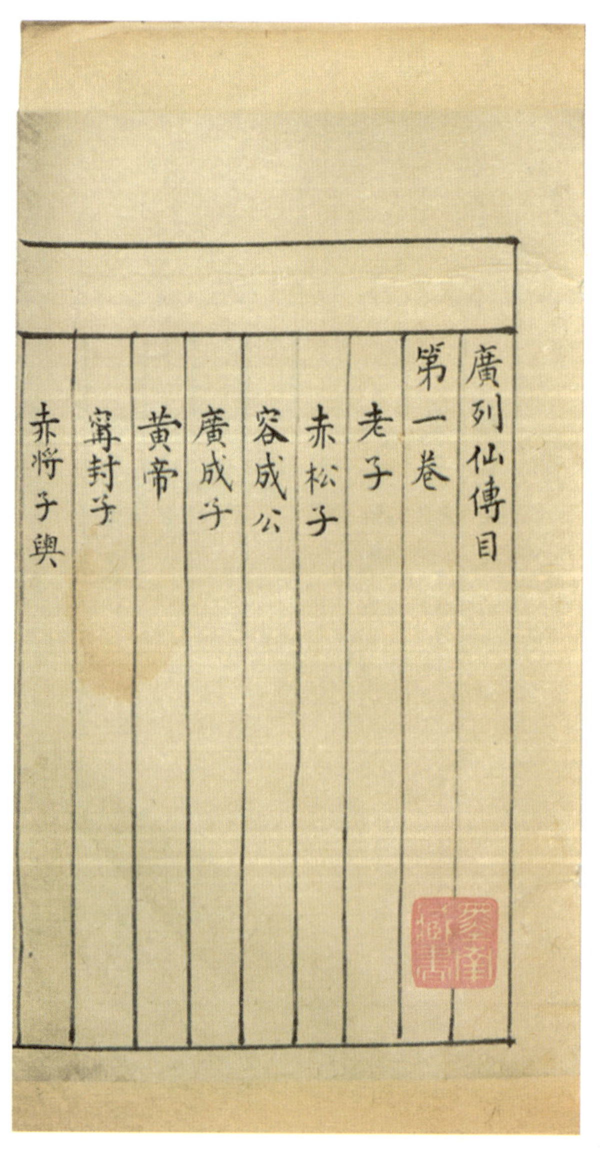
廣列仙傳目
第一卷
老子
赤松子
容成公
廣成子
黄帝
甯封子
赤將子輿

廣列仙傳卷之一

吴郡鳳洲王世貞撰

○老子

老子者，太上老君也。混元圖云：初三皇時，化身號為萬法天師；中三皇時，為盤古先生；伏羲時，為鬱華子；女媧氏時，為鬱密子；神農時，為太成子；軒轅時，為廣成子；少皞時，為隨應子；顓帝時，為赤精子；帝嚳時，為録圖子；堯時為務成子；舜時為尹壽子；禹時為真行子；湯時

069. 萬柳溪邊舊話：一卷　〔宋〕尤玘撰　

清乾隆四十九年(1784)安徽歙縣長塘鮑氏刻本　一册

半葉9行21字，細黑口，左右雙邊，無魚尾，半框13.0×9.9釐米，最大邊長20.0釐米。版心中鎸子目書名及卷次，下鎸"知不足齋叢書"。

所屬叢書：《知不足齋叢書》第十集。據朱朗齋校本刊。與《江西詩社宗派圖録》《江西詩派小序》合訂一册。

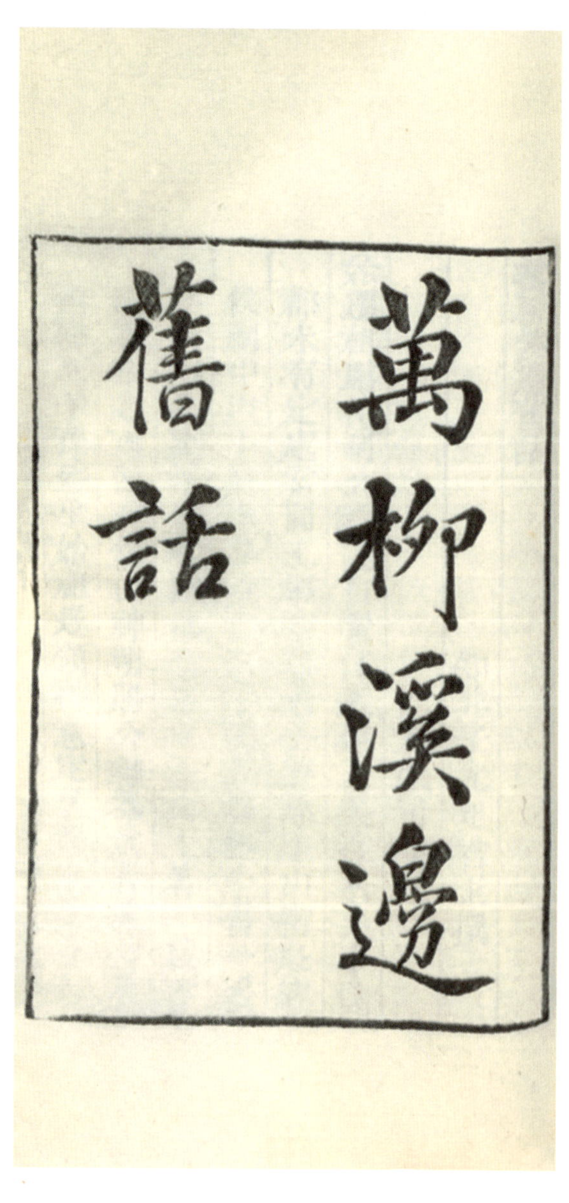

萬柳溪邊舊話

知非子尤玘君玉撰

門人張雨書諱

始遷祖贈待制公諱叔保自晉江避難入吳往來吳中諸郡未有定處嘗同王樞密康靖公游浮玉山宿壯繆侯祠中以卜居求夢夜夢侯手賜錫器器中書一成字覺以告康靖康靖曰器者器皿也皿上著一成字盛字也錫者常之西南有錫山神明賜公錫器意者俾公居無錫而子孫盛乎始祖遂領神意定居錫之許舍山

070. 錢塘先賢傳贊：一卷 〔宋〕袁韶撰

清乾隆五十一年至五十九年（1786—1794）安徽歙縣長塘鮑氏刻本　一册

半葉9行21字，小字雙行字同，細黑口，左右雙邊，無魚尾，半框13.0×9.9釐米，最大邊長20.0釐米。版心中鐫子目書名及卷次，下鐫“知不足齋叢書”。

所屬叢書：《知不足齋叢書》第十六集。與《武林舊事》合訂一册。

錢塘先賢傳贊

宋袁韶撰

陶唐許箕公

公字仲武諱由隱於箕山師於齧缺堯知其賢遜以帝位公聞之乃臨河洗耳每飲無杯器以手捧水或遺一瓢得以操飲飲訖挂木上風吹歷歷有聲公以爲煩去之死後堯謚曰箕公按樂史寰宇記杭州靈隱山公嘗隱於此入山忘歸因名曰稽留山今中天竺左山是也昌化縣西北六十里有千頃山父老亦相傳云公故居縣境又有

錢塘先賢傳贊　一　知不足齋叢書

071. 北行日譜：一卷　〔明〕朱文學撰　

清嘉慶二年至七年（1797—1802）安徽歙縣長塘鮑氏刻本　一册

半葉9行21字，小字雙行字同，細黑口，左右雙邊，無魚尾，半框13.0×9.9釐米，最大邊長20.0釐米。版心中鎸子目書名及卷次，下鎸“知不足齋叢書”。

所屬叢書：《知不足齋叢書》第二十一集。

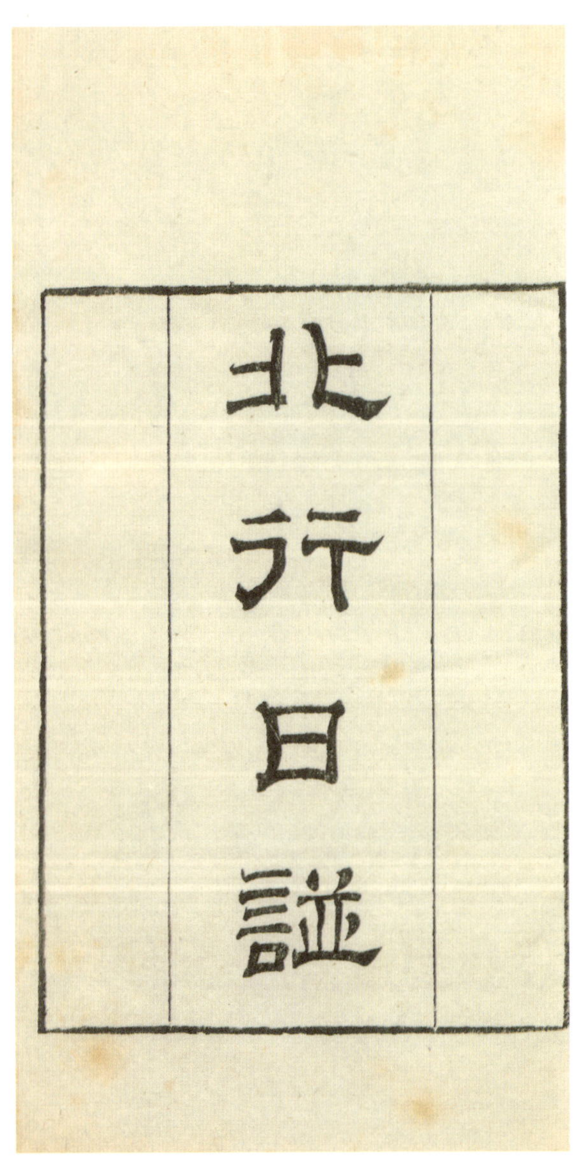

任俠傳

朱文學

吳門布衣金日升纂述

文學諱祖文字叔經完天其別號也世爲檇李人祖先應募禦倭功最畧陞都督大將軍世襲蘇州衛指揮以廉勇聞文學幼孤母劉勵節撫之備集荼苦文學長而端方穎異雅不好武被服躬行有古人之風弱冠補博士弟子痛母志節未揚不遑寢食吏部周公順昌初未識文學會文太史諱震孟字文起爲孝廉時與文學習談其母

072. 大清縉紳全書：四集

清道光二十一年（1841）榮禄堂刻本　一册

半葉14行31字，小字雙行字同，白口，四周雙邊，雙對黑魚尾，半框15.4×10.8釐米，最大邊長17.0釐米。版心上鎸小題，中鎸頁碼。書名頁鎸“日新月易校對無僞，欽遵本朝會典一統志，各省奏銷部册紀載疆里民風學校土産錢糧倉貯驛站夫役雜税養廉，大清搢紳全書，每月職官陞遷除授姓氏里居，詳補辯舛訂僞瞭如指掌，台號籍貫隨到隨補”。

清道光二十一年榮禄堂主人序言刻書事。

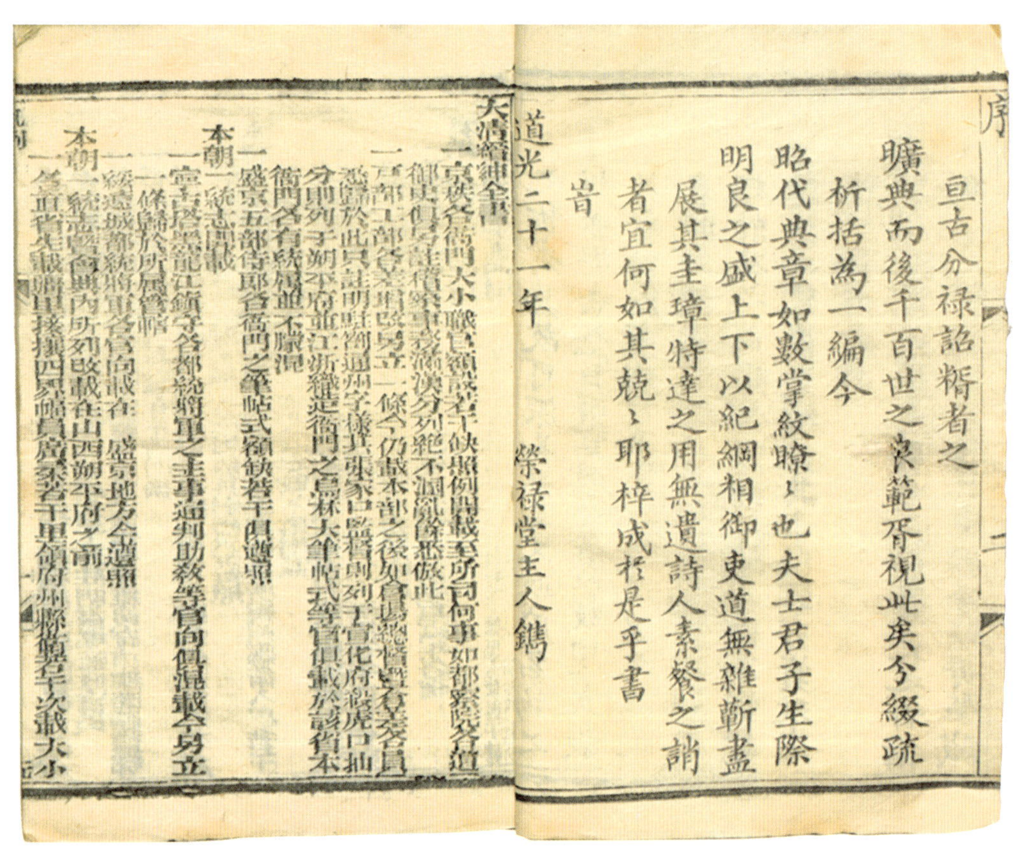

序

亘古分祿諂糈者之
曠典而後千百世之良範胥視此矣今綴疏
析括為一編今
昭代典章如數掌紋瞭瞭也夫士君子生際
明良之盛上下以紀綱相御吏道無雜蘄盡
展其圭璋特達之用無遺詩人素餐之誚
者宜何如其兢兢耶梓成於是乎書
旨
道光二十一年　榮祿堂主人鐫

大清搢紳全書
一京城各衙門大小職官額設若干缺照例開載至所司何事如都察院各道
御史僅另註稽察某事務演分列絕不淆亂餘悉倣此
一戶部工部各差現既另立一條今仍載本部之後如倉場總督暨各差各員
爲歸於此只註明駐劄通州字樣其張家口監督則列於宣化府殺虎口抽
分則列於朔平府並江浙織造衙門之烏林大筆帖式等官俱載於該省本
衙門各有統屬並不[illegible]混
一盛京五部侍郎各衙門之筆帖式額缺若干具遵照
本朝一統志開載
一寧古塔黑龍江鎮守各都統將軍之主事通判助教等官向俱混載今另立
一條歸於所屬管轄
一綏遠城都統將軍各官向載在　盛京地方今遵照
本朝一統志會典內所列改載在山西朔平府之前
一各直省文職衙門[illegible]若干里領府州縣[illegible]若干次載大小

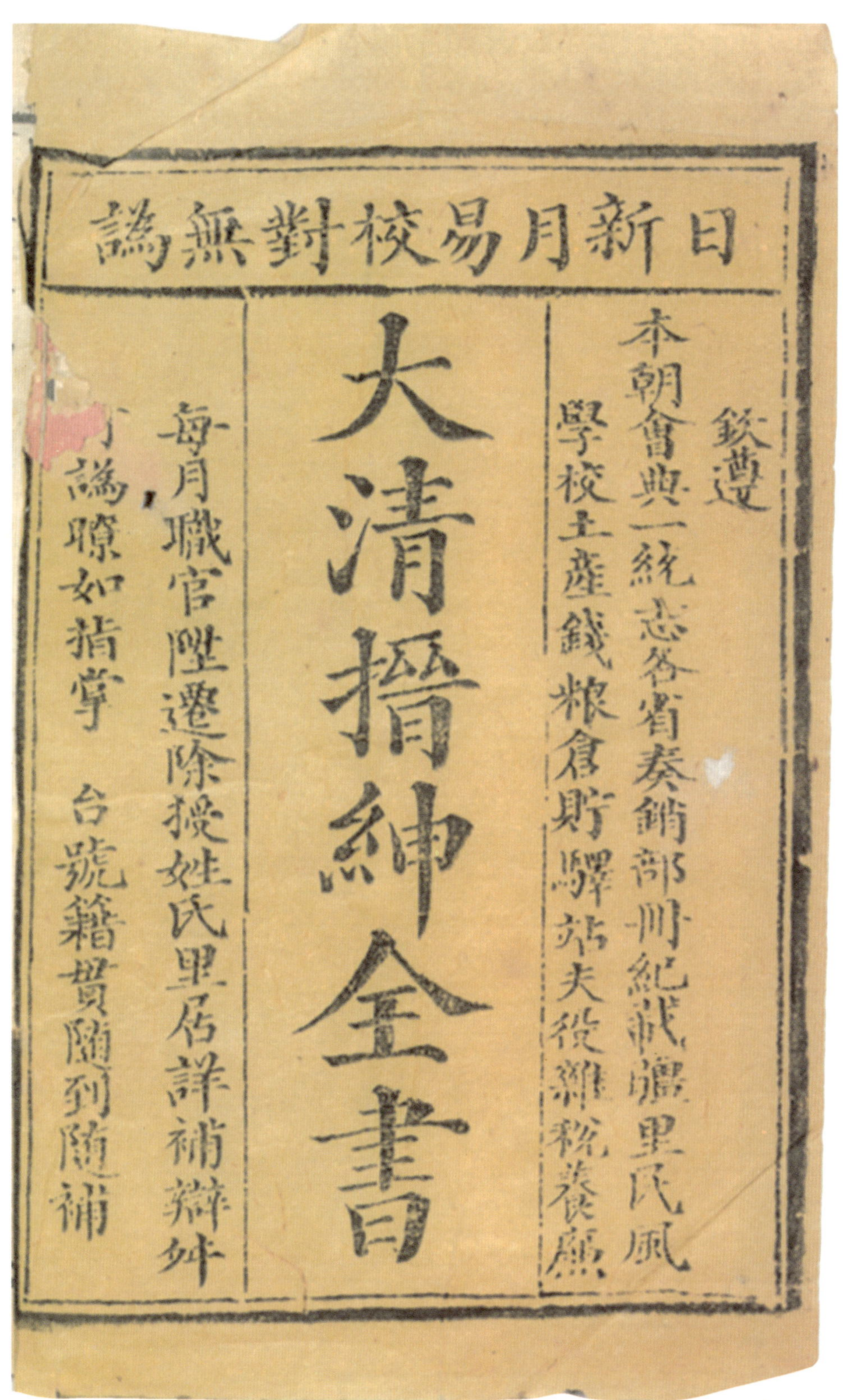

日新月易校對無譌

欽遵

本朝會典一統志各省奏銷部冊紀載疆里民風

學校土產錢粮倉貯驛站夫役雜税養廉

大清搢紳全書

每月職官陞遷除授姓氏里居詳補辨姸

訂譌瞭如指掌

台號籍貫隨到隨補

政書類　職官類

073. [鎮江營]呈造嘉慶拾伍年差費底册：錢字第二號　〔清〕鎮江營纂

MSS & Archives 2015/25 item8

清嘉慶十五年（1810）稿本　一册

半葉12行18字，無板框，最大邊長30.0釐米。

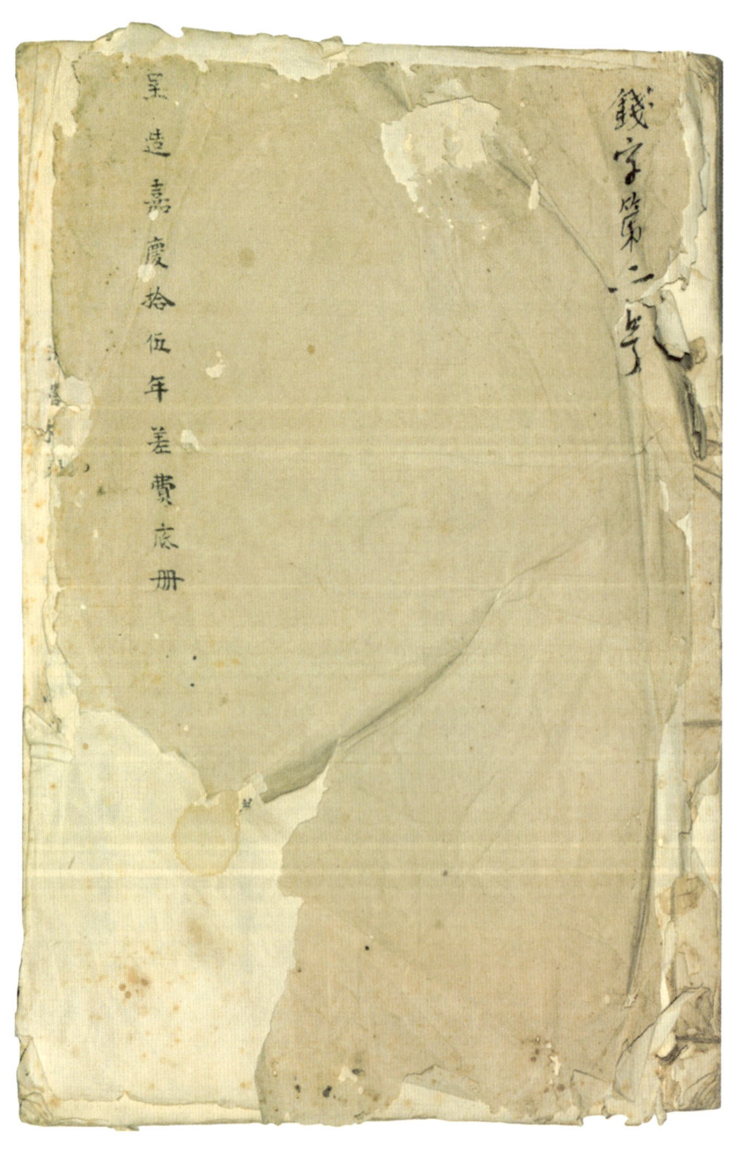

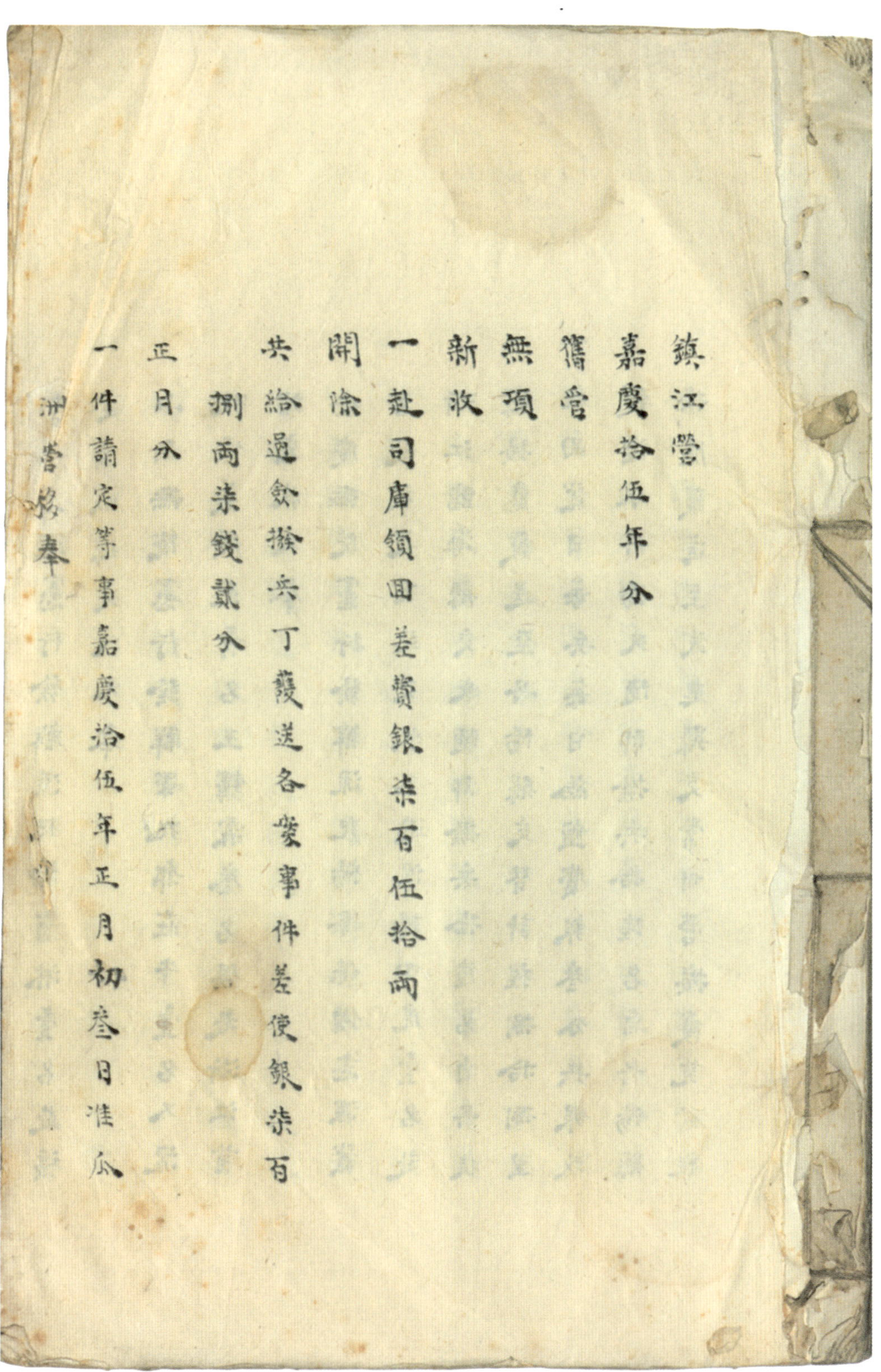

鎮江營
嘉慶拾伍年分
舊管
無項
新收
一赴司庫領回差費銀柒百伍拾兩
開除
共給遞飭撥兵丁齎送各處事件差使銀柒百
捌兩柒錢貳分
正月分
一件請定等事嘉慶拾伍年正月初叁日准瓜
洲營移奉

074. 福食部：丁酉年 MSS & Archives 2015/25 item6

清光緒二十三年（1897）寫本　一册

最大邊長12.6釐米。

封面題英文注記"Invoice Book Dunedin 1880?"，本册係手寫收據賬簿。

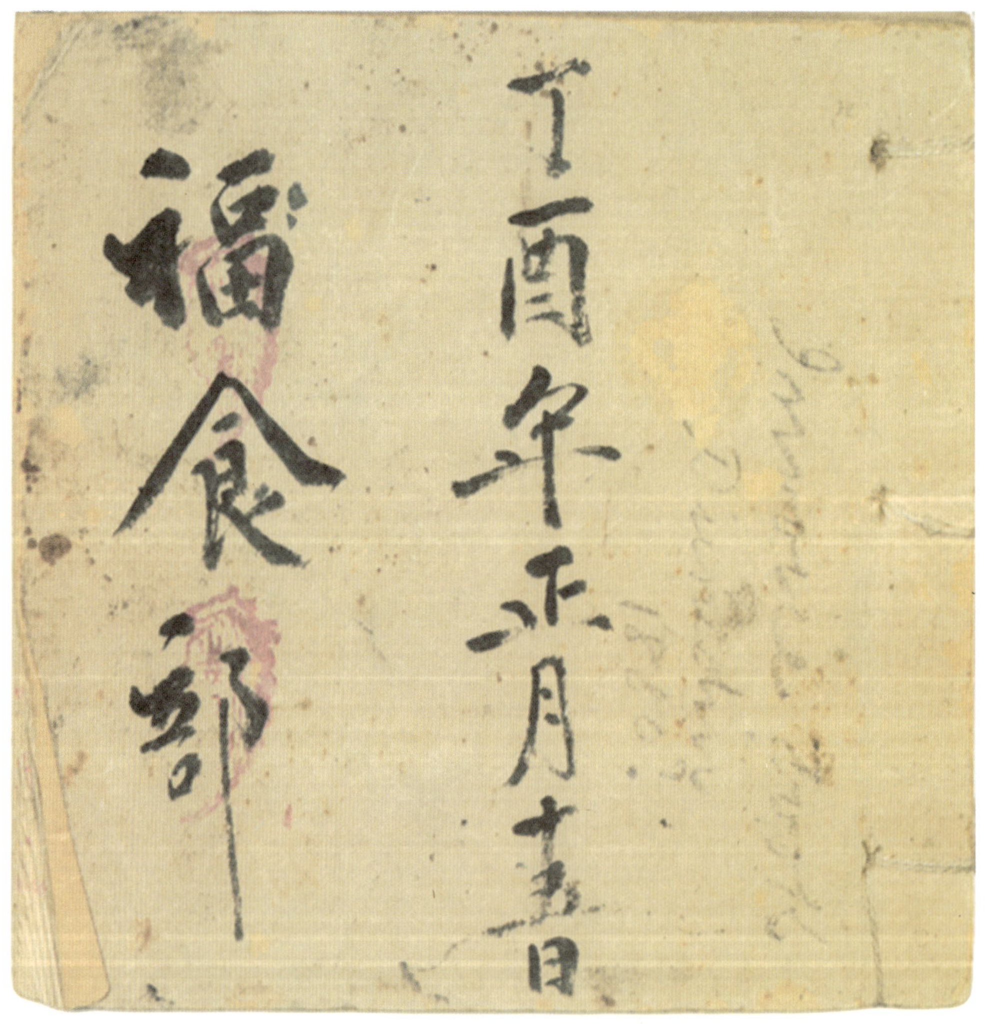

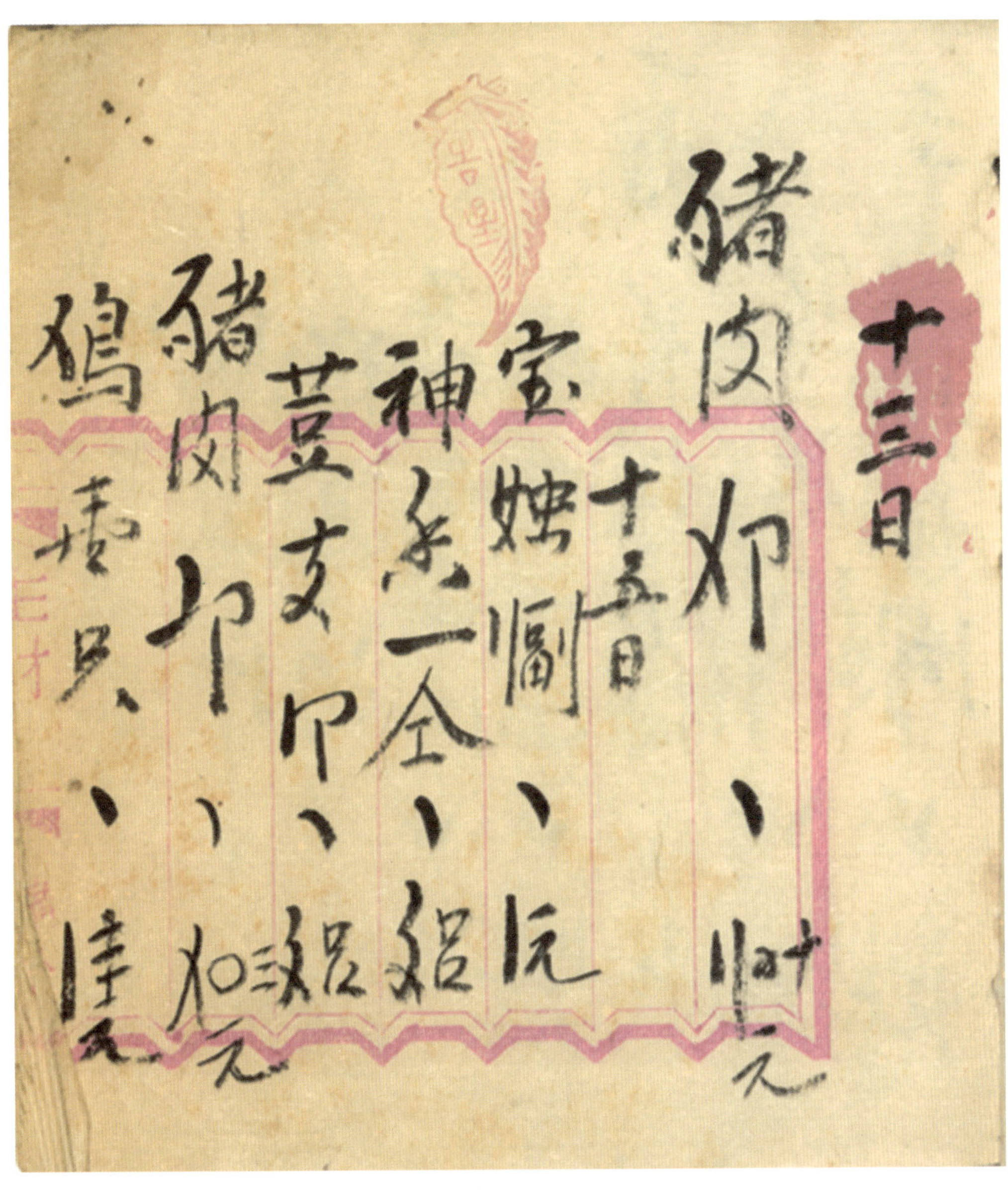

075. 江南選拔貢卷：嘉慶辛酉科 〔清〕鮑文逵撰　　MSS & Archives 2015/25 item1

清嘉慶六年（1801）刻本　一册

半葉9行25字，白口，左右雙邊，無魚尾，有眉批，行4字，半框19.8×12.2釐米，最大邊長26.9釐米。"履歷"部分上下兩欄，每欄10行。版心上鐫試卷名，下鐫頁碼。

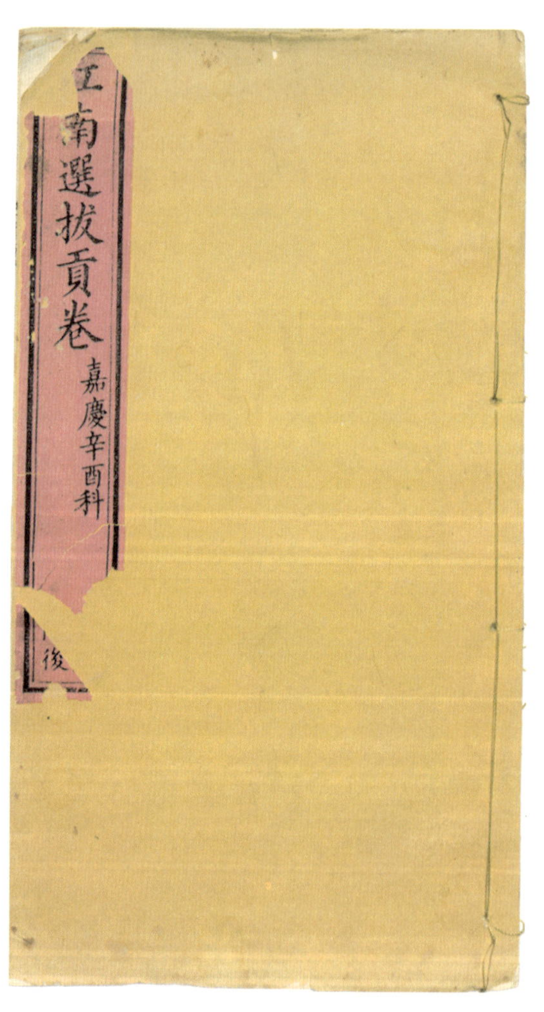

江南選拔貢卷　嘉慶辛酉科
後

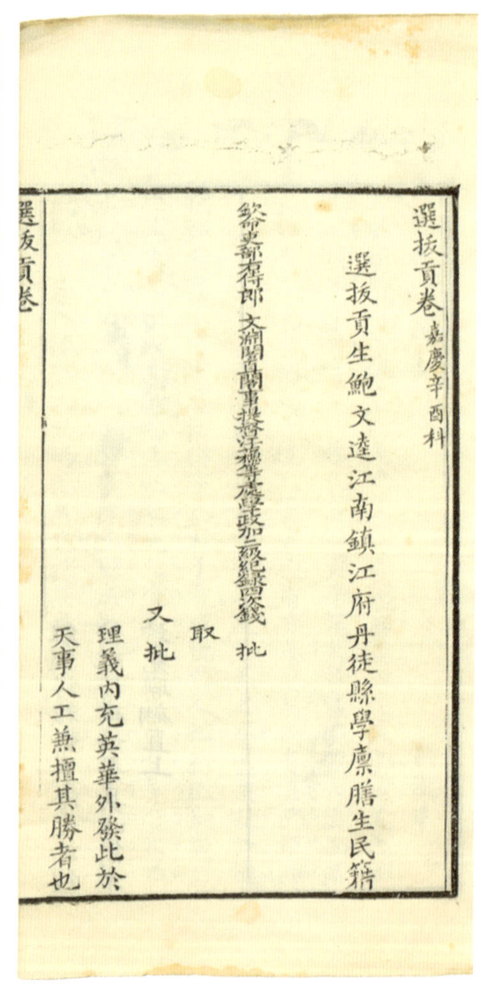

選拔貢卷　嘉慶辛酉科
選拔貢生鮑文逵江南鎮江府丹徒縣學廩膳生民籍
欽命吏部右侍郎文淵閣直閣事提督江蘇等處學政加三級紀錄四次錢　批
取
又批
理義内充英華外發此於
天事人工兼擅其勝者也
選拔貢卷

鮑文達

高高祖一科 歙邑庠生世居永豐鄉長清里

高高祖妣王氏

高祖大儒 字仲珍

高祖妣陳氏

曾祖彝 字天民 覃恩貤贈徵仕郎內閣中書晉贈儒林郎內閣典籍加一級 誥贈奉政大夫禮部鑄印局員外加一級晉贈朝議大夫戶部河南司郎中加一級

曾祖妣胡氏

履歷

字鴻起號野雲行一乾隆乙酉年五月初二日

生江南鎮江府丹徒縣學廩膳生民籍

伯祖皐 太學生薦舉博學鴻詞 覃恩貤贈徵仕郎內閣中書晉贈儒林郎內閣典籍加一級 誥贈奉政大夫禮部鑄印局員外加一級晉贈朝議大夫戶部河南司郎中加一級著有海明詩集行世

叔祖皞

叔之鍾 乾隆乙酉科拔貢 台試第一 欽賜舉人授內閣中書己丑科進士 殿試二甲第三名歷內閣典籍 宗人府主事充玉牒館纂修官兵部武選司主事禮部鑄印局掌印員外郎戶部河南司郎中 欽命癸卯科貴州主考丙午科廣東主考丁未科會試同考官 誥授朝議大夫現任戶部湖廣司郎中 之鏞 太學生

076. 順天鄉試硃卷：嘉慶甲子科 〔清〕鮑文逵撰

MSS & Archives 2015/25 item2

清嘉慶九年（1804）刻本　一册

半葉9行25字，白口，四周雙邊，單黑魚尾，有眉批，行4字，半框17.4×11.9釐米，最大邊長23.8釐米。“履歷”部分上下兩欄，每欄12行。版心上鐫試卷名，下鐫頁碼。

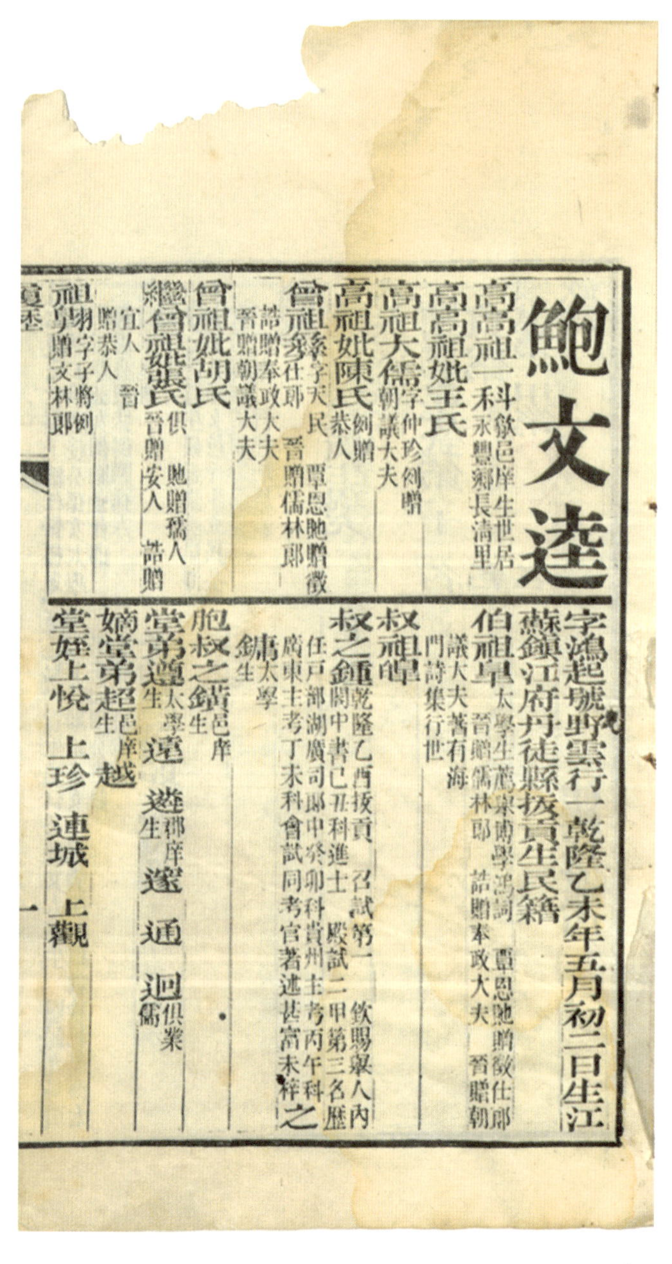

鮑文逵

字鴻起號野雲行一乾隆乙未年五月初二日生江
蘇鎮江府丹徒縣拔貢生民籍

高高祖一科 歙邑庠生世居永豐鄉長清里
高高祖妣王氏
高祖大儒 字仲珍例贈朝議大夫
高祖妣陳氏 例贈恭人
曾祖彖 字天民 覃恩貤贈徵仕郎 晉贈儒林郎 誥贈奉政大夫 晉贈朝議大夫
曾祖妣胡氏
繼曾祖妣張氏 俱 貤贈孺人 晉贈安人 誥贈宜人 晉贈恭人
祖翀 字子將例贈文林郎

伯祖皐 太學生薦舉博學鴻詞 覃恩貤贈徵仕郎 晉贈儒林郎 誥贈奉政大夫 晉贈朝議大夫著有海門詩集行世
叔祖皞
叔之鍾 乾隆乙酉拔貢 召試第一 欽賜舉人內閣中書己丑科進士 殿試二甲第三名歷任戶部湖廣司郎中癸卯科貴州主考丙午科廣東主考丁未科會試同考官著述甚富未梓
之鏞 太學生
胞叔之鐄 邑庠生
堂弟遵 太學生 逵 遴 郡庠生 遂 通 迥 俱業儒
嫡堂弟超 邑庠生 越
堂姪上悅 上珍 連城 上觀

順天鄉試硃卷嘉慶甲子科

中式第十名舉人鮑文逵江蘇鎮江府丹徒縣拔貢生民籍現充　武英殿校錄官

同考試官內閣侍讀加一級紀錄四次劉　闕

薦　批

大主考太僕寺卿今授都察院左副都御史加三級紀錄五次賁

取　批

又　批　端莊流麗剛健婀娜

大主考經筵講官尚書房行走禮部左侍郎兼正白旗滿洲副都統紀錄五次加三級玉

取　批

又　批　紆餘爲妍卓犖爲傑

大主考經筵講官太子太傅文華殿大學士管理刑部事務稽查欽奉上諭事件處軍機大臣紀錄十次加四級董

中　批

鄉試硃卷　甲子科　一

077. **會試硃卷：道光乙未科**　〔清〕顔于鎬撰　MSS & Archives 2015/25 item3

清道光十五年（1835）刻本　一册

半葉9行25字，白口，四周雙邊，單黑魚尾，有眉批，行4字，半框16.0×12.5釐米，最大邊長26.8釐米。“履歷”部分上下兩欄，每欄10行。版心上鎸試卷名，下鎸頁碼。

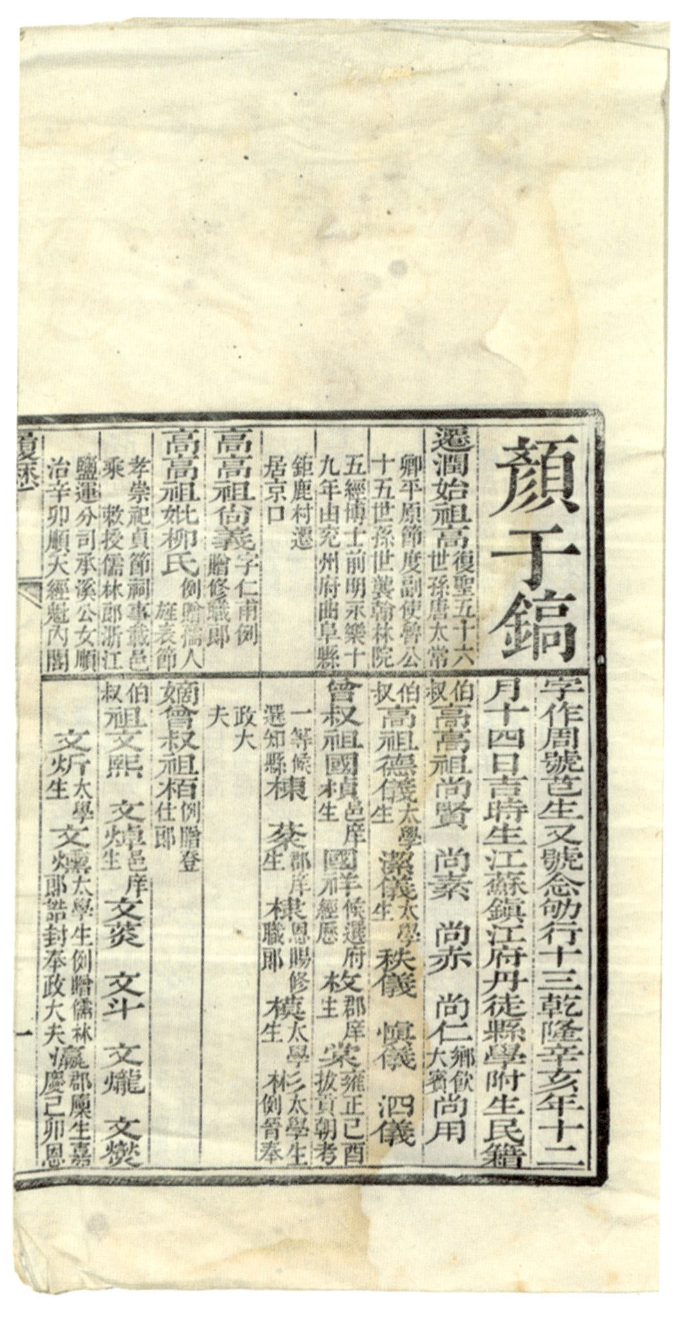
顔于鎬

字作周號芑生又號念劬行十三乾隆辛亥年十二月十四日吉時生江蘇鎮江府丹徒縣學附生民籍

遷潤始祖高復聖五十六世孫唐太常卿平原節度副使魯公十五世孫世襲翰林院五經博士前明永樂十九年由兖州府曲阜縣鉅鹿村遷居京口

高高祖尚義字仁甫例贈修職郎

高高祖妣柳氏例贈孺人旌表節孝崇祀貞節祠事載邑乘

敕授儒林郎浙江鹽運分司承溪公女順治辛卯順天經魁內閣

伯叔高高祖尚賢　尚素　尚桼　尚仁鄉飲大賓　尚用

伯叔高祖德儀太學生　潔儀太學生　秩儀太學　慎儀　泗儀

曾叔祖國楨邑庠生　國祥候選府經歷　枚郡庠生　棠雍正己酉拔貢朝考一等候選知縣　棟　棻郡庠生　棣恩賜修職郎　模太學生　彬太學生例晉奉政大夫

嫡曾叔祖栢例贈登仕郎

伯叔祖文熙　文焯邑庠生　文炎　文斗　文爖　文燮

文炘太學生　文燻太學生例贈儒林郎誥封奉政大夫　文[illegible]郡廩生嘉慶己卯恩

履歷　一

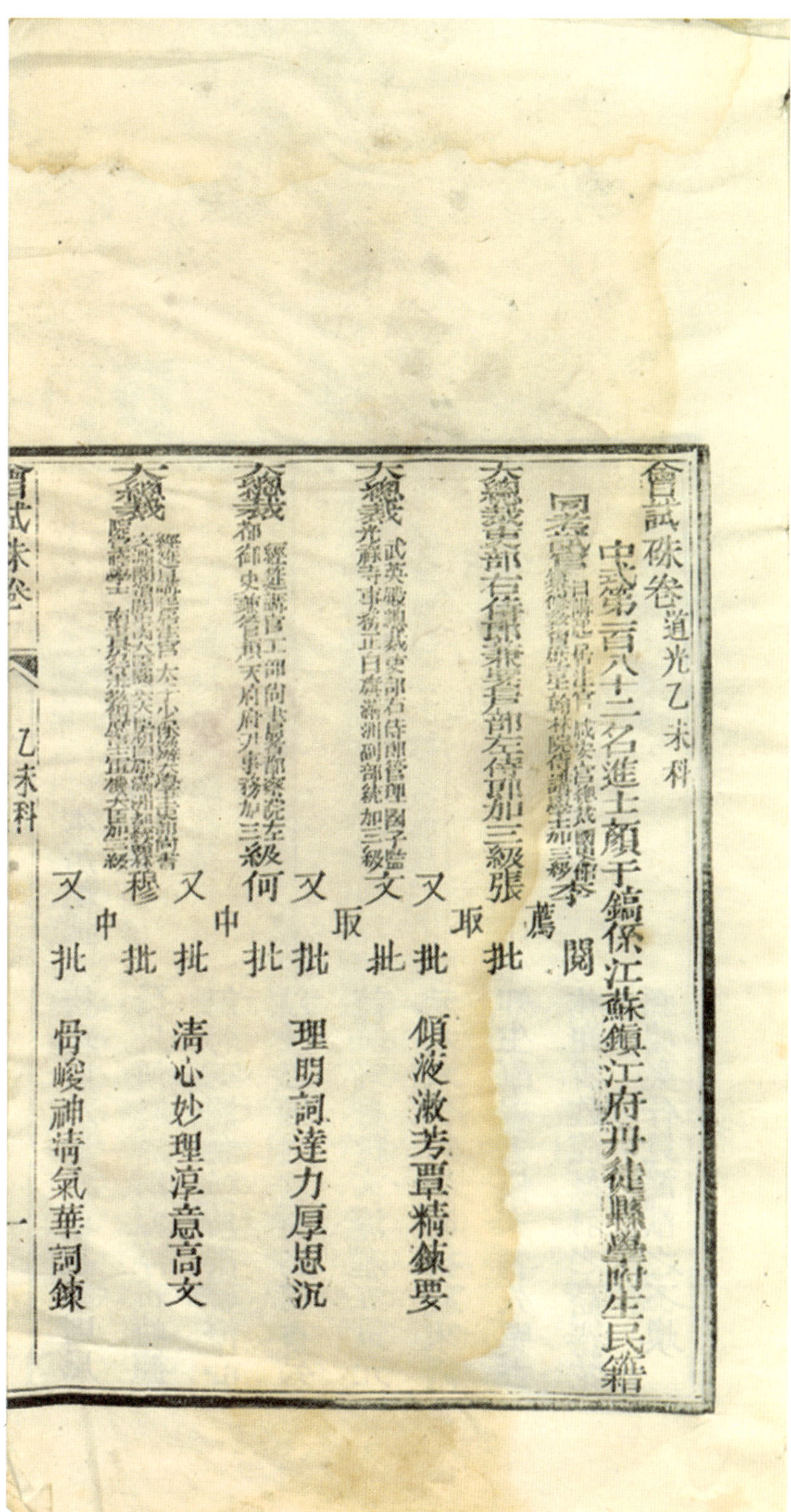

會試硃卷 道光乙未科

中式第百八十二名進士顏于鎬係江蘇鎮江府丹徒縣學附生民籍

同考官日講起居注官[illegible]咸安宮總裁國史館纂修[illegible]翰林院侍講學士加三級李 薦 閱批

大總裁吏部右侍郎兼署戶部左侍郎加三級張 取批

又批 傾液漱芳覃精鍊要

大總裁武英殿總裁吏部右侍郎管理國子監[illegible]光祿寺事務正白旗滿洲副都統加三級文 取批

又批 理明詞達力厚思沉

大總裁經筵講官工部尚書署都察院左都御史兼管順天府府尹事務加三級何 中批

又批 清心妙理淳意高文

大總裁經筵日講起居注官太子少保協辦大學士吏部尚書文淵閣領閣事[illegible]翰林院掌院學士[illegible]加三級穆 中批

又批 骨峻神清氣華詞鍊

會試硃卷 乙未科 一

078. 會試硃卷：道光辛丑恩科　〔清〕張振金撰　MSS & Archives 2015/25 item4

清道光二十一年（1841）刻本　一册

半葉9行25字，白口，四周雙邊，單黑魚尾，半框16.5×12.0釐米，最大邊長26.3釐米。“履歷”部分上下兩欄，每欄11行。版心上鎸試卷名，下鎸頁碼。

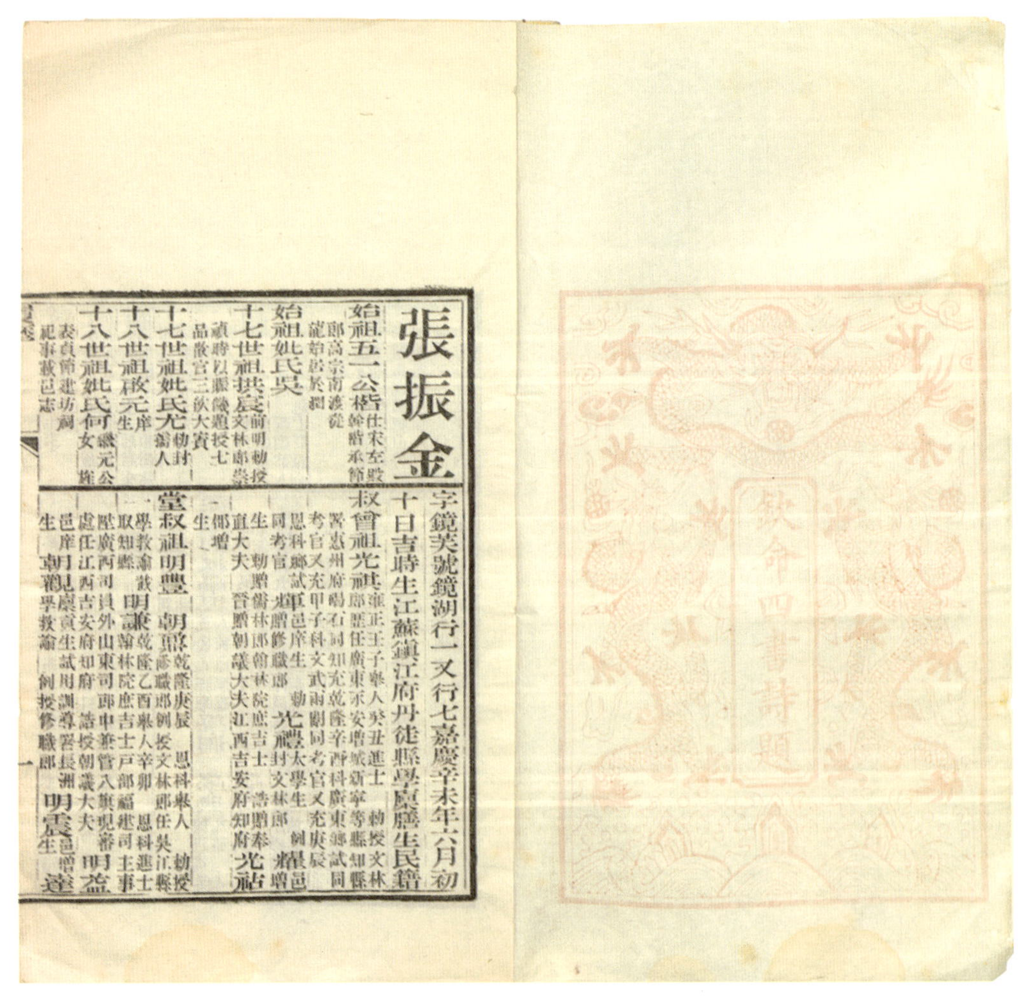
張振金

字鏡芙號鏡湖行一又行七嘉慶辛未年六月初十日吉時生江蘇鎮江府丹徒縣學廩膳生民籍

始祖五一公

始祖妣氏吳

十七世祖拱宸

十七世祖妣氏尤

十八世祖秡元

十八世祖妣氏何

曾叔祖光祺

堂叔祖明豐

會試硃卷 道光辛丑 恩科

中式第二十一名張振金江蘇鎮江府丹徒縣廩膳生民籍

同考試官文淵閣校理右春坊右中允今陞翰林院侍講兼撰文國史館纂修分教庶吉士加一級張 闓 薦 批 樹骨訓典

大總裁戶部左侍郎 上書房行走加三級杜 取 批

又批 依經選義

大總裁文淵閣提舉閣事戶部左侍郎總管內務府大臣廂黃旗護軍統領正白旗蒙古副都統右翼總兵管理藩院事務大臣稽查內七倉大臣加三級文 取 批

又批 倜儻不羣

大總裁戶部尚書 南書房行走加三級祁 取 批

又批 渺慮爲言

大總裁經筵講官太子太保東閣大學士管理刑部事務南書房行走教習庶吉士軍機大臣加三級王 中 批

又批 思清筆雋

會試硃卷 辛丑 恩科 一

079. 試草　〔清〕陸懋修撰　MSS & Archives 2015/25 item5

清末（1840—1911）刻本　散葉

半葉9行25字，白口，四周雙邊，單黑魚尾，半框17.3×12.0釐米，最大邊長26.5釐米。版心上鎸“試草”，下鎸頁碼。鈐“陸懋修印”“劍芝”印。

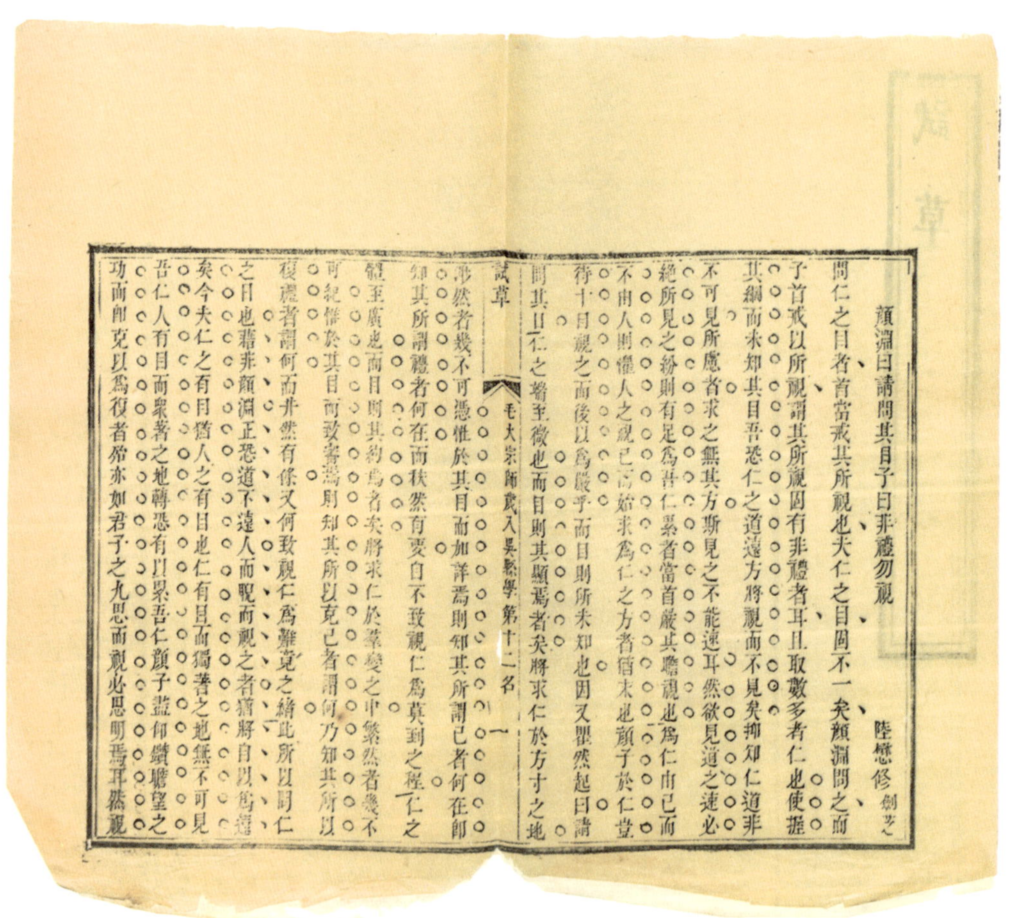
顏淵曰請問其目子曰非禮勿視　陸懋修
問仁之目者首當戒其所視也夫仁之目固不一矣顏淵問之而
子首戒以所視謂其所視固有非禮者耳且取數多者仁也使握
其綱而求知其目吾恐仁之道遠方將視而不見矣抑知仁道非
不可見所慮者求之無其方斯見之不能速耳然欲見道之速必
絕所見之紛則有足爲吾仁累者當首蔽其瞻視也爲仁由己而
不由人則僅人之視已而始求爲仁之方者猶未逮顏子於仁豈
待十目視之而後以爲嚴乎而目則所未知也因又瞿然起曰請
問其目仁之端至微也而目則其顯焉者矣將求仁於方寸之地
試草　毛大宗師歲入吳縣學第十二名　一
涉然者幾不可憑惟於其目而加詳焉則知其所謂己者何在即
知其所謂禮者何在而秩然有要自不致視仁爲莫到之程仁之
體至廣也而目則其約爲者矣將求仁於萬變之中紛然者幾不
可紀惟於其目而致審焉則知其所以克己者謂何乃知其所以
復禮者謂何而井然有條又何致視仁爲難竟之緒此所以問仁
之目也藉非顏淵正恐道不遠人而睨而視之者猶將自以爲遠
矣今夫仁之有目猶人之有目也仁有目而獨著之地無不可見
吾仁人有目而衆著之地轉恐有以累吾仁顏子蓋仰鑽瞻望之
功而即克以爲復者殆亦如君子之九思而視必思明焉耳然視

試草
政
呈

080. 翰苑群書：二卷 〔宋〕洪遵輯

AC149 .Z45 v.102–103

清嘉慶八年（1803）安徽歙縣長塘鮑氏刻本　一册

半葉9行18字，細黑口，左右雙邊，無魚尾，半框13.0×9.9釐米，最大邊長20.0釐米。版心中鎸子目書名及卷次，下鎸“知不足齋叢書”。子目：

卷上：

翰林志一卷　〔唐〕李肇撰

承旨學士院記一卷　〔唐〕元稹撰

翰林學士記一卷　〔唐〕韋處厚撰

翰林院故事一卷　〔唐〕韋執誼撰

翰林學士院舊規一卷　〔唐〕楊鉅撰

重修承旨學士壁記一卷　〔唐〕丁居晦撰

禁林讌會集一卷　〔宋〕李昉等撰

卷下：

續翰林志二卷　〔宋〕蘇易簡撰

次續翰林志一卷　〔宋〕蘇耆撰

學士年表一卷　〔宋〕佚名撰

翰苑題名一卷　〔宋〕佚名撰

翰苑遺事一卷　〔宋〕趙升撰

所屬叢書：《知不足齋叢書》第十三集。卷前清乾隆三十九年（1774）盧文弨序曰：“是編爲宋洪景嚴氏所彙輯……因借本録竟，手自校對。”

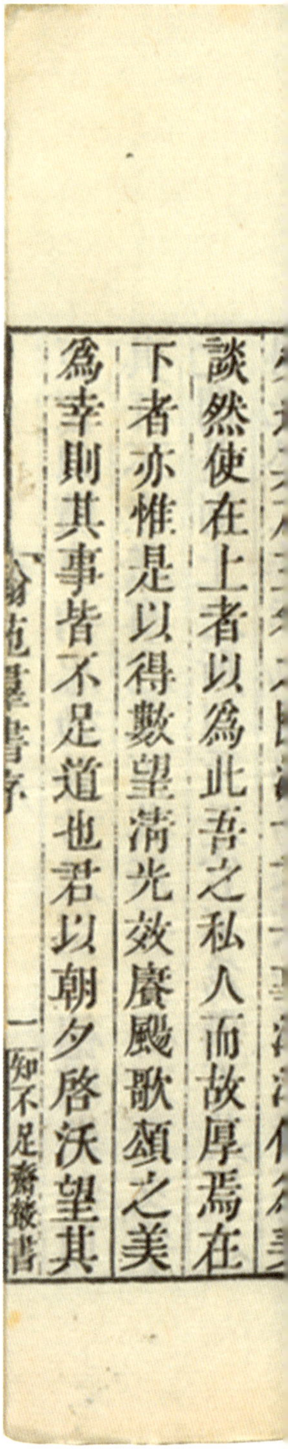
談然使在上者以爲此吾之私人而故厚焉在
下者亦惟是以得數望淸光效賡颺歌頌之美
爲幸則其事皆不足道也君以朝夕啓沃望其
翰苑羣書序　一　知不足齋叢書

翰林志

唐 李肇 撰

昔宋昌有言曰所言公公言之所言私王者無私夫翰林爲樞機宥密之地有所慎者事之微也若制置任用則非王者之私漢制尚書郎主作文書起草更直於建禮門内臺給靑縑白綾或以錦被帷帳氊褥晝通中枕太官供食湯官供餅餌五熟果五日一美食下天子一等建禮門内得神仙門神仙門内得光明殿神仙殿有

序

官有所由重朝廷之重是官必先思其可重者何在斯其遴選也不得不愼而其禮遇也不得

地理類　金石類　目録類

081. **漢書地理志校本: 二卷**　〔清〕汪遠孫撰　DS706.5 .W36 1848

清道光二十八年(1848)錢塘汪氏振綺堂刻本　二册

半葉10行21字, 小字雙行字數不等, 白口, 左右雙邊, 單黑魚尾, 半框16.9×11.6釐米, 最大邊長28.0釐米。版心中鎸書名及頁碼。牌記鎸“道光戊申春二月振綺堂汪氏刻藏”。鈐“楳庵主人”“式一”“式一小印”“崧生”“崇文後裔”印。

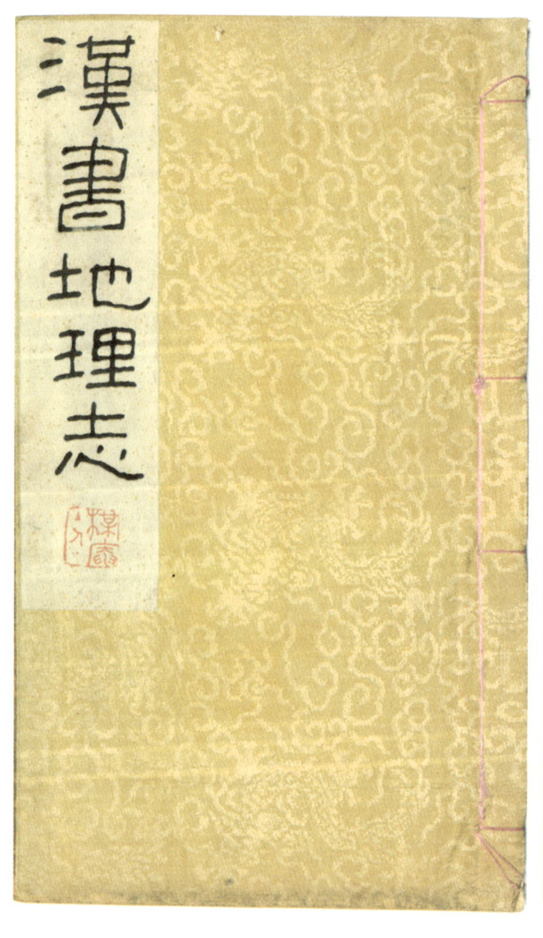

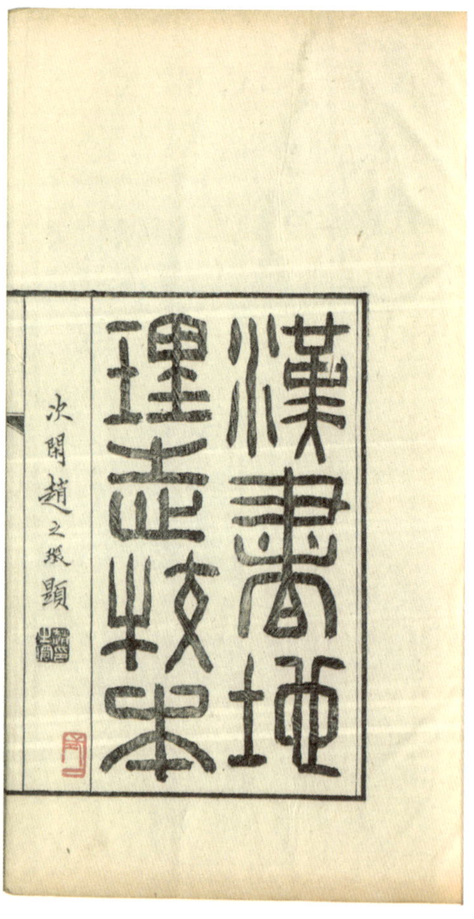

漢書地理志校本卷上

錢唐汪遠孫

昔在黃帝作舟車以濟不通旁行天下方制萬里畫壄分州○舊注顏師古曰壄古野字也得百里之國萬區是故易稱先王以建萬國親諸侯○案宋景祐本無以字書云協和萬國此之謂也堯遭洪水褱山襄陵○舊注顏曰褱字與古懷字同案北宋本無古字二字天下分絕爲十二州使禹治之水土既平更制九州列五服任土作貢曰禹敷土隨山栞木○案說文引書作栞讀若刊奠高山大川冀州既載○案書禹貢釋文引韋昭曰載事也與鄭注尚書合壺口治梁及岐既脩大原○案大毛汲古本作太俗字至于嶽陽○案說文嶽岳一字覃懷底績○案底當作厎至于

082. 故宫遺録：一卷　〔明〕蕭洵撰

清乾隆四十七年（1782）安徽歙縣長塘鮑氏刻本　一册

半葉9行21字，細黑口，左右雙邊，無魚尾，半框13.0×9.9釐米，最大邊長20.0釐米。版心中鎸子目書名及卷次，下鎸“知不足齋叢書”。

所屬叢書：《知不足齋叢書》第十一集。明萬曆四十四年（1616）清常道人趙琦美跋言校勘事。與《江南餘載》《五國故事》合訂一册。

元故宮遺錄序

故宮遺錄者廬陵蕭洵之所撰也革命之初任工部郎中奉命隨大臣至北平毀元舊都因得徧閱經歷凡門闕樓臺殿宇之美麗深邃闌檻瑣窗屏障金碧之流輝園苑奇花異卉峯石之羅列高下曲折以至廣寒秘密之所莫不詳具該載一何盛哉自近古以來未之有也觀此編者如身入千門萬戶猶登金馬歷玉階高明華麗雖天上之清都海上之蓬瀛尤不足以喻其境也洵因宰湖之長興將鋟諸梓而不果遂傳於是邦余因館

故宮遺錄序　一　知不足齋叢書

故宮遺錄

廬陵虎溪蕭洵編

南麗正門內曰千步廊可七百步建靈星門門建蕭牆周迴可二十里俗呼紅門闌馬牆門內數二一作十步許有河河上建白石橋三座名周橋皆琢龍鳳祥雲明瑩如玉橋下有四白石龍擎戴水中甚壯繞橋盡高柳鬱鬱萬株遠與內城西宮海子相望度橋可二百步爲崇天門門分爲五總建闕樓其上翼爲回廊低連兩觀觀一無下觀字傍出爲十字角樓高下三級兩傍各去午門百

083. 嶺外代答：十卷 〔宋〕周去非撰

清乾隆四十二年至五十八年（1777—1793）安徽歙縣長塘鮑氏刻本　一册

半葉9行21字，細黑口，左右雙邊，無魚尾，半框13.0×9.9釐米，最大邊長20.0釐米。版心中鎸子目書名及卷次，下鎸“知不足齋叢書”。

所屬叢書：《知不足齋叢書》第十七集。卷首周去非序言編撰事。與《南窗紀談》合訂一册。

嶺外代答序

入國問俗禮也矧嘗仕焉而不能舉其要廣右二十五郡俗多夷風而疆以戎索海北郡二十有一其列于西南方者蜿蜒若長蛇實與夷中六詔安南爲境海之南郡又內包黎獠遠接黃支之外僕試尉桂林分教寧越蓋長邊首尾之邦疆場之事經國之具荒忽誕漫之俗瓌詭譎怪之產耳目所治與得諸學士大夫之緒談者亦云廣矣蓋嘗隨事筆記得四百餘條秩滿束擔東歸邂逅與他書棄遺置勿復稱也迺親故相勞苦問以絕

嶺外代答序　知不足齋叢書

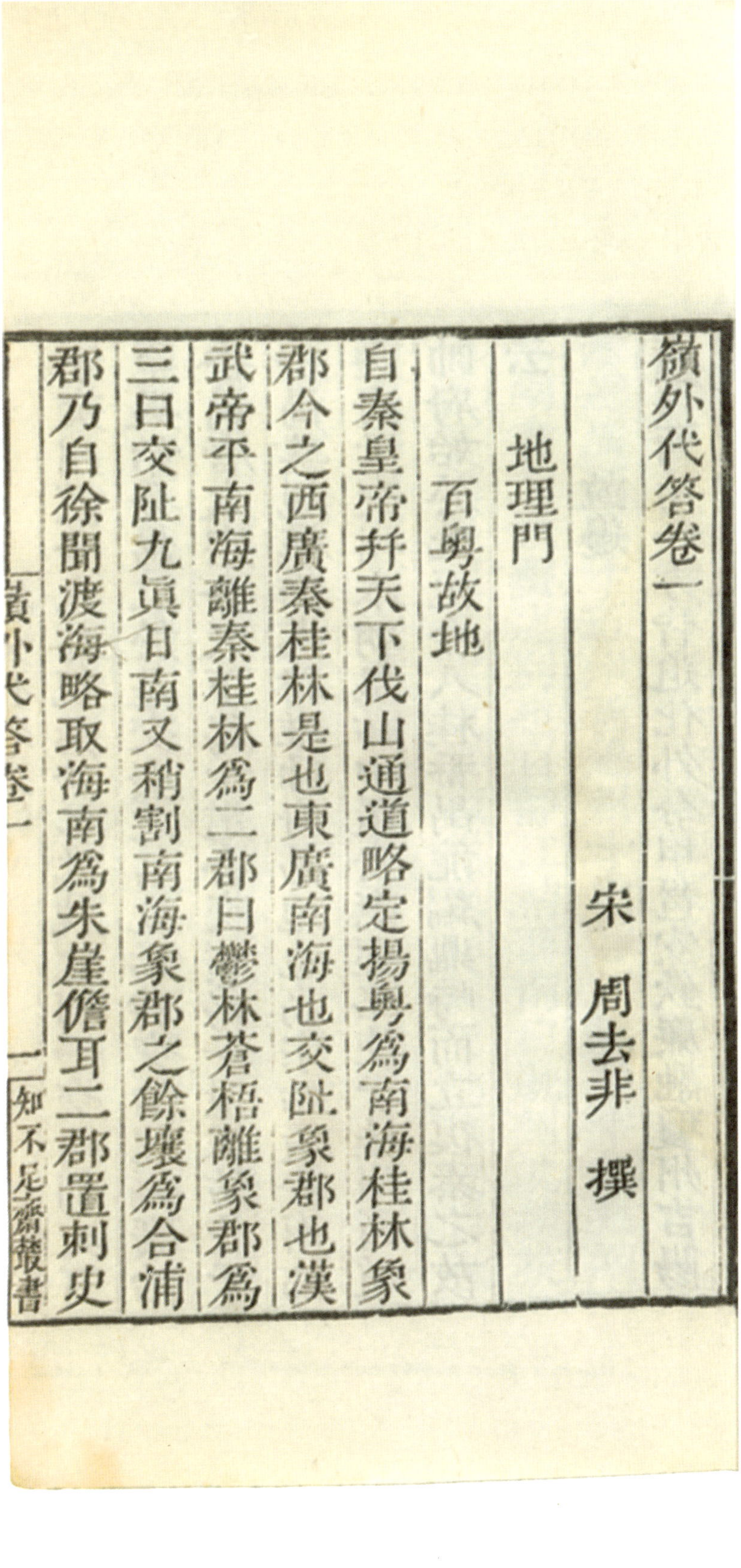

嶺外代答卷一

宋　周去非　撰

地理門

百粤故地

自秦皇帝并天下伐山通道略定揚粤為南海桂林象郡今之西廣秦桂林是也東廣南海也交阯象郡也漢武帝平南海離秦桂林為二郡曰鬱林蒼梧離象郡為三曰交阯九眞日南又稍割南海象郡之餘壤為合浦郡乃自徐聞渡海略取海南為朱崖儋耳二郡置刺史

084. 洞霄圖志：六卷 〔宋〕鄧牧撰〔元〕孟宗寶集 AC149 .Z45 v.117-119

清乾隆五十八年(1793)安徽歙縣長塘鮑氏刻本　三册

半葉9行20字，細黑口，左右雙邊，無魚尾，半框13.0×9.9釐米，最大邊長20.0釐米。版心中鎸子目書名及卷次。

所屬叢書：《知不足齋叢書》第十五集。

洞霄圖志卷第一

本山隱士鄧　牧　牧心編

本山道士孟　宗寶　集虚集

宫觀門

夫得道之士以無何爲鄉太虚爲家日月之光華煙雲之變化湖海山嶽之浩汗麗澤不過目睫間所寄物爾何待占一丘一壑之勝營一宫一室之安輿編戶雜處於人間世耶良由古道日微淳風不競馳情嗜欲者豈知有清静可宗抗志功名者豈信有神仙

085. 入蜀記：六卷　〔宋〕陸游撰　

清乾隆三十七年至四十一年（1772—1776）安徽歙縣長塘鮑氏刻本　一册

半葉9行21字，細黑口，左右雙邊，無魚尾，半框13.0×9.9釐米，最大邊長20.0釐米。版心中鎸子目書名及卷次，下鎸“知不足齋叢書”。

所屬叢書：《知不足齋叢書》第三集。

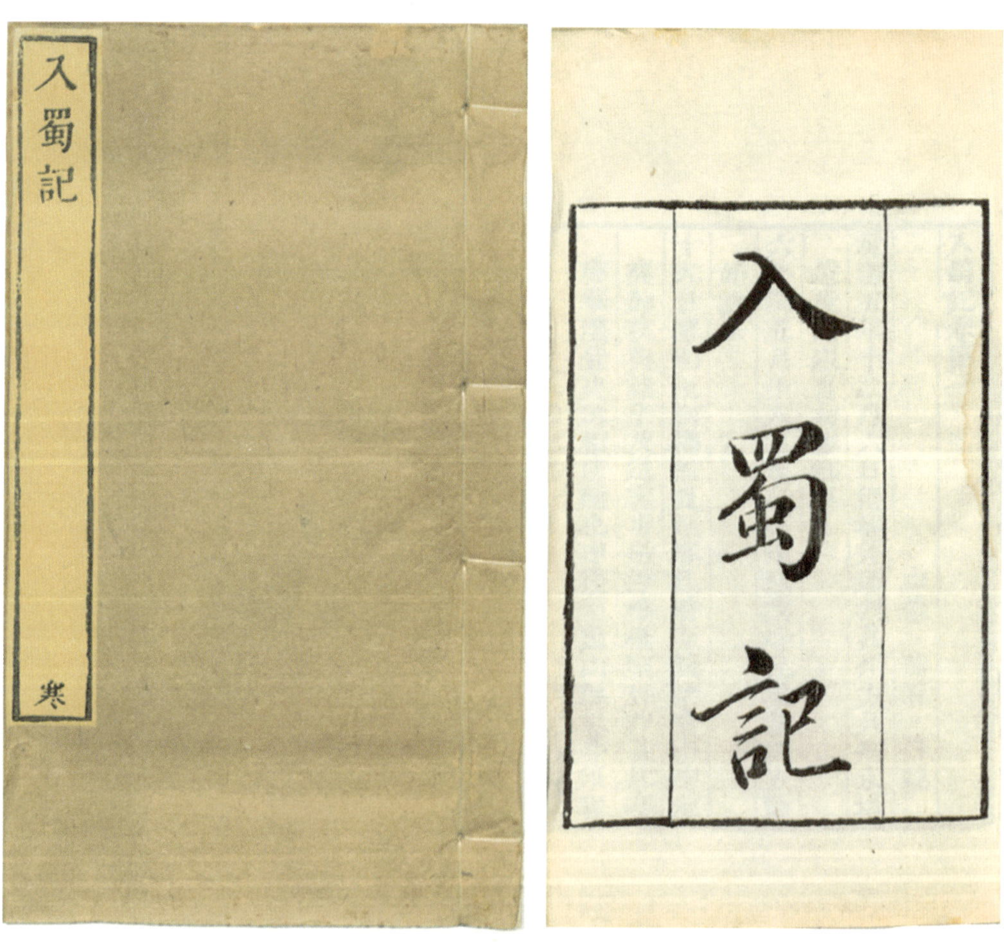

入蜀記卷第一

山陰 陸游 務觀

乾道五年十二月六日得報差通判夔州方久病未堪遠役謀以夏初離鄉里

六年閏五月十八日晚行夜至法雲寺見弟餞別五鼓始决去

十九日黎明至柯橋館見送客巳時至錢清食亭中涼爽如秋與諸子及送客步過浮橋橋堅好非昔比亭亦華潔皆史丞相所建也申後至蕭山縣憩夢筆驛

知不足齋叢書

086. 武林舊事：十卷　〔宋〕周密撰　

清乾隆五十一年至五十九年（1786—1794）安徽歙縣長塘鮑氏刻本　四册

半葉9行21字，小字雙行字同，細黑口，左右雙邊，無魚尾，半框13.0×9.9釐米，最大邊長20.0釐米。版心中鎸子目書名及卷次，下鎸“知不足齋叢書”。

所屬叢書：《知不足齋叢書》第十六集。與《錢塘先賢傳贊》合訂一册。

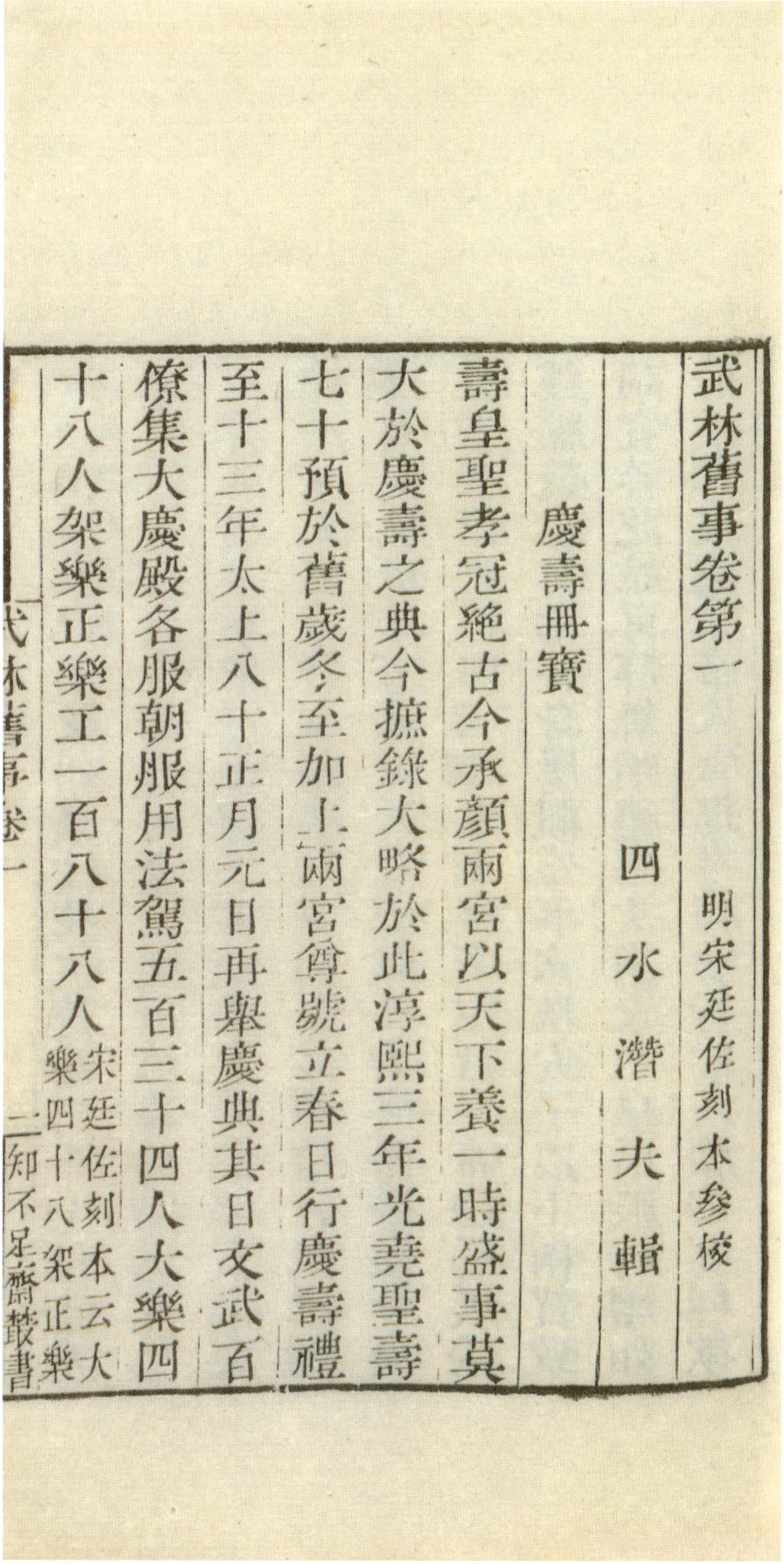

武林舊事卷第一

明宋廷佐刻本參校

四水潛夫輯

慶壽册寳

壽皇聖孝冠絕古今承顏兩宫以天下養一時盛事莫大於慶壽之典今摭錄大略於此淳熙三年光堯聖壽七十預於舊歲冬至加上兩宫尊號立春日行慶壽禮至十三年太上八十正月元日再舉慶典其日文武百僚集大慶殿各服朝服用法駕五百三十四人大樂四十八人架樂正樂工一百八十八人宋廷佐刻本云大樂四十八架正樂

087. 嶺海見聞：四卷　〔清〕錢以塏撰　

清康熙（1693—1722）刻本　二册

半葉9行19字，粗黑口，四周單邊，單黑魚尾，半框16.8×13.3釐米，最大邊長26.0釐米。版心中鎸書名及卷次。

錢以塏自序言清康熙二十四年（1685）始游宦廣東。據《四庫全書總目提要》知其在廣東前後越八年，是書當爲清康熙三十二年（1693）之後所刻。

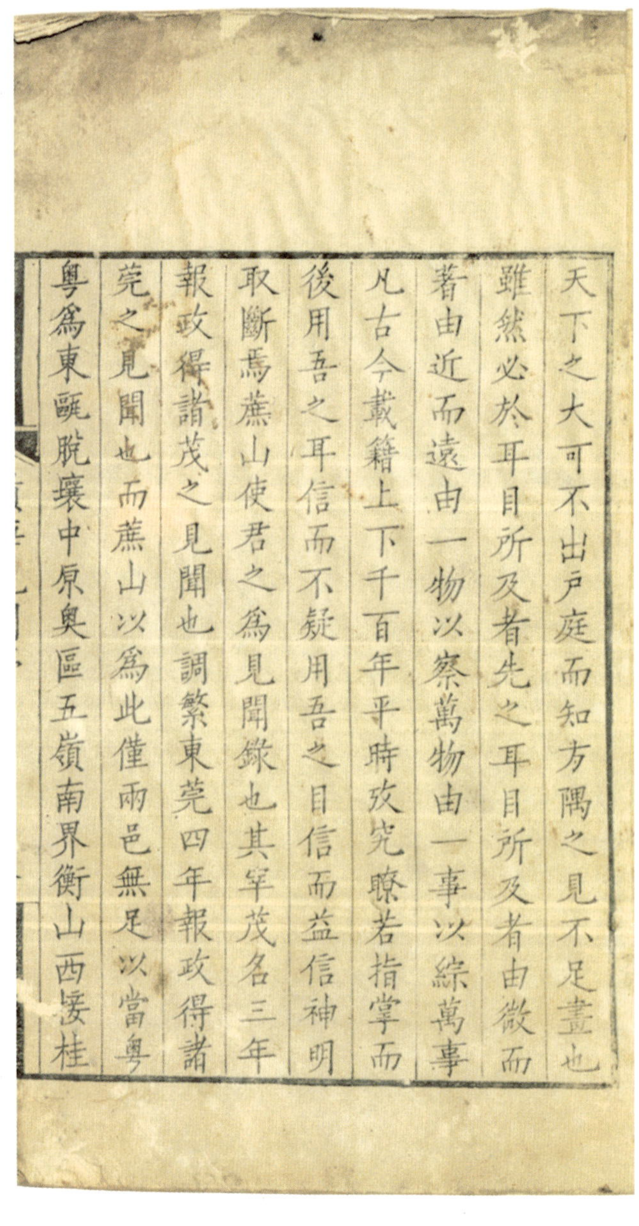

天下之大可不出戶庭而知方隅之見不足盡也
雖然必於耳目所及者先之耳目所及者由微而
著由近而遠由一物以察萬物由一事以綜萬事
凡古今載籍上下千百年平時攷究瞭若指掌而
後用吾之耳信而不疑用吾之目信而益信神明
取斷焉蕉山使君之爲見聞錄也其牢茂名三年
報政得諸茂之見聞也調繁東莞四年報政得諸
莞之見聞也而蕉山以爲此僅兩邑無足以當粵
粵爲東甌脫壤中原奥區五嶺南界衡山西接桂

嶺海見聞卷一

嘉善　錢以塏　蔗山

五嶺

南粤爲中原奥區江接熊湘地連邕管山之拔地而起高至挿天崩雲蔽日者綿聯十郡而五嶺爲最嶺之從南安而入者爲嶺南戒門户居五嶺之東曰東嶠漢書曰臺山輿地曰臺嶺則以其地高平如臺也曰秦關者秦始皇時治獄吏不直者所築南康記云南野三十里至横浦爲秦關其下曰

088. **夢粱録：二十卷** 〔宋〕吴自牧撰

清嘉慶十九年（1814）安徽歙縣長塘鮑氏刻本 五册

半葉9行21字，細黑口，左右雙邊，無魚尾，半框13.0×9.9釐米，最大邊長20.0釐米。版心中鐫子目書名及卷次。

所屬叢書：《知不足齋叢書》第二十八集。

夢粱錄卷一

錢塘 吴自牧 著

正月

正月朔日謂之元旦俗呼爲新年一歲節序此爲之首官放公私僦屋錢三日士夫皆交相賀細民男女亦皆鮮衣往來拜節街坊以食物動使冠梳領抹緞疋花朶玩具等物沿門歌𠮩關撲不論貧富遊玩琳宫梵宇竟日不絶家家飲宴笑語諠譁此杭城風俗疇昔侈靡之習至今不改也

089. 中吴紀聞：六卷 〔宋〕龔明之撰 〔明〕毛晉訂 AC149 .Z45 v. 229–230

清嘉慶二十三年至道光三年（1818—1823）安徽歙縣長塘鮑氏刻本 二册

半葉9行21字，小字雙行字同，細黑口，左右雙邊，無魚尾，半框13.0×9.9釐米，最大邊長20.0釐米。版心中鎸子目書名及卷次，下鎸“知不足齋叢書”。

所屬叢書：《知不足齋叢書》第三十集。

中吳紀聞卷第一

宋　崑山龔明之希仲　紀

明　虞山毛　晉子九　訂

范文正公

天聖五年范文正公居母喪上書宰執請擇郡守舉縣令斥游惰去冗僭遴選舉崇教育養將材實邊備保直臣斥佞人使朝廷無過生靈無怨以杜姦雄凡萬餘言時王文正公曾爲相見而偉之服滿薦充館職由此爲人主所知不次擢用慶歷三年九月拜參知政事上開

090. 黄山領要録：二卷　〔清〕汪洪度撰　

清乾隆五十三年至六十年（1788—1795）安徽歙縣長塘鮑氏刻本　一册

半葉9行21字，細黑口，左右雙邊，無魚尾，半框13.0×9.9釐米，最大邊長20.0釐米。版心中鎸子目書名及卷次，下鎸“知不足齋叢書”。

所屬叢書：《知不足齋叢書》第十九集。

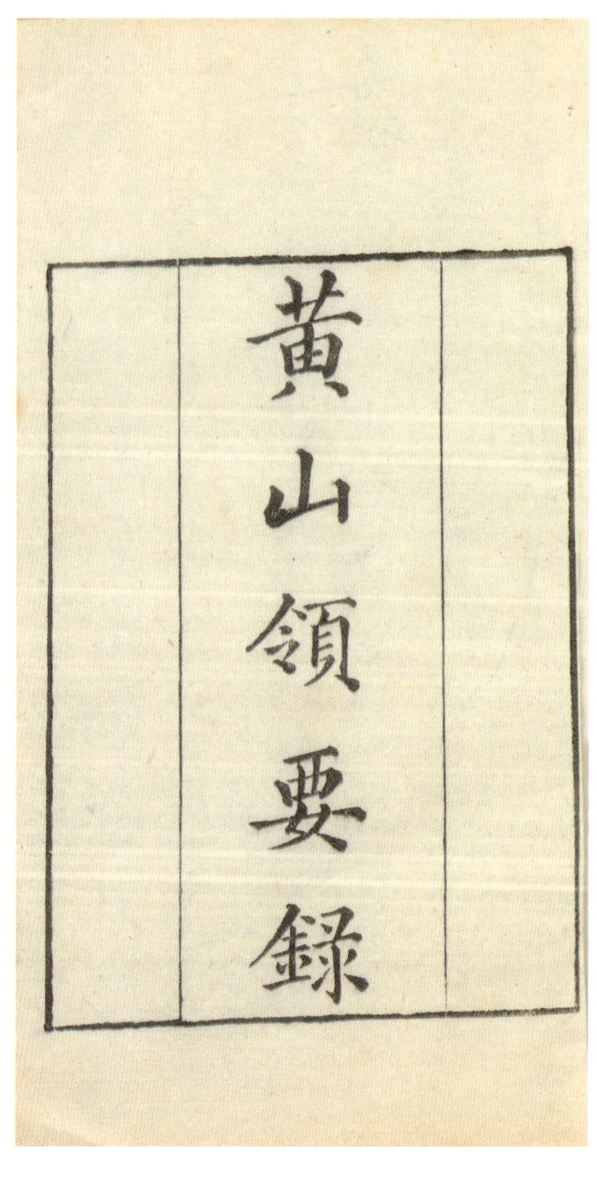

黃山領要錄卷上

歙　汪洪度　于鼎

黃山

黃山聚千百奇峯劈地摩天於數百里內四面周圓無偏欹缺陷正面東南向玲瓏蕭散秀絶人區然古未有黃山名者後魏酈道元水經注云浙江又北歷黟山縣居山之陽故縣氏之宋羅願新安志云黃山名黟山在縣西北百二十八里高千一百八十仞東南則歙西南爲休寧西北則旌於寧國府之太平縣相傳黃帝嘗與

091. 宣和奉使高麗圖經：四十卷 〔宋〕徐兢撰 AC149 .Z45 v.122-124

清乾隆五十一年至五十九年（1786—1794）安徽歙縣長塘鮑氏刻本　三册

半葉9行21字，細黑口，左右雙邊，無魚尾，半框13.0×9.9釐米，最大邊長20.0釐米。版心中鎸子目書名及卷次，下鎸“知不足齋叢書”。

所屬叢書：《知不足齋叢書》第十六集。

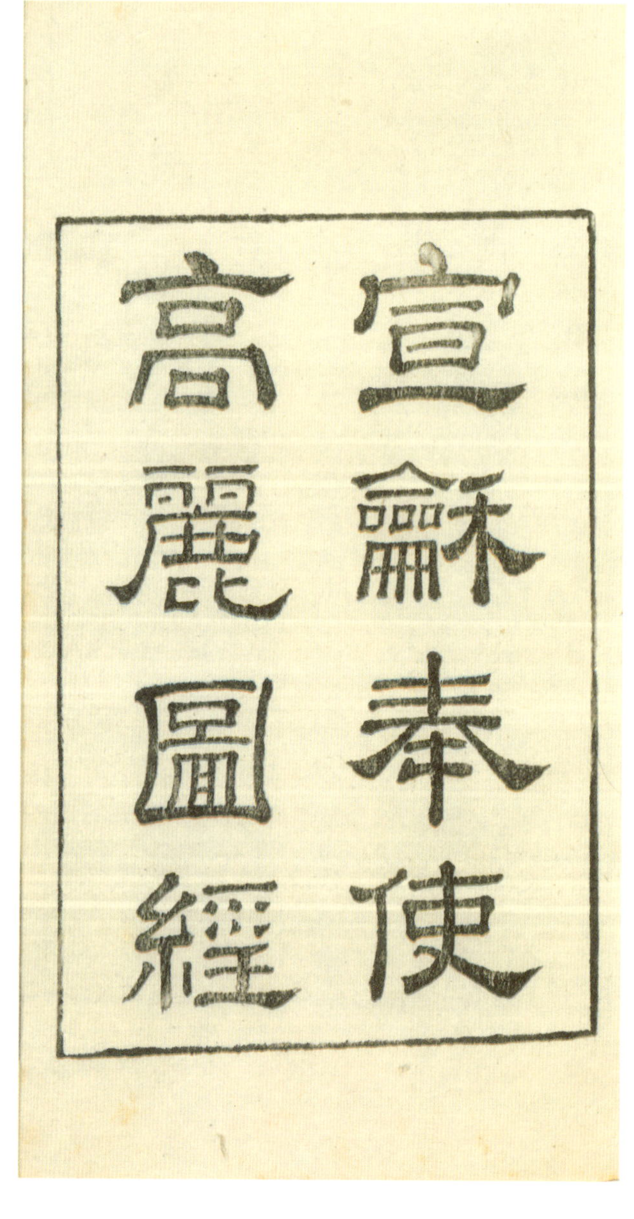
宣龢奉使
高麗圖經

宣和奉使高麗圖經卷第一

建國

臣聞蠻夷君長類以詐力自尊殊名詭號單于可汗無足稱者獨高麗自箕子之封以德取侯後世稍衰他姓亦用漢爵代居其位上有常尊下有等衰故襲國傳世頗可紀錄今謹稽諸史叙其歷代之王作建國記云

始封

高麗之先葢周武王封箕子胥餘於朝鮮實子姓也歷周秦至漢高祖十二年燕人衛滿亡命聚黨椎結服役

092. 金石史：二卷 〔明〕郭宗昌撰

清乾隆四十一年至四十三年（1776—1778）安徽歙縣長塘鮑氏刻本 一册

半葉9行21字，細黑口，左右雙邊，無魚尾，半框13.0×9.9釐米，最大邊長20.0釐米。版心中鎸子目書名及卷次，下鎸“知不足齋叢書”。

所屬叢書：《知不足齋叢書》第四集。與《閑者軒帖考》合訂一册。

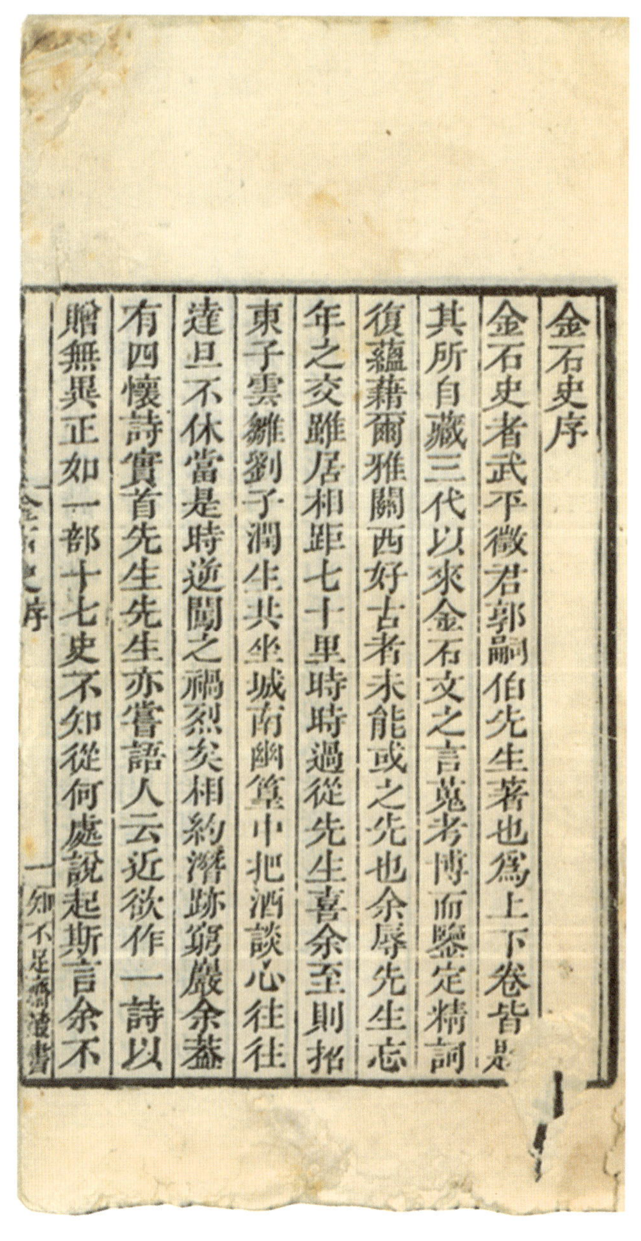

金石史序

金石史者武平徵君郭嗣伯先生著也爲上下卷皆是其所自藏三代以來金石文之言蒐考博而鑒定精詞復蘊藉爾雅關西好古者未能或之先也余辱先生忘年之交雖居相距七十里時時過從先生喜余至則招東子雲雒劉子潤生共坐城南幽篁中把酒談心往往達旦不休當是時逆閹之禍烈矣相約潛跡窮巖余蓄有四懷詩實首先生先生亦嘗語人云近欲作一詩以贈無異正如一部十七史不知從何處說起斯言余不

金石史序　一　知不足齋叢書

金石史卷上

關中 郭宗昌 嗣伯 著

周岐陽石古文

岐陽石古文有謂爲周宣王獵碣者惟董程二氏以左傳成有岐陽之蒐證之皆鑿鑿有據其畧云考之書天子大蒐會諸侯施命令非常事也史不得無書若宣王蒐岐即周史失之刻闕不得並逸胡後世無聞焉則爲成王信矣其言眞如岳峙不可復撼第廣川有其學有其識有其辯而無其筆故不勝縢葛糾纏確論反晦耳

093. 石刻鋪叙：二卷，附録一卷 〔宋〕曾宏父撰 AC149 .Z45 v.79

清乾隆四十七年（1782）安徽歙縣長塘鮑氏刻本 一册

半葉9行21字，細黑口，左右雙邊，無魚尾，半框13.0×9.9釐米，最大邊長20.0釐米。版心中鎸子目書名及卷次，下鎸“知不足齋叢書”。

所屬叢書：《知不足齋叢書》第十集。清乾隆四十七年覆嘉定錢氏海鹽張氏本、沈大成臨何義門評本合校刊。

石刻鋪敘目錄
卷上
紹興御書石經
益郡石經
鐘鼎彝器款識帖
祕閣及諸郡帖譜
祕閣前帖淳化初刊大觀重刊
絳帖
卷下

石刻鋪敘目錄 一 知不足齋叢書

石刻鋪敘卷上　義門書塾評本

鳳墅逸客曾　宏父　纂述

紹興御書石經

靖康丁未夏四月皇宋中興高宗即大位改元建炎至紹興十三年癸亥通十九年金國侵凌干戈之日居多乃能親御翰墨作小楷以書周易尚書毛詩春秋左傳全帙又節禮記中庸儒行大學經解學記五篇章草語孟（論語波法類章草實楷與）行之閒惟最初書孝經乃作真草　悉送成均九二本耳宏父當日似不盡見也

094. 石墨鐫華：八卷　〔明〕趙崡撰

清乾隆三十九年（1774）安徽歙縣長塘鮑氏刻本　一册

半葉9行21字，細黑口，左右雙邊，無魚尾，半框13.0×9.9釐米，最大邊長20.0釐米。版心中鐫子目書名及卷次，下鐫“知不足齋叢書”。

所屬叢書：《知不足齋叢書》第三集。清乾隆三十九年鮑氏跋言校刊事。

石墨鐫華序

子函先生石墨鐫華成走使示余且命爲序余雖不文竊恐讀是書者瞥然未諦先生之苦心也遂不辭而爲之説夫書契之昉昉於河洛萬世人倫禮樂敎化刑政胥此焉出乃迂儒老生詆爲柔翰柔翰豈知道哉古人遐矣其精神皆發之於文章筆札顧兵燹之後存者無幾唯是索球璆於荒草掘負屭於泥沙庶幾彰六書遺響於百世之後自永叔明誠暨元敬用修裒集金石表章大雅詎不偉歟所可恨者采輯雖廣而評騭未盡獨

石墨鐫華　康序　一　知不足齋叢書

石墨鐫華卷之一

盩厔 趙崡 子函 著

跋三十六首

夏禹衡岳碑二種

禹碑七十七字在衡岳雲密峰楊用脩得之張僉憲云宋嘉定中何致子一遊南岳脫其文刻于岳麓書院用脩又刻于滇中安寧州近世楊時喬又刻于棲霞山天開巖余所收二本其一稍泐跋數十字尤不可辨隱隱有何致字當是子一舊本其一則楊時喬

095. 古玉圖考：不分卷 〔清〕吴大澂撰

清光緒十五年（1889）上海同文書局石印本　四册

半葉6行12字，白口，四周單邊，無魚尾，半框17.5×13.0釐米，最大邊長26.0釐米。版心鎸書名及頁碼。

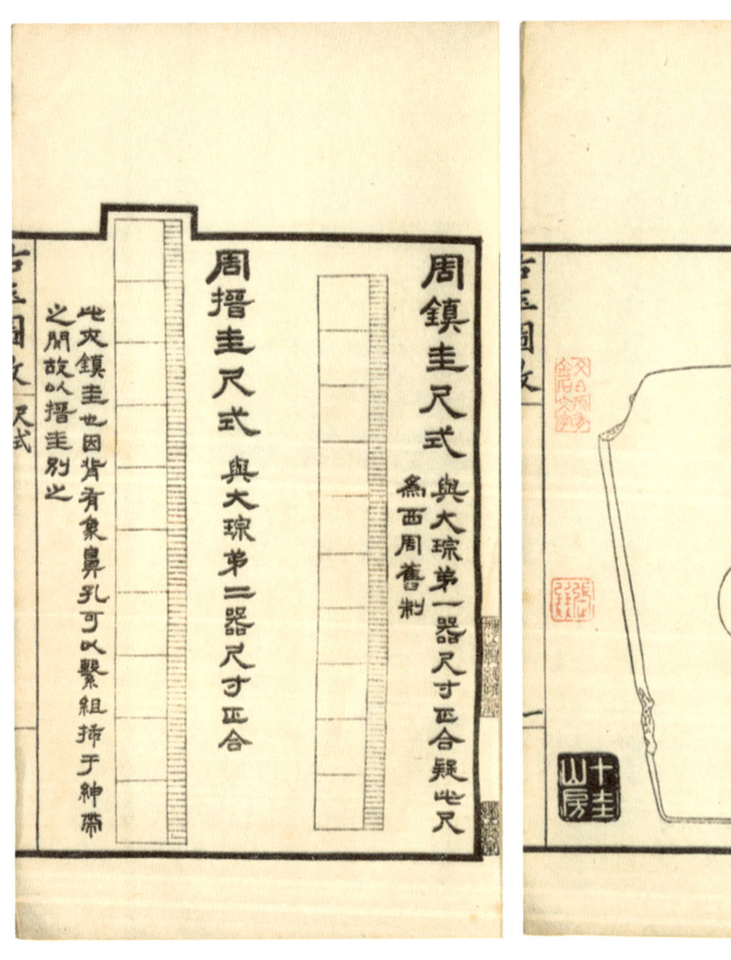
周鎮圭尺式 與大琮第一器尺寸正合疑此尺
爲西周舊制
周搢圭尺式 與大琮第二器尺寸正合
此亦鎮圭也因背有象鼻孔可以繫組插于紳帶
之閒故以搢圭别之
古玉圖攷 尺式

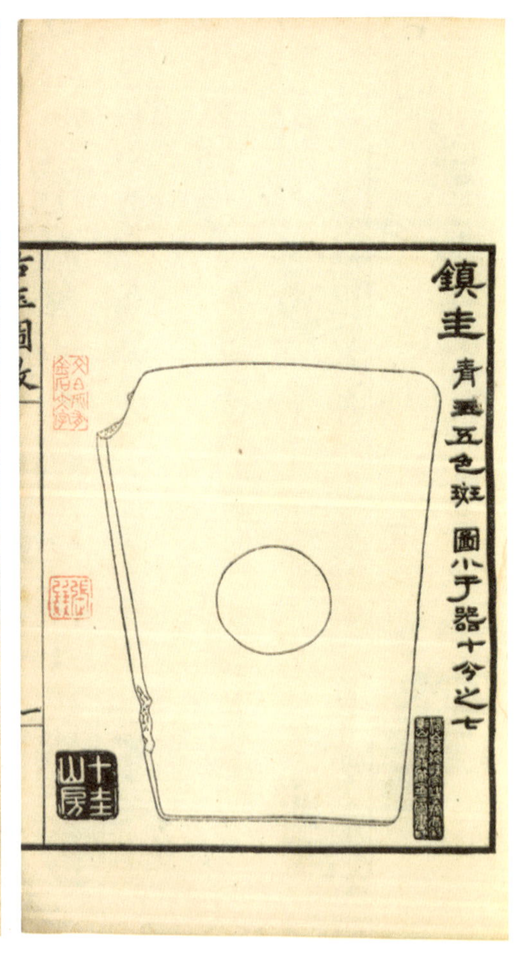
鎮圭 青玉五色斑 圖小于器十分之七
古玉圖攷 一

古玉圖攷敘

古之君子比德於玉非以爲玩物也典章制度於是乎存焉宗廟會同裸獻之禮於是乎備冠冕佩服刀劍之飾君臣上下等威之辨於是乎明焉唐虞班瑞於羣后禹錫元圭而水患平成周分寶玉於伯叔之國三代以來聖帝明王不寶金玉而

096. 世善堂藏書目録：二卷　〔明〕陳第撰　

清乾隆五十三年至六十年（1788—1795）安徽歙縣長塘鮑氏刻本　一册

半葉9行21字，細黑口，左右雙邊，無魚尾，半框13.0×9.9釐米，最大邊長20.0釐米。版心中鎸子目書名及卷次，下鎸"知不足齋叢書"。

所屬叢書：《知不足齋叢書》第十九集。

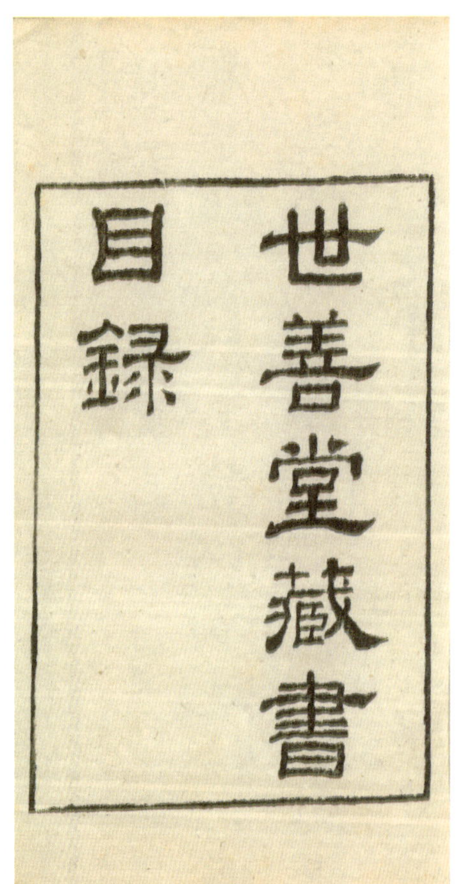

世善堂藏書目録

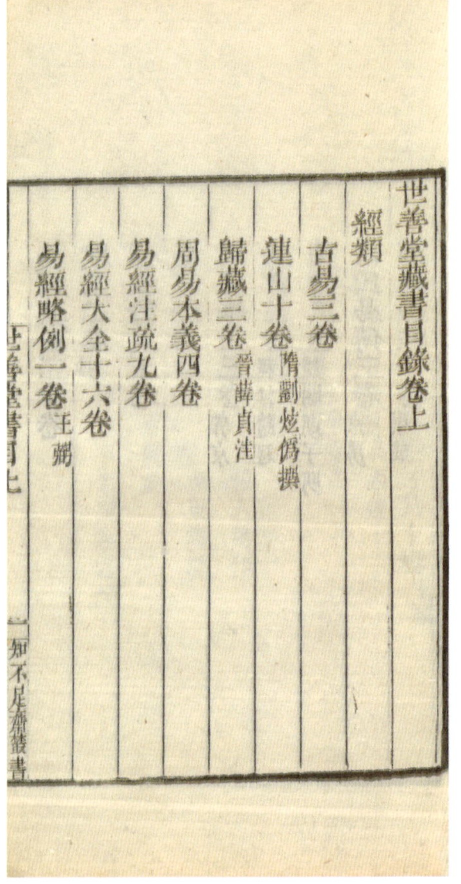

世善堂藏書目録卷上

經類

古易三卷

連山十卷 隋劉炫僞撰

歸藏三卷 晉薛貞注

周易本義四卷

易經注疏九卷

易經大全十六卷

易經略例一卷 王弼

世善堂書目上　　知不足齋叢書

一齋公世善堂藏書目錄題詞

吾性無他嗜惟書是癖雖幸承世業頗有遺本然不足以廣吾聞見也自少至老足跡徧天下遇書輒買若惟恐失故不擇善本亦不爭價直又在金陵焦太史宜州沈刺史家得未曾見書抄而讀之積三四十餘年遂至萬有餘卷縱未敢云汗牛充棟然以資聞見備採擇足矣足矣今歲閑居西郊伏去涼生課兒僕輩晒晾入簏粗爲位置以類相從因成目錄得便查檢古人有言積書以遺子孫子孫未必能讀吾買書葢以自娛特未卽

世善堂書目題詞　一　知不足齋叢書

097. 欽定四庫全書總目：二百卷，首一卷　〔清〕紀昀等纂　

清同治七年（1868）廣東書局刻本　一百二十册

半葉9行21字，小字雙行字同，白口，左右雙邊，無魚尾，半框14.2×10.9釐米，最大邊長21.0釐米。版心上鎸書名及卷數，中鎸部類，下鎸頁碼。

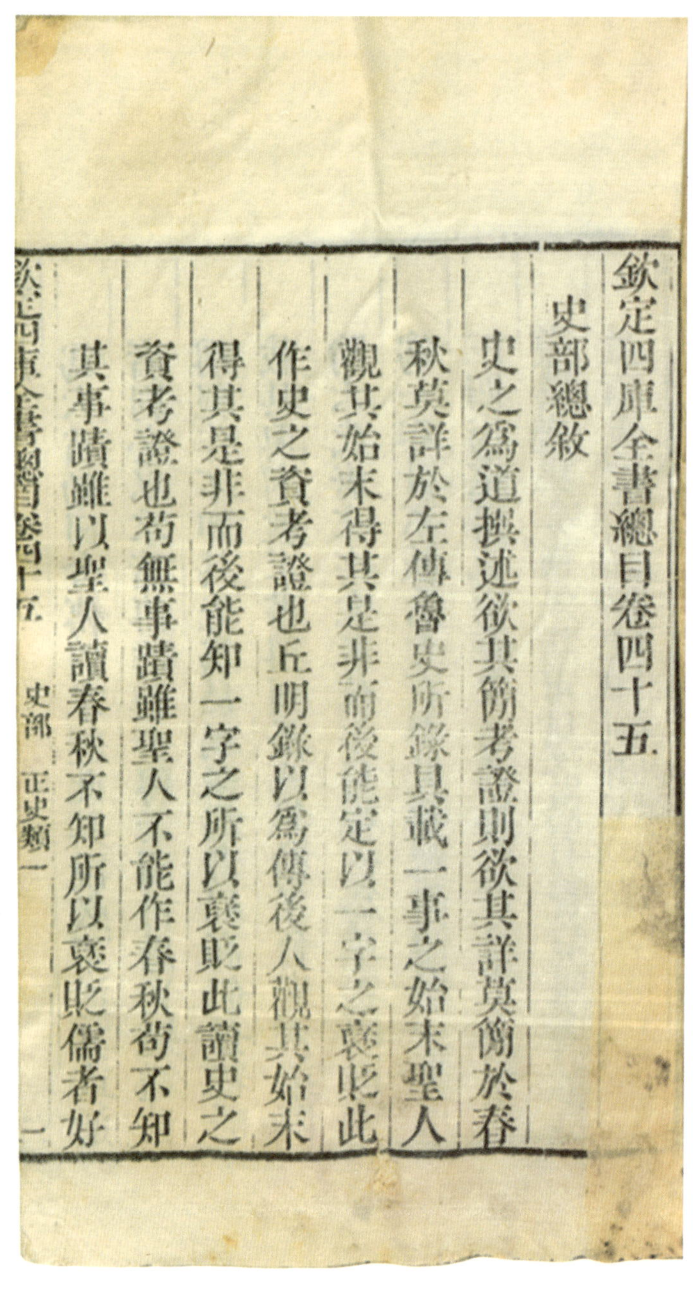

欽定四庫全書總目卷四十五

史部總敘

史之爲道撰述欲其簡考證則欲其詳莫簡於春秋莫詳於左傳魯史所錄具載一事之始末聖人觀其始末得其是非而後能定以一字之褒貶此作史之資考證也丘明錄以爲傳後人觀其始末得其是非而後能知一字之所以褒貶此讀史之資考證也苟無事蹟雖聖人不能作春秋苟不知其事蹟雖以聖人讀春秋不知所以褒貶儒者好

欽定四庫全書總目卷四十五　史部　正史類一　一

欽定四庫全書總目卷一百九十

集類四十三

總集類五

御選古文淵鑒六十四卷

康熙二十四年

聖祖仁皇帝御選內閣學士徐乾學等奉

勅編註所錄上起春秋左傳下迨於宋用眞德秀文章正

宗例而

睿鑒精深別裁至當不同德秀之拘迂名物訓詁各有箋

098. 勿庵曆算書目：一卷　〔清〕梅文鼎撰　

清乾隆五十三年至六十年（1788—1795）安徽歙縣長塘鮑氏刻本　一册

半葉9行21字，小字雙行字同，細黑口，左右雙邊，無魚尾，半框13.0×9.9釐米，最大邊長20.0釐米。版心中鎸子目書名及卷次，下鎸“知不足齋叢書”。

所屬叢書：《知不足齋叢書》第十九集。

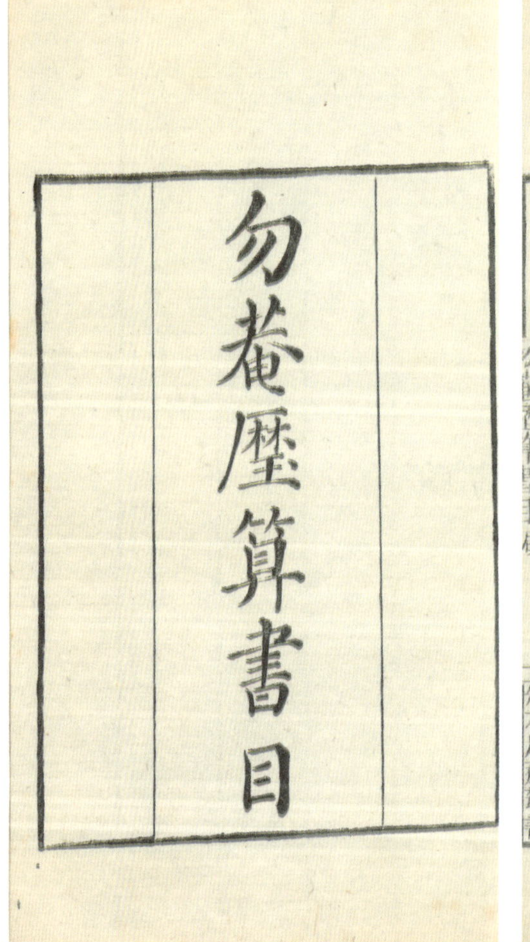

勿菴歷算書目

徵刻歷算全書啟

粵稽帝王御世道在承天賢聖修身學通知命五行媾運定甲子之斡旋二氣冥乎驗黃鐘之根本奠鼇立極想始行推步之年規矩準繩在旣竭心思之後幼敎方名書數迺遊藝復次於依仁日觀弦朔晦明信易理莫昭於懸象故經緯天人之學道重儒先元會運世之文理賁河洛然而道以人存書缺有閒五百年當差一日至開元始破其疑廿四日多下一籌匪隸首疇徵其信況葭灰卦幾倒逾紛而驗罕符奇耦生成理自明而言

勿菴歷算書目　啟　一　知不足齋叢書

勿菴歷算書目

宣城梅文鼎定九撰　　孫瑴成玉汝校正

一歷學駢枝二卷 已刻

順治辛丑鼎始從同里倪竹冠先生受交食通軌歸與文鼐文鼏兩弟習之稍稍發明其所以立法之故併爲訂其訛誤補其遺缺得書二卷以質倪師頗爲之首肯自此遂益有學歷之志 是書少參三韓金鐵山先生刻於保定

一元史歷經補註二卷

因讀交食通軌及臺官氣朔章竊疑其非全書也續

099. 書目答問：四卷 〔清〕張之洞撰

清光緒二十一年（1895）上海蜚英館石印本　二册

半葉13行25字，小字雙行字同，白口，左右雙邊，單黑魚尾，半框18.6×12.2釐米，最大邊長26.0釐米。版心中鎸目次及頁碼，下鎸人名。鈐“玉雁樓”“叔寶”印。

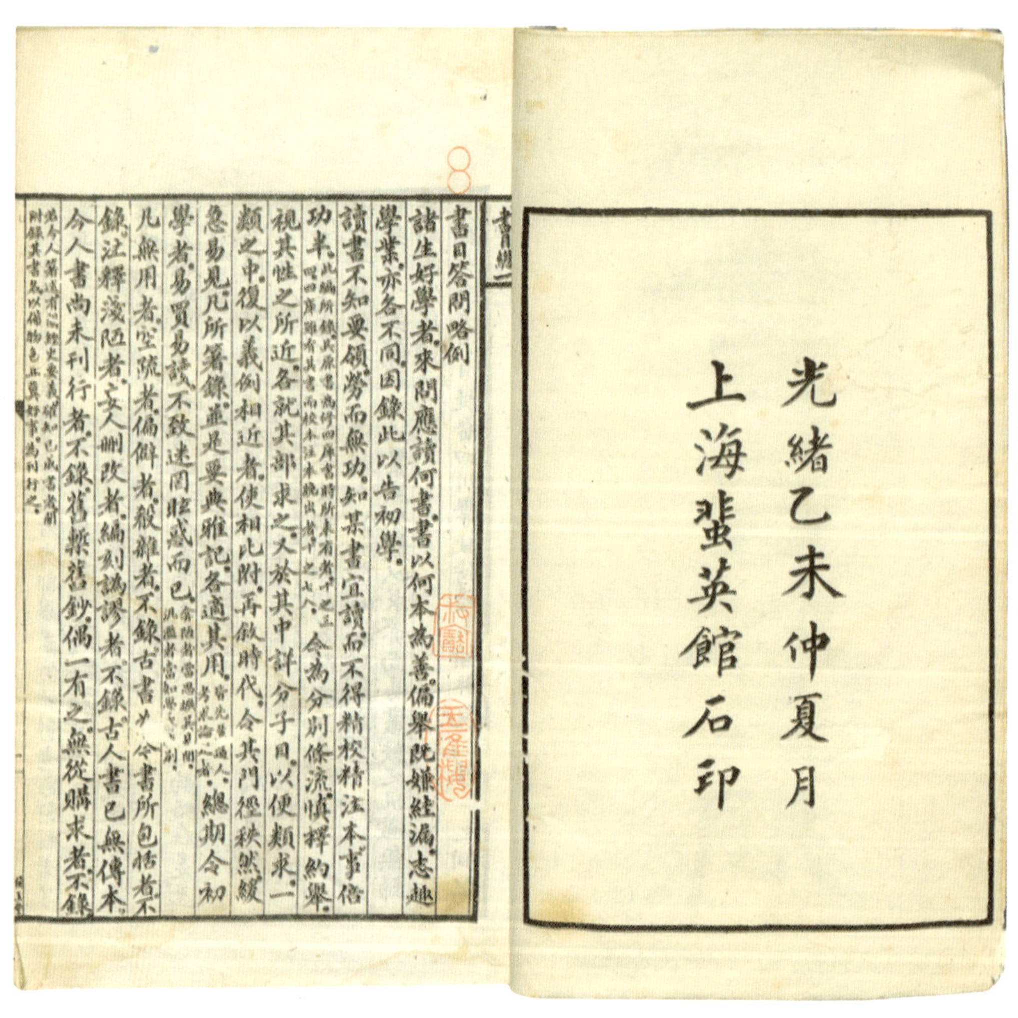

光緒乙未仲夏月
上海蜚英館石印

書目答問略例

諸生好學者來問應讀何書，書以何本為善。偏舉既嫌絓漏，志趣學業亦各不同，因錄此以告初學。讀書不知要領，勞而無功；知某書宜讀而不得精校精注本，事倍功半。（此編所錄，其原書為修四庫書時所未有者十之三四，四庫雖有其書而校本注本晚出者十之七八。）今為分別條流，慎擇約舉，視其性之所近，各就其部求之。又於其中詳分子目，以便類求。一類之中，復以義例相近者使相比附，再敘時代，令其門徑秩然，緩急易見。凡所著錄，並是要典雅記，各適其用。總期令初學者易買易讀，不致迷罔眩惑而已。凡無用者、空疏者、偏僻者、殽雜者不錄；古書為今書所包括者不錄；注釋淺陋者、妄人刪改者、編刻譌謬者不錄；古人書已無傳本、今人書尚未刊行者不錄；舊槧舊鈔，偶一有之，無從購求者不錄。（近今人著述有心經史要義、確知已成書者，附錄其書名，以備訪求，且冀好事為刊行之。）

書目總二

經部總目

正經正注第一 十三經五經四書合刻本 附諸經讀本 諸經分刻本 列朝經注經說經

本考證第二 易 書 詩 周禮 儀禮 禮記 三禮總義 樂 春秋左傳 春秋公羊傳 春秋穀梁傳 春秋總義 論語 孟子 四書 孝經 爾雅 諸經總義

諸經目錄文字音義 石經 小學第三 說文 古史篆隸真書各體書 音韻 訓詁

史部總目

正史第一 二十四史 廿一史 十七史合刻本 正史分刻本 正史注補表譜考證 編年第二 司馬通鑑 綱目 別本紀年

紀事本末第三 古史第四 別史第五 雜史第六 事實 瑣記 掌故

載記第七 傳記第八 詔令奏議第九 地理第十 古地志 今地志 水道 邊

防 外紀 雜地志 政書第十一 歷代通制 今制 古制 譜錄第十二 書目 姓名 年譜

名物 金石第十三 金石目錄 金石文字 金石圖象 金石義例 史評第十四 論史法 論史事

子部總目

周秦諸子第一 儒家第二 議論經濟 考訂 理學 兵家第三 法家第

四 農家第五 醫家第六 天文算法第七 中法 西法 兼用中西法 術數

子部

儒家類　道家類

100. 續孟子：二卷　〔唐〕林慎思撰　AC149 .Z45 v.73

清乾隆四十九年（1784）安徽歙縣長塘鮑氏刻本　一册

半葉9行21字，細黑口，左右雙邊，無魚尾，半框13.0×9.9釐米，最大邊長20.0釐米。版心中鎸子目書名及卷次，下鎸“知不足齋叢書”。

所屬叢書：《知不足齋叢書》第十集。清乾隆四十五年（1780）吴翌鳳跋言刻書事。與《伸蒙子》合訂一册。

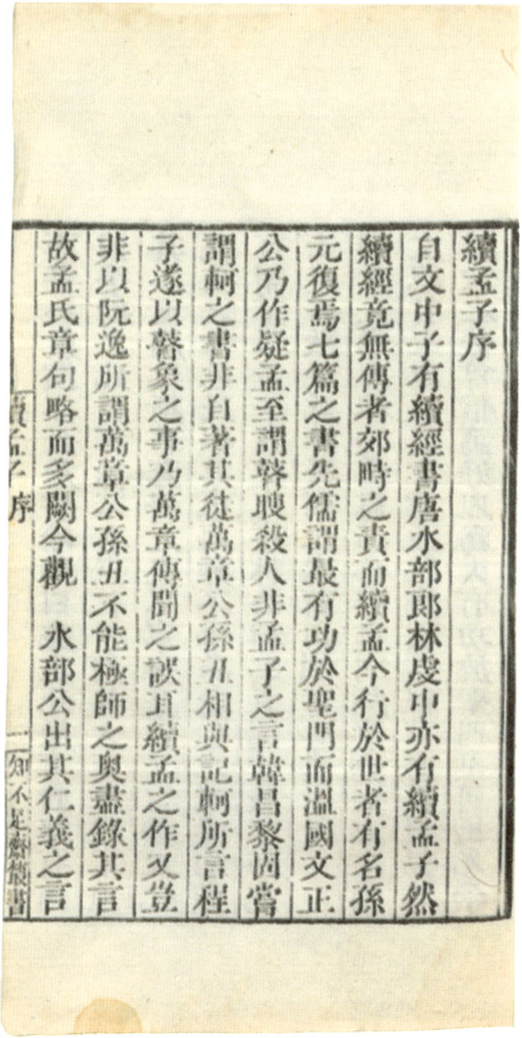

伸蒙續孟子卷上　　　枚菴漫士古歡堂祕册

梁大夫一

梁大夫見孟子問曰吾聞夫子教王遠利而易以仁義有諸孟子曰然大夫曰吾家有民見凍飢於路者非其親而救之脫衣以衣之輟食以食之及己凍飢幾死是其親而不救之而何孟子曰噫是大夫從王厚利而薄仁義故也厚利率民民爭貪欲苟有獨持仁義者宜乎不得全其身矣昔楚有斳氏父子相傳以醞鴆醉人者客過其門則飲之未嘗不斃於路矣卒有孺子能哀客

101. 仲蒙子：三卷　〔唐〕林慎思撰　

清乾隆四十九年（1784）安徽歙縣長塘鮑氏刻本　一册

半葉9行21字，細黑口，左右雙邊，無魚尾，半框13.0×9.9釐米，最大邊長20.0釐米。版心中鐫子目書名及卷次，下鐫"知不足齋叢書"。

所屬叢書：《知不足齋叢書》第十集。清乾隆四十五年（1780）吴翌鳳跋言校書事。與《續孟子》合訂一册。

仲蒙子序

予沽名未售退棲槐里舊著儒範七篇辭艱理僻不爲時人所知復研精覃思一旦齋沐禱心靈是宵夢有異焉明日召蓍祝之得蒙䷃之觀䷓曰仲蒙入覲通明之象也因感而有所述焉自號仲蒙子嘗與二三子辯論與亾敷陳古今也或引事以明理或摘才以潤辭錄近萬言編成上中下三卷槐里辯三篇象三才敘天地人之事中卷澤國紀三篇象三辰敘君臣人之事下卷時喻二篇象二教敘文武之事焉予所學周公仲尼

仲蒙子序　一　知不足齋叢書

伸蒙子卷上

唐尚書水部郎中長樂林慎思虔中

槐里辯三篇

上篇凡五章

彰變　辨治　喻民　演喻

較功

彰變賞罰喻妖祥　興衰喻良暴

半緣先生問王道興衰由天之歷數有諸伸蒙子曰非天也人也日星有妖祥天所示也不使妖見唐虞祥呈

102. 顔氏家訓：七卷 〔北齊〕顔之推撰 **附考證一卷** 〔宋〕沈揆撰

清乾隆三十八年至五十一年（1773—1786）安徽歙縣長塘鮑氏刻本 一册

半葉9行21字，細黑口，左右雙邊，無魚尾，半框13.0×9.9釐米，最大邊長20.0釐米。版心中鎸子目書名及卷次，下鎸“知不足齋叢書”。

所屬叢書：《知不足齋叢書》第十一集。是書據謝景思手校本以五代宫傳和凝本參訂。

顔氏家訓序
北齊黃門侍郎顔之推學優才贍山高海深常
雌黃朝廷品藻人物爲書七卷式範千葉號曰
顔氏家訓雖非子史同波抑是王言蓋代其中
破疑遣惑在廣雅之右鏡賢燭愚出世說之左
唯較量佛事一篇窮理盡性也余曾於客舍論
公製作弘奥衆或難余曰小小者耳何是爲懷
余輒請主人紙筆便錄擧烏反煥擣宣蕘歲勬藥
猲鏉懕反於計屪剝屡移秠疋切來等九字以示之

顔氏家訓序 一 知不足齋叢書

顏氏家訓卷第一　　述古堂影宋本重雕

北齊黃門侍郎顏之推撰

序致　教子　兄弟

後娶　治家

序致第一

夫聖賢之書教人誠孝慎言檢迹立身揚名亦已備矣魏晉已來所著諸子理重事複遞相模斅猶屋下架屋牀上施牀尒吾今一本無今字所以復爲此者非敢軌物範世也業以整齊門內提

103. 世緯:二卷　〔明〕袁袠撰　

清乾隆五十八年(1793)安徽歙縣長塘鮑氏刻本　一册

半葉9行21字,細黑口,左右雙邊,無魚尾,半框13.0×9.9釐米,最大邊長20.0釐米。版心中鎸子目書名及卷次,下鎸“知不足齋叢書”。

所屬叢書:《知不足齋叢書》第十五集。與《罄隅子歔欷瑣微論》合訂一册。

世緯序

昔孔子謂我欲載之空言不如見諸行事之深切著明也悲夫古之人苟懷抱材德者曷嘗不欲匡佐明聖興立事業者哉而卒託之空言命也是以君子進則勒洪伐於鍾彝退則修遺文於方冊身雖不得躬行其道文之所垂亦足以自見而爲法於將來周秦而下善言治理者莫如賈誼其次則王通陸贄又其次則蘇軾王通太平十二策亡逸莫考我欲觀唐宋之事舍陸蘇何適矣夫欲考往而知來者惡可無空言哉是世緯之所由

世緯自序　一　知不足齋叢書

世緯卷上　　　　四庫全書本開雕

廣西提學僉事袁袠撰

官宗

夫宗室曰藩而祿不給何也封建之法壞而仕宦之途絕也昔在周室並建諸侯同姓封者什七異姓封者什三各治其國以藩王室入爲公孤出爲牧伯親疏相制外內聯絡卒賴其力享祚長久秦壞周法疏忌骨肉翦枝葉二世陵遲蕩然無衞漢興鑒秦覆轍損益周制雖有七國之變而莽操之際猶賴宗室衆強南頓中山

104. 皇宋書録：三卷，外篇一卷 〔宋〕董史撰

清乾隆五十一年至五十九年（1786—1794）安徽歙縣長塘鮑氏刻本 一册

半葉9行20字，細黑口，左右雙邊，無魚尾，半框13.0×9.9釐米，最大邊長20.0釐米。版心中鎸子目書名及卷次，下鎸“知不足齋叢書”。

所屬叢書：《知不足齋叢書》第十六集。

皇宋書錄上篇

董史

藝祖皇帝

國朝會要云宣和四年三月上親出建隆眞蹟詩翰數幅於是羣臣始識藝祖書

太祖皇帝

祕閣刻祖宗御書十卷第一卷刻太祖書天下一統四大字　岳珂寶眞齋法書贊載太祖眞跡處分手札楷書三行云王溥魏仁溥只今來

105. 三字經訓詁: 一卷　〔清〕王相纂　PL1115 .W362

清乾隆至宣統間(1736—1911)味經堂刻本　一册

半葉4行7字, 小字雙行17字, 白口, 左右雙邊, 單黑魚尾, 半框19.3×14.4釐米, 最大邊長25.0釐米。版心上鎸書名。書名頁鎸“王伯厚先生纂, 王晉升先生注, 三字經訓詁, 金陵味經堂梓”。

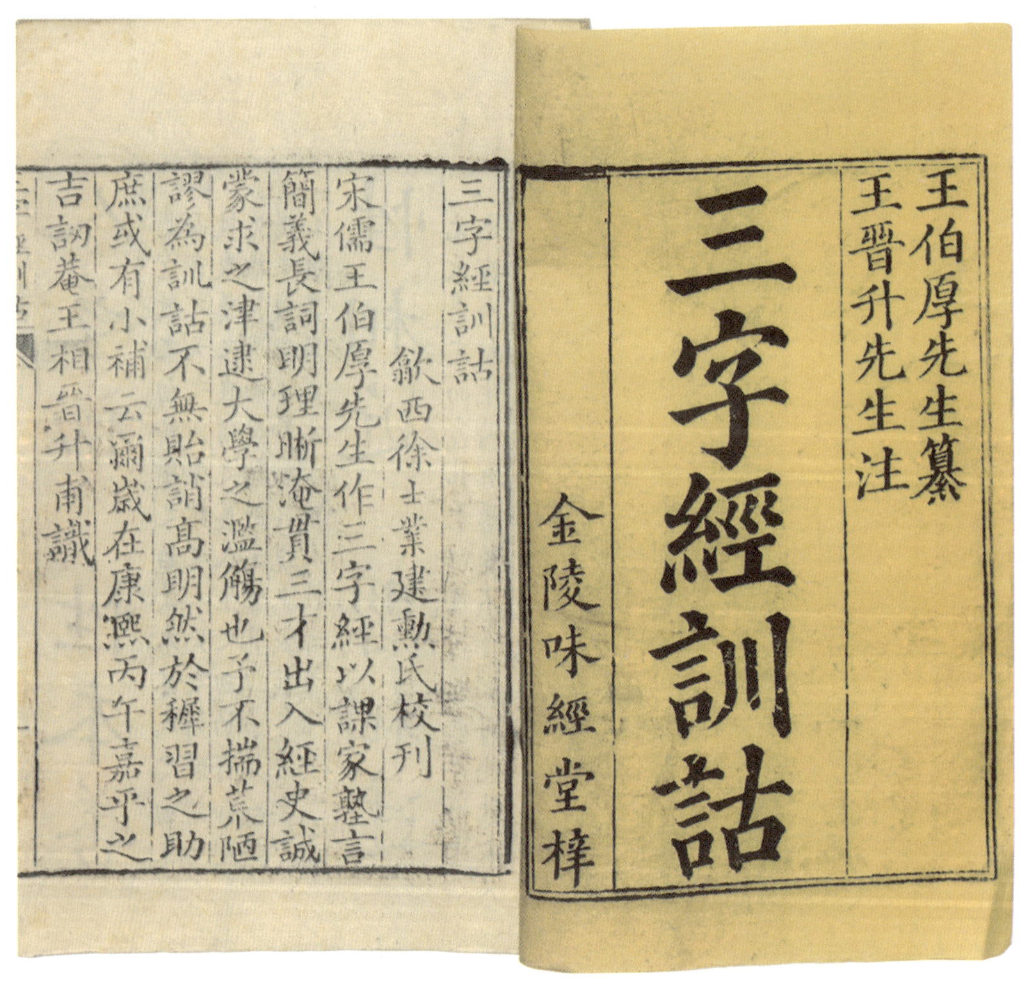
王伯厚先生纂
王晉升先生注
三字經訓詁
金陵味經堂梓

三字經訓詁
歙西徐士業建勳氏校刊
宋儒王伯厚先生作三字經以課家塾言簡義長詞明理晰淹貫三才出入經史誠蒙求之津逮大學之濫觴也予不揣荒陋謬為訓詁不無貽誚高明然於穉習之助庶或有小補云爾歲在康熙丙午嘉平之吉訒菴王相晉升甫識

人之初　性本善

此立教之初發端之始。故本於人之初生而言之。天之所生謂之人。天之所賦謂之性。秉彝之良謂之善。人生之初。始有知則先識其母。始學語則先呼其親。孟子曰。孩提之童。無不知愛其親也。及其長也。無不知敬其兄也。朱子曰。人性皆善。不其然乎。

性相近　習相遠

此承上文而言。孔子曰。性相近也。習相遠也。言人初生時。智愚賢不肖皆同此性。本

106. 千字文釋義：一卷 〔清〕汪嘯尹輯 〔清〕孫謙益参注

清乾隆至宣統間（1736—1911）味經堂刻本 一册

半葉7行8字，小字雙行17字，白口，左右雙邊，單黑魚尾，半框19.5×14.4釐米，最大邊長25.0釐米。版心上鎸書名。書名頁鎸"汪嘯尹先生纂輯，孫謙益先生参注，千字文釋義，金陵味經堂梓"。

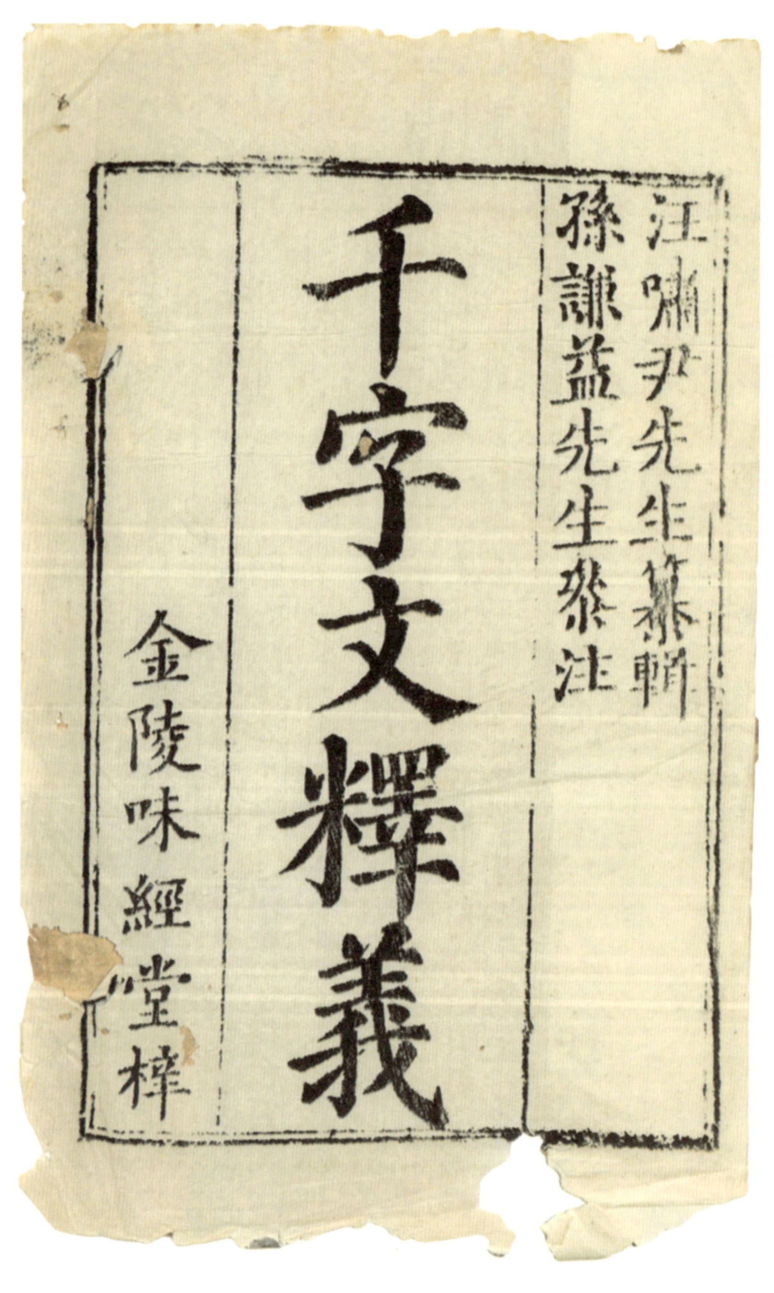

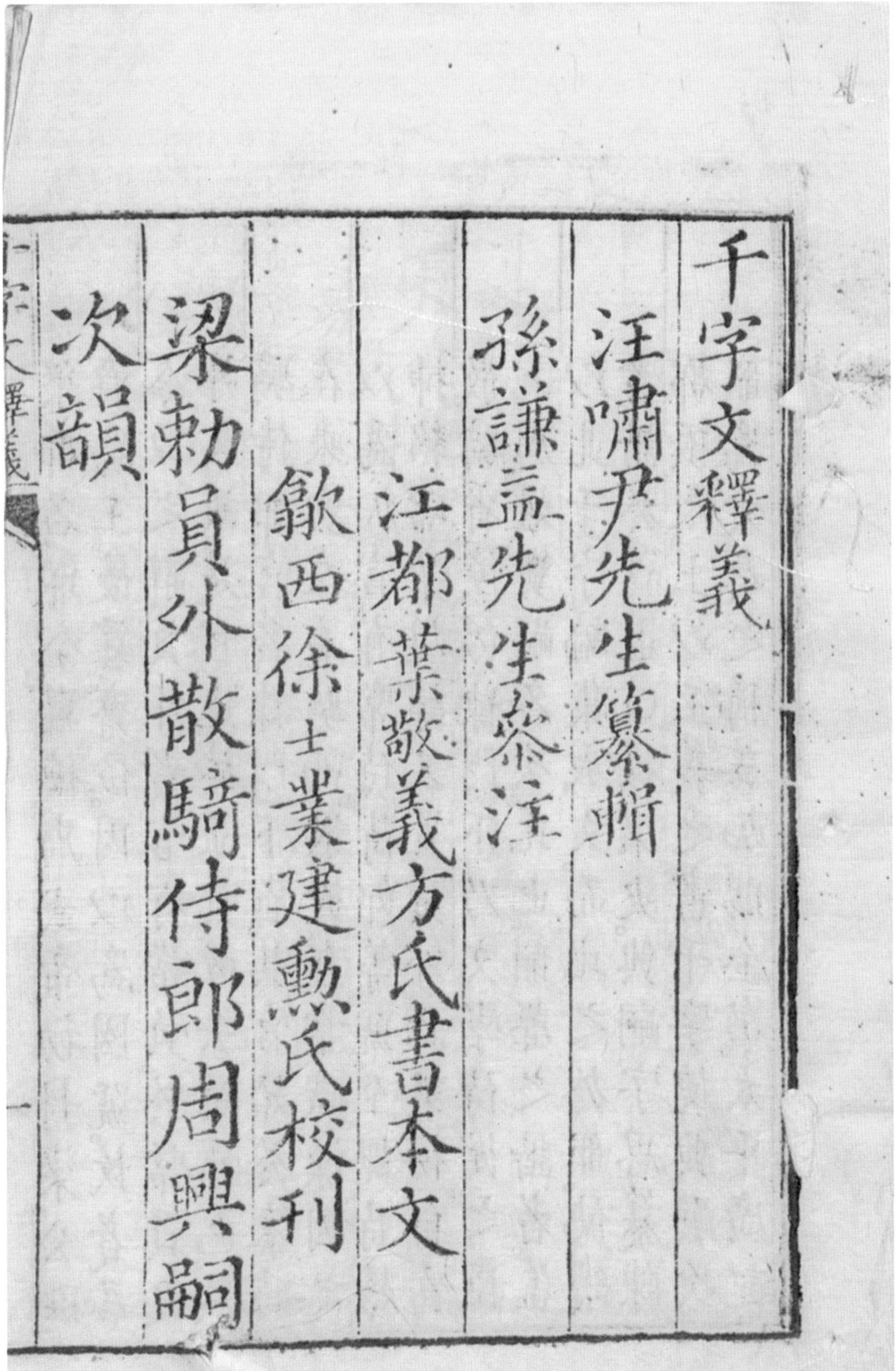

千字文釋義

汪嘯尹先生纂輯

孫謙益先生參注

江都葉敬義方氏書本文

歙西徐士業建勲氏校刊

梁勅員外散騎侍郎周興嗣

次韻

107. 故事尋源：十卷 〔明〕邱濬撰〔明〕楊應象集注

清嘉慶至宣統間（1800—1911）福文堂刻本 五册

半葉8行24字，小字雙行字同，白口，四周單邊，單黑魚尾，半框17.0×11.5釐米，最大邊長23.5釐米。版心上鎸書名，中鎸卷次及小題。書名頁鎸"楚澴楊界右先生輯注，新訂故事尋源詳解全書，校正無訛，福文堂梓行"。

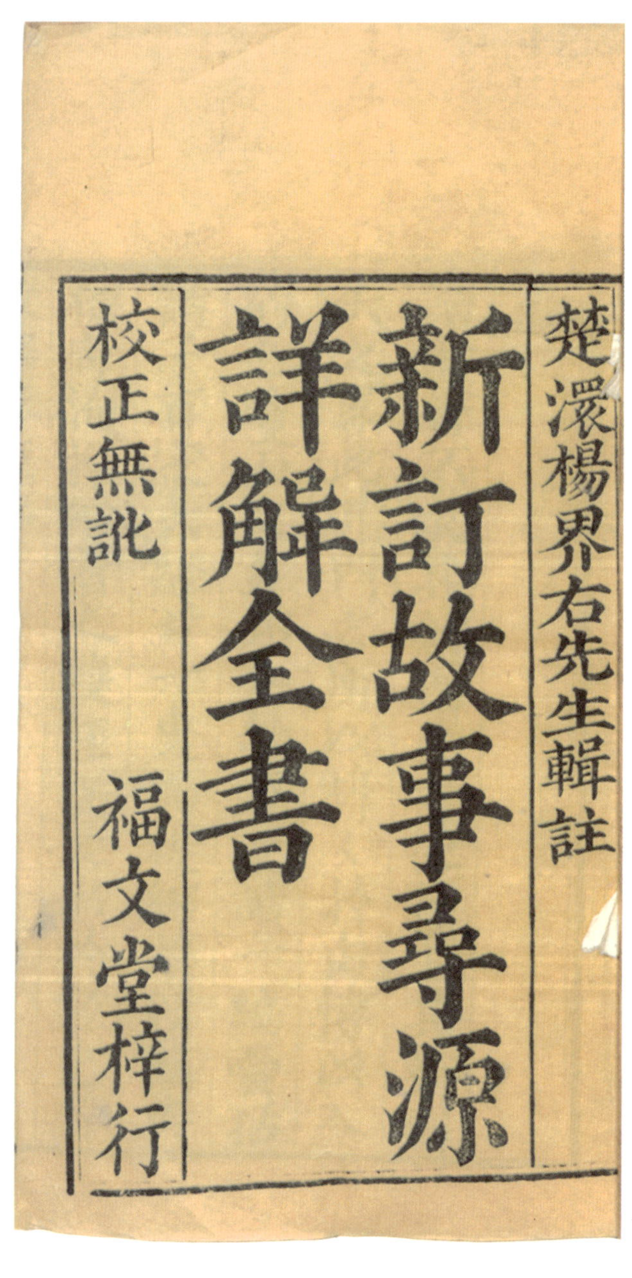

故事尋源卷之一

瓊山邱濬仲深甫著

楚澧楊應象界石集註

天文 天論曰天形如倚蓋地形如棋局天旁轉半在地上半在地下日月本東行天西旋入於海牽之以西如蟻行磨上磨左旋蟻右旋磨疾蟻遲不得不西地常動而不止譬人在舟中閉牖而坐舟行而不知也晉書云天如雞子白地如雞子黃地居于天內天大而地小表裏有水四海之表浮於元氣之上天地者乘元氣載水而行

混沌初開乾坤始奠氣之輕清上浮者爲天氣之重濁下凝者爲地 混沌元氣也陰陽未分之象乾健也坤順也天地者乾坤之形體乾坤者天地之性情天地未分之前元氣混而爲

108. 南華真經：十卷 〔晉〕郭象注 〔唐〕陸德明音義 BL1900 .C45

明嘉靖至萬曆間（1533—1620）刻本　十册

半葉8行17字，小字雙行字同，白口，四周雙邊，單白魚尾，半框19.7×13.6釐米，最大邊長27.5釐米。版心中鎸“莊子”及卷次。

所屬叢書：《六子書》。此本乃據明嘉靖十二年（1533）顧春世德堂刊《六子書》本重刻，版心無“世德堂刊”字樣。

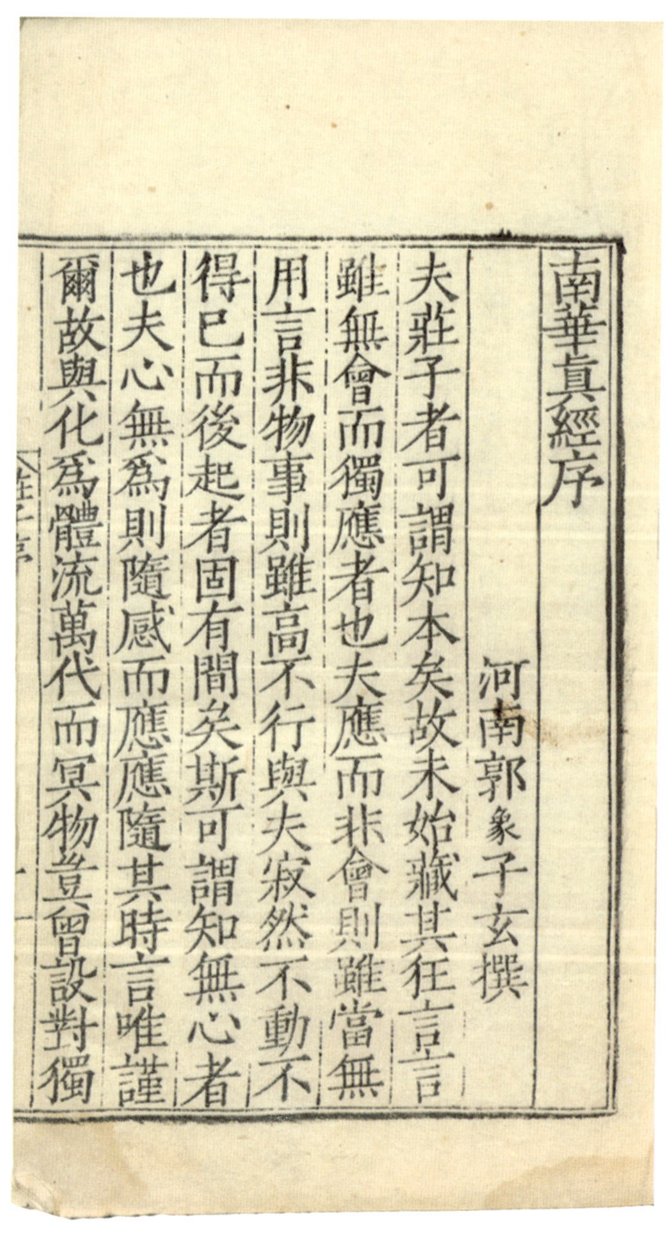
南華真經序

河南郭象子玄撰

夫莊子者可謂知本矣故未始藏其狂言言雖無會而獨應者也夫應而非會則雖當無用言非物事則雖高不行與夫寂然不動不得已而後起者固有間矣斯可謂知無心者也夫心無爲則隨感而應應隨其時言唯謹爾故與化爲體流萬代而冥物豈曾設對獨

南華眞經卷第一

郭象子玄註　陸德明音義

莊子內篇逍遥遊第一 夫小大雖殊而放於自得之場則物任其性事稱其能各當其分逍遥一也豈容勝負於其間哉音義曰內篇內者對外立名說文云篇書也字從竹從非者草名耳非也〔逍〕音銷亦作消〔遥〕如字亦作搖〔遊〕如字亦作游逍遥遊者篇名義取閑放不拘怡適自得〔夫〕音符〔場〕直良切〔稱〕尺證切〔當〕丁浪切〔分〕符問切

北冥有魚其名爲鯤鯤之大不知其幾千里也化而爲鳥其名爲鵬 鵬鯤之實吾所未詳也夫莊子之大意在

109. 莊子集解：八卷 〔清〕王先謙撰 BL1900.C576 W36 1909

清宣統元年（1909）思賢書局刻本 四册

半葉11行24字，小字雙行字同，白口，左右雙邊，單黑魚尾，半框18.0×13.0釐米，最大邊長27.0釐米。版心上鎸“莊子集解”，中鎸卷次及頁碼。書名頁鎸“莊子集解八卷”，卷首牌記鎸“宣統己酉年冬月思賢書局刊”。佚名批校。

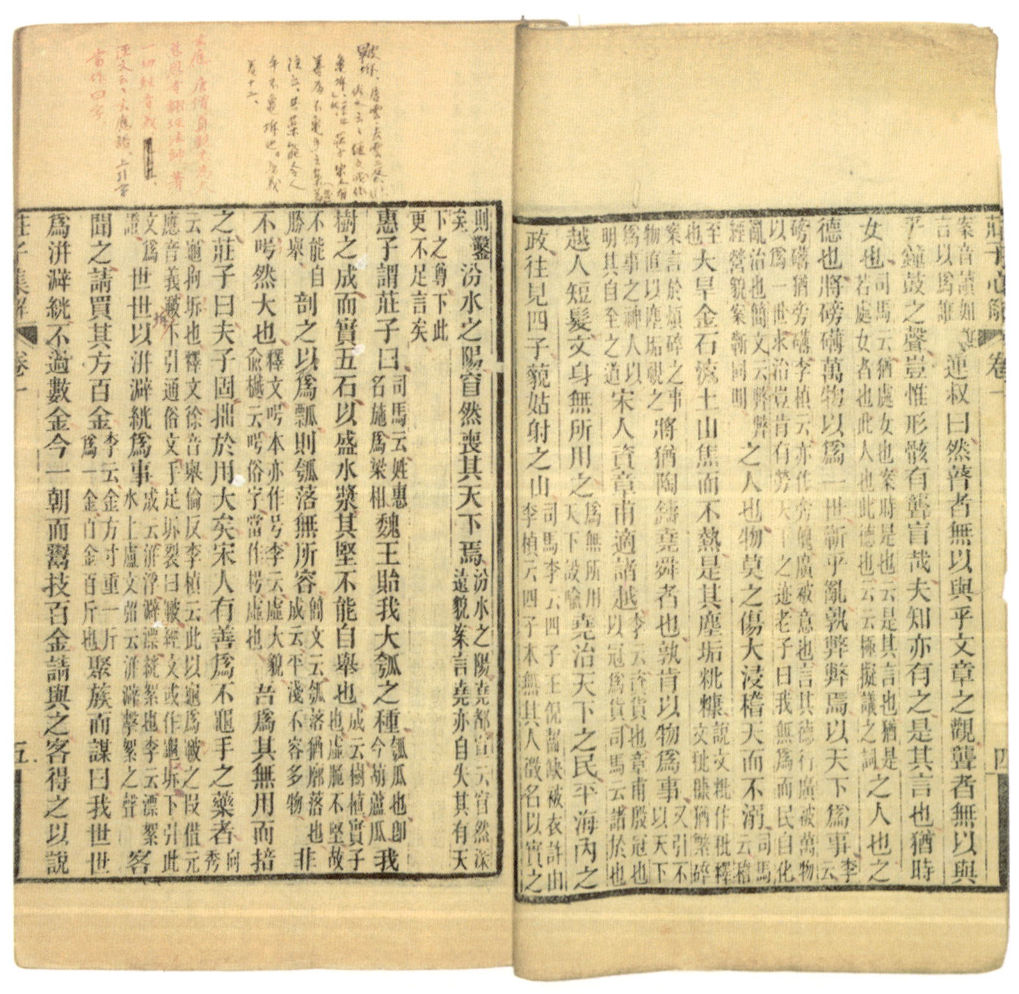

錢坫曰莊子野馬字當作塺 說文塺塵也

莊子集解卷一

長沙 王先謙 益吾

內篇逍遙遊第一

言逍遙乎物外、任天而遊無窮也、

北冥有魚 釋文本一作溟北海也 其名爲鯤 釋魚鯤魚子方以智云鯤本小魚之名莊子用爲大魚之名 鯤之大不知其幾千里也化而爲鳥其名爲鵬鵬之背不知其幾千里也怒而飛其翼若垂天之雲是鳥也海運則將徙於南冥 玉篇運行也案行於海上故曰海運下云水擊是也 南冥者天池也 成玄英云大海洪川原夫造化非人所作故曰天池案言物之大者任天而遊 齊諧者志怪者也 司馬彪云齊諧人姓名簡文云書名 諧之言曰鵬之徙於南冥也水擊三千里 崔譔云將飛舉翼擊水踉蹌 摶扶搖而上者九萬里 崔云拊翼徘徊而上爾雅扶搖謂之飈郭注暴風從下上 去以六月息者也 成云六月半歲至天池而息引齊諧一證 野馬也 司馬云野馬春月澤中游氣也成云青春之時陽氣發動遙望藪澤猶如

110. **莊子因：六卷，首一卷** 〔清〕林雲銘評述

清乾隆二年（1737）刻本　六册

半葉9行22字，小字雙行字同，白口，四周雙邊，無界行，單黑魚尾，半框21.2×14.2釐米，最大邊長26.0釐米。版心上鎸書名，中鎸卷次及小題，行間有圈點及音注。書名頁鎸“中翰蔡虚谷先生鑒定，三山林西仲先生評述，莊子因，千百年眼，泉郡輔仁堂藏板”。

卷首爲“凡例”“莊子列傳”“莊子總論”“莊子雜説”。有清康熙二十七年（1688）林雲銘“增注莊子因序”，清乾隆二年蔡大受“重刻莊子因序”，清康熙二年（1663）舊序。乾隆二年蔡大受“重刻莊子因序”言刻書事。

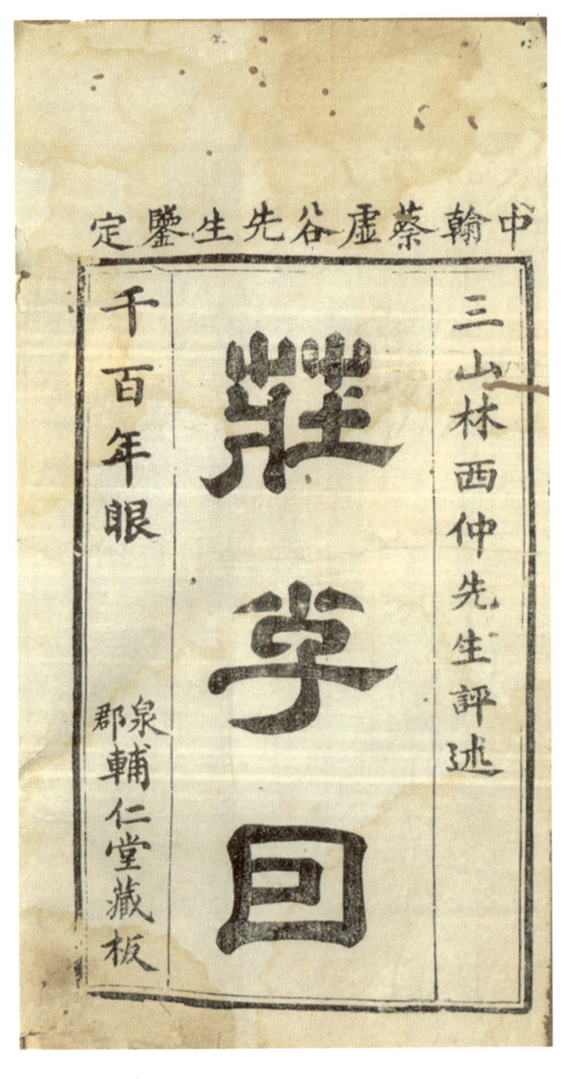

莊子因卷之一

三山林雲銘西仲評述

內篇逍遙遊第一

北冥有魚，其名爲鯤。鯤之大，不知其幾千里也。總點出大○大字是一篇之綱

化而爲鳥，其名爲鵬。鵬之背，不知其幾千里也。分點出背之大

怒而飛，怒即怒吁怒生之怒，乃用力之意 其翼若垂天之雲。所覆者廣○分點出翼之大

是鳥也，海運則將徙於南冥。海運，海氣動也。海氣動則颶風大作，故鵬欲乘此風力而南徙也

南冥者，天池也。已上直敘鵬之能遊作案

齊諧者，志怪者也。齊諧，古書名○南冥句解一語作收束，齊諧句解一語作起引，若他書俱可無有，那能如許跌宕波折

諧之

111. 元真子：三卷 〔唐〕張志和撰 AC149 .Z45 v.101

清嘉慶八年(1803)安徽歙縣長塘鮑氏刻本 一册

半葉9行21字，細黑口，左右雙邊，無魚尾，半框13.0×9.9釐米，最大邊長20.0釐米。版心中鎸子目書名及卷次，下鎸"知不足齋叢書"。

所屬叢書：《知不足齋叢書》第十三集。與《相臺書塾刊正九經三傳沿革例》合訂一册。

元眞子卷上

唐 張志和 撰

碧虛

碧虛冥茫飄輪斡乎乾湫盤浮乎坤紅明環於天衢升井爲炎降斗爲寒由是四時旋而萬物遷斯造化之亟矣然非造化之元哉

无涯者辯伯也涯之言曰黄郊之帝曰祇卑紫微之帝曰神尊碧虛之帝曰靈荒祇卑王於地山河草木屬焉神尊王於天日月星漢屬焉靈

農家類　醫家類

112. **御製耕織圖：不分卷**　〔清〕焦秉貞繪

〔清〕聖祖玄燁　世宗胤禛　高宗弘曆題詩　　N8217.F3 K163 1796

清嘉慶（1796—1820）刻朱墨套印彩色着色本　二册

詩文半葉8行16字，白口，四周單邊，無魚尾，半框24.7×23.8釐米，最大邊長30.0釐米。朱絲欄框，四周有二龍戲珠邊飾，分耕部、織部兩册，書簽分别題“耕部全圖共二十三幅，臣香霞謹志”“織部全圖共二十三幅，臣香霞謹志”。卷前鎸康熙“御製耕織圖序”，朱印行草書，末署“康熙三十五年春二月社日題並書”。圖中鎸樓𪊲詩文，每幅圖後有詩文頁，上鎸玄燁、胤禛、弘曆配詩各一首。

册頁裝。題名取自序端，責任者據耕織圖下鎸“欽天監五官臣焦秉貞畫”。是書删去“鴻臚寺序班朱圭鎸刻”，以此推斷是書據清康熙三十五年（1696）刻本翻刻。據《清代人物生卒年表》記載，香霞爲吴凌之别名，吴凌生於清乾隆四十九年（1784），卒於清嘉慶二十一年（1816）。

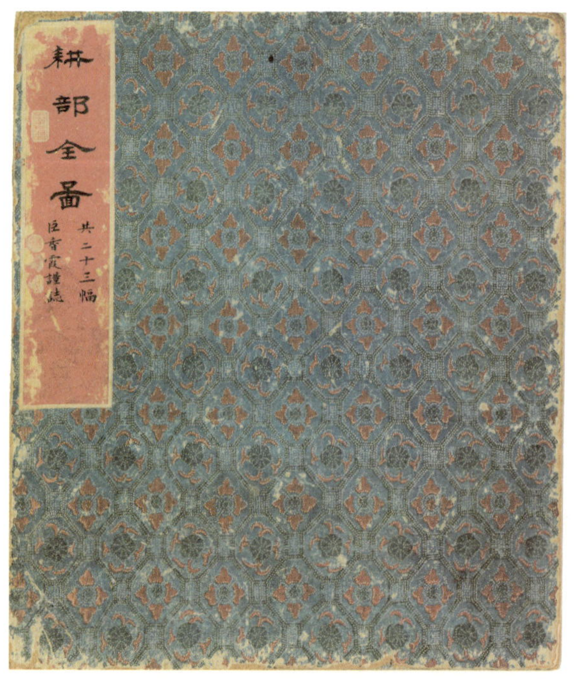

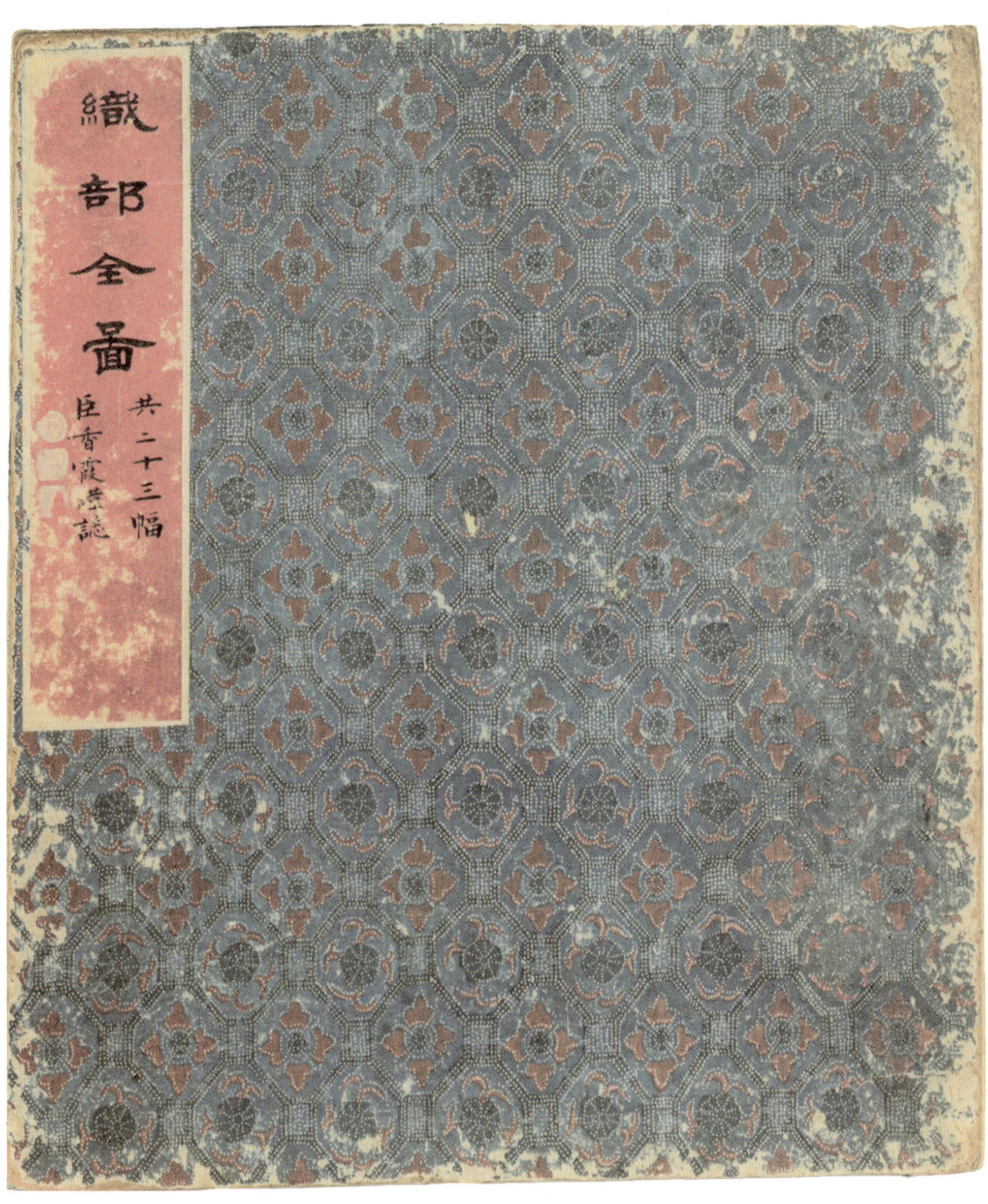
織部全圖
共二十三幅
臣香霞恭誌

耕 第一圖 浸種

暄和節候肇農功自此勤勞處處同早辦
東田穜稑種褰裳涉水浸筠籠

百穀遺嘉種先農著懋功春暄二月後香
浸一溪中重穋隨宜辨筠籠用力同每多
賢父老占節識年豐

氣布青陽造化功東郊俶載萬方同溪流浸
種如油綠生意含春秀色籠

浸種
溪頭夜雨足門外
春水生筠籃浸淺
碧嘉穀抽新萌西
疇將有事耒耜隨
晨興隻雞祭句芒
再拜祈秋成

113. 醒園録：二卷 〔清〕李化楠撰

清嘉慶十四年（1809）刻本　一册

半葉9行27字，小字雙行字同，白口，四周單邊，無魚尾，半框23.6×15.6釐米，最大邊長26.0釐米。版心上鐫書名。

所屬叢書：《函海》。與《蜀雅》《李石亭文集》《萬善堂集》合函。

先大夫自諸生時疏食菜羹不求安飽然事
先大夫父母必備極甘旨至於宦遊所到多
吳羹酸苦之鄉厨人進而甘焉者随訪而誌
諸冊不假抄胥手自繕寫蓋歷數十年如一
日矣夫禮詳内則養老有淳熬淳母之別春
親有飴蜜滫瀡之和極之蜩范蚳蝝之細芝
栭蔆椇之微棗烝栗擇剬瓜鑽梨之事罔不
備舉寧獨大者軒細者膾冬行鱻夏行腒委
曲詳載爾乎夫飲食非細故也易警腊毒書
垂鹽梅烹魚則詩歎誰能膾鯉則傳譏口實

作米醬法　羅江　李化楠　石亭手抄

用飯米舂粉澆水作餅子放蒸籠內蒸熟候冷鋪草蓋草罨滿七日過取出晒乾刷毛不用舂碎每斤配鹽四兩水十大碗鹽水先煎滾候冷澄清泡黃攪爛約五六日後可用細篩磨擦下落盆內付日中大晒四十日收貯聽用　按此黃雖係飯米一樣發黃內中鬆鬆動用水一泡加以早晚翻攪安有不化之理似可不用篩磨以省沾染之費更為捷便

又法

用糯米與飯米對配作法仝前

114. 本草求真：十一卷，圖一卷 〔清〕黄宫繡撰 RS180.C5 H83

清乾隆間（1736—1795）刻本 十一册

半葉9行20字，小字雙行字同，白口，無界行，四周單邊，單黑魚尾，半框12.8×9.5釐米，最大邊長17.5釐米。版心上鎸書名，中鎸卷次及小題，下鎸頁碼。書名頁鎸“進呈御覽，江寧秦鑒泉先生鑒定，本草綱目摘要求真，永聯堂藏版，内附脉理求真”。

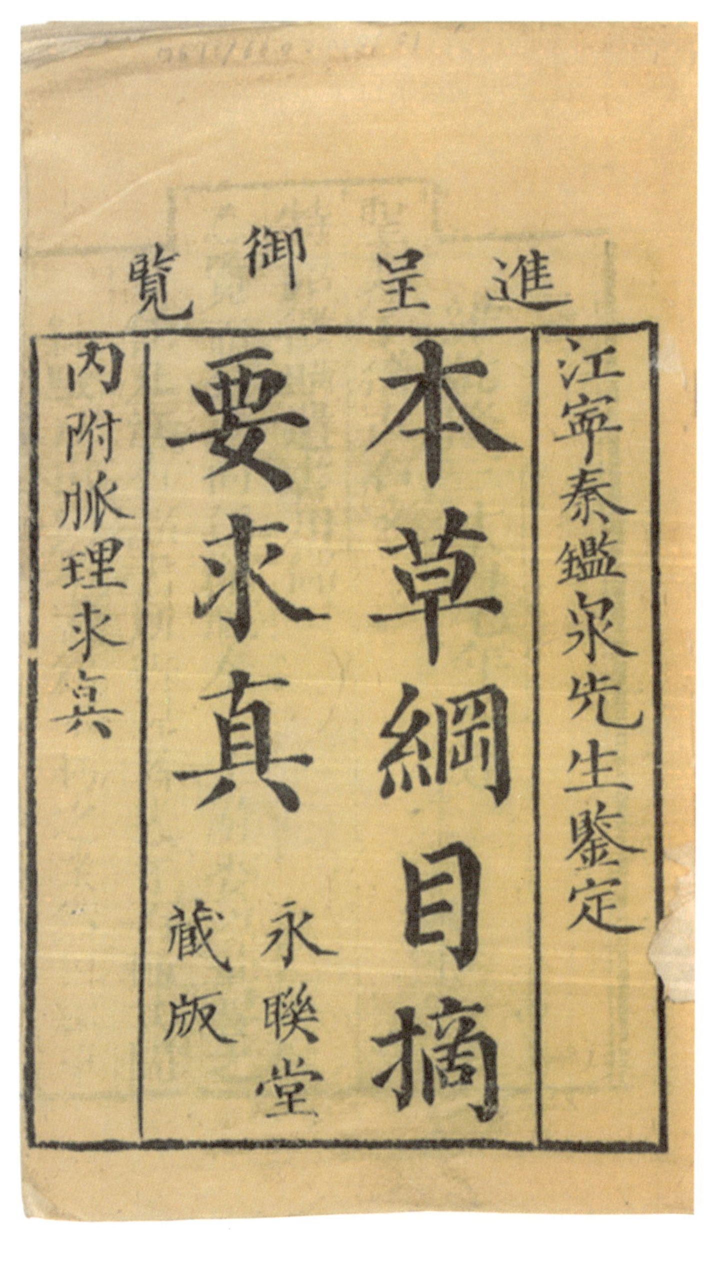

進呈御覽

江寧秦鑑泉先生鑒定

本草綱目摘要求真

永聯堂藏版

内附脉理求真

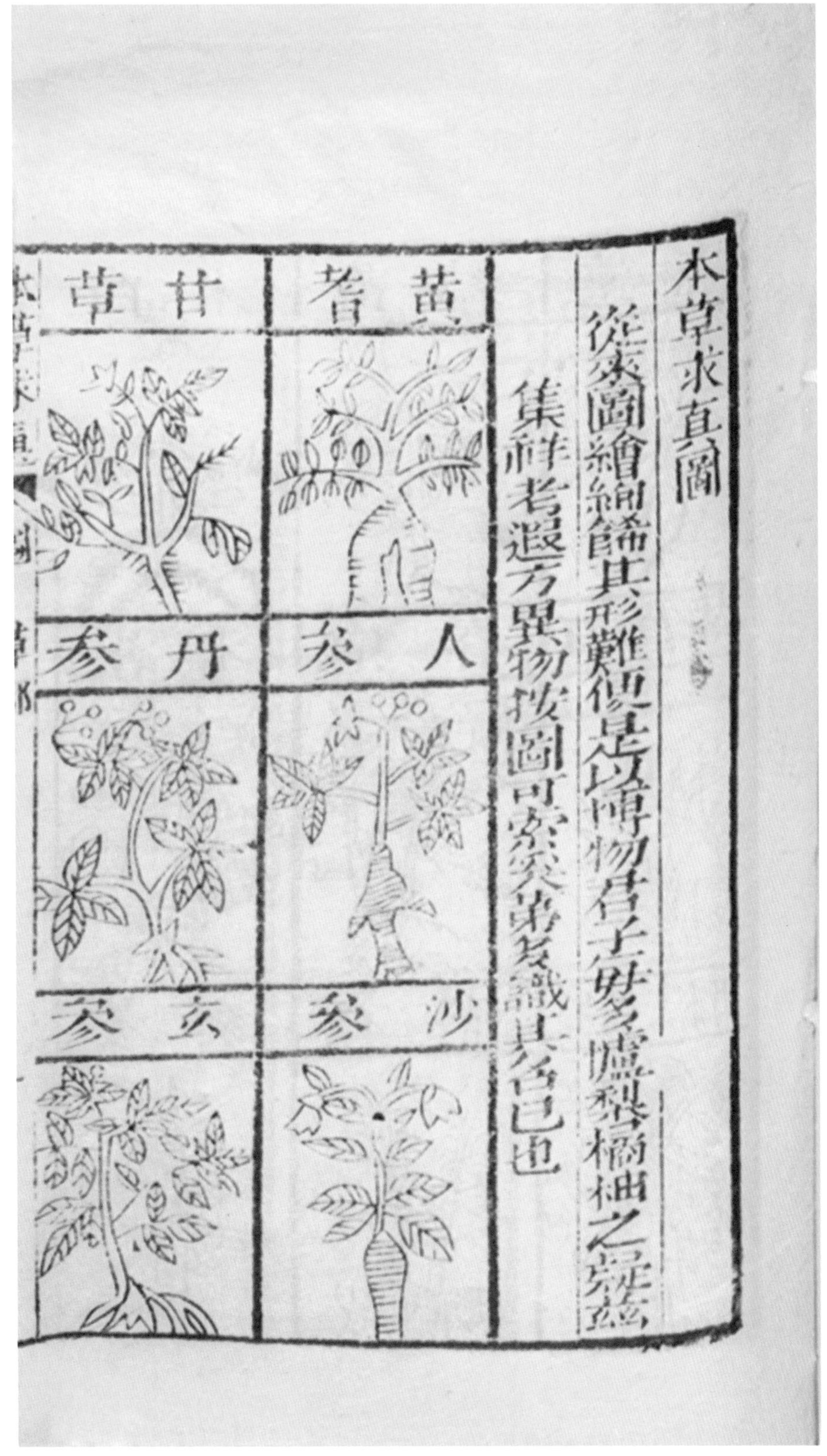

本草求真圖
從來圖繪繪飾其形難便是以博物君子每多爐裂橘柚之疑茲
集群考遐方異物按圖可索冀弟友識其名已也
黄耆
甘草
人參
丹參
沙參
玄參

115. 蘇沈内翰良方：十卷 〔宋〕蘇軾 沈括撰

清乾隆五十八年（1793）安徽歙縣長塘鮑氏刻本 一册

半葉9行21字，細黑口，左右雙邊，無魚尾，半框13.0×9.9釐米，最大邊長20.0釐米。版心中鎸子目書名及卷次，下鎸“知不足齋叢書”。

所屬叢書：《知不足齋叢書》第十七集。清乾隆五十八年鮑廷博後跋言是書據吴郡程永培藏足本刊。

欽定四庫全書總目提要
蘇沈良方八卷今刊據吳郡程永培本足成十卷
臣等謹案蘇沈良方宋蘇軾沈括二人所集方書
也括博學善文史稱其於醫藥卜算無所不通皆
有所論著其見於宋藝文志者有靈苑方二十卷
良方十卷而別出蘇沈良方十五卷注云沈括蘇
軾所著今考陳振孫書錄解題有蘇沈良方而無
沈存中良方尤袤遂初堂書目亦同晁公武讀書
志則二書並列而於沈存中良方下云或以蘇子

蘇沈良方提要 一 知不足齋叢書

蘇沈內翰良方卷第一

脈說

脈之難[illegible]所病也至虛有盛候大實有羸狀差之毫釐疑似之間便有死生禍福之異此古今所病也病不可不謁醫而醫之明脈者天下蓋一二數騏驥不時有天下未嘗徒行和扁不世出病者終不徒死亦因其長而護其短爾士大夫多秘所患以求診以驗醫之能否使索病於冥漠之中辨虛實冷熱於疑似之間醫不幸而失終不肯自謂失也則巧飾掩非以全其名至於

116. 銅人明堂之圖

MSS & Archives 2015/25 item7

清（1644—1911）刻本　一張

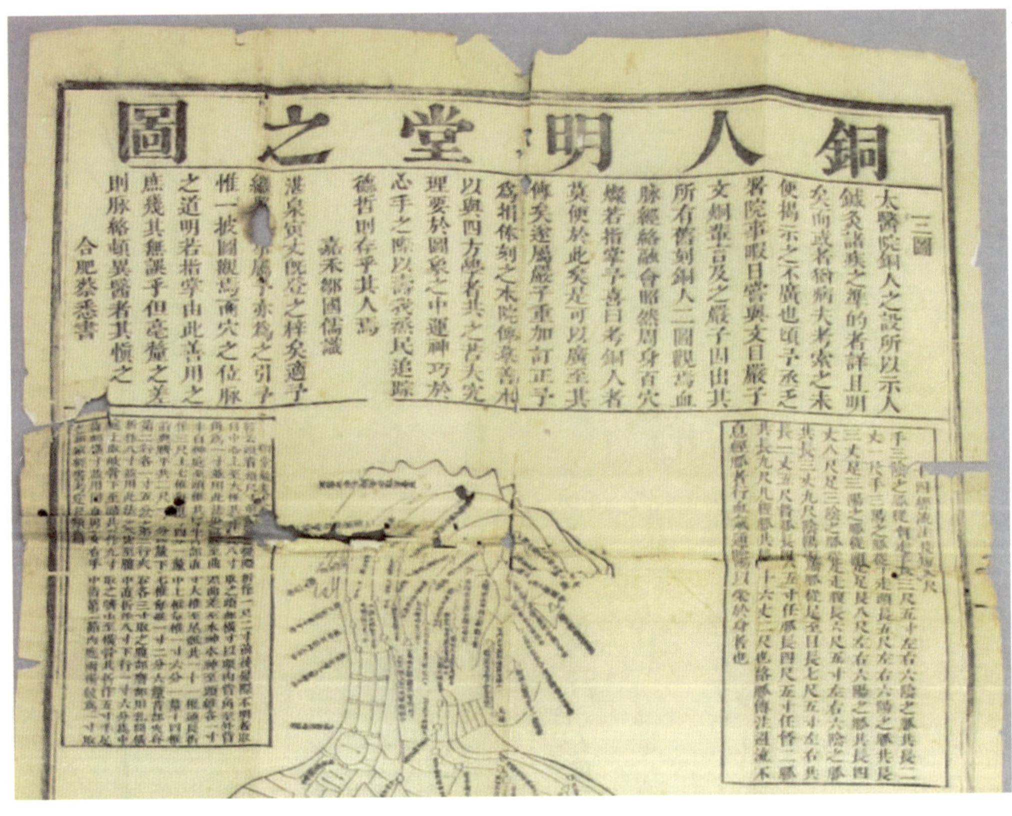

銅人明堂之圖

三圖

太醫院銅人之設所以示人鍼灸諸穴之準的者詳且明矣而或者猶病夫考索之未便揭示之不廣也頃予承乏署院事暇日嘗與文目嚴子文炯輩言及之嚴子因出其所有舊刻銅人二圖觀焉血脉經絡融會昭然周身百穴燦若指掌予喜曰考銅人者莫便於此矣是可以廣丞其傳矣遂屬嚴子重加訂正手爲指[illegible]刻之本院傳業高材以與四方學者共之若夫究理要於圖象之中運神巧於心手之際以濟衆蒸民追蹤德哲則存乎其人焉

嘉禾鄒國儒識

湛泉寅丈既登之梓矣適予纂[illegible]并屬予亦爲之引予惟一披圖觀焉而穴之位脉之道明若指掌由此善用之庶幾其無誤乎但毫釐之差則脉絡頓異醫者其慎之

合肥蔡悉書

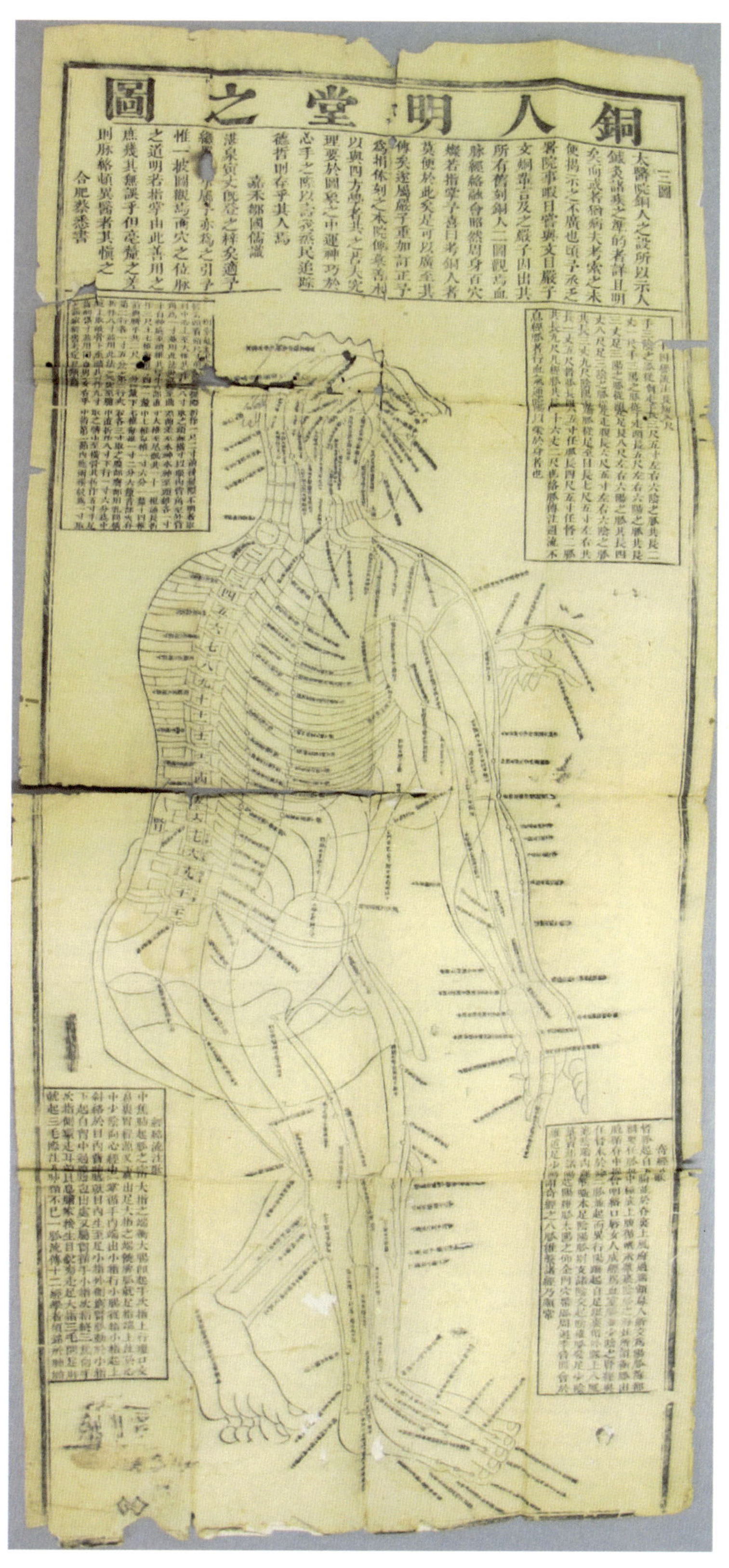
銅人明堂之圖

雜家類　雜著類　小説家類

117. 猗覺寮雜記：二卷〔宋〕朱翌撰　AC149 .Z45 v.18

清乾隆四十一年（1776）安徽歙縣長塘鮑氏刻本　一册

半葉9行21字，細黑口，左右雙邊，無魚尾，半框13.0×9.9釐米，最大邊長20.0釐米。版心中鎸子目書名及卷次，下鎸“知不足齋叢書”。

所屬叢書：《知不足齋叢書》第三集。清乾隆四十一年鮑氏識言“六月借小山從汲古閣本付鈔，其本已爲義門校過，兹再爲對校一過”。

右上下兩卷凡四百三十五則故紫微舍人桐鄉朱先
生之所記也先生嗜學如渴之須飲飢之須食所謂以
圖史文章爲園囿鼓吹者蓋無時不論著在曲江五閒
久閑關謝客正流落謫徙力不能多載書人家又非一
穊可借索手無挾縷遲僧坊獨倀倀窮經考古砭劑疵
病校量草木蟲魚上撢騷雅旁弋史傳證引竺乾龍漢
諸章下及瑣錄稗說左掇右劘悉爲吾用識測意見超
闊衆甫每一轉語就學者爭先快覩方惕若避謗不冐
輒爲人言唯諸郎過庭時得剽聽善惡天定然後始收

猗覺寮雜記序　一　知不足齋叢書

猗覺寮雜記卷上

桐鄉朱翌新仲

杜牧之云南軍不袒左邊袂四老安劉是滅劉其意以謂四老輔立太子爲非何不思之甚也惠帝嫡且長爲太子無過卽位之後能守高祖規模亦可謂賢矣安能料其身後漢有呂氏之禍也哉使惠帝不可立張良決不肯從呂后之請又豈肯起四老人哉南軍不袒左袂意謂周勃入北軍時設有不袒者奈何此兒童之見也勃所慮者不得入北軍耳旣入則無事

118. 松窗百説：一卷　〔宋〕李季可撰　AC149 .Z45 v.173

清嘉慶八年（1803）安徽歙縣長塘鮑氏刻本　一册

半葉9行21字，細黑口，左右雙邊，無魚尾，半框13.0×9.9釐米，最大邊長20.0釐米。版心中鎸子目書名及卷次，下鎸“知不足齋叢書”。

所屬叢書：《知不足齋叢書》第二十二集。清嘉慶八年鮑廷博跋言是書據舊抄本刊。與《北軒筆記》合訂一册。

松牕百說

松窗百說

東嘉 李季可 撰

鄭昭公

鄭忽不昏于齊曰齊大非吾耦也詩人以有女同車刺之君子以謂善自爲謀而不及其國後魯威取之卒陷彭生之禍莊公獲不能防閑之名汙辱兩世取大國之助乃如此邪昭公方見齊恃大無道受其制則無所不至矣其不昏何有不可哉雋不疑辭霍光之女似之其後失國不能與賢人圖事而已豈謂此哉

119. 贅隅子歔欷瑣微論：二卷 〔宋〕黄晞撰

清乾隆五十八年（1793）安徽歙縣長塘鮑氏刻本 一册

半葉9行21字，細黑口，左右雙邊，無魚尾，半框13.0×9.9釐米，最大邊長20.0釐米。版心中鎸子目書名及卷次，下鎸“知不足齋叢書”。

所屬叢書：《知不足齋叢書》第十五集。與《世緯》合訂一册。

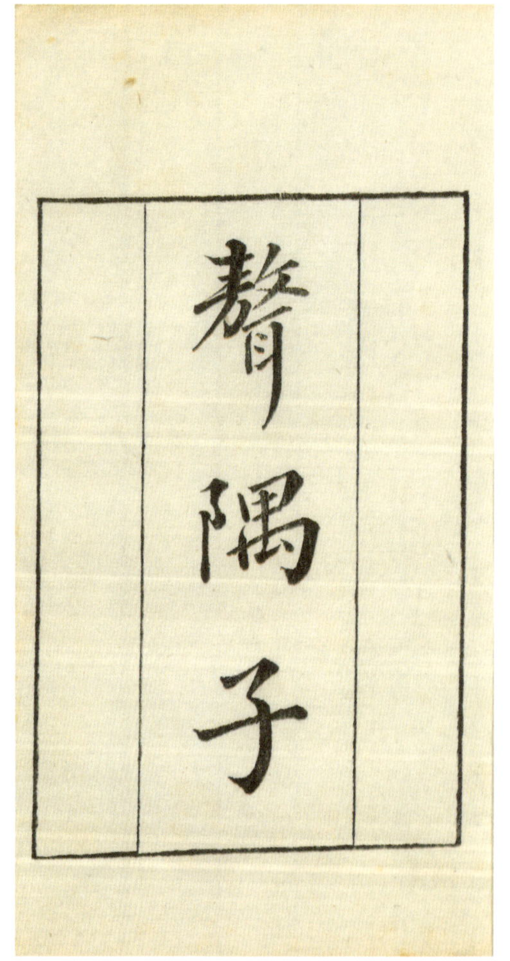
贅隅子

贅隅子敘

敘曰贅隅者桥物之名也歔欷者兼歎之聲也瑣微者
述之之謂也天生斯人也與夫禽獸之騈然所以異者
由出道限矣故首之以生學天實生賢宜均所付介然
獨處爲隘則甚故承之以進身進身之速匪衣凡食殫
吾所私垂無疆之休故承之以揚名後俗流荒賢一姦
百善旣揚名惡亦如之故承之以虎豹暴夫於虎爲毒
舉世慨夫哲人爲之來哉故承之以仁者勇勝則暴仁
勝則流不暴不流故承之以文成文以經治武以運文

贅隅子敘 一 知不足齋叢書

聱隅子歔欷瑣微論卷第一　宋本重雕

蜀人黄晞　撰

生學篇第一

五氣雜萃鈞坯鑪鞴物浩鍾付何以事天用吾以然則無不然君子亶力作生學篇

聱隅子曰生而不知學與不生同學而不知道與不學同知而不能行與不知同知而後行者尚矣嗚呼仁矣哉衆好之己樂之衆疑之己審之衆亟之己恤之聱隅子曰鰕蠏之微不能釣横江之魚禮賢而不以其道謂

120. 朝野類要：五卷　〔宋〕趙升撰　

清嘉慶八年（1803）安徽歙縣長塘鮑氏刻本　一册

半葉9行21字，細黑口，左右雙邊，無魚尾，半框13.0×9.9釐米，最大邊長20.0釐米。版心中鎸子目書名及卷次，下鎸“知不足齋叢書”。

所屬叢書：《知不足齋叢書》第十三集。附乾隆四十七年（1782）紀昀、陸錫熊、季學錦上書序。據武英殿聚珍版原本刊。

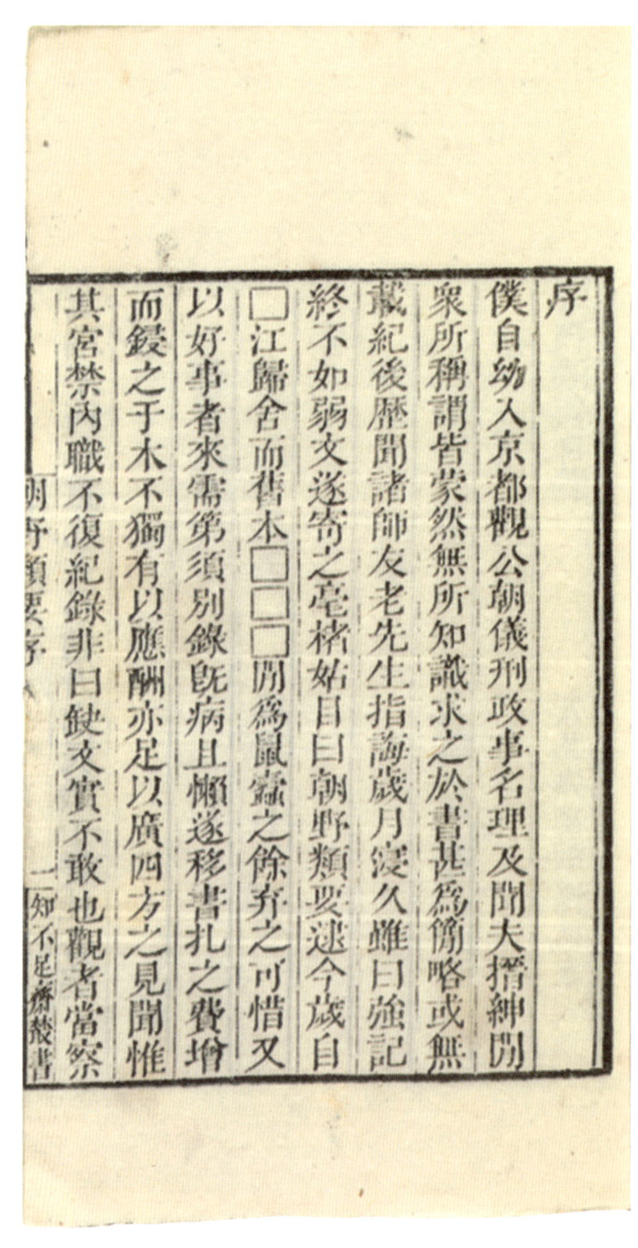

序

僕自㓜入京都觀公朝儀刑政事名理及聞夫搢紳間衆所稱謂皆蒙然無所知識求之於書甚爲簡略或無載紀後歷聞諸師友老先生指誨歲月寖久雖曰强記終不如弱文遂寄之毫楮姑目曰朝野類要迨今歲自□江歸舍而舊本□□□間爲鼠蠹之餘存之可惜又以好事者來需第須别錄旣病且懶遂移書扎之費增而鋟之于木不獨有以應酬亦足以廣四方之見聞惟其宮禁内職不復紀錄非曰缺文實不敢也觀者當察

朝野類要序　一　知不足齋叢書

朝野類要卷一

文昌　趙升　向辰撰

班朝凡十二事

御殿

本朝殿名最多，如常朝則文德殿，五日一次起居則垂拱殿，遇忌前假及祠祀日分則御後殿，正旦、冬至及聖節稱賀、大禮奏請、致齋則皆大慶殿，賀祥瑞、聖壽、賜宴則紫宸殿，宴對蕃使則長春殿，試進士則崇政殿，若賜宴則集英殿，郊祀稱賀則端誠殿，諸班直、推埰子則射

121. **麈史：三卷** 〔宋〕王得臣撰

清嘉慶二十三年至道光三年（1818—1823）安徽歙縣長塘鮑氏刻本 一册

半葉9行21字，細黑口，左右雙邊，無魚尾，半框13.0×9.9釐米，最大邊長20.0釐米。版心中鎸子目書名及卷次，下鎸“知不足齋叢書”。

所屬叢書：《知不足齋叢書》第三十集。

麈史卷上

鳳臺子 王得臣 彥輔撰

睿謨

鄭毅夫嘗説 藝祖朝聲登聞求亡豬者上手詔忠獻趙公曰今日有人聲登聞來問朕覔亡豬朕又何嘗見他豬耶然與卿共喜者知天下無冤民

治平初有州護兵官以非日直禁卒錄編勑既劾具牘以上 英宗曰武臣寫勑是有意涖官矣遂命釋之聞者莫不歎服

122. 五總志：一卷 〔宋〕吴坰撰 AC149 .Z45 v.164

清嘉慶二年至七年（1797—1802）安徽歙縣長塘鮑氏刻本 一册

半葉9行21字，細黑口，左右雙邊，無魚尾，半框13.0×9.9釐米，最大邊長20.0釐米。版心中鎸子目書名及卷次，下鎸“知不足齋叢書”。

所屬叢書：《知不足齋叢書》第二十一集。與《弧矢算術細草》《黄氏日抄古今紀要逸編》合訂一册。

五總志

東坡手澤載賈昌朝結連溫成皇后乳媼賈婆婆諫官論其姦吳春卿欲得其實而不可近侍有進對者曰近日臺諫言事虛實相半如賈姑姑事寧有是哉　仁宗默然久之曰賈氏實薦昌朝坰先大父事　仁廟朝爲御史嘗言大臣未報復上章云陛下若以臣爲然乞上方斬馬刀斷姦臣之頭懸之兩觀以謝天下或以爲不然則斷臣之頭懸之烏府以謝姦臣　上旣用其言黜二大臣復大書鐵御史三字以賜之觀其聽言如是則

123. 十駕齋養新録：二十卷，餘録三卷　〔清〕錢大昕撰　

清嘉慶十六年（1811）刻本　八册

半葉10行23字，小字雙行字同，白口，四周單邊，單黑魚尾，半框17.4×12.7釐米，最大邊長25.7釐米。版心中鎸書名及卷次。書名頁鎸“十駕齋養新録廿卷”。

十駕齋養新錄序
學術盛衰當於百年前後論升降焉元初學者不能學唐宋
儒者之難惟以空言高論易立名者爲事其流至於明初五
經大全易極矣中葉以後學者漸務於難然能者尚少我
朝開國鴻儒碩學接踵而出乃遠過乎千百年以前乾隆中
學者更習而精之可謂難矣可謂盛矣
國初以來諸儒或言道德或言經術或言史學或言天學或
言地理或言文字音韵或言金石詩文專精者固多兼擅者
尚少惟嘉定　錢辛楣先生能兼其成由今言之蓋有九難
先生講學

十駕齋養新錄卷第一

嘉定錢大昕

易韻

易象傳六十四卦皆有韻唯革傳大人虎變其文炳也君子豹變其文蔚也小人革面順以從君也三句以今韻求之不合顧氏炎武撰易音遂諱而不言予案說文虨虎文彪也从虍彬聲與易義相應則許君所見周易必作虨不作炳也彬炳聲相近故今本作炳猶彪虨字本當作虨而詞賦家多用彪炳耳虨正字炳假借字當讀如虨與君爲韻也蔚从尉聲尉本作㷉說文㷉从上案下也从𡰥又持火以申繒也今吳

124. 格言聯璧：二卷　〔清〕金纓輯

清光緒六年（1880）粵東學院前心簡齋刻本　一册

半葉9行21字，小字雙行字同，白口，四周單邊，單黑魚尾，半框14.0×10.0釐米，最大邊長18.0釐米。版心上鐫書名，中鐫小題。書名頁鐫“光緒六年孟冬鐫，格言聯璧，切勿穢瀆，粵東學院前心簡齋承印”。

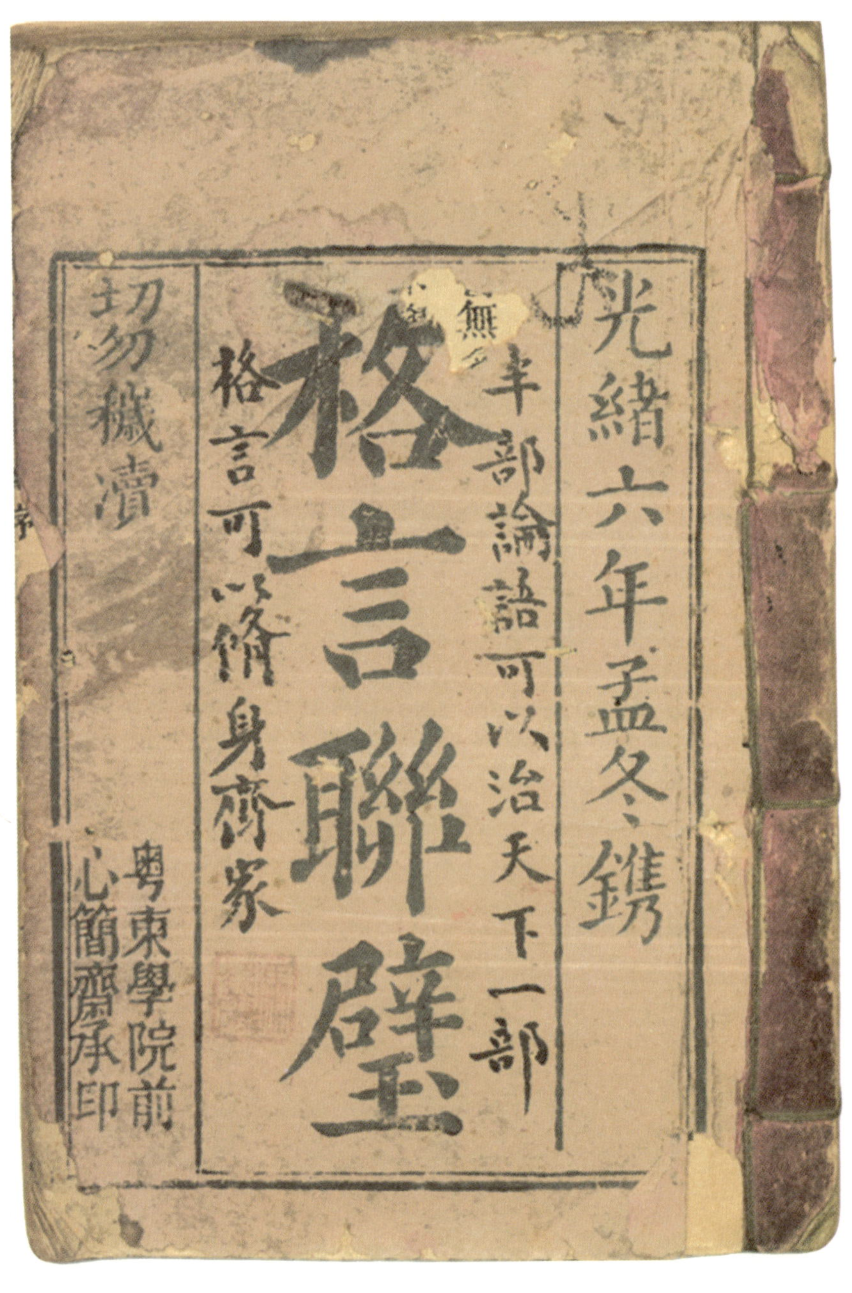

光緒六年孟冬鐫
半部論語可以治天下一部
格言聯璧
格言可以脩身齊家
切勿穢瀆
粵東學院前
心簡齋承印

格言聯璧上卷

學問類　　山陰金纓蘭生輯

古今來許多世家。無非積德。天地間第一人品。還是讀書。傳家久遠總不外讀書積德四字若紛紛勢利真如烟花過眼須臾變滅古聯云樹德承先業傳經裕後貽又云樹德箕裘惟孝友傳家彝鼎在詩書又云大厦靜逸誰為善祖澤長綿在讀書又云欲高門第須為善要好兒孫必讀書又云立品定須成白璧讀書何止到青雲皆格言也

讀書即未成名。究竟人高品雅。修德不期獲報。自然夢穩心安。不圖果報方修德豈為功名始讀書

為善最樂。李晚門云人生在世多行救濟事則彼之感我中懷傾倒愛[illegible]肝膽俱幸而得人心如此哉此事之最樂而莫可加者也若徒求諸綺席之豐堂構之美潤屋潤身相去有

125. 慈溪黄氏日抄分類：九十七卷　慈溪黄氏日抄分類古今紀要：十九卷　〔宋〕黄震撰

PL2461 .H5 1767

清乾隆三十二年（1767）新安汪佩鍔刻本　二十三册

半葉14行26字，細黑口，四周雙邊，雙順黑魚尾，半框18.8×13.2釐米，最大邊長24.5釐米。版心上鎸“黄氏日抄”，中鎸卷次及小題。書名頁鎸“宋板較刻，黄氏日抄”“慈溪黄氏日抄分類古今紀要”。從卷四起書名均題“古今紀要”，卷末頁書名題“古今紀要黄氏日抄”。鈐“陸鼎之藏”印。

《慈溪黄氏日抄分類》缺16卷：卷四十三至五十五、八十七至八十九。《慈溪黄氏日抄分類古今紀要》缺4卷：卷十六至十九。有沈逵“黄氏日抄序”。乾隆三十二年沈起元“重刻黄氏日抄序”言刻書事，乾隆三十二年汪佩鍔“黄氏日抄紀要序”言刻書事。

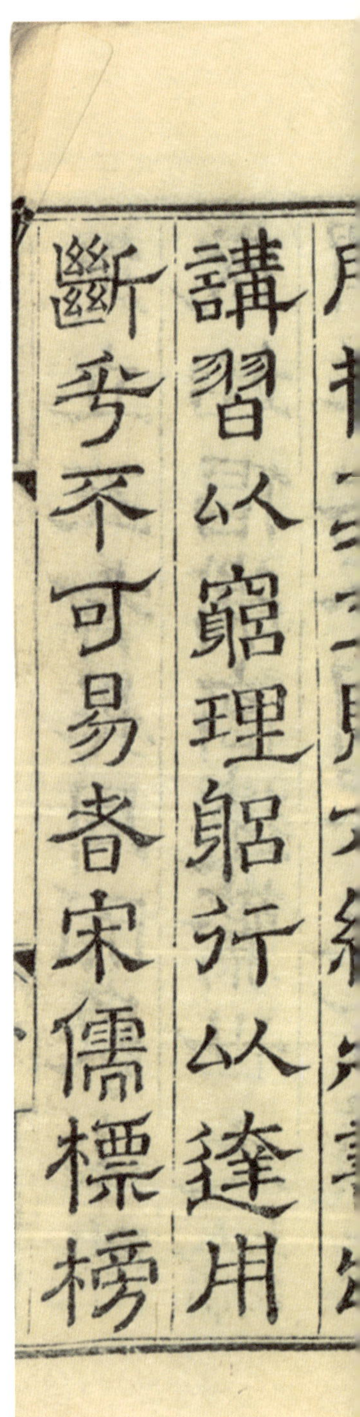
講習以窮理躬行以達用
斷乎不可易者宋儒標榜

黃氏日抄序

慈溪黃氏日抄分類卷之一

慈溪黃　震　東發　編輯

讀孝經

漢興河間人(顔芝)之子得孝經十八章是爲今文孝經(魯恭王)壞孔子屋壁得孝經二十二章是爲古文孝經鄭康成諸儒主今文孔安國馬融主古文而今文獨行唐明皇詔議二家孰從劉知幾謂宜行古文諸儒爭之卒亦行今文明皇自註孝經遂用今文十八章者爲定本我朝(司馬溫公)在秘閣始專主古文孝經作爲指解而上之至以世俗信爲疑真爲言愚按孝經一耳古文今文特所傳微有不同如首章今文云仲尼居曾子侍古文則云仲尼閒居曾子侍坐今文云子曰先王有至德要道古文則云子曰參先王有至德要道今文云夫孝德之本也教之所由生也古文則云夫孝德之本教之所由生文之或增或减不過如此於大義固無不同至於分章之多寡今文三才章

126. 黄氏日抄古今紀要逸編：一卷 〔宋〕黄震撰

清嘉慶二年至七年（1797—1802）安徽歙縣長塘鮑氏刻本　一册

半葉9行21字，細黑口，左右雙邊，無魚尾，半框13.0×9.9釐米，最大邊長20.0釐米。版心中鎸子目書名及卷次，下鎸“知不足齋叢書”。

所屬叢書：《知不足齋叢書》第二十一集。與《弧矢算術細草》《五總志》合訂一册。

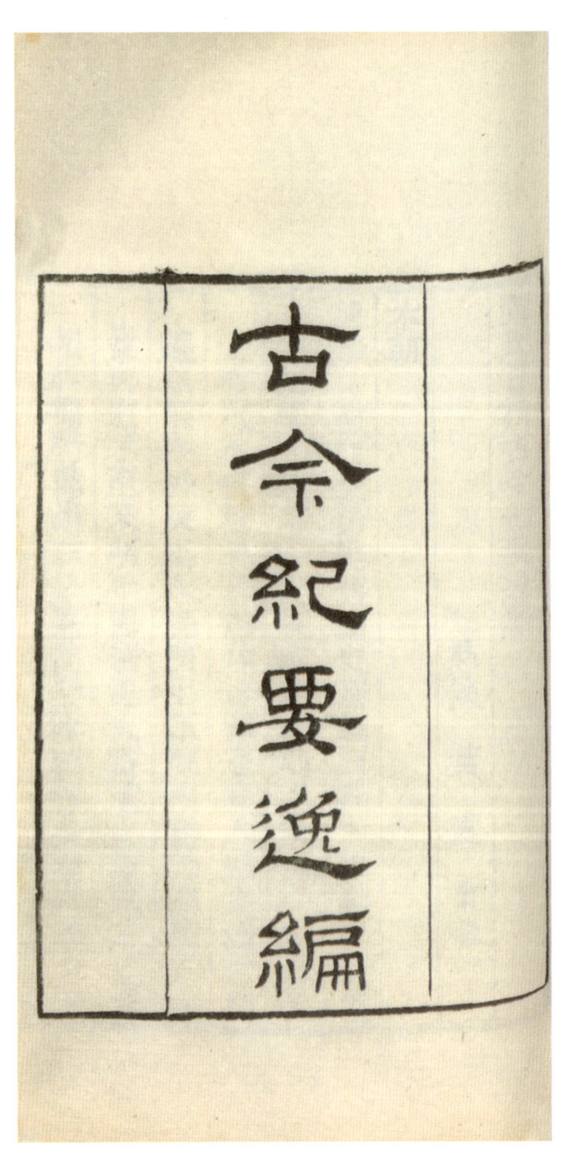

黄氏日抄古今紀要逸編

慈溪 黄震 東發

本朝

理宗 初卽位仍委舊輔史彌遠淵默十年無爲彌遠薨端平元年甲午始親政相鄭淸之收召一時知名士布之朝號稱更化然斥逐彌遠黨人雖盡淸之開邊誤國中外反益大耗明年遂並相喬行簡壽又相崔與之不至又明年因宗祀大雷電上乃逐淸之獨相行簡行簡得政分邊防委李鳴復分財用委余天

127. 北軒筆記：一卷 〔元〕陳世隆撰 AC149 .Z45 v.173

清嘉慶八年（1803）安徽歙縣長塘鮑氏刻本 一册

半葉9行21字，細黑口，左右雙邊，無魚尾，半框13.0×9.9釐米，最大邊長20.0釐米。版心中鎸子目書名及卷次，下鎸“知不足齋叢書”。

所屬叢書：《知不足齋叢書》第二十二集。附欽定四庫全書提要。與《松窗百説》合訂一册。

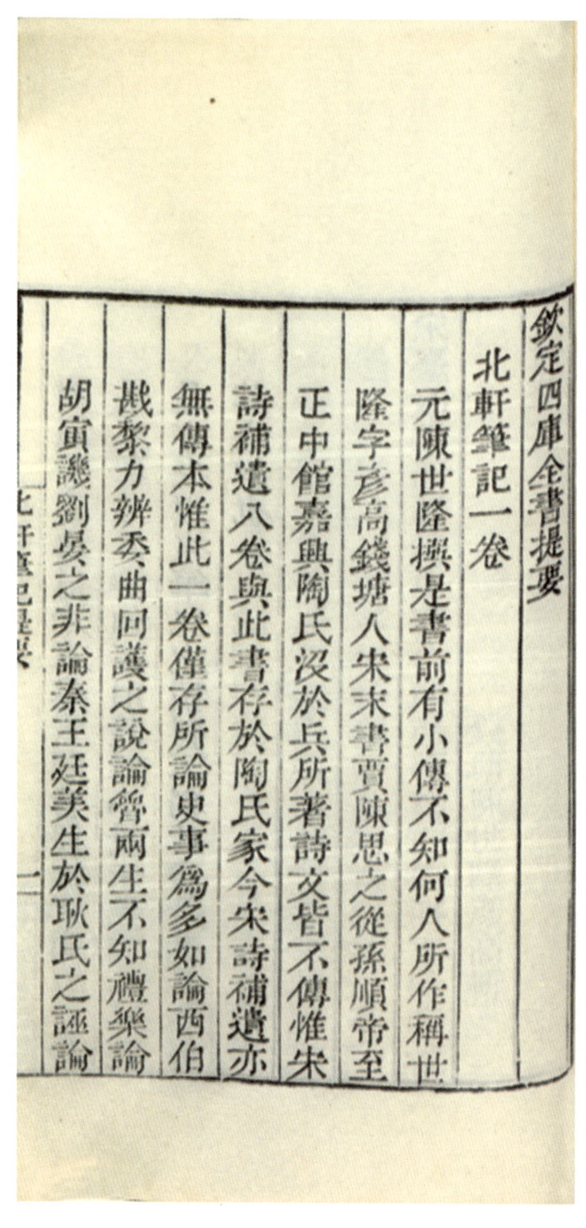
欽定四庫全書提要
北軒筆記一卷
元陳世隆撰是書前有小傳不知何人所作稱世
隆字彥高錢塘人宋末書賈陳思之從孫順帝至
正中館嘉興陶氏沒於兵所著詩文皆不傳惟宋
詩補遺八卷與此書存於陶氏家今宋詩補遺亦
無傳本惟此一卷僅存所論史事爲多如論西伯
戡黎力辨委曲回護之說論魯兩生不知禮樂論
胡寅譏劉晏之非論秦王廷美生於耿氏之誣論
北軒筆記提要 一

北軒筆記

錢塘陳世隆彥高撰

宋臺始建謝瞻爲中書侍郎弟晦爲右衛將軍時晦權遇已重瞻見其賓客輻輳謂曰吾家素以恬退爲業不願干預時事交遊不過親朋而汝今勢傾朝野豈家門之福邪乃以籬隔門庭曰吾不忍見此又謂宋公宜賜降黜以保衰祚晦或以朝廷密事語瞻瞻故向親舊陳說用爲嬉笑以絕其言及宋公即位晦以佐命功位任益隆瞻愈憂懼至是遇病不療臨終遺

128. 南窗紀談：一卷 〔宋〕佚名撰

清乾隆四十二年至五十八年（1777—1793）安徽歙縣長塘鮑氏刻本　一册

半葉9行21字，細黑口，左右雙邊，無魚尾，半框13.0×9.9釐米，最大邊長20.0釐米。版心中鎸子目書名及卷次，下鎸“知不足齋叢書”。

所屬叢書：《知不足齋叢書》第十七集。附欽定四庫全書提要。與《嶺外代答》合訂一册。

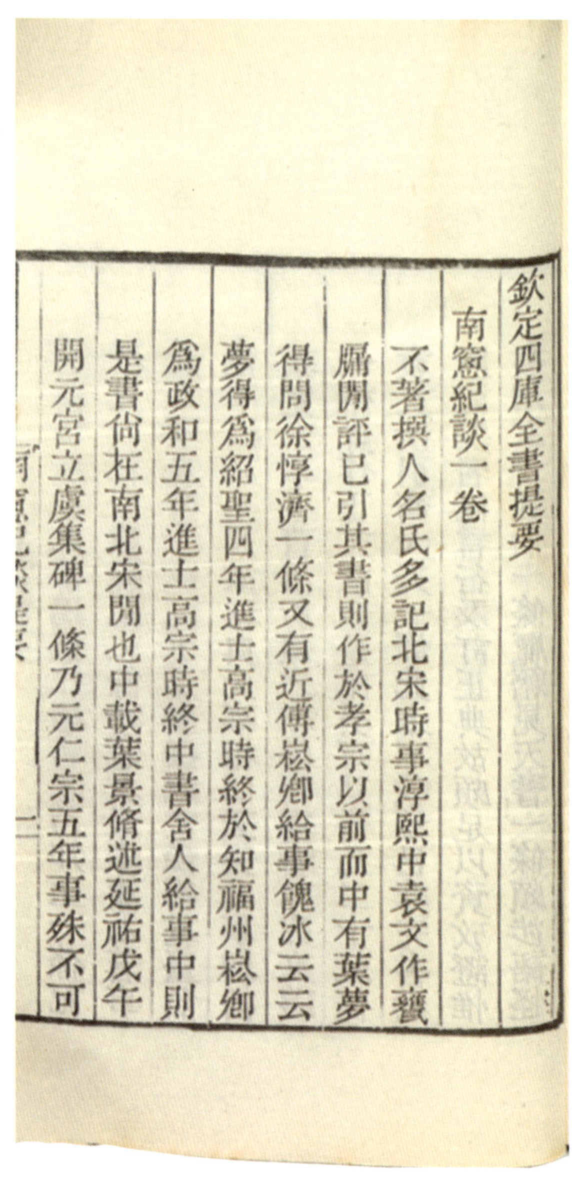

欽定四庫全書提要

南窻紀談一卷

不著撰人名氏多記北宋時事淳熙中袁文作甕牖閒評已引其書則作於孝宗以前而中有葉夢得問徐惇濟一條又有近傳嵩卿給事愧冰云云夢得爲紹聖四年進士高宗時終於知福州嵩卿爲政和五年進士高宗時終中書舍人給事中則是書倘在南北宋閒也中載葉景脩進延祐戊午開元宮立虞集碑一條乃元仁宗五年事殊不可

南窗紀談

宋 無名氏 撰

士大夫要不可有所好一爲所蔽未有不爲害者房次律平生自視爲何等人是豈逢君之欲託賤役以自售者哉史稱天寶中明皇有逸志數巡幸廣溫泉爲華清宮環宮所置百司區署以琯資機算時方爲給事中詔總經度驪山疏剔巖藪爲天子游觀此等事在當時韋堅王珙楊愼矜之徒乃當任之琯顧安而不爲恥攷其平素未必不出於本心殆適中其所好耳可不愼哉幾

129. 聊齋志異新評：十六卷 〔清〕蒲松齡著〔清〕王士禛評〔清〕但明倫新評

清光緒七年（1881）廣州聚文堂刻朱墨套印本　十六册

半葉9行21字，小字雙行字同，粗黑口，四周單邊，無魚尾，半框13.3×10.8釐米，最大邊長18.0釐米。版心中鎸書名、卷次及卷名。欄上有眉批，文中有夾注，文後有總評。書名頁鎸“廣順但明倫雲湖新評，文登吕湛恩叔清釋注，硃批增注聊齋志異”，牌記鎸“光緒辛巳年孟秋廣州聚文堂藏版”。

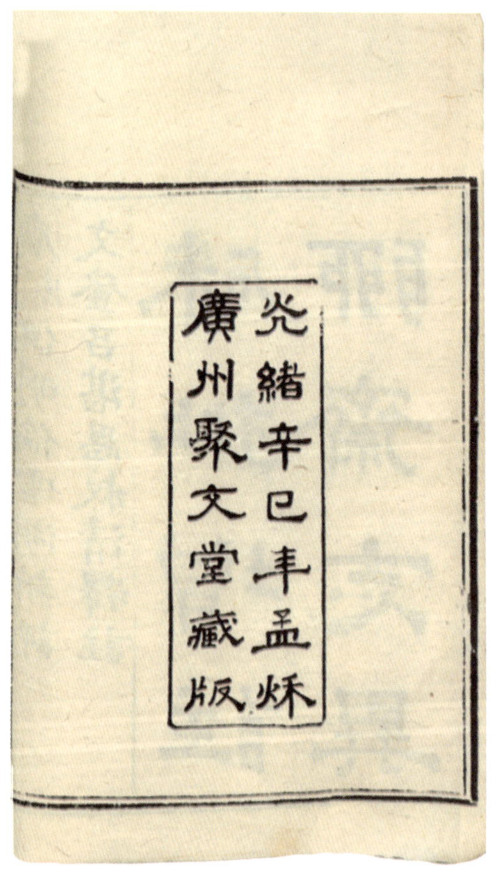

光緒辛巳年孟秋

廣州聚文堂藏版

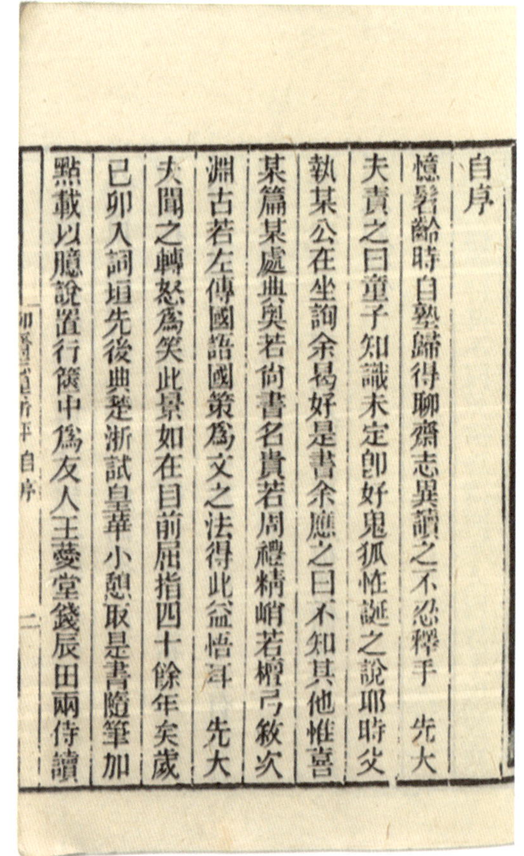

自序

憶髫齡時自塾歸得聊齋志異讀之不忍釋手 先大夫責之曰童子知識未定即好鬼狐怪誕之說耶時父執某公在坐詢余曷好是書余應之曰不知其他惟喜某篇某處典奧若尚書名貴若周禮精峭若檀弓敘次淵古若左傳國語國策爲文之法得此益悟耳 先大夫聞之輒怒爲笑此景如在目前屈指四十餘年矣歲已卯入詞垣先後典楚浙試皇華小憩取是書隨筆加點載以臆說置行篋中爲友人王菱堂錢辰田兩侍讀

聊齋志異新評　自序　二

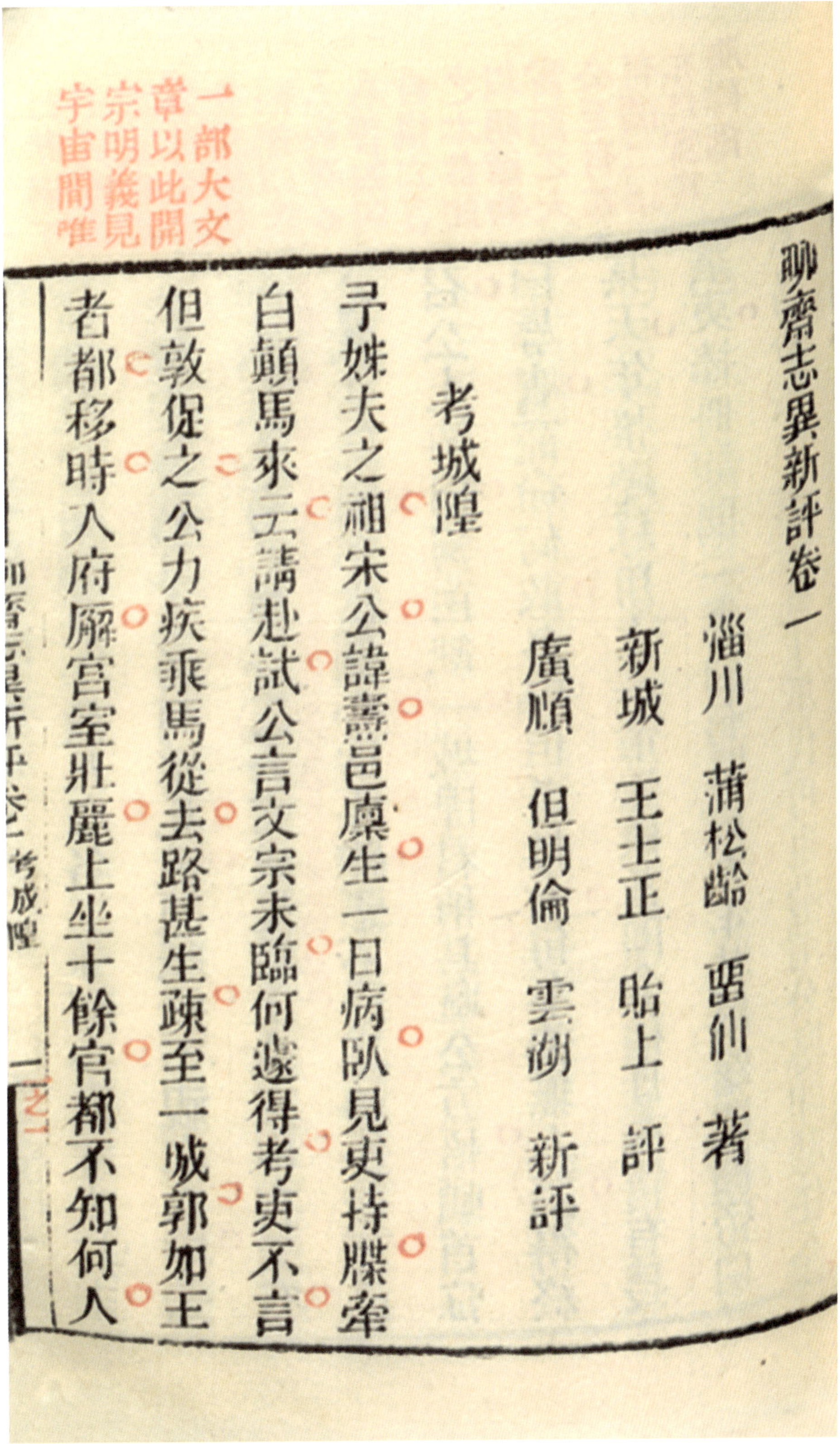

一部大文章以此開宗明義見宇宙間唯

聊齋志異新評卷一

淄川 蒲松齡 留仙 著
新城 王士正 貽上 評
廣順 但明倫 雲湖 新評

考城隍

予姊夫之祖宋公諱燾邑廩生一日病卧見吏持牒牽白顛馬來云請赴試公言文宗未臨何遽得考吏不言但敦促之公力疾乘馬從去路甚生疎至一城郭如王者都移時入府廨宮室壯麗上坐十餘官都不知何人

130. 重雕足本鑒誡録：十卷 〔後蜀〕何光遠撰 AC149 .Z45 v.169-170

清嘉慶八年（1803）安徽歙縣長塘鮑氏刻本 一册

半葉9行21字，細黑口，左右雙邊，無魚尾，半框13.0×9.9釐米，最大邊長20.0釐米。版心中鎸子目書名及卷次，下鎸“知不足齋叢書”。

所屬叢書：《知不足齋叢書》第二十二集。清嘉慶八年鮑廷博跋曰“宋刻《鑒戒録》十卷，明萬曆初藏於項氏天籟閣，此本爲王士禎校刊而成”。

欽定四庫全書提要

鑑誡錄十卷

蜀何光遠撰光遠字輝夫東海人孟昶廣政初官普州軍事判官其書多記唐及五代閒事而蜀事為多皆近俳諧之言各以三字標題凡六十六則趙希弁讀書後志以為輯唐以來君臣事迹可為世鑒者似未睹其書因其名而臆說也舊本前有劉曦度序亦見希弁志宋史藝文志遂以劉曦度鑑誡錄三卷何光遠鑑誡錄三卷分為二書益舛

鑑戒錄提要 一

重彫足本鑒誡錄卷第一

瑞應讖

孟蜀高祖頃者未臨西川守北京蜀人競以鞶拂之門妙絕之戲呼頭入爲孟入或云此毬子從太原將來又有工人孟德預起宮闈上淩霄漢雖般輸之妙無以加焉雖德與得之字體不同音亦爲祥矣又王蜀後主元舅徐太師延瓊於錦水應聖橋西創置大第狀若宮室橫亘數坊是時內外皇親宣下悉令暖宅後主亦親幸宴樂移時忽於徐公堂中命筆大書孟字徐雖不測其

鑒誡錄卷一　一　知不足齋叢書

天文曆算類　術數類

131. 大清道光十四年歲次甲午時憲書：一卷　〔清〕欽天監編　

清道光十三年（1833）刻朱墨套印本　一册

朱印框21.2×13.8釐米，半葉12行，字數不等，小字雙行字同，墨印框20.2×14.6釐米，半葉9行，字數不等，粗黑口，四周雙邊，雙對黑魚尾，最大邊長28.4釐米。書名頁鎸“欽天監欽遵御製數理精蘊印造時憲書，頒行天下，大清道光十四年時憲書”。鈐“欽天監時憲書之印”。

紅綾封面。

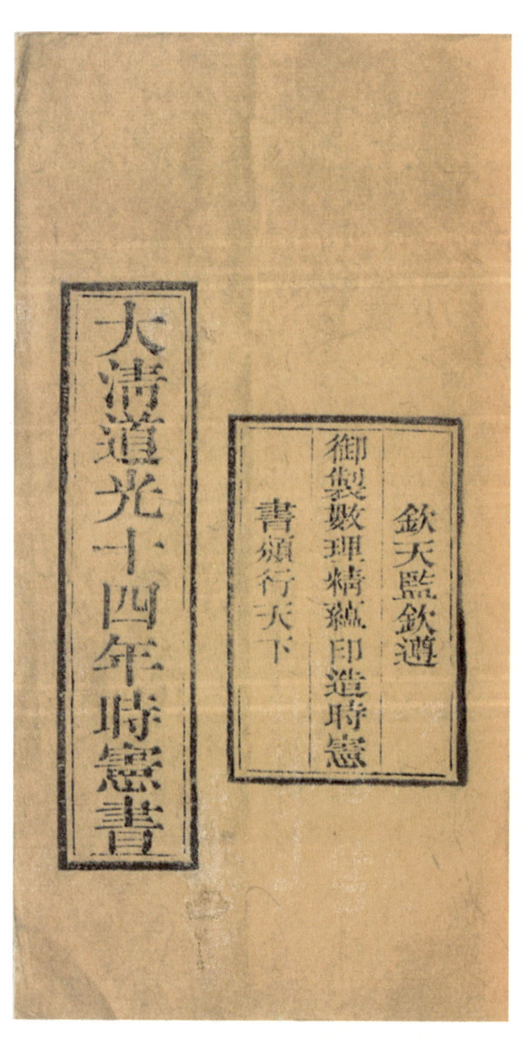

大清道光十四年歲次甲午時憲書

都城順天府節氣時刻

正月小丁卯 十一日丁丑巳初一刻十三分雨水正月中 二十六日壬辰辰正初刻三分驚蟄二月節

二月大丙申 十二日丁未巳初二刻一分春分二月中 二十七日壬戌未正初刻八分清明三月節

三月大丙寅 十二日丁丑亥初三刻十三分穀雨三月中 二十八日癸巳辰正三刻三分立夏四月節

四月小丙申 十三日戊申亥正一刻六分小滿四月中 二十九日甲子未正初刻十二分芒種五月節

五月大乙丑 十六日庚辰辰初初刻三分夏至五月中

六月小乙未 一日丙申子正三刻十三分小暑六月節 十七日辛亥酉正初刻四分大暑六月中

132. 大清道光十六年歲次丙申時憲書：一卷 〔清〕欽天監編 CE37.D37 1836

清道光十五年（1835）刻朱墨套印本　一册

朱印框21.2×13.8釐米，半葉12行，字數不等，小字雙行字同，墨印框20.2×14.6釐米，半葉9行，字數不等，粗黑口，四周雙邊，雙對黑魚尾，最大邊長28.4釐米。書名頁鎸“欽天監欽遵御製數理精藴印造時憲書，頒行天下，大清道光十六年時憲書”。鈐“欽天監時憲書之印”。

紅綾封面。

大清道光十六年歲次丙申時憲書

都城順天府節氣時刻

正月小 乙酉　三日丁亥亥初初刻六分雨水正月中　十八日壬寅戌初二刻七分驚蟄二月節

二月大 甲寅　四日丁巳亥初初刻九分春分二月中　二十日癸酉丑初三刻清明三月節

三月小 甲申　五日戊子巳初二刻四分穀雨三月中　二十日癸卯戌正一刻十分立夏四月節

四月大 癸丑　七日己未巳初三刻十三分小滿四月中　二十三日乙亥丑初二刻六分芒種五月節

五月大 癸未　八日庚寅酉正二刻九分夏至五月中　二十四日丙午午正一刻二分小暑六月節

六月小 癸丑　十日壬戌卯初二刻十分大暑六月中　二十五日丁丑亥初三刻十一分立秋七月節

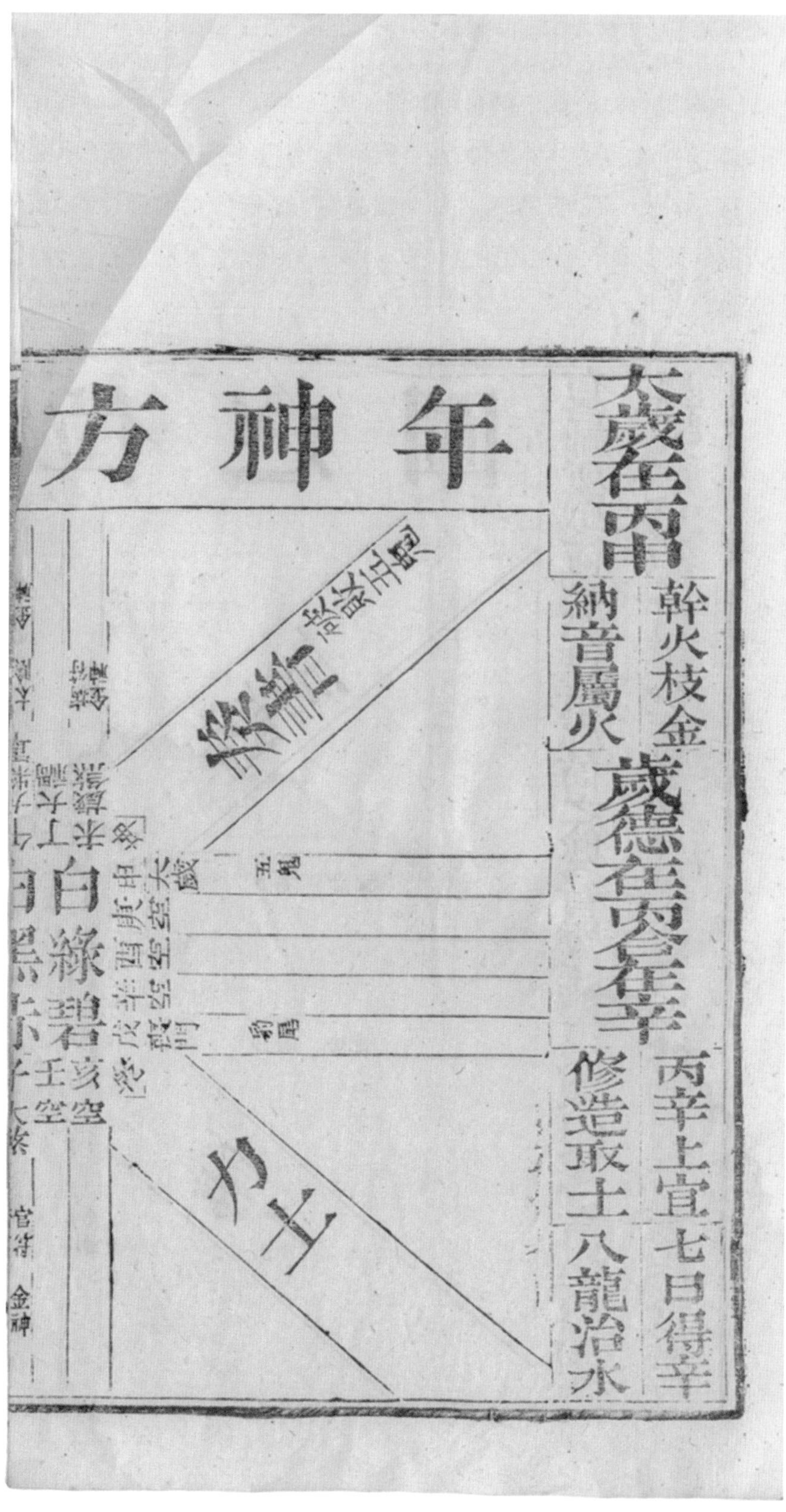
年神方
太歲在丙申
納音屬火
幹火枝金
歲德在丙合在辛
丙辛上宜
修造取土
七日得辛
八龍治水
白

133. 大清道光十七年歲次丁酉時憲書：一卷 〔清〕欽天監編

清道光十六年（1836）刻朱墨套印本　一册

朱印框21.2×13.8釐米，半葉12行，字數不等，小字雙行字同，墨印框20.2×14.6釐米，半葉9行，字數不等，粗黑口，左右雙邊，雙對黑魚尾，最大邊長28.4釐米。書名頁鎸“欽天監欽遵御製數理精藴印造時憲書，頒行天下，大清道光十七年時憲書”。鈐“嘉興縣印”。

紅綾封面。

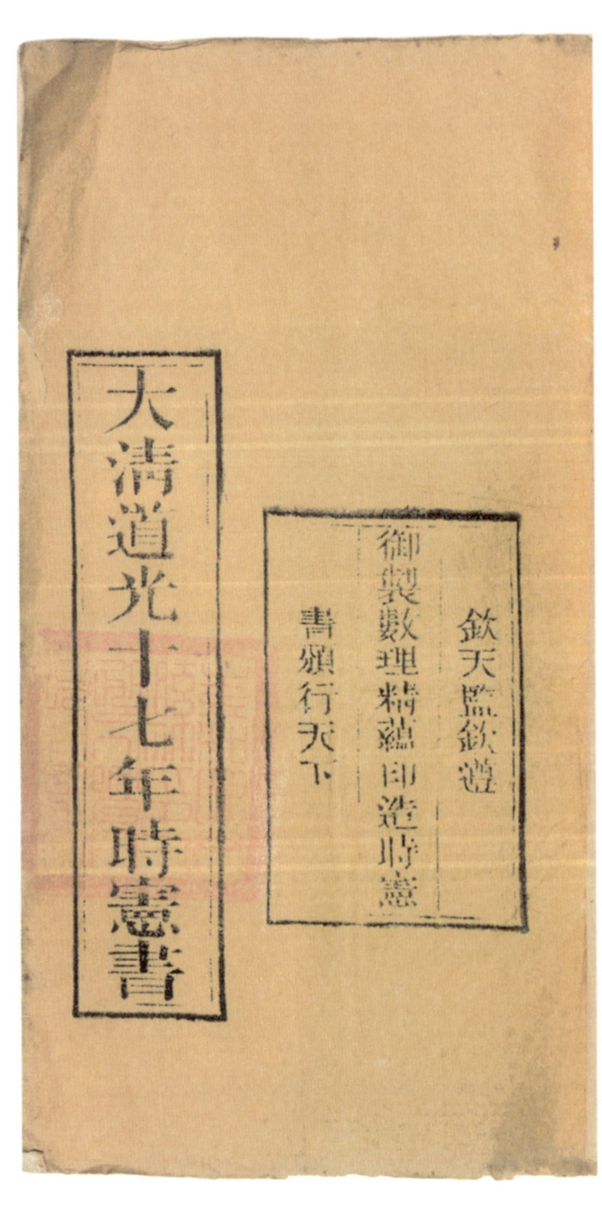

大清道光十七年歲次丁酉時憲書

都城順天府節氣時刻

正月大己卯　十五日癸巳丑正三刻十一分雨水正月中　三十日戊申丑初二一刻驚蟄二月節

二月小己酉　十五日癸亥丑正三刻十三分春分二月中

三月大戊寅　一日戊寅辰初二刻四分清明三月節　十六日癸巳申初一刻八分穀雨三月中

四月小戊申　二日己酉丑正初刻十四分立夏四月節　十七日甲子申初三刻一分小滿四月中

五月大丁丑　四日庚辰辰初一刻九分芒種五月節　二十日丙申子正一刻十二分夏至五月中

六月小丁未　五日辛亥酉正初刻五分小暑六月節　二十一日丁卯午初一刻十四分大暑六月中

134. 大清道光二十年歲次庚子時憲書：一卷　〔清〕欽天監編　　CE37 .D37 1840

清道光十九年（1839）刻朱墨套印本　一册

朱印框21.2×13.8釐米，半葉12行，字數不等，小字雙行字同，墨印框20.2×14.6釐米，半葉9行，字數不等，粗黑口，四周雙邊，雙對黑魚尾，最大邊長28.4釐米。書名頁鎸“欽天監欽遵御製數理精蘊印造時憲書，頒行天下，大清道光二十年時憲書”。鈐“欽天監時憲書之印”。

紅綾封面。

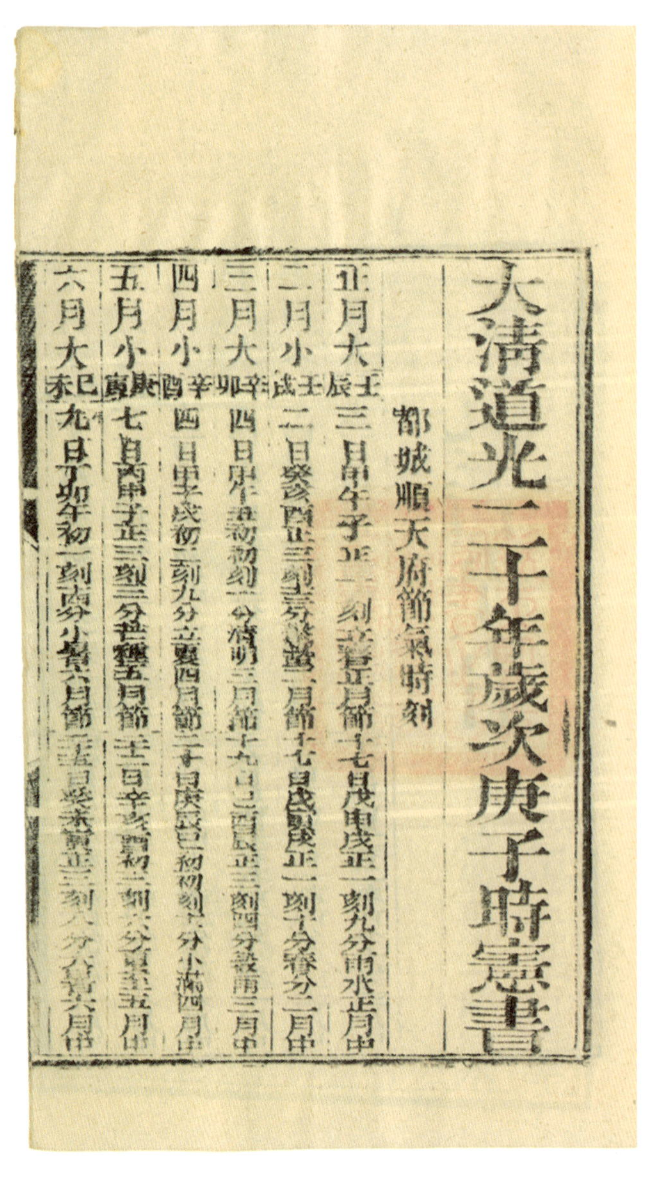
大清道光二十年歲次庚子時憲書
都城順天府節氣時刻
正月大壬辰　三日甲午子正一刻立春正月節　十七日戊申戌正一刻九分雨水正月中
二月小壬戌　二日癸亥酉正三刻三分驚蟄二月節　十七日戊寅戌正一刻十分春分二月中
三月大辛卯　四日甲午丑初初刻一分清明三月節　十九日己酉辰正三刻四分穀雨三月中
四月小辛酉　四日甲子戌初二刻九分立夏四月節　二十日庚辰巳初初刻十分小滿四月中
五月小庚寅　七日丙申子正三刻二分芒種五月節　二十二日辛亥酉初二刻六分夏至五月中
六月大己未　九日丁卯午初一刻四分小暑六月節　二十五日癸未寅正三刻八分大暑六月中

庚子歲各省節氣時刻

各省序次盛京而下悉依地圖地之經度所列

盛京　三姓　琉球　黑龍江　朝鮮　吉林　伯都訥　浙江　福建　江蘇　安徽　山東　寧古塔　江西

立春　正月初三日　子正三刻　丑初初刻　丑初初刻　子正三刻　子正三刻　子正三刻　子正二刻　子正一刻　子正一刻　子正初刻　子正初刻
十三分　八分　一分　十四分　十一分　四分　十四分　九分　三分　十四分　十一分

雨水　正月十七日　戌正三刻　亥初一刻　亥初初刻　亥初初刻　亥初初刻　戌正三刻　戌正二刻　戌正三刻　戌正二刻　戌正一刻　戌正一刻　戌正一刻
八分　二分　十分　八分　六分　十三分　九分　六分　三分　十二分　八分　七分

驚蟄　二月初二日　戌初一刻　戌初三刻　戌初二刻　戌初二刻　戌初二刻　戌初一刻　戌初初刻　戌初初刻　戌初初刻　酉正三刻　酉正三刻
十三分　六分　十四分　十三分　十分　二分　十二分　十分　七分　一分　十二分　十一分

春分　二月十七日　戌正三刻　亥初一刻　亥初初刻　亥初初刻　亥初初刻　戌正三刻　戌正二刻　戌正二刻　戌正二刻　戌正一刻　戌正一刻　戌正一刻
九分　三分　十一分　九分　七分　十四分　十分　七分　四分　十二分　九分　八分

清明　三月初四日　丑初二刻　丑初三刻　丑初三刻　丑初二刻　丑初一刻　丑初二刻　丑初二刻　丑初初刻　丑初初刻　丑初初刻　丑初初刻　子正三刻
九分　二分　十四分　五分　二分　十三分　十分　四分　十四分

穀雨　三月十九日　巳初一刻　巳初三刻　巳初二刻　巳初二刻　巳初一刻　巳初一刻　巳初初刻　巳初初刻　辰正三刻　辰正三刻　辰正三刻
三分　十二分　五分　三分　一分　八分　四分　一分　十二分　七分　三分　二分

立夏　四月初四日　戌正初刻　戌正二刻　戌正一刻　戌正一刻　戌正一刻　戌正初刻　戌初三刻　戌初三刻　戌初二刻　戌初二刻　戌初一刻
八分　二分　十分　八分　六分　十三分　九分　六分　三分　十二分　八分　七分

135. 大清道光二十二年歲次壬寅時憲書：一卷 〔清〕欽天監編 CE37 .D37 1842

清道光二十一年（1841）刻朱墨套印本　一册

朱印框21.2×13.8釐米，半葉12行，字數不等，小字雙行字同，墨印框20.2×14.6釐米，半葉9行，字數不等，粗黑口，四周雙邊，雙對黑魚尾，最大邊長28.4釐米。書名頁鎸“欽天監欽遵御製數理精藴印造時憲書，頒行天下，大清道光二十二年時憲書”。鈐“欽天監時憲書之印”。

紅綾封面。

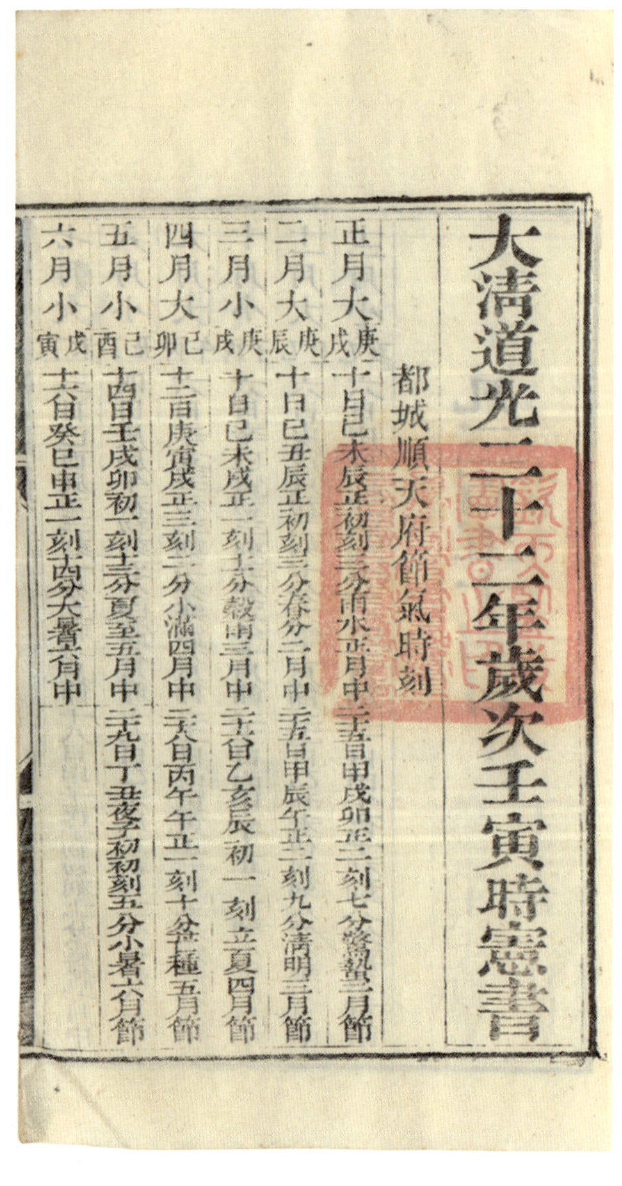
大清道光二十二年歲次壬寅時憲書
都城順天府節氣時刻
正月大 庚戌 十日己未辰正初刻三分雨水正月中 二十五日甲戌卯正二刻七分驚蟄二月節
二月大 庚辰 十日己丑辰正初刻二分春分二月中 二十五日甲辰午正二刻九分清明三月節
三月小 庚戌 十一日己未戌正一刻十一分穀雨三月中 二十六日乙亥辰初一刻立夏四月節
四月大 己卯 十二日庚寅戌正三刻二分小滿四月中 二十八日丙午午正一刻十一分芒種五月節
五月小 己酉 十四日壬戌卯初一刻十三分夏至五月中 二十九日丁丑夜子初初刻五分小暑六月節
六月小 戊寅 十六日癸巳申正一刻四分大暑六月中

正月大 年前十二月二十五日甲辰午初三刻立春正月節 天道南行 宜修造南方 白綠碧

天德在丁 月厭在戌 月殺在丑 月德在丙 月合在辛 月空在壬 丙辛上宜修造取土 白黑赤

建壬寅 是月也 東風解凍 蟄蟲始振 魚陟負冰 獺祭魚 候鴈北 草木萌動 白紫黃

十日巳未辰正初刻後日躔娵訾之次 宜用甲丙庚壬時

[illegible]

初一日癸酉金角成 宜入學[illegible] 不宜出行移徙栽種

初二日甲戌火亢收 宜祭祀捕捉

初三日乙亥火氐開 宜[illegible]

初四日丙子水房閉 [illegible]

初五日丁丑水心建 宜會親友 不宜出行動土

初六日戊寅土尾除 宜[illegible]

初七日己卯土箕滿 宜[illegible]修造動土[illegible]葬

[illegible]

初八日庚辰金斗平 宜[illegible] 不宜出行

初九日辛巳金牛定 宜祭祀[illegible]

初十日壬午木女執 宜[illegible]捕捉

十一日癸未木虛破

十二日甲申水危危

十三日乙酉水室成 宜祭祀[illegible]

136. 孫子算經：三卷　〔唐〕李淳風注　

清乾隆四十二年（1777）安徽歙縣長塘鮑氏刻本　一册

半葉9行21字，細黑口，左右雙邊，無魚尾，半框13.0×9.9釐米，最大邊長20.0釐米。版心中鎸子目書名及卷次，下鎸"知不足齋叢書"。

所屬叢書：《知不足齋叢書》第四集。卷末題清乾隆四十二年據汲古閣景宋本刊。與《五曹算經》合訂一册。

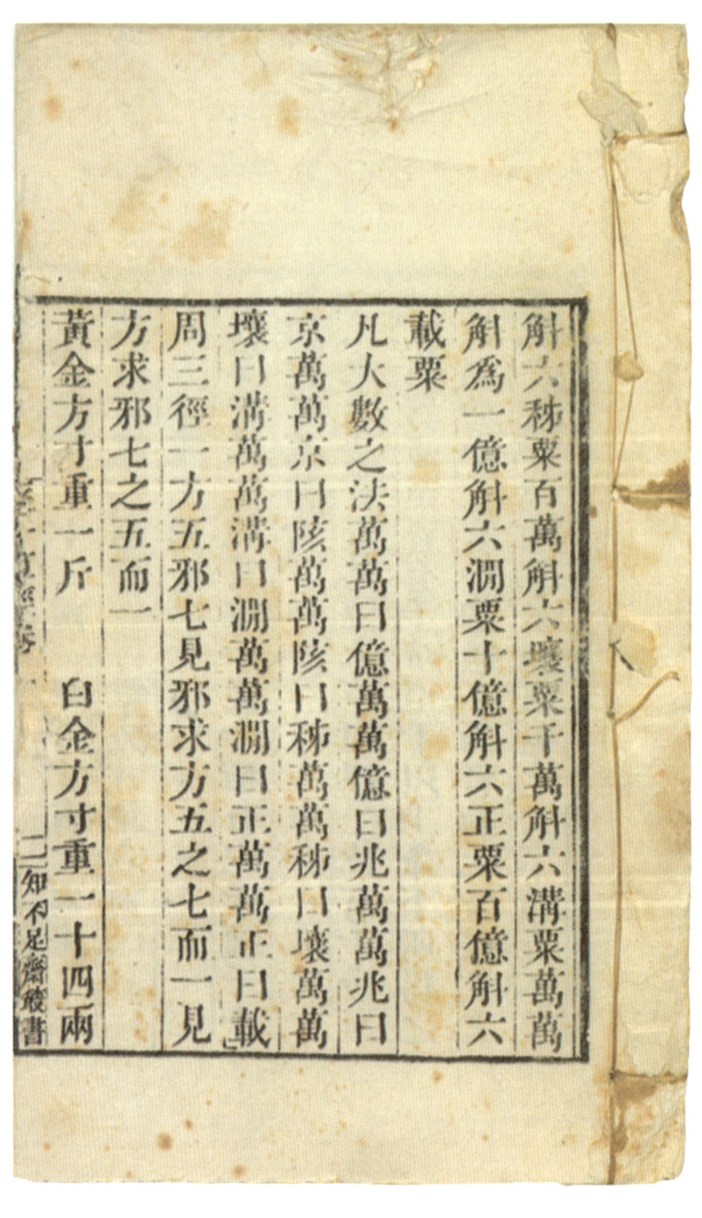
斛六秭粟百萬斛六壤粟千萬斛六溝粟萬萬
斛為一億斛六澗粟十億斛六正粟百億斛六
載粟
凡大數之法萬萬曰億萬萬億曰兆萬萬兆曰
京萬萬京曰陔萬萬陔曰秭萬萬秭曰壤萬萬
壤曰溝萬萬溝曰澗萬萬澗曰正萬萬正曰載
周三徑一方五邪七見邪求方五之七而一見
方求邪七之五而一
黃金方寸重一斤　白金方寸重一十四兩
知不足齋叢書

上下相乘至盡則已

凡除之法與乘正異乘得在中央除得在上方假令六爲法百爲實以六除百當進之二等令在正百下以六除一則法多而實少不可除故當退就十位以法除實言一六而折百爲四十故可除若實多法少自當百之不當復退故或步法十者置於十位百者置於百位上位有空絕者法退二位餘法皆如乘時實有餘者以法命之以法爲母實餘爲子

137. 五曹算經：五卷 〔唐〕李淳風注

清乾隆四十二年（1777）安徽歙縣長塘鮑氏刻本 一册

半葉9行21字，細黑口，左右雙邊，無魚尾，半框13.0×9.9釐米，最大邊長20.0釐米。版心中鎸子目書名及卷次，下鎸“知不足齋叢書”。

所屬叢書：《知不足齋叢書》第四集。卷末題乾隆四十二年據汲古閣景宋本刊。與《孫子算經》合訂一册。

五曹算經卷第一

唐朝議大夫行太史令上輕車都尉臣李淳風等奉　敕注釋

田曹　生人之本上用天道下分地利故田曹爲首

今有方田廣從各五十六步問爲田幾何

荅曰一十三畝奇十六步

術曰列田五十六步自相乘得三千一百三十六步以畝法除之卽得

今有方田廣從各六十八步問爲田幾何

荅曰一十九畝奇六十四步

138. 弧矢算術細草：一卷 〔清〕李鋭撰

清嘉慶二年至七年（1797—1802）安徽歙縣長塘鮑氏刻本 一册

半葉9行21字，細黑口，左右雙邊，無魚尾，半框13.0×9.9釐米，最大邊長20.0釐米。版心中鎸子目書名及卷次，下鎸“知不足齋叢書”。

所屬叢書：《知不足齋叢書》第二十一集。與《五總志》《黄氏日抄古今紀要逸編》合訂一册。

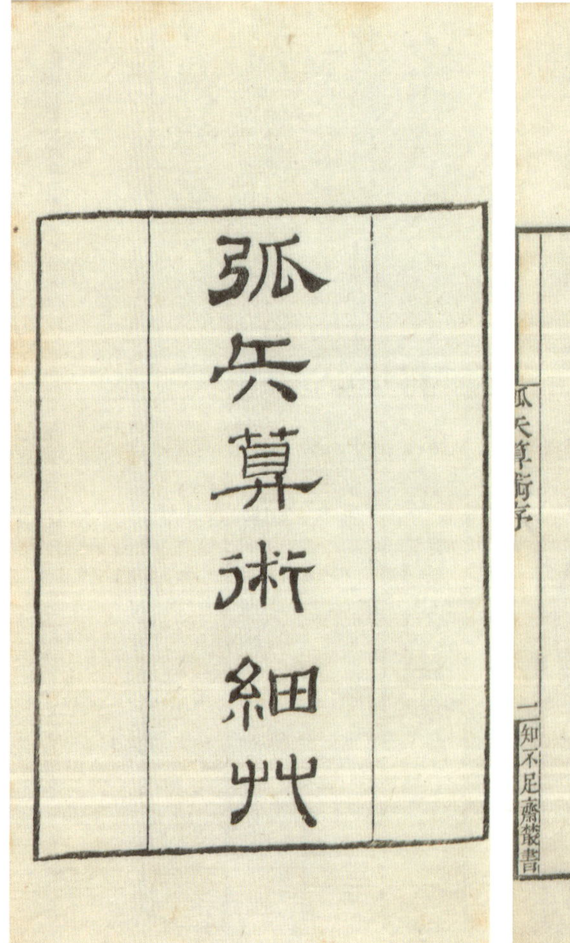
弧矢算術細艸

說弧矢者肇於九章方田自是以後北宋沈括以兩矢羃求弧背元代李冶用三乘方取矢度引信觸類厥法綦詳矣明顧箬溪應祥作弧矢算術既如積之未明徒開方之是衍務末遺本不亦傎乎銳受學師門泛觀古籍研九數者十年冀千慮之一得爰集弧矢之問入以天元之法凡十三術都爲一卷願與海內游藝之士共審正焉元和李銳

弧矢算術序 一 知不足齋叢書

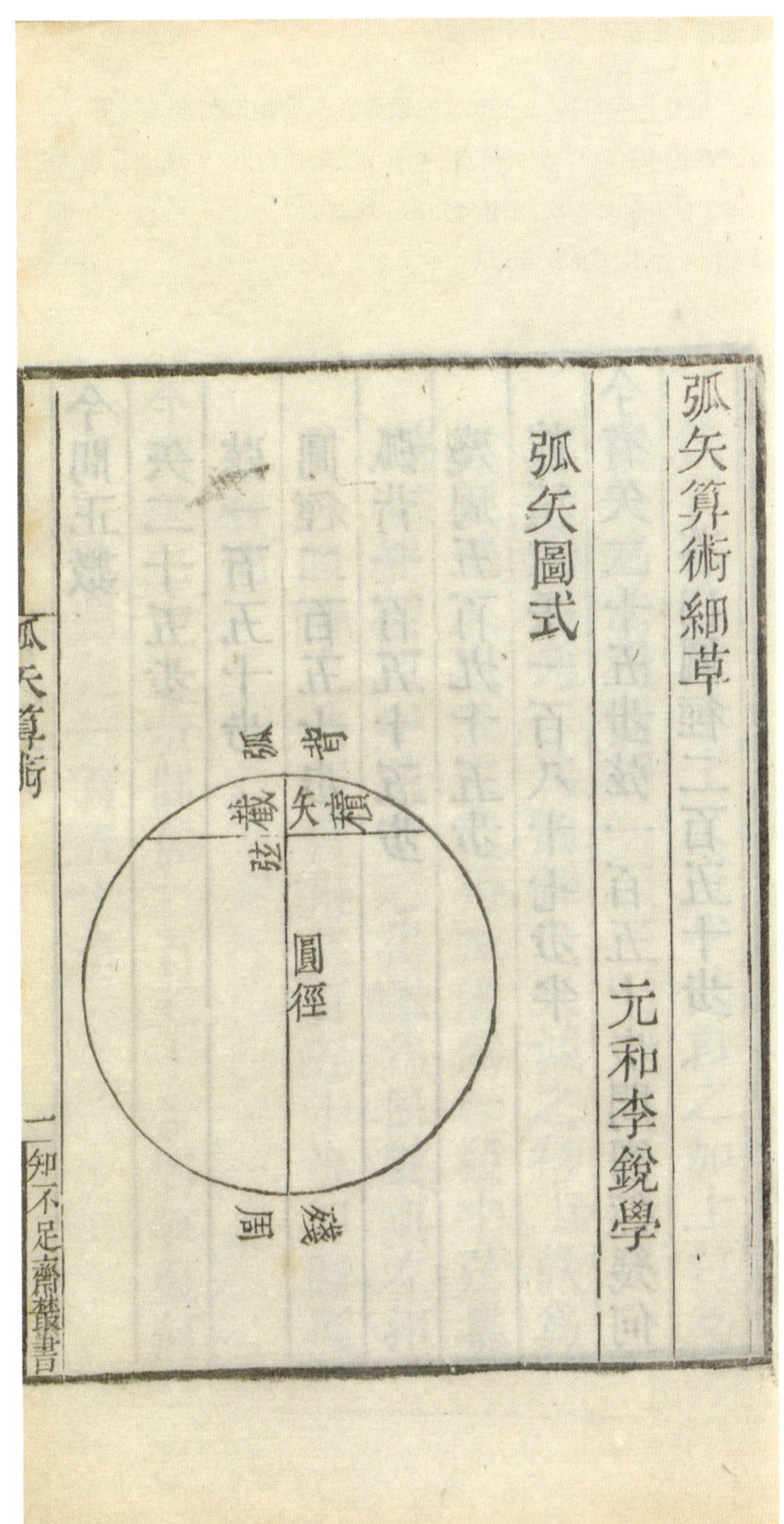

弧矢算術細草

元和李銳學

弧矢圖式

弧矢算術 一 知不足齋叢書

139. 益古演段：三卷 〔元〕李冶撰

清嘉慶二年至七年（1797—1802）安徽歙縣長塘鮑氏刻本 二册

半葉9行18字，細黑口，左右雙邊，無魚尾，半框13.0×9.9釐米，最大邊長20.0釐米。版心中鎸子目書名及卷次，下鎸“知不足齋叢書”。

所屬叢書：《知不足齋叢書》第二十一集。

益古演段卷上

翰林學士知　制誥同修　國史欒城李冶撰

第一問

今有方田一段內有圓池水占之外計地一十三畝七分半並不記內圓外方只云從外田楞至內池楞四邊各二十步問內圓外方各多少

荅曰外田方六十步　內池徑二十步

法曰立天元一爲內池徑加倍至步得

140．星平大成：七卷 〔清〕沈義方輯

清嘉慶九年（1804）蘇州金閶書業堂刻本 四册

半葉9行24字，小字雙行字同，白口，四周雙邊，無魚尾，半框18.4×12.1釐米，最大邊長25.0釐米。版心下鐫卷次及頁碼。牌記鐫“嘉慶甲子年重鐫，古越沈塗山先生手定，星平大成，金閶書業堂藏板”。

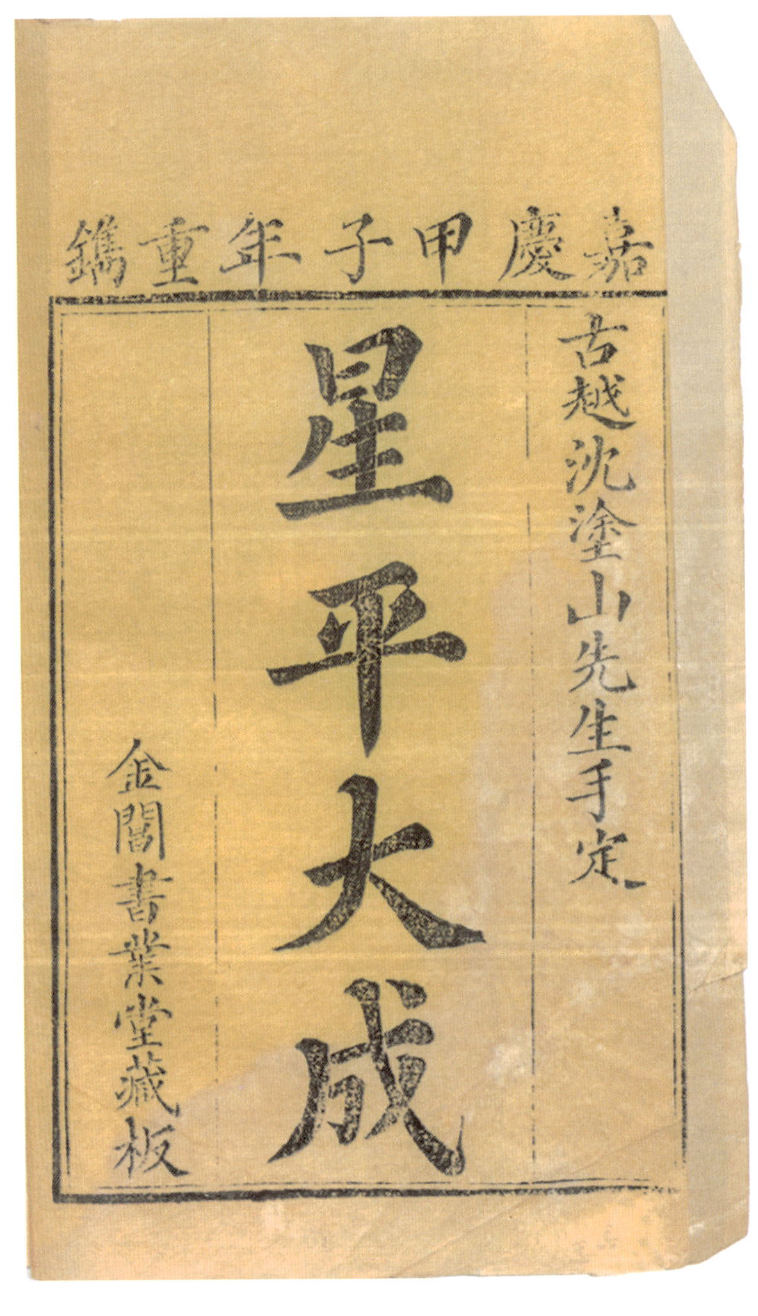

星平大成卷一

古越沈義方繩山氏纂集
弟　義閗宜昭氏攷字
同學張再萊明旭氏較訂

引蒙

十幹天干 甲 乙 丙 丁 戊 己 庚 辛 壬 癸 一陽一陰

十二地枝 子 丑 寅 卯 辰 巳 午 未 申 酉 戌 亥 一陽一陰

幹枝所屬 甲乙木 丙丁火 戊己土 庚辛金 壬癸水

子鼠丑牛寅虎卯兔辰龍巳蛇午馬未羊申猴酉雞戌犬亥豬

藝術類　工藝類

141. 蘭亭考：十二卷，附群公帖跋一卷　〔宋〕桑世昌集　AC149 .Z45 v.75–77

清乾隆四十七年（1782）安徽歙縣長塘鮑氏刻本　一册

半葉9行21字，細黑口，左右雙邊，無魚尾，半框13.0×9.9釐米，最大邊長20.0釐米。版心中鎸子目書名及卷次，下鎸"知不足齋叢書"。

所屬叢書：《知不足齋叢書》第十集。

蘭亭考序
晚挈書結廬山陰茂林脩竹閒訪問王謝遺躅
但見巒巖深秀雲物典蔚而已得汪龍谿所藏
脩禊大圖表之屋壁中山石中字又在碁硯閒
若與諸人接一日澤卿攜此編見越故事也夫
羲之召爲侍中尚書不拜擢後將軍又不拜至
於兒娶女嫁便有尚子平之意縷縷書辭閒其
識度宇量似非江左諸賢可及天若佑晉使邑
於事業當不在司徒叔太傅公下今論者知有

蘭亭考序　知不足齋叢書

蘭亭考卷一

書竹青氈堂摹宋本

桑世昌集

蘭亭

按通典曰蘭亭山陰漢舊縣亭王羲之曲水序於此作唐郡國志曰山陰有王逸少蘭亭元和郡國志曰蘭亭山在越州西南二十里十道志曰越州蘭亭王逸少會處越絕書蘭亭在山陰越王種蘭處

三朝國史曰越州山陰有蘭渚鑑湖會稽志曰

142. 蘭亭續考：二卷 〔宋〕俞松集 AC149 .Z45 v.78

清乾隆四十七年（1782）安徽歙縣長塘鮑氏刻本 一册

半葉9行21字，細黑口，左右雙邊，無魚尾，半框13.0×9.9釐米，最大邊長20.0釐米。版心中鎸子目書名及卷次，下鎸“知不足齋叢書”。

所屬叢書：《知不足齋叢書》第十集。清乾隆四十七年據柳氏（柳大中）書竹青氈堂摹宋本刊。

王逸少歿垂二百七十年而所書脩禊敘自人
間復歸御府又近二百七十年而自昭陵復出
人間後百三十餘年而定武石本始傳於世又
後六十餘年而石歸
天上又後二十年而復失於維揚自是百餘年
間士夫所藏眞贋相雜矣惟嘉禾俞壽翁以酷
好精識之故家有此帖數十多渡江以前中山
摹拓之舊因次第其所藏與所見粹爲一編以
續桑氏之考抑可謂太淸而不俗矣余嘗怪昔

蘭亭續考序 一 知不足齋叢書

蘭亭續考卷一　柳氏書竹青甑堂摹宋本

吳山俞　松集

蘭紙鼠鬚眞蹟不復可見惟定武石本典刑具

在展玩無不滿人意此帖所宜寶也

右紹興癸丑歲

高皇賜鄭諶本有

御筆復古殿書四字下用御書之寶

藏俞松家李秀巖有跋在後

世傳太史箴大雅吟黃庭經樂毅論遺教經蘭

143. 閑者軒帖考：一卷　〔清〕孫承澤撰

清乾隆四十一年至四十三年（1776—1778）安徽歙縣長塘鮑氏刻本　一册

半葉9行21字，細黑口，左右雙邊，無魚尾，半框13.0×9.9釐米，最大邊長20.0釐米。版心中鎸子目書名及卷次，下鎸“知不足齋叢書”。

所屬叢書：《知不足齋叢書》第四集。與《金石史》合訂一册。

閒者軒帖攷

閒者軒帖考

燕邸　孫承澤　述

禊帖

隋本蘭亭敘刻於開皇閒真本在智永處手模上石爲禊帖石刻之祖唐太宗爲秦王時見此本因訪求真跡唐何延年云右軍永和中與太原孫承公四十有一人修祓禊擇毫製序用蠶繭紙鼠鬚筆遒媚勁健絕世更無凡三百二十四字有重者皆具別體就中之字有二十許變轉悉異遂無同者如有神助及

144. 芥子園畫傳：五卷　〔清〕王概等繪　

清（1644—1911）三多齋刻彩色套印本　五册

半葉9行20字，白口，四周單邊，單黑魚尾，半框23.0×14.8釐米，最大邊長27.0釐米。版心上鎸書名，中鎸卷次及頁碼。書名頁題“李笠翁先生論定，繡水王安節摹古，芥子園畫傳，本衙藏板”。

卷五爲彩色套印。有陳扶摇跋。清康熙十八年（1679）李漁序言刻書事。

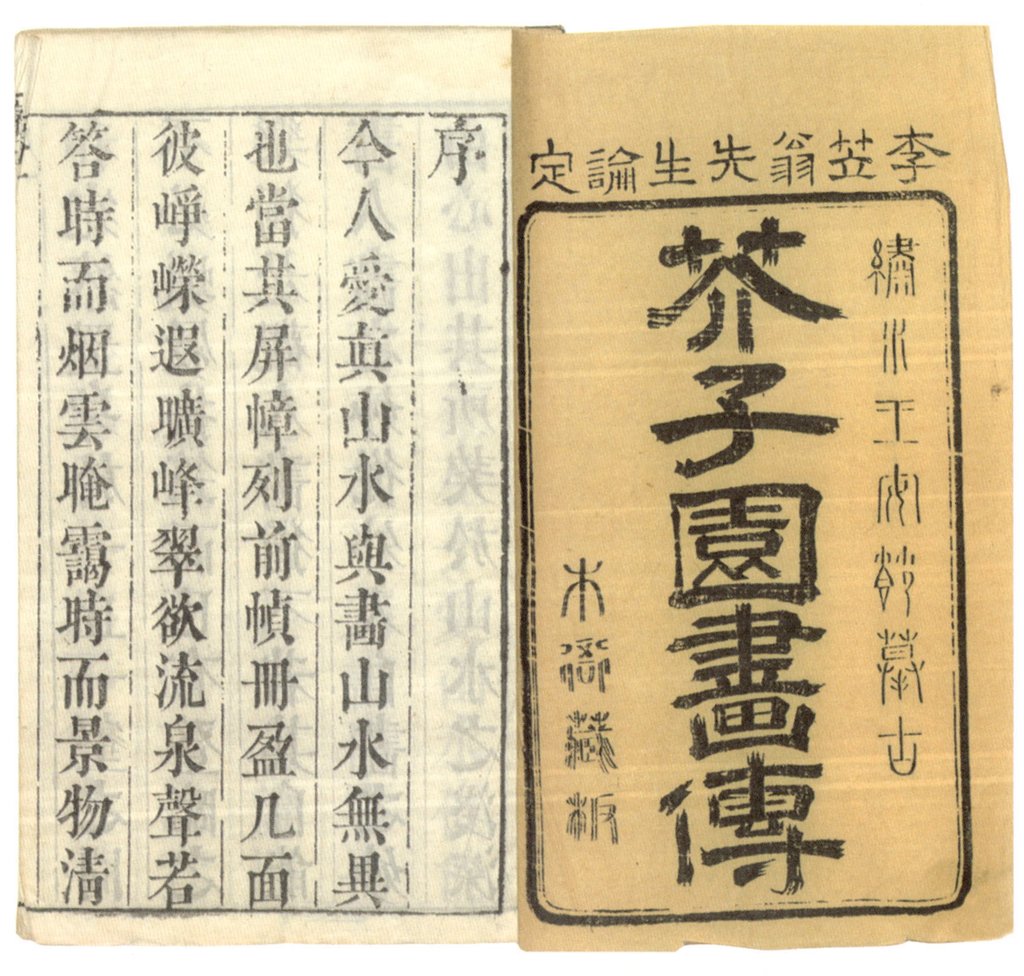

李笠翁先生論定
繡水王安節摹古
芥子園畫傳
本衙藏板

序
今人愛真山水與畫山水無異
也當其屏幛列前幀冊盈几面
彼崢嶸遐曠峰翠欲流泉聲若
答時而烟雲晻靄時而景物清

青在堂畫學淺說

鹿柴氏曰。論畫或尚繁。或尚簡。繁非也。簡非也。或謂之易。或謂之難。難非也。易亦非也。或貴有法。或貴無法。無法非也。終於有法更非也。惟先矩度森嚴。而後超神盡變。有法之極歸於無法。如顧長康之丹粉灑落。應手而生綺草。韓幹之乘黃獨擅。請畫而來神明。則有法。可無法。亦可。惟先埋筆成塚。研鐵如泥。十日一水。五日一石。而後嘉陵山水李思訓屢月始成。吳道元一夕斷手。則曰難。可。曰易。

145. 芥子園畫傳二集 〔清〕王概等繪

清嘉慶二十二年(1817)金陵同文堂刻彩色套印本 四册

半葉9行20字,小字雙行字同,白口,四周單邊,無魚尾,半框21.4×14.2釐米,最大邊長27.0釐米。版心上鎸小題,下鎸册次及頁碼。書名頁題"宇内諸名家合訂,繡水王宓草、王安節、王司直摹古,芥子園畫傳二集,金陵同文堂鎸藏"。分蘭、竹、梅、菊譜四部,各分上下册。菊譜、竹譜例言末及卷末均鎸"嘉慶丁丑孟春芥子園焕記重鎸"。

有清康熙四十年(1701)王概"畫傳合編序"。

宇内諸名家合訂
繡水王宓草 安節 司直摹古
芥子園畫傳
二集
金陵同文堂鎸藏

爲效顰至明季馬湘蘭、薛素素、徐翩翩、楊宛若、皆以烟花麗質繪及幽芳。雖令湘畹蒙羞。然亦超脫不凡不與衆草爲伍者矣

畫葉層次法

畫蘭全在於葉。故以葉爲先。葉必由起手一筆。有釘頭鼠尾螳肚之法。二筆交鳳眼。三筆破象眼。四筆五筆宜間折葉。下包根籜式若魚頭。成叢多葉。宜俯仰而能生動。交加而不重疊。須知蘭葉與蕙異者。細柔與粗勁也。入手之法略具於此

蘭譜
下冊四

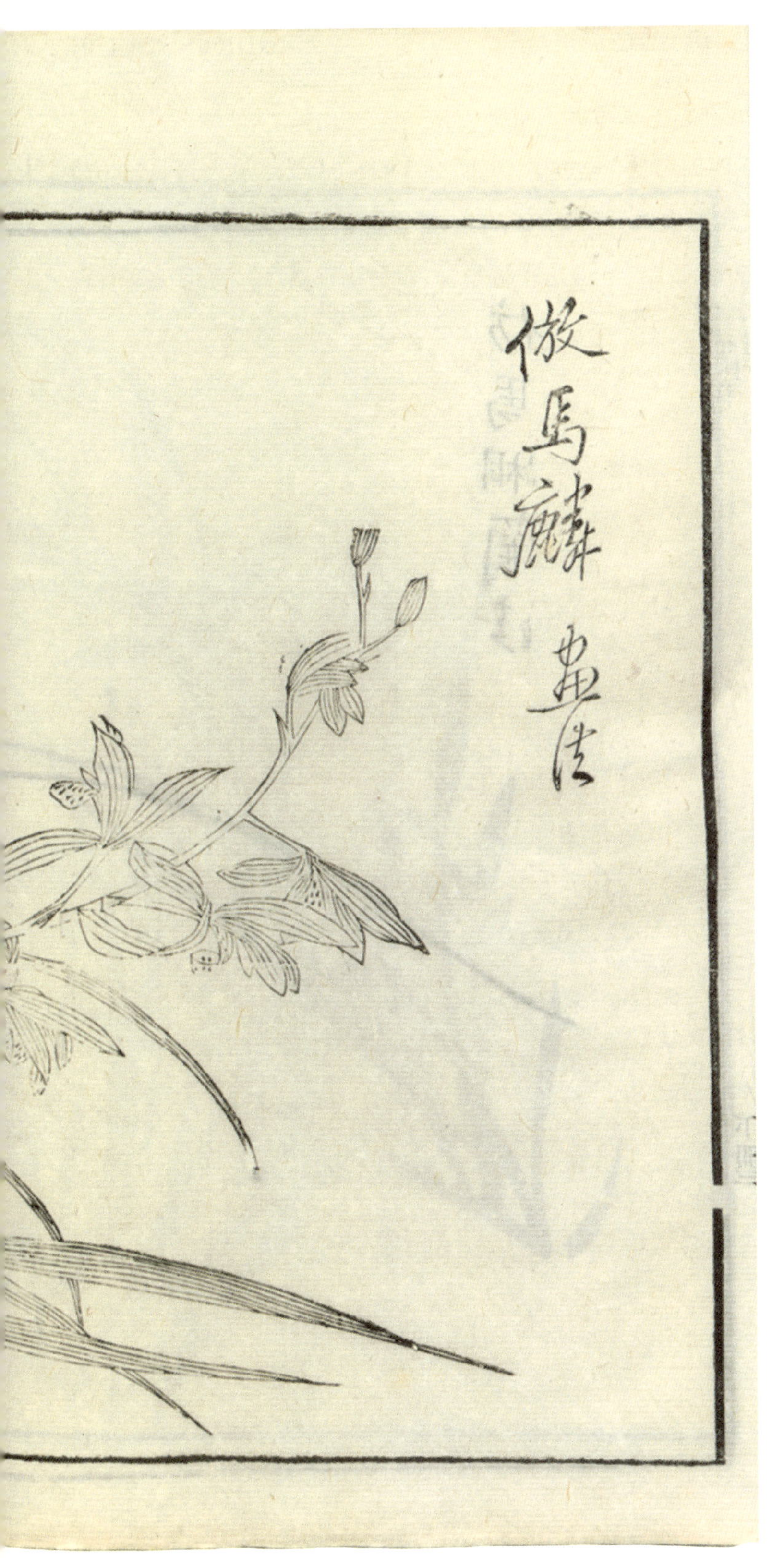
倣馬麟畫法

146. 芥子園畫傳三集　〔清〕王概等繪　ND1505 .J54 1701

清康熙（1701—1722）刻彩色套印本　四册

半葉9行20字，白口，四周單邊，無魚尾，半框21.3×15.0釐米，最大邊長29.0釐米。雙書耳，上鎸小題，下鎸册次及頁碼。

有清康熙四十年（1701）王蓍"草蟲花卉譜序""翎毛花卉譜序"。卷端題"青在堂畫花卉草蟲淺説"。

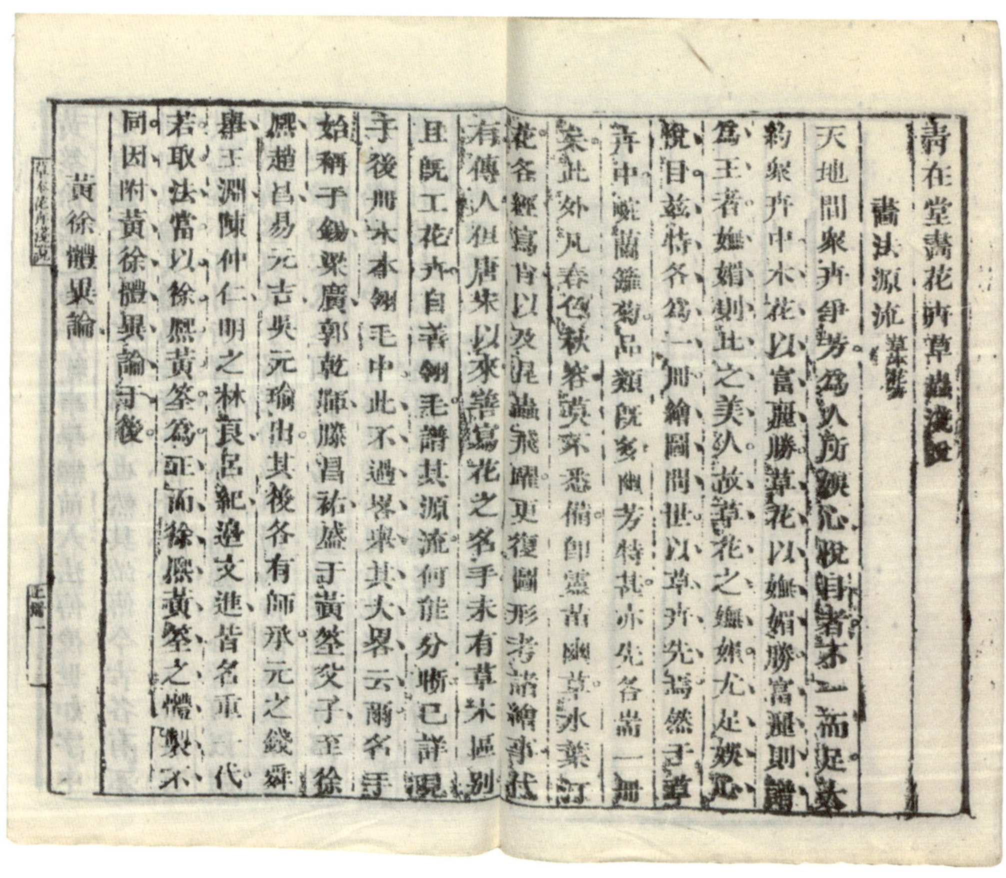

青在堂畫花卉草蟲淺說

畫法源流　草本花卉

天地間衆卉爭芳為人所賞心悅目者木本而外
約衆卉中木花以富麗勝草花以嫵媚勝富麗則譜
為王者嫵媚則比之美人故草花之嫵媚尤足賞心
悅目茲特各為一冊繪圖問世以草卉先為然草
卉中蘭蕙菊品類既多幽芳特甚亦先各當一冊
余此外凡春色秋容蹟索悉備即蕊苗幽草氷葉汀
花各經寫肖以及昆蟲飛躍更復圖形考諸繪事志
有傳人但唐宋以來善寫花之名手未有草木區別
且既工花卉自善翎毛譜其源流何能分晰已詳見
于後冊木本翎毛中此不過畧舉其大畧云爾名手
始稱于錫梁廣郭乾暉滕昌祐盛于黃筌父子至徐
熙趙昌易元吉吳元瑜出其後各有師承元之錢舜
舉王淵陳仲仁明之林良呂紀邊文進皆名重一代
若取法當以徐熙黃筌為正而徐熙黃筌之體製不
同因附黃徐體異論于後

黃徐體異論

草本花卉淺說

正編一

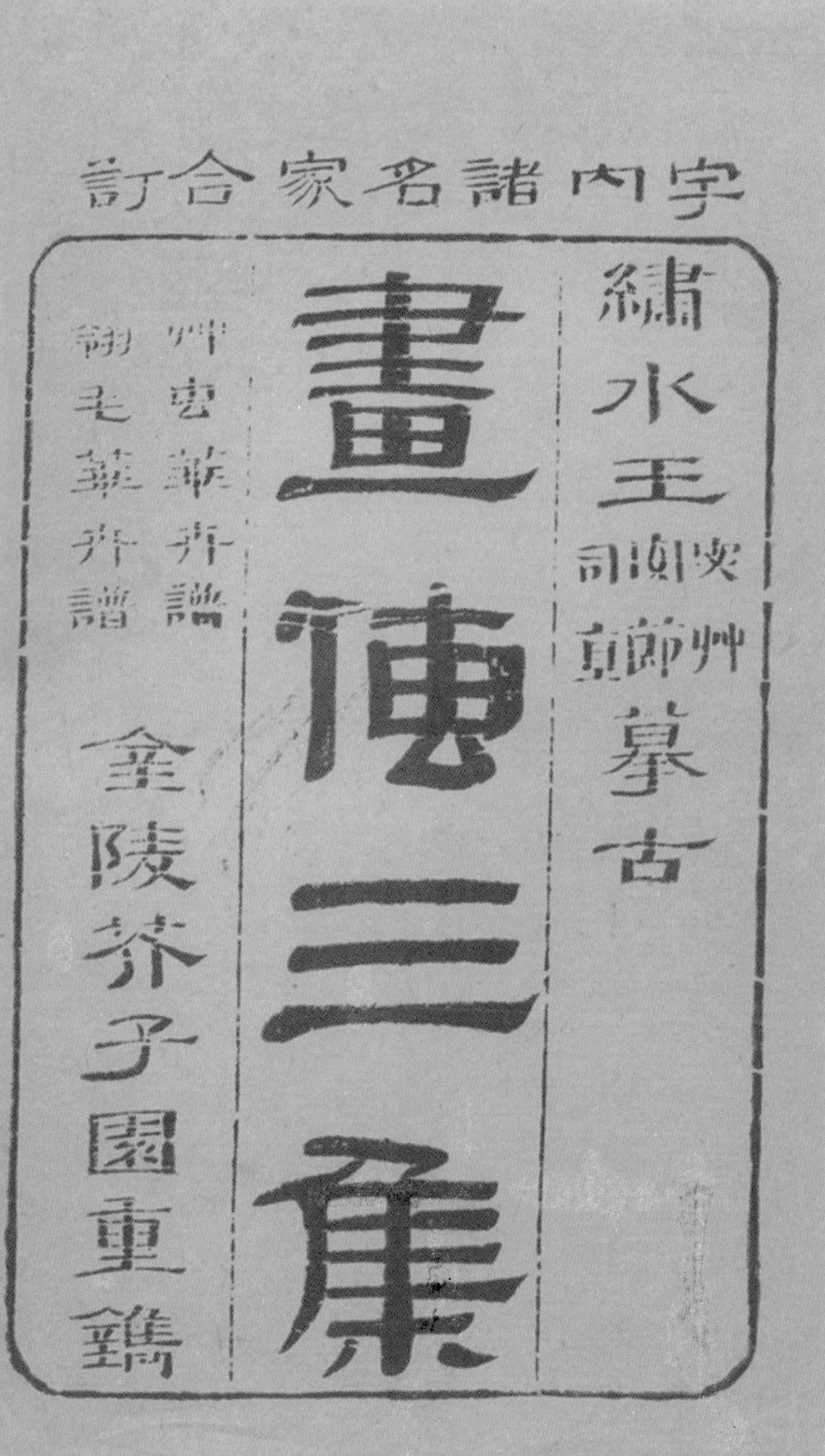

宇內諸名家合訂
繡水王司直先生摹古
畫傳二集
艸蟲花卉譜
翎毛花卉譜
金陵芥子園重鐫

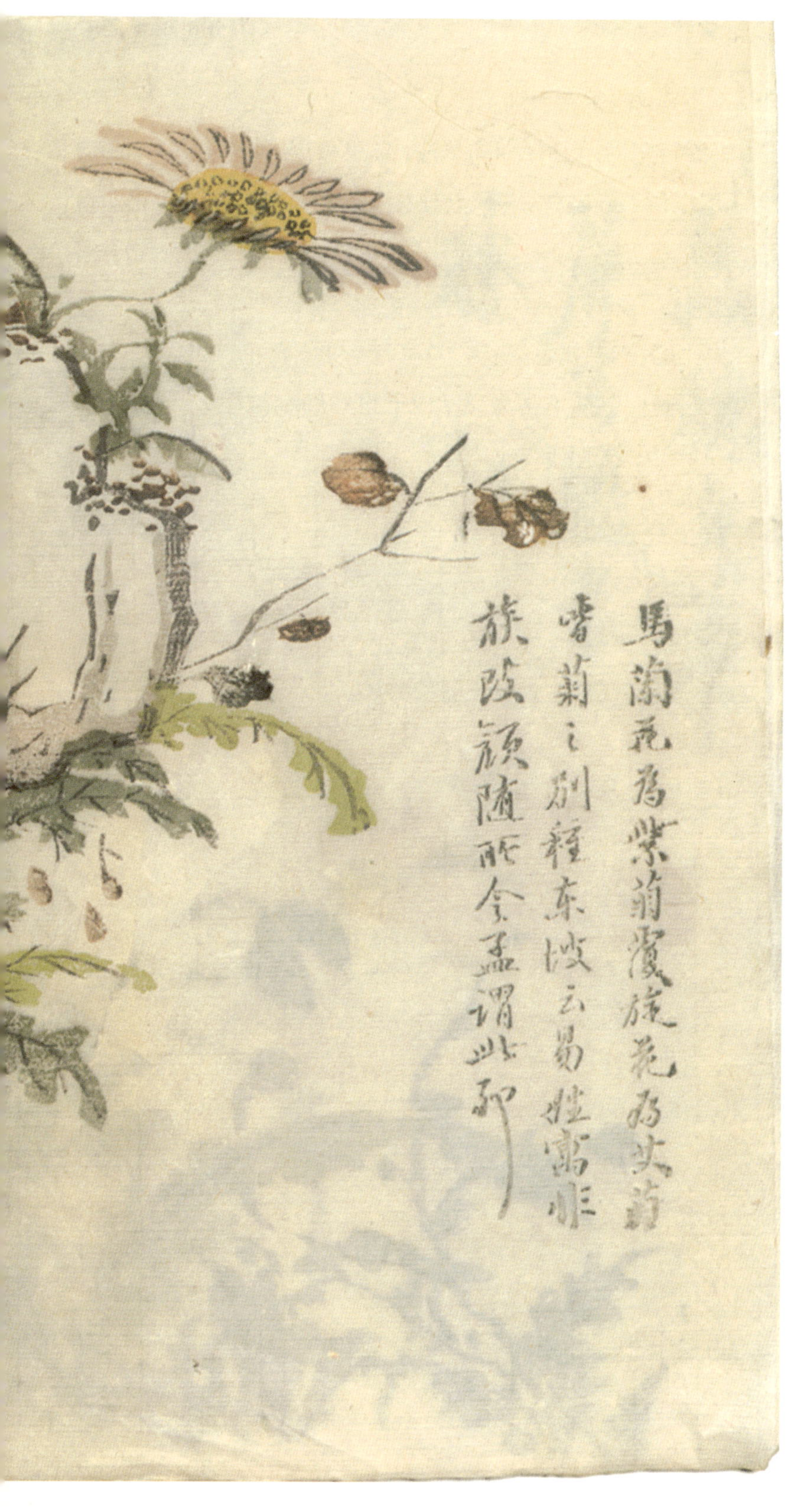
馬蘭花為紫菊覆旋花為黄菊
嗜菊之別種東坡云蜀雅當非
菸陂顔隨所含孟謂此耶

147. 芥子園畫傳初二三集：二十一卷 〔清〕王概等繪

清光緒十三年(1887)上海鴻文書局石印本　十二册

半葉14行30字，小字雙行字同，白口，四周單邊，單黑魚尾，半框19.6×17.0釐米，最大邊長24.0釐米。牌記鎸“光緒十三年秋七月上海鴻文書局石印”。書根印書名、集次及册數。初集書名頁冠“李笠翁先生論定”，二、三集書名頁冠“宇内諸名家合訂”。子目：

初集：山水六卷；二集：蘭竹梅菊九卷；三集：草蟲翎毛花卉六卷

初集有清光緒十三年何鏞序，二集有清光緒十四年(1888)何鏞序。清光緒十四年曹勛跋言印書事。鈐“筆華書屋書畫”印。

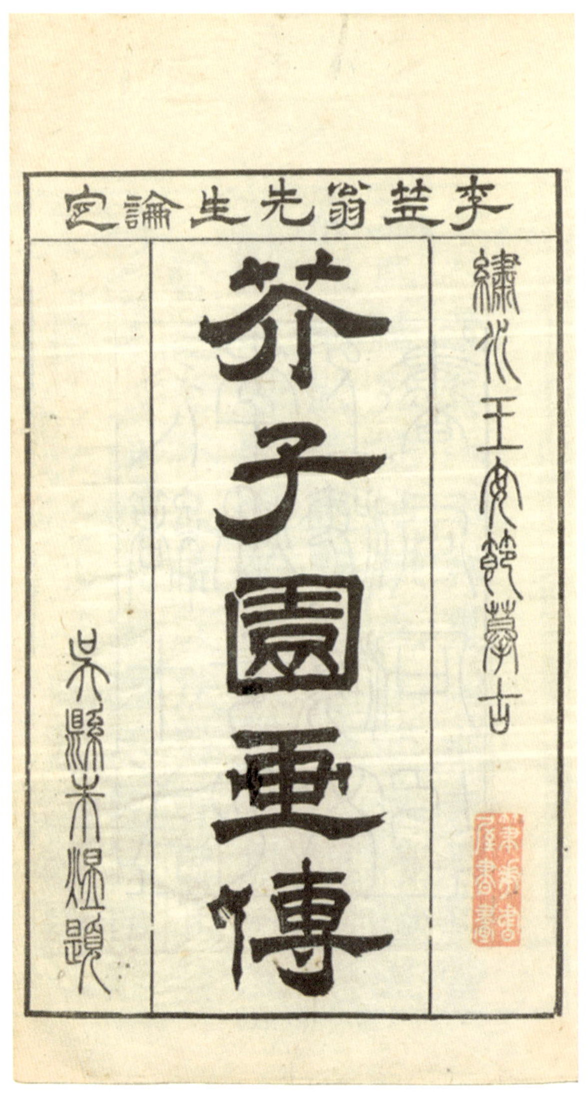
李笠翁先生論定

繡水王安節摹古

芥子園畫傳

吳縣朱煜題

筆華書屋書畫

青在堂畫學淺説

鹿柴氏曰論畫或尚繁或尚簡繁非也簡非也或謂之易或謂之難難非也易亦非也或貴有法或貴無法無法非也終於有法更非也惟先矩度森嚴而後超神盡變有法之極歸於無法如顧長康之丹粉灑落應手而生綺草韓幹之乘黃獨擅請畫而來神明則有法可無法亦可惟先埋筆成塚研鐵如泥十日一水五日一石而後嘉陵山水李思訓屢月始成吴道元一夕斷手則曰難可曰易亦可惟胸貯五岳目無全牛讀萬卷書行萬里路馳突董巨之藩籬直躋顧鄭之堂奥若倪雲林之師右丞山飛泉立而為水淨林空若郭恕先之紙鳶放線一掃數丈而為臺閣牛毛繭絲則繁亦可簡亦未始不可然欲無法必先有法欲易先難欲練筆簡淨必入手繁縟六法六要六長三病十二忌蓋可忽乎哉

六法

南齊謝赫曰氣運生動曰骨法用筆曰應物寫形曰隨類傅彩曰經營位置曰傳摸移寫骨法以下五端可學而成氣運必在生知

148. 芥子園畫傳四集 〔清〕王概等繪 ND1505 .J54 1818

清嘉慶至道光間(1818—1850)刻本 四册

半葉10行21字,白口,四周單邊,無魚尾,半框21.0×14.5釐米,最大邊長26.0釐米。版心上鎸書名,中鎸小題及頁碼,下鎸“芥子園”。子目:

寫真秘傳一卷;仙佛圖一卷;賢俊圖一卷;美人圖一卷,附圖章會纂

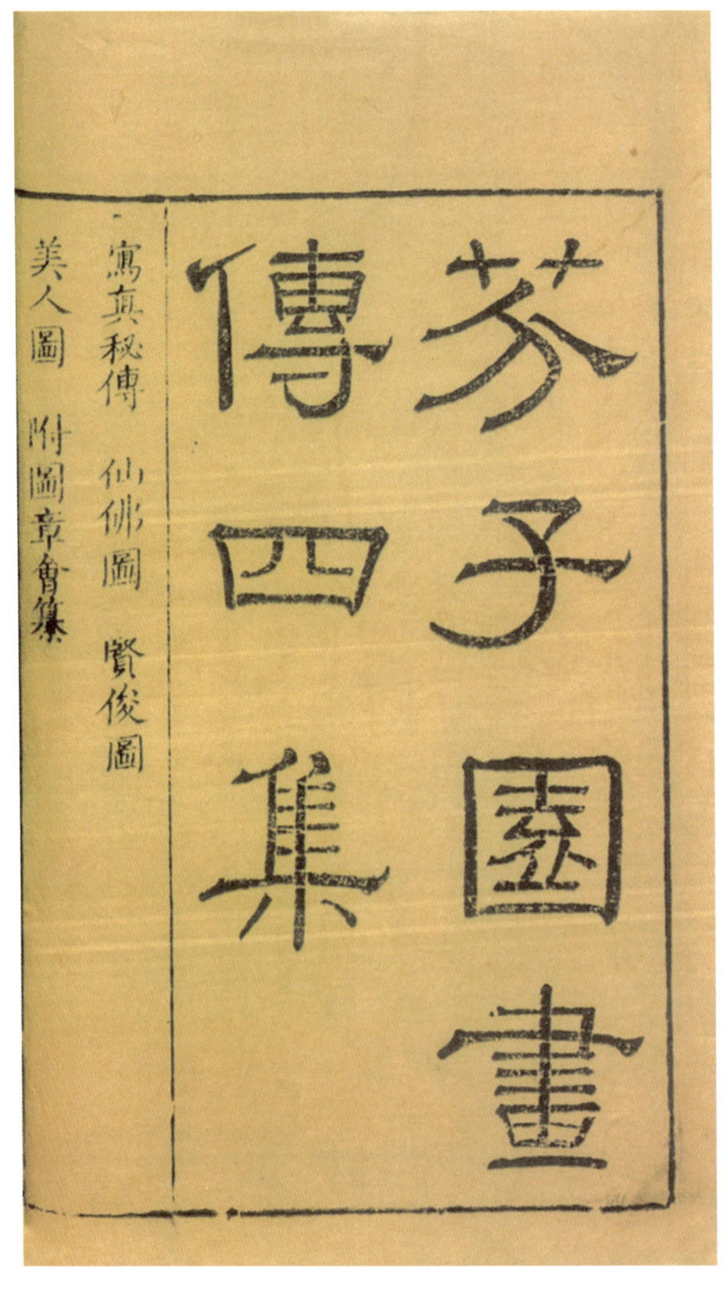

寫眞秘訣

丹陽丁臯鶴洲氏著
同郡耿瑋容齋
同里於震一川 較訂

寫眞秘訣小引

寫眞一事須知意在筆先氣在筆後分陰陽定虛實經營慘淡成見在胷而後下筆謂之意在筆先立渾元一圈然後分上下以定兩儀按五行而奠五岳設施既定浩乎沛然充實輝光軒昂紙上謂之氣在筆後此固寫眞之大較矣然其爲意爲氣皆發於心領於目應於手

149. **畫梅題記：一卷**　〔清〕朱方藹撰　

清嘉慶二十三年至道光三年（1818—1823）安徽歙縣長塘鮑氏刻本　一册

半葉9行18字，細黑口，左右雙邊，無魚尾，半框13.0×9.9釐米，最大邊長20.0釐米。版心中鎸子目書名及卷次，下鎸“桐華館訂正本”。

所屬叢書：《知不足齋叢書》第三十集。與《廣釋名》《餘姚兩孝子萬里尋親記》合訂一册。

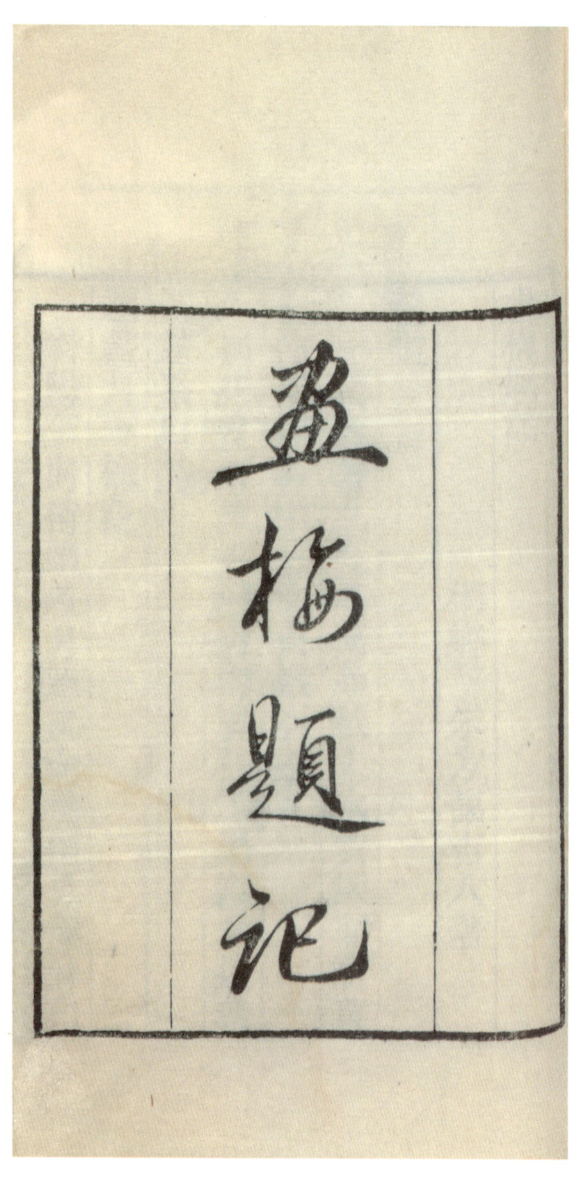

畫梅題記

桐鄉 朱方藹吉人著

題畫

十度寒香九度尋何如紙上水雲深期君莫作嬋娟看中有文貞鐵石心

相約友人往南湖看梅風狂不果寫此遣興並系以詩

題畫月下梅花

斜陽乍向梢頭斂月華又向梢頭見簾外白

畫梅題記 一 椐華館訂正本

150. 盛京寶譜：一卷　〔清〕高宗弘曆敕纂　CD6177 .S54 1746

清乾隆十一年（1746）抄本　一册

最大邊長37.5釐米。

滿漢對照。金黄緞面封面。新西蘭奥克蘭戰争紀念館1992年捐贈。

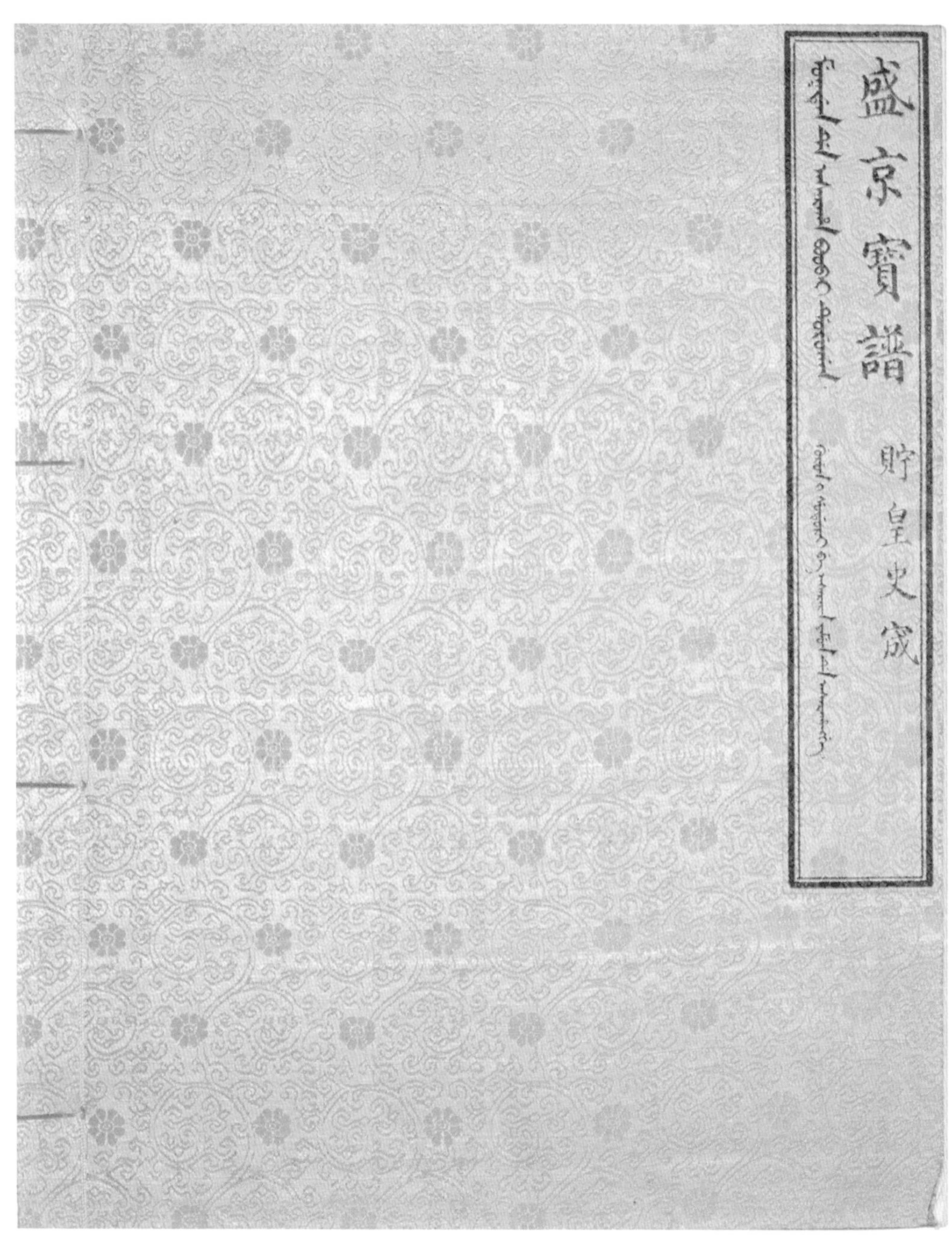

大清受命之寶

碧玉方四寸八分厚一寸九分麒麟紐高二寸四分

151. 雲林石譜：三卷 〔宋〕杜綰撰

清嘉慶十九年（1814）安徽歙縣長塘鮑氏刻本　一册

半葉9行21字，細黑口，左右雙邊，無魚尾，半框13.0×9.9釐米，最大邊長20.0釐米。版心中鎸子目書名及卷次，下鎸“知不足齋叢書”。

所屬叢書：《知不足齋叢書》第二十八集。與《綯雲石圖記》合訂一册。

雲林石譜

序

天地至精之氣結而爲石負土而出狀爲奇怪或巖竇透漏峯嶺層稜凡棄擲於媧煉之餘遁逃於秦鞭之後者其類不一至有鵲飛而得印鼈化而銜題叱羊射虎挺質之尚存翔鴈鳴魚類形之可驗怪或出於禹貢異或隕於宋都物象宛然得於髣髴雖一拳之多而能蘊千巖之秀大可列於園館小或置於几案如觀嵩少而面龜蒙坐生淸思故平泉之珍祕於德裕大餘之寶進於武宗皆石之瑰奇宜可愛者然人之好尚故自不同

雲林石譜序　一　知不足齋叢書

雲林石譜上卷

山陰 杜 綰季陽著

靈璧石

宿州靈壁縣地名磬石山石產土中採取歲久穴深數丈其質爲赤泥漬滿土人以鐵刃徧刮三兩次旣露石色卽以黃蓓帚或竹帚兼磁末刷治淸潤扣之鏗然有聲石底漬土有不能盡去者度其頓放卽爲向背石在土中隨其大小具體而生或成物象或成峯巒巉巖透空其狀妙有宛轉之勢亦有窒塞及質偏樸若欲成雲

152. 綯雲石圖記：一卷　〔清〕馬汶撰　AC149 .Z45 v.209

清嘉慶十九年（1814）安徽歙縣長塘鮑氏刻本　一册

半葉9行21字，細黑口，左右雙邊，無魚尾，半框13.0×9.9釐米，最大邊長20.0釐米。版心中鐫子目書名及卷次。

所屬叢書：《知不足齋叢書》第二十八集。與《雲林石譜》合訂一册。

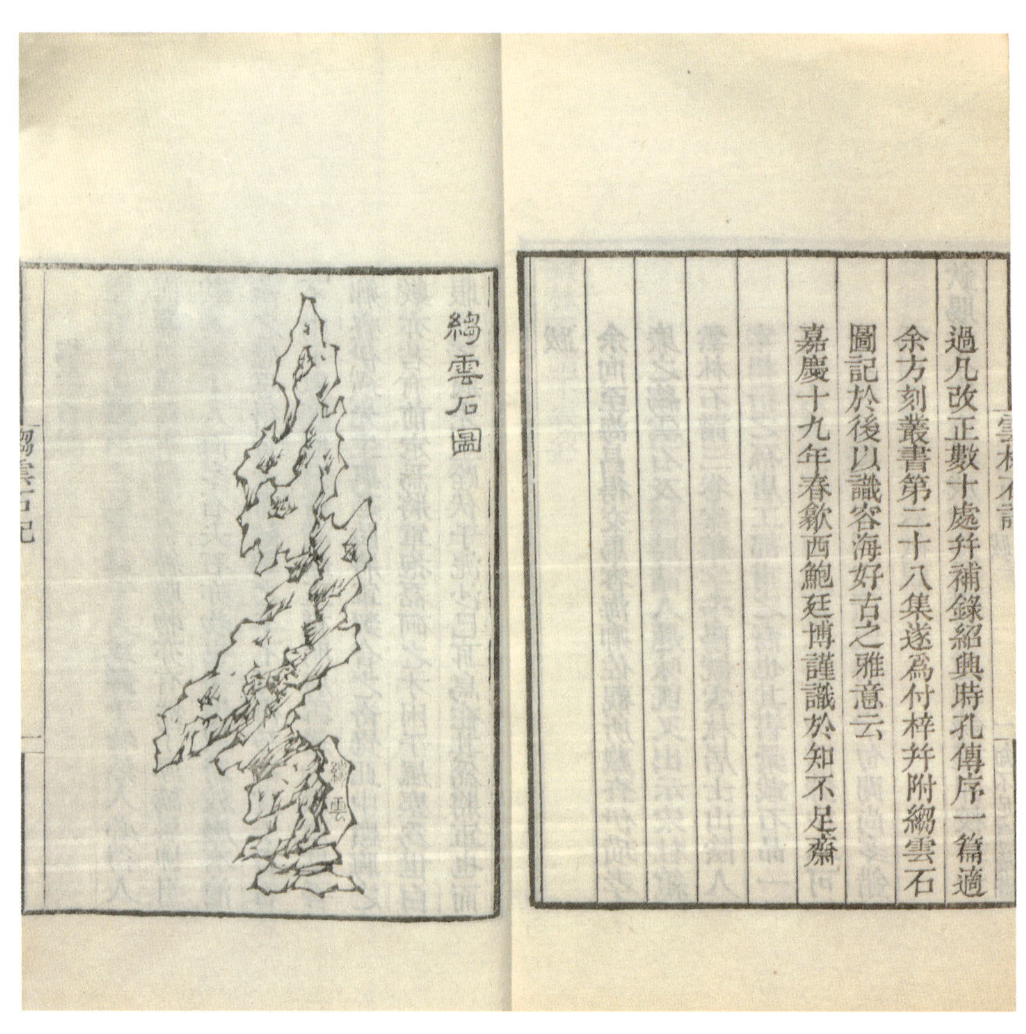

世所豔稱者尤傳其贈石一事先生有鹿門之癖將軍開閫循州地多奇石節署有英石峰一座嵌空飛動疑出鬼工將軍未之奇也會邀先生至幕府瞥見之輒摩挲愛玩日夕不能去并題之曰縐雲他日過其處忽失石所在追先生歸里此石已屹立百可園中矣蓋將軍知先生愛之深已不遠五千里輦致之也先生重交遊廣聲妓想當酒酣耳熱舞闋歌闌之際此石如高人逸士傲兀其間先生必將顧而樂之效袍笏之拜作兄丈之呼焉追先生逝後此石亦如過眼煙雲流轉莫定後

宗教類

153. 大般若波羅蜜多經：六百卷　〔唐〕釋玄奘譯　　BQ9262.9.C5 T75 1874

清同治十三年（1874）江北刻經處刻本　一百二十册

半葉10行20字，細黑口，左右雙邊，無魚尾，半框16.5×12.0釐米，最大邊長24.0釐米。版心中鐫"大般若波羅蜜多經"。卷一末鐫"同治十三年六月雞園刻經處識"。

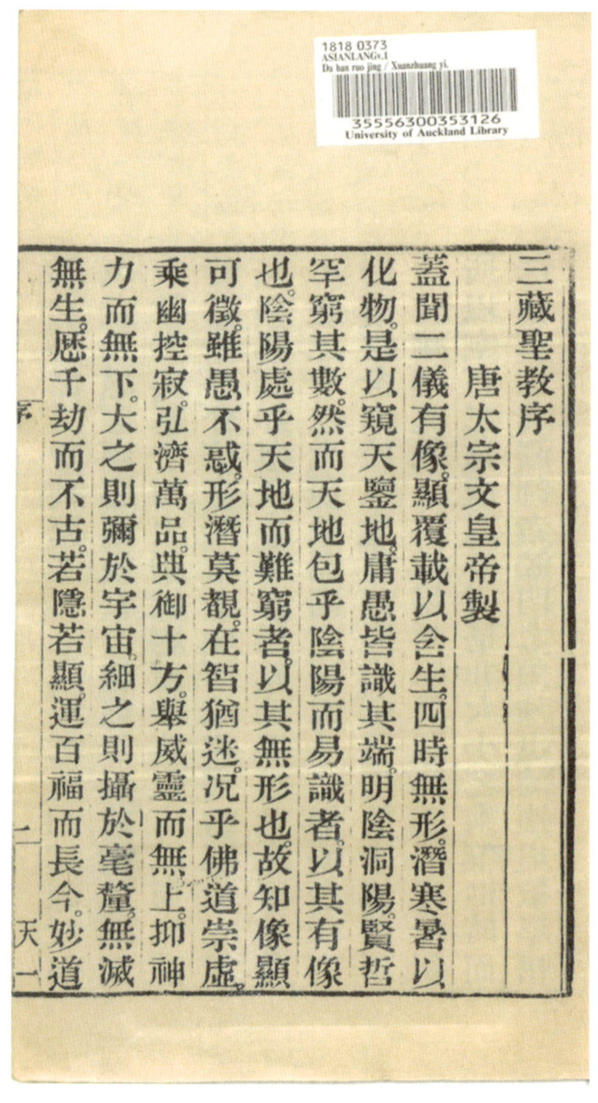

三藏聖教序
唐太宗文皇帝製
蓋聞二儀有像顯覆載以含生四時無形潛寒暑以化物是以窺天鑒地庸愚皆識其端明陰洞陽賢哲罕窮其數然而天地包乎陰陽而易識者以其有像也陰陽處乎天地而難窮者以其無形也故知像顯可徵雖愚不惑形潛莫覩在智猶迷況乎佛道崇虛乘幽控寂弘濟萬品典御十方舉威靈而無上抑神力而無下大之則彌於宇宙細之則攝於毫釐無滅無生歷千劫而不古若隱若顯運百福而長今妙道

序　一　天一

大般若波羅蜜多經卷第一

唐三藏法師玄奘奉詔譯

初分緣起品第一之一

如是我聞。一時薄伽梵住王舍城鷲峯山頂。與大苾芻衆千二百五十八俱。皆阿羅漢。諸漏已盡。無復煩惱。得眞自在。心善解脫。慧善解脫。如調慧馬。亦如大龍。已作所作。已辦所辦。棄諸重擔。逮得已利。盡諸有結。正知解脫。至心自在。第一究竟。除阿難陀獨居學地。得預流果。大迦葉波而爲上首。復有五百苾芻尼衆。皆阿羅漢。大勝生主而爲上首。復有無量鄔波索

154. 大寶積經：一百二十卷，附音釋，校僞　〔唐〕菩提流志譯

清同治五年（1866）金陵刻經處刻本　二十四册

半葉10行20字，細黑口，左右雙邊，無魚尾，半框16.5×12.3釐米，最大邊長24.0釐米。版心上鐫書名及卷次，下鐫頁碼。

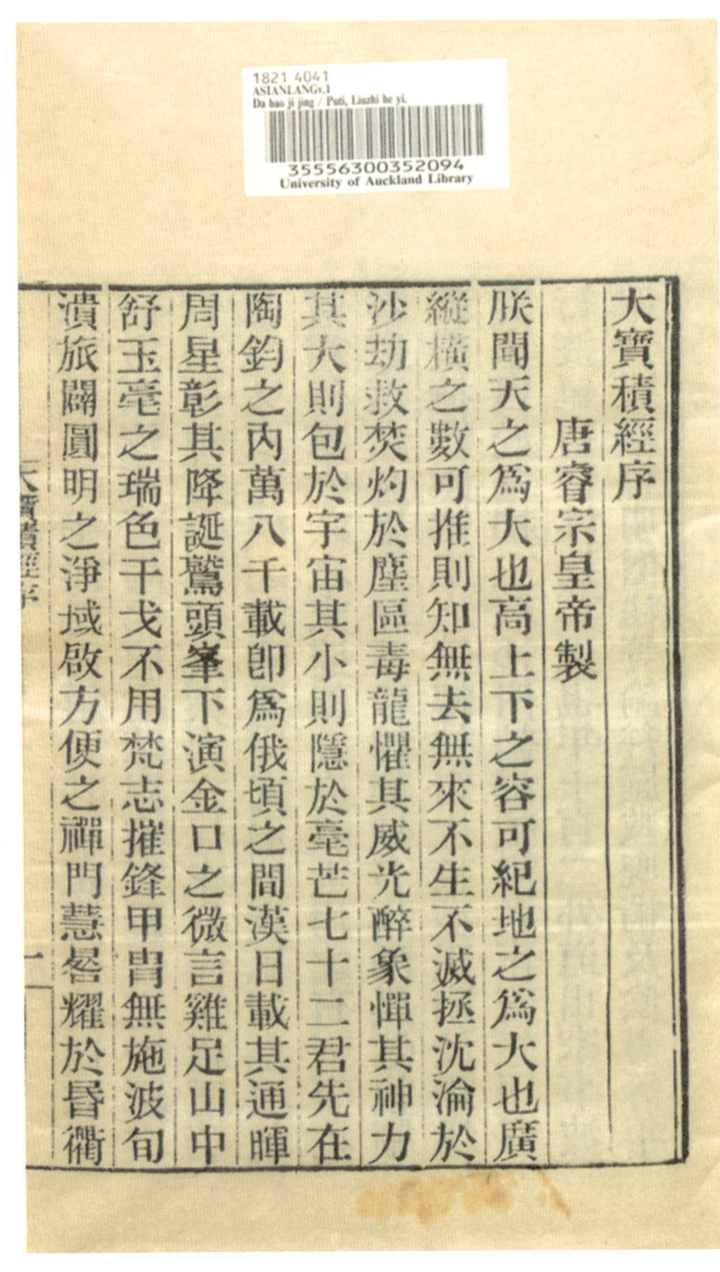

大寶積經序

唐睿宗皇帝製

朕聞天之爲大也高上下之容可紀地之爲大也廣縱橫之數可推則知無去無來不生不滅拯沈淪於沙劫救焚灼於塵區毒龍懼其威光醉象憚其神力其大則包於宇宙其小則隱於毫芒七十二君先在陶鈞之內萬八千載即爲俄頃之間漢日載其通暉周星彰其降誕鷲頭峯下演金口之微言雞足山中舒玉毫之瑞色干戈不用梵志摧鋒甲冑無施波旬潰旅闢圓明之淨域啓方便之禪門慧晷耀於昏衢

大寶積經序　一

大寶積經卷第一

唐三藏法師菩提流志奉詔譯

三律儀會第一之一

如是我聞。一時佛在王舍城耆闍崛山。其山高峻。巖巖可觀。持諸雜種。猶如大地。眾華卉木。悉皆茂盛。其中復有天龍夜叉。毗舍闍緊那羅等。常所遊止。復有種種異類諸獸。所謂師子虎狼麒麟象馬熊羆之屬止住其中。復有無量百千眾鳥。所謂孔雀鸚鵡鴝鵒羅鳥梟鴈鴛鴦命命等類。依之而住。是諸眾生。以佛威力。不為貪欲瞋癡所惱。不相茹食。共相親愛。猶如

155. 翻譯名義集：二十卷 〔宋〕釋法雲輯

清光緒四年（1878）金陵刻經處刻本 六册

半葉10行20字，小字雙行字同，細黑口，左右雙邊，無魚尾，半框16.8×13.0釐米，最大邊長24.0釐米。版心上鐫書名卷次及小題，下鐫“塞”字及序號。卷末鐫“合肥蒯氏帶耕草堂施貲敬刊，光緒四年秋九月金陵刻經處識”。

翻譯名義序
宋唯心居士荆谿周敦義述
余閲大藏嘗有意效崇文總目撮取諸經要義以為
内典總目見諸經中每用梵語必搜檢經教具所譯
音義表而出之別為一編然未及竟而顯親深老示
余平江景德寺普潤大師法雲所編翻譯名義余一
見而喜曰是余意也他日總目成別錄可置矣已而
過平江雲遂來見願求敘引余謂此書不惟有功於
讀佛經者亦可護謗法人意根唐奘法師論五種不
翻一祕密故如陀羅尼二含多義故如薄伽梵具六

翻譯名義集序 一 塞一

翻譯名義集卷第一

宋姑蘇景德寺普潤大師法雲編

夫翻譯者謂翻梵天之語轉成漢地之言音雖似別義則大同宋僧傳云如翻錦繡背面俱華但左右不同耳譯之言易也謂以所有易其所無故以此方之經而顯彼土之法周禮掌四方之語各有其官東方曰寄南方曰象西方曰狄鞮北方曰譯今通西言而云譯者葢漢世多事北方而譯官兼善西語故摩騰始至而譯四十二章因稱譯也言名義者能詮曰名所以爲義能詮之名胡梵音別

156. 辯僞録六卷 〔元〕釋祥邁著 BQ9262.9.C5 X53 1907

清光緒三十三年（1907）揚州藏經院刻本　二册

半葉10行20字，細黑口，左右雙邊，無魚尾，半框17.6×13.0釐米，最大邊長24.5釐米。版心上鎸叢書名，中鎸卷次。

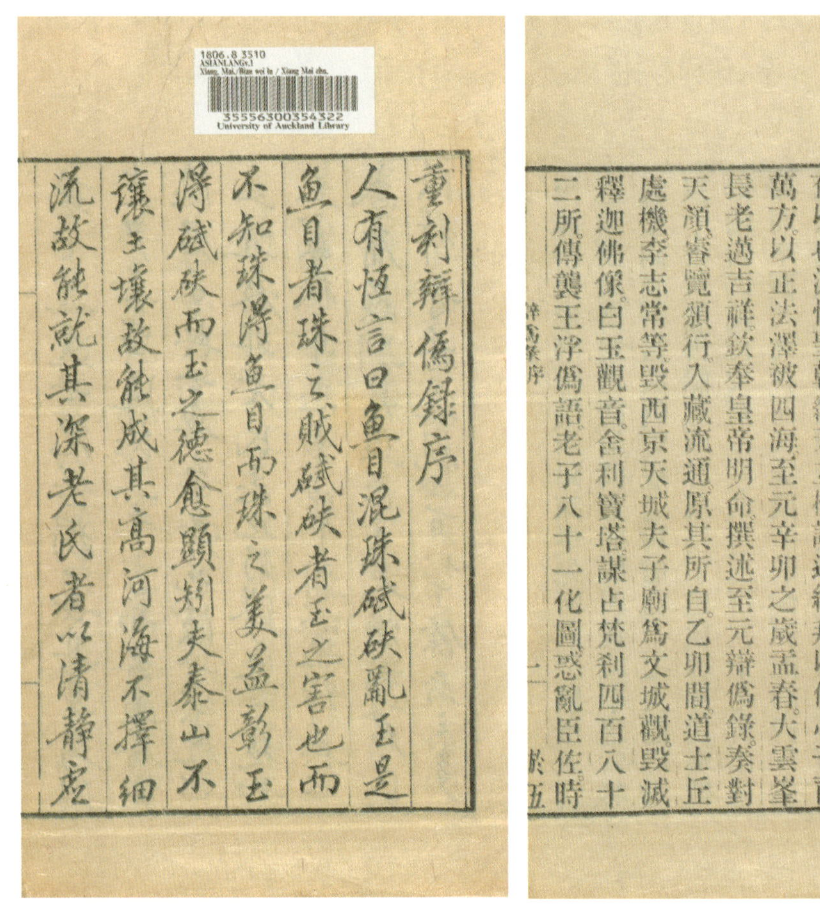

重刊辯僞録序
人有恒言曰魚目混珠碔砆亂玉是魚目者珠之賊碔砆者玉之害也而不知珠得魚目而珠之美益彰玉得碔砆而玉之德愈顯矧夫泰山不讓土壤故能成其高河海不擇細流故能就其深老氏者以清靜虛

辯僞録序
元翰林直學士奉訓大夫知制誥同修國史張伯淳撰
天無私覆地無私載日月無私照辯僞録之所云良有以也洪惟聖朝繼天立極論道經邦以佛心子育萬方以正法澤被四海至元辛卯之歲孟春大雲峯長老邁吉祥欽奉皇帝明命撰述至元辯僞録奏對天顏睿覽頒行入藏流通原其所自乙卯間道士丘處機李志常等毀西京天城夫子廟爲文城觀毀滅釋迦佛像白玉觀音舍利寶塔謀占梵刹四百八十二所傳襲王浮僞語老子八十一化圖惑亂臣佐時

辯僞録卷第一

元道者山雲峯禪寺沙門祥邁奉勑實録撰

蓋聞法王御世。弘正道以濟時。明主臨軒。闡皇極而拯物。剪邪扶正。崇德辯惑。故堯誅四凶。而八紘道泰。佛降六衆。而五印歸心。皆所以整亂救焚。啓迪耳目。夫我佛者。功成曩劫。爲物降靈。無生示生。利見大千之土。絕相現相。頓化百億之方。猶皓月之流空。千江普應。若長風之噫氣。萬竅聞聲。誘癡子於一極之乘。引迷途於八正之路。拔五濁之熱惱。撤四倒之樊籠。指衣下之明珠。剖塵中之經卷。破魔軍於道樹。不下

157. 閱藏知津：四十四卷，總目四卷 〔明〕釋智旭編

清光緒十八年（1892）金陵刻經處刻本 十册

半葉10行20字，細黑口，左右雙邊，無魚尾，半框17.3×12.0釐米，最大邊長25.0釐米。版心中鐫書名、卷次及小題，下鐫頁碼。

閱藏知津敘
心外無法。祖師所以示卽法之心。法外無心。大士所
以闡卽心之法。並傳佛命。覺彼迷情。斷未有欲弘佛
語而可不深究佛心。亦未有旣悟佛心而仍不能妙
達佛語者也。今之文字阿師拍盲禪侶竟何如哉。嗚
呼。吾不忍言之矣。昔世尊示入涅槃。初祖大迦葉卽
白衆云。如來舍利非我等事。今者宜先結集三藏。勿
令佛法速滅。嗟嗟。儻三藏果不足傳佛心。則初祖何
以結集爲急務耶。竊謂禪宗之有三藏。猶弈秋之有
棊子也。三藏之須禪宗。猶棊子之須活眼也。均一棊

閱藏知津序 一

閱藏知津卷第一

北天目沙門釋智旭　彙輯

大乘經藏　華嚴部第一

述曰華嚴一部別則剋指初成通乃該乎一代。凡屬顯示稱性法門不與二乘共者咸歸此部。即如入法界品是誠證也。

大方廣佛華嚴經八十卷　拱平章愛育黎首臣

唐于闐國三藏沙門實叉難陀譯

世主妙嚴品第一　佛在菩提場中初成正覺。一切器世間主眾生世間主正覺世間主皆悉雲集。

158. **净土古佚十書**　佚名輯

清光緒十九年至民國四年（1893—1915）金陵刻經處刻本　十二册

半葉10行20字，細黑口，左右雙邊，無魚尾，半框17.3×12.3釐米，最大邊長24.0釐米。版心鎸書名及卷次。子目：

佛説無量壽經義疏六卷　〔隋〕釋慧遠疏

佛説觀無量壽佛經四帖疏四卷　〔唐〕釋善導集記

佛説阿彌陀經通贊疏三卷　〔唐〕釋窺基撰

佛説阿彌陀經義疏一卷　〔宋〕釋元照述

往生論注二卷　〔後魏〕釋曇鸞注解

安樂集二卷　〔唐〕釋道綽撰

游心安樂道一卷　〔唐〕釋元曉撰

西方要决釋疑通一卷　〔唐〕釋窺基撰

釋净土群疑論六卷　〔唐〕釋懷感撰

念佛鏡二卷　〔唐〕釋道鏡　釋善道集

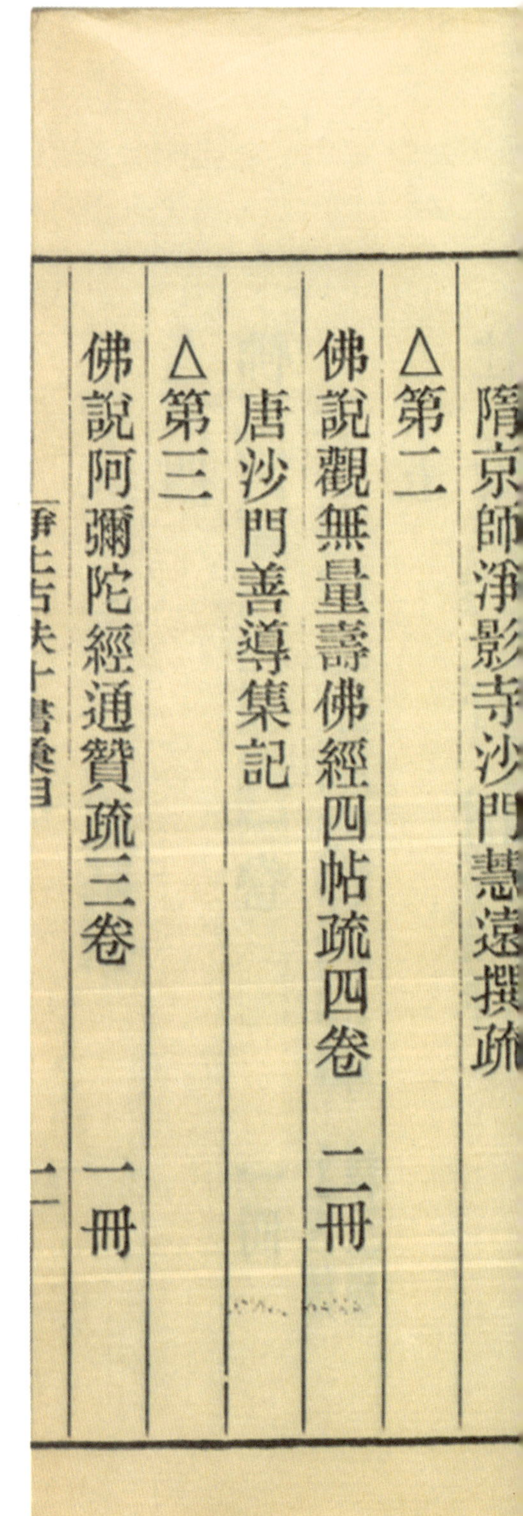
隋京師淨影寺沙門慧遠撰疏
△第二
佛說觀無量壽佛經四帖疏四卷　二册
唐沙門善導集記
△第三
佛說阿彌陀經通贊疏三卷　一册
淨土古佚十書總目　二

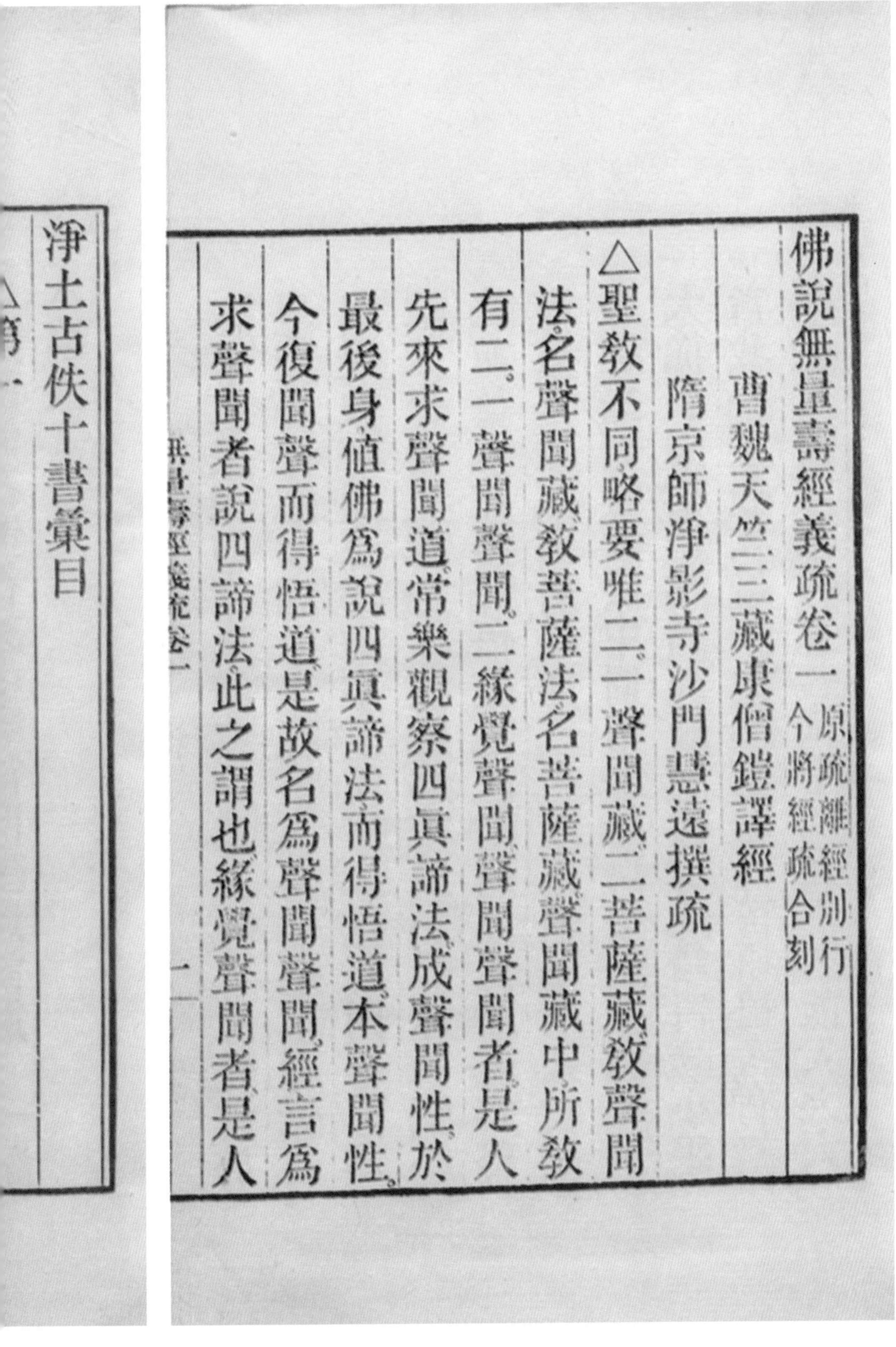

佛說無量壽經義疏卷一 原疏離經別行今將經疏合刻

曹魏天竺三藏康僧鎧譯經

隋京師淨影寺沙門慧遠撰疏

△聖教不同，略要唯二：一、聲聞藏，二、菩薩藏。教聲聞法名聲聞藏，教菩薩法名菩薩藏。聲聞藏中所教有二：一、聲聞聲聞，二、緣覺聲聞。聲聞聲聞者，是人先來求聲聞道，常樂觀察四眞諦法，成聲聞性，於最後身值佛爲說四眞諦法而得悟道，本聲聞性，今復聞聲而得悟道，是故名爲聲聞聲聞。經言「爲求聲聞者說四諦法」，此之謂也。緣覺聲聞者，是人

淨土古佚十書彙目

△第一

159. 雲棲法彙：三輯六十六卷　〔明〕釋袾宏撰　　BQ9262.9.C5 Z48 1899

清光緒二十三年（1897）金陵刻經處刻本　三十四册

半葉10行20字，細黑口，左右雙邊，無魚尾，半框17.5×13.0釐米，最大邊長23.0釐米。版心上鐫叢書名，中鐫書名卷次。牌記鐫“光緒丁酉開雕，雲棲法彙，板存金陵刻經處”。

此書分爲釋經十一册，輯古十一册，手著十二册。

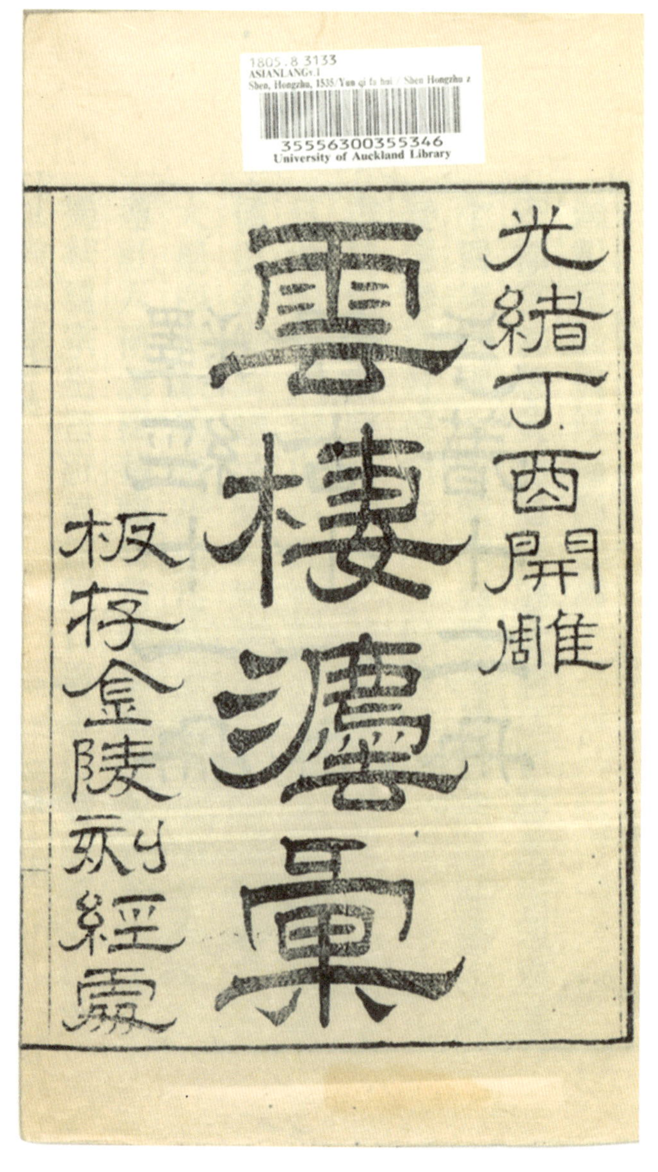

光緒丁酉開雕
雲棲法彙
板存金陵刻經處

新刻雲棲法彙敍

夫能纂修西方聖人之教，歷百世而未艾，化被朝野，道冠古今，俾四海之內莫不皈心者，其唯雲棲大師一人乎。自晉宋之際，廬山遠法師倡淨土之教，高賢雲從響赴，獨出教下三宗、禪家五派之先。雖往生緇素代不乏人，而唱導之師千餘年來不過數人而已。宋元以後，五宗鼎盛，諸大宗匠往往默提此道，示人以歸宿之地，而昧者不覺，遂視禪教淨土為異轍，頗費諸師齒頰。至我明嘉隆之際，禪燈殘燄耿耿，漸入邪途。教下三宗亦

雲棲法彙敍　卷首　三

160. 竹窗隨筆：一卷，二筆一卷，三筆一卷　〔明〕釋袾宏撰

BQ9262.9.C5 Z48z 1898

清光緒二十四年（1898）金陵刻經處刻本　三册

半葉10行20字，細黑口，左右雙邊，無魚尾，半框17.5×12.4釐米，最大邊長25.0釐米。版心上鐫書名及卷名，下鐫頁碼。

竹窗隨筆目錄
僧無爲　人命呼吸間
古今著述　儒釋和會
楞嚴一二　禮懺功德
螯蠣充口　東門黃犬
爲父母殺生　鹿祀求名
心喩　換骨
洪州不得珠體　墳墓
菩薩度生　悟後
孚遂二座主　實悟
雲棲法彙　竹窗隨筆　一

竹窗隨筆

明雲棲寺沙門袾宏著

僧無爲

吳江流慶菴無爲能公，嫡先予。德先予。出家先予。予

丞歲遊蘇湖間，與同堂坐禪。及予住雲棲，公來受戒，

求列名弟子。予謝不允，則固請曰：昔普慧普賢二大

菩薩尚求入匡廬蓮社，我何人斯，自絕佳會？不得已，

如董蘿石謁新建故事，許之，以賢下愚，有古人風。筆

之以勸後進。

人命呼吸間

161. 暗室燈：二卷　題〔清〕深山居士輯　　BJ1594.5.C6 A5

清嘉慶至宣統間（1807—1911）刻本　一册

半葉8行26字，小字雙行字同，白口，左右雙邊，單黑魚尾，半框19.5×12.4釐米，最大邊長26.4釐米。版心上鐫書名，中鐫卷次。書名頁鐫“安吴畏微堂重鐫，新刻暗室燈注解，板存漢鎮汪英德堂書坊”。

有漢陽蕭德宣序。深山居士序言刻書事。

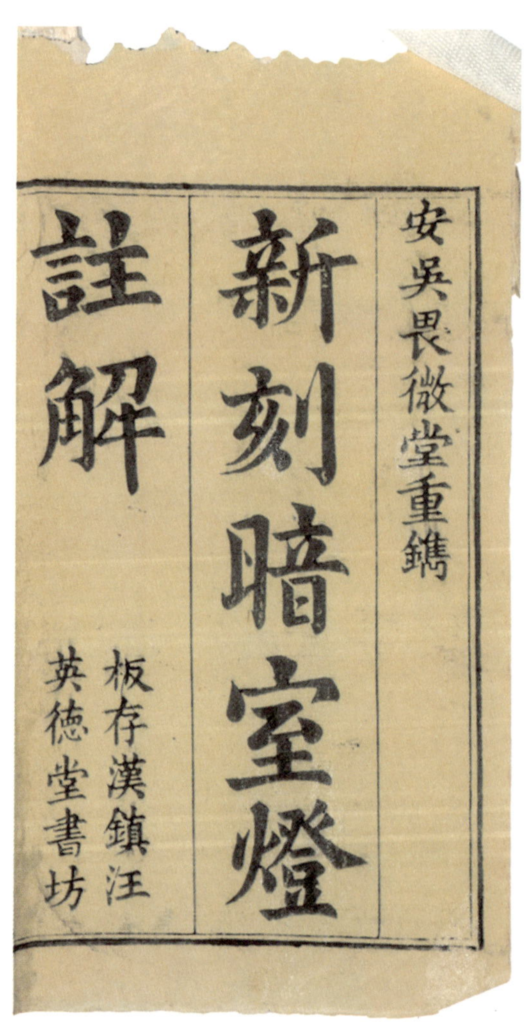
安吳畏微堂重鐫
新刻暗室燈
註解
板存漢鎮汪
英德堂書坊

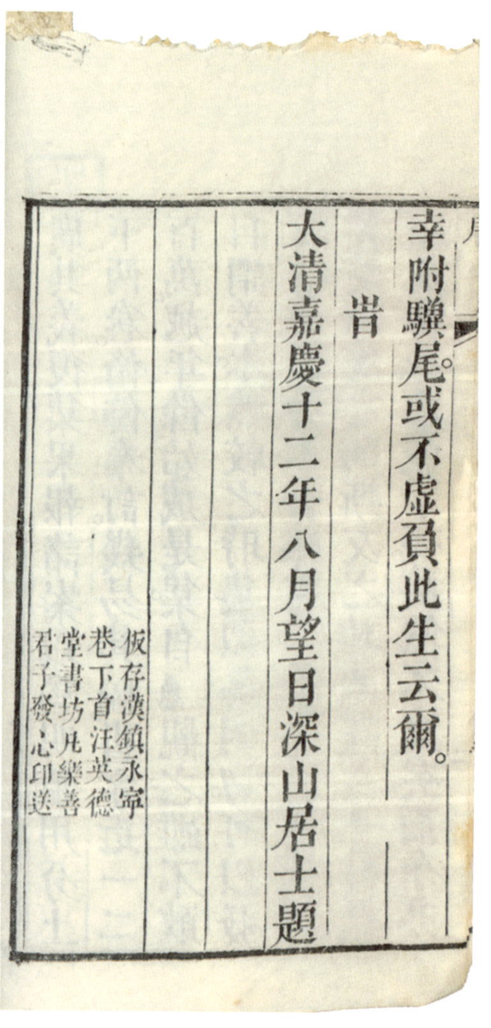
幸附驥尾。或不虛負此生云爾。
旹
大清嘉慶十二年八月望日深山居士題
板存漢鎮永寧巷下首汪英德堂書坊凡樂善君子發心印送

暗室燈上卷目録　前識凡十九章

162. 增訂敬信録：不分卷 〔清〕周鼎臣輯 BJ1545 .Z468 1800

清嘉慶五年（1800）問心堂刻本　一册

半葉9行19字，白口，四周單邊，單黑魚尾，半框19.0×14.0釐米，最大邊長24.0釐米。版心上鎸篇名，下鎸頁碼。書名頁鎸“嘉慶庚申重鎸，增訂敬信録，問心堂藏板”。

有清乾隆三十四年（1769）尹繼善“敬信録序”，乾隆十四年（1749）許雲鵬“初刻敬信録原序”，乾隆十六年（1751）許雲鵬“重鎸敬信録原序”、許寶善“三刻敬信録原序”，乾隆三十四年（1769）許寶善“原序”。

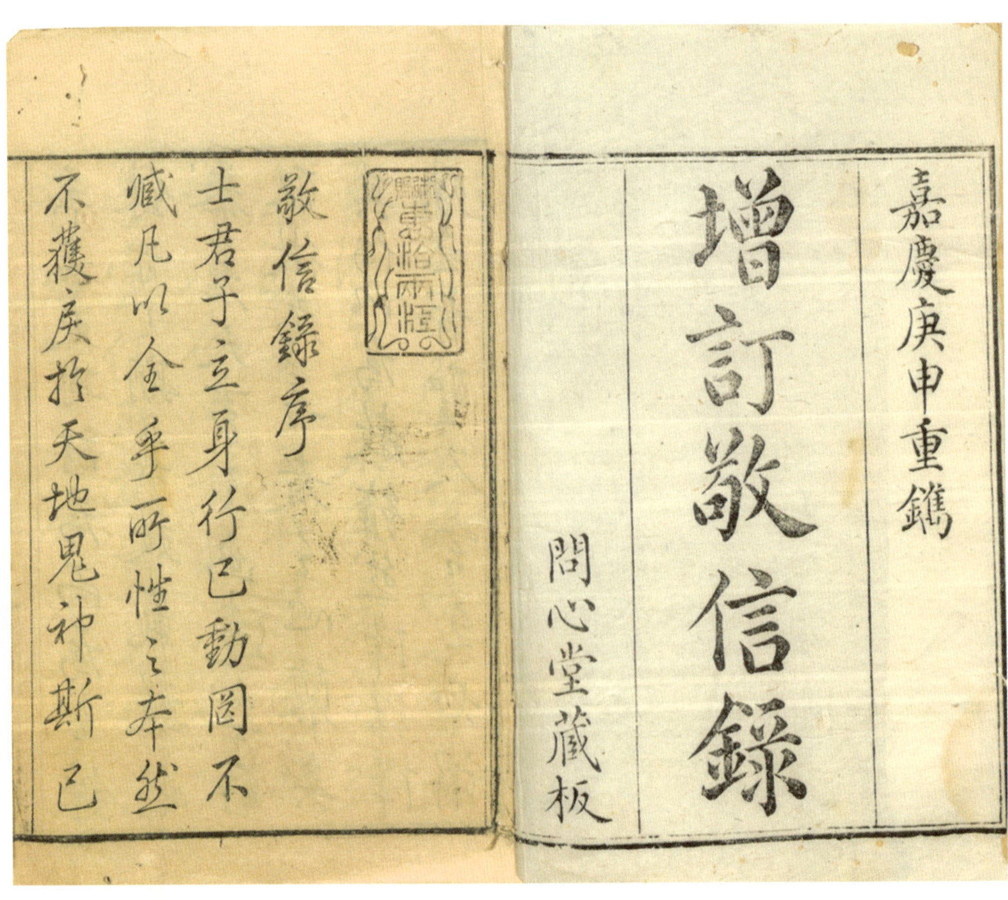
嘉慶庚申重鎸
增訂敬信錄
問心堂藏板

敬信錄序
士君子立身行已動罔不
㥾凡以全乎所性之本然
不獲戾于天地鬼神斯已

人在世間
方便第弌
力到便行
錯過可惜

諸惡莫作
衆善奉行
萬惡淫首
百善孝先

集部

别集類

163. 杜工部集：二十卷，首一卷 〔唐〕杜甫撰 〔明〕王世貞等評

清光緒二年（1876）廣州翰墨園刻六色套印本　十册

半葉8行20字，小字雙行30字，粗黑口，左右雙邊，雙對黑魚尾，半框17.3×13.8釐米，最大邊長31.0釐米。版心中鎸書名及卷次，眉上行間套印評語、圈點，書名頁鎸“杜工部集，五家評本，王弇洲紫筆，王遵巖藍筆，王阮亭朱墨筆，宋牧仲黃筆，邵子湘緑筆”，牌記鎸“光緒丙子三月粵東翰墨園刊”。

有清道光十四年（1834）盧坤序。

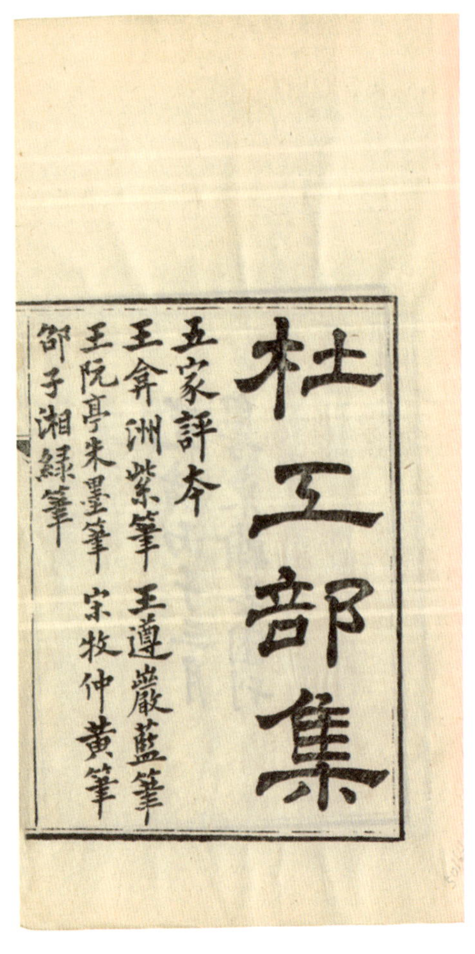
杜工部集
五家評本
王弇洲紫筆 王遵巖藍筆
王阮亭朱墨筆 宋牧仲黃筆
邵子湘緑筆

杜工部集卷首

誌傳集序

唐故檢校工部員外郎杜君墓係銘

元稹江陵士曹時作

叙曰余讀詩至杜子美而知大小之有所總萃焉始堯舜時君臣以賡歌相和是後詩人繼作歷夏殷周千餘年仲尼緝拾選練取其干預教化之尤者三百篇其餘無聞焉騷人作而怨憤之態繁然猶去風雅

164. 韓昌黎全集：四十卷，集傳一卷，外集十卷，遺文一卷，點勘四卷　〔唐〕韓愈撰〔唐〕李漢輯〔宋〕廖瑩中注〔清〕陳景雲點勘　　PL2670 .A1 1910

清宣統二年（1910）掃葉山房石印本　十二册

半葉14行34字，小字雙行字同，白口，無界行，四周雙邊，單黑魚尾，半框16.5×11.0釐米，最大邊長19.9釐米。版心上鎸書名，中鎸卷次，下鎸“掃葉山房石印”。

扉頁題“宣統二年孟冬出版，韓昌黎全集，掃葉山房石印”。

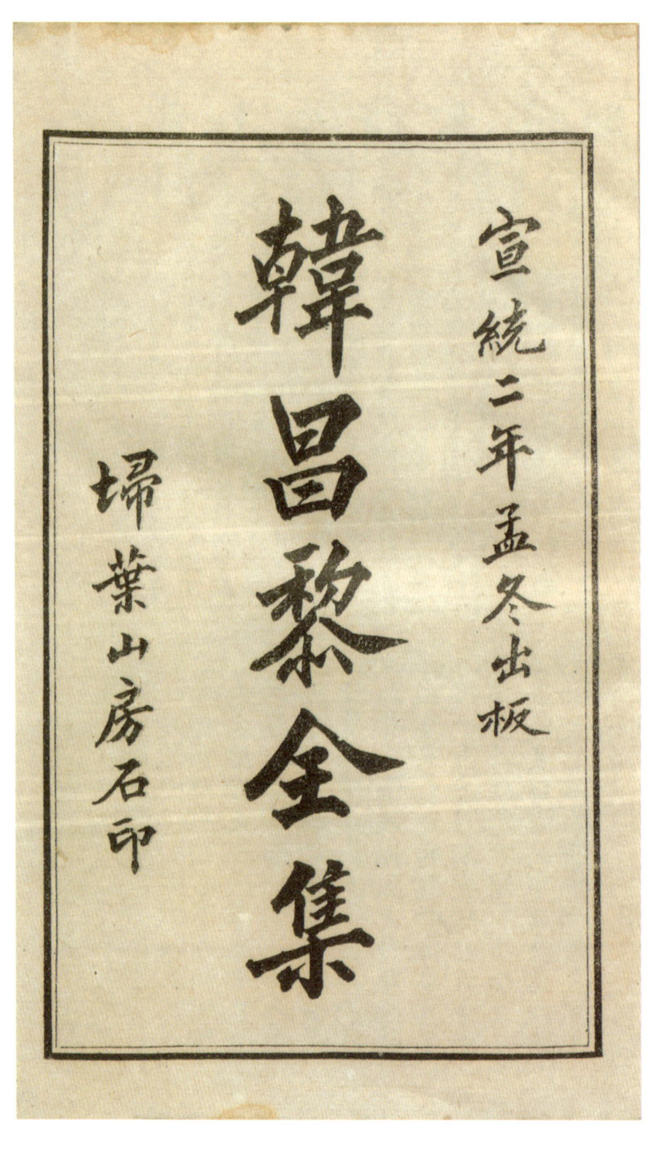
宣統二年孟冬出板
韓昌黎全集
掃葉山房石印

昌黎先生集卷第一

賦

宋莒公云馮章靖親校舊本每卷首具列卷中篇目馮悉以朱墨滅殺之惟存其都凡集外別有目錄一卷今按李漢所作序云總七百首并目錄合四十一卷則正與馮合

感二鳥賦

并序○公貞元十一年正月至三月以前進士三上宰相書不報時宰相趙憬賈耽盧邁宜其不遇也五月東歸遇所獻二鳥感而作公之賦見于集者四大抵多有取于離騷之意此篇蘇子美亦謂其悲激頓挫有騷人之思疑其年壯氣銳欲發其藻章以耀于世蘇語雖少貶然進學解所云不虛矣

貞元十一年一或作五以諸譜攷之作一為是五月戊辰愈東歸癸酉自潼關潼關在華陰出息于河之陰時始去京師有不遇時之歎見行有籠白烏白鸜鵒而西者舊史德宗貞元十一年河陽獻白烏號於道曰某土之守某官一作某土之守臣某用禮記全句○守音狩使使者進於天子使使下去音東西行者皆避路西下闕杭本無行字攷之禮記及公送溫造序當有莫敢正目焉因竊自悲幸生天下無事時承先人之遺業不識干戈耒耜攻守耕穫之勤讀書著文自七歲至今凡二十二年其行已不敢有愧於道於杭作之非是其閒居思念前古當今之故亦僅志其一二大者焉選舉於有司與百十人偕進退十或作千此專為選舉而言也貞元九年應宏詞者僅三十二人作十為是退上或再有偕字曾不得名薦書方从閣本名上有列字名下有於字○今按嘉祐杭本與謝本並無此二字語簡而意已足方本非是齒下士于朝以仰望天子之光明今是鳥也惟以羽毛之異以下或非有其字有道德智謀承顧問贊教化者乃反得蒙採擢薦進光耀如此此下諸本有可以人而不如鳥乎一句今从閣本文

165. 李義山詩集箋注：三卷，詩譜一卷 〔唐〕李商隱撰 〔清〕朱鶴齡箋注 〔清〕沈厚塽輯評 PL2672.A1 1870

清同治九年（1870）廣州倅署刻三色套印本　四册

半葉10行21字，小字雙行字同，白口，無界行，左右雙邊，單黑魚尾，半框17.8×14.5釐米，最大邊長27.0釐米。版心上鎸書名，中鎸卷次，下鎸本葉用色説明。牌記鎸“同治庚午季冬刊於廣州倅署”，卷末鎸“武林沈映鈐，巴陵方功惠校訂”。卷端題“何焯義門硃筆，朱彝尊竹垞墨筆，紀昀曉嵐藍筆”。

有清順治十六年（1659）朱鶴齡“箋注李義山詩集序”、《舊唐書·文苑傳》。三色批注鎸天頭、雜行間。

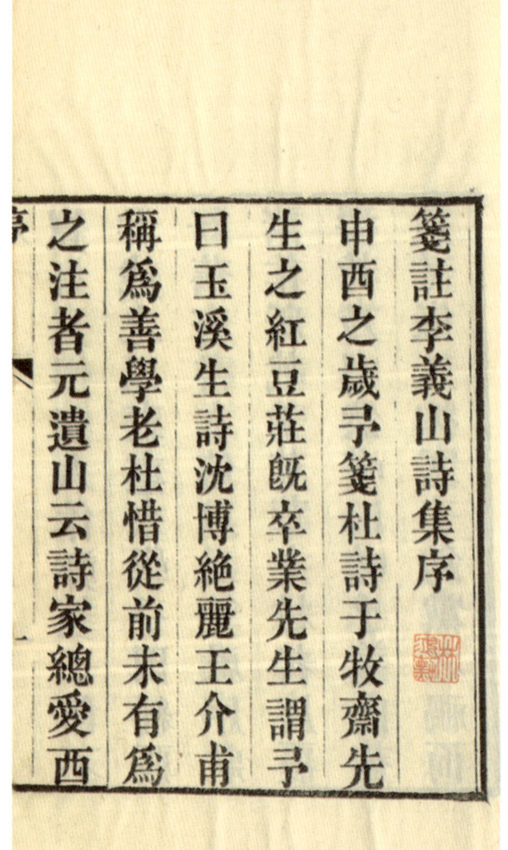

此悼亡詩也意亡者喜彈此故覩物思人因而託物起興也瑟本二十五弦弦斷而為五十弦矣故曰無端也取斷弦之意也一弦一柱而接思華年二十五而殁也胡蝶杜鵑言已化去也珠有淚哭之也玉生煙已葬也猶言埋香瘞玉也此情豈待今

李義山詩集卷上

何焯義門硃筆 朱彝尊竹垞墨筆 紀昀曉嵐藍筆

吳江朱鶴齡箋注 武林沈厚塽輯評

錦瑟

錦瑟無端五十絃（周禮樂器圖）雅瑟二十三絃頌瑟二十五絃飾以寶玉者曰寶瑟繪文如錦曰錦瑟（漢書郊祀記）泰帝使素女鼓五十絃瑟悲帝禁不止故破其瑟為二十五絃或曰（呂氏春秋）云朱襄氏作五絃瑟以來陰氣以定羣生瞽叟乃拌五絃為十五絃之瑟命之曰大章舜立乃益八絃以為二十三絃之瑟此詩五十絃當倒其文為十五絃與下思華年相應一云五十疑作廿五正用素女事廿人汁切音入古人書二十字多併省為廿顏之推稽聖賦中山何夥有子百廿但詩家罕用一絃一柱思華年莊生曉夢迷蝴蝶（莊子）昔者莊周夢為蝴蝶栩栩然蝶也望帝春心託杜鵑（水經注來敏本蜀論）望帝者杜宇也從天下女子朱利自江源出為宇妻遂王於蜀號曰望帝蜀王

李義山詩集 卷上 一

166. 麟角集：一卷，附録一卷　〔唐〕王棨撰　AC149 .Z45 v.74

清乾隆至道光間（1736—1850）安徽歙縣長塘鮑氏刻本　一册

半葉9行21字，細黑口，左右雙邊，無魚尾，半框13.0×9.9釐米，最大邊長20.0釐米。版心中鎸子目書名及卷次，下鎸“知不足齋叢書”。

所屬叢書：《知不足齋叢書》第十集。

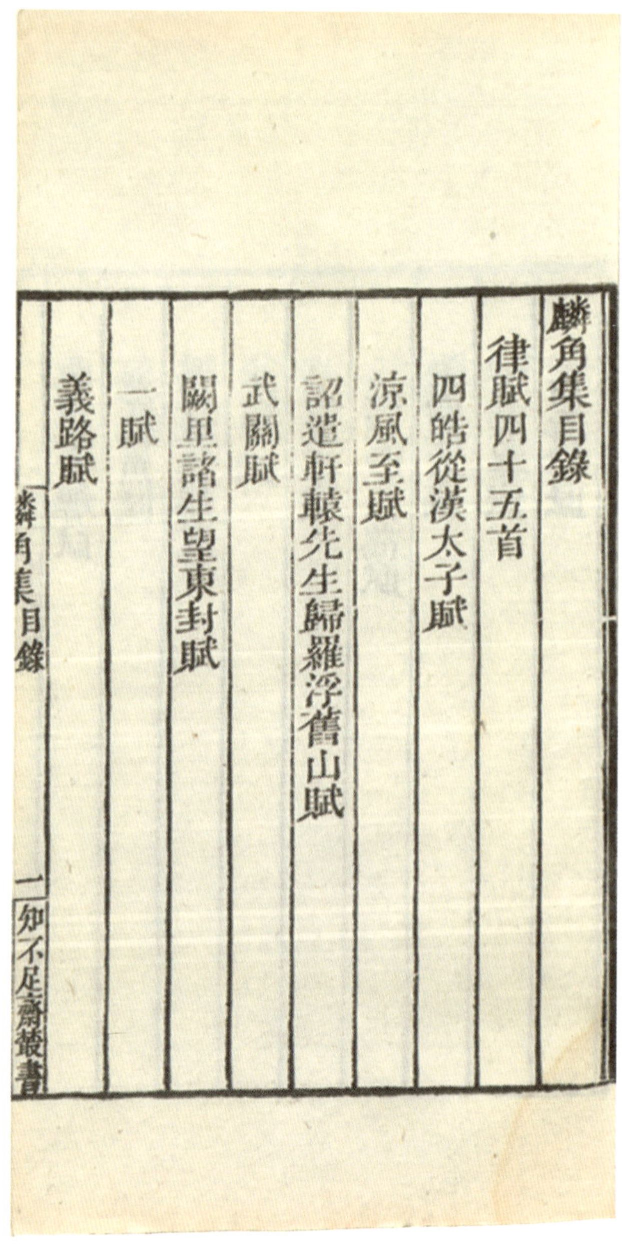

麟角集目錄
律賦四十五首
四皓從漢太子賦
涼風至賦
詔遣軒轅先生歸羅浮舊山賦
武關賦
闕里諸生望東封賦
一賦
義路賦

麟角集目錄　一　知不足齋叢書

麟角集

唐水部郎中福清王棨輔之著

四皓從漢太子賦 俱出山中共輔明德

夏黃綺季角里園公抗跡君臣之外潛身商洛之中高帝搜揚竟不歸于北闕儲皇搖動皆來衞于東宮漢之初也鳳聲情乖龍樓恩失將謀廢嫡以立庶欲易黃裳而元吉呂后憂深留侯計密且曰四人可致一匡永逸洎安車奉迎之後當彤庭侍宴之日森爾離立皤然閒出似八公而少半疑五老而無一高皇問曰從者誰乎

167. 林和靖先生詩集：四卷，省心録一卷 〔宋〕林逋撰

清康熙四十七年（1708）吴調元刻本　二册

半葉8行18字，白口，左右雙邊，單黑魚尾，半框16.7×12.4釐米，最大邊長24.0釐米。版心中鎸"林集"及卷次。總目後鎸"桐鄉汪定、汪安仝校"。書名頁鎸"林和靖先生詩集，省心録附，古香樓藏板"。

卷首有清康熙四十七年吴調元"重刻林和靖先生詩集序"，次爲梅饒"林和靖先生詩集序"，次爲林和靖像及像贊，次爲"宋史林和靖先生本傳"，次爲葉森撰"林和靖先生墓堂記"及"林集詩話"。清康熙四十七年吴調元序言刻書事。鈐"墨南所藏""南湖煙雨"印。

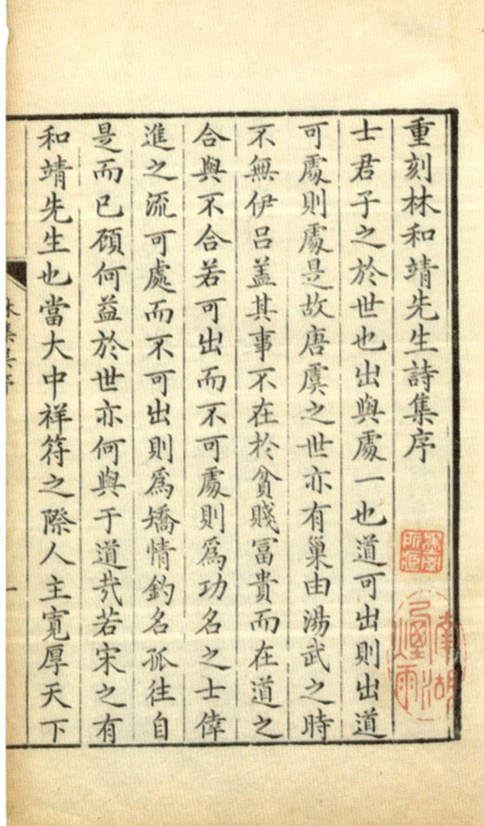
重刻林和靖先生詩集序
士君子之於世也出與處一也道可出則出道可處則處是故唐虞之世亦有巢由湯武之時不無伊吕蓋其事不在於貧賤富貴而在道之合與不合若可出而不可處則爲功名之士倖進之流可處而不可出則爲矯情釣名孤往自是而已頋何益於世亦何與于道哉若宋之有和靖先生也當大中祥符之際人主寛厚天下

宋史林和靖先生本傳
林逋字君復杭州錢塘人少孤力學不爲章句性恬淡好古弗趨榮利家貧衣食不足晏如也初放遊江淮間久之歸杭州結廬西湖之孤山二十年足不及城市真宗聞其名賜粟帛詔長吏歲時勞問薛映李及在杭州每造其廬清談終日而去嘗自爲墓於其廬側臨終爲詩有茂陵他日求遺稿猶喜曾無封禪書之句既卒州

林和靖先生詩集卷第一

五言古詩

閔師見寫陋容以詩奉答

顧我丘壑人煩師與之寫北山終日懸風調一何野林僧忽焉至欲揖頃方罷復有條上猿驚窺未遑下

監郡太博惠酒及詩

塵事久謝絶園廬方晏陰鏗然郢中唱伸玩清

林集卷一　一

168. 逍遥集：一卷　〔宋〕潘閬撰　

清嘉慶八年（1803）安徽歙縣長塘鮑氏刻本　一册

半葉9行21字，細黑口，左右雙邊，無魚尾，半框13.0×9.9釐米，最大邊長20.0釐米。版心中鎸子目書名及頁碼，下鎸“知不足齋叢書”。

所屬叢書：《知不足齋叢書》第十三集。附欽定四庫全書提要。據四庫全書館纂修本刊。與《百正集》合訂一册。

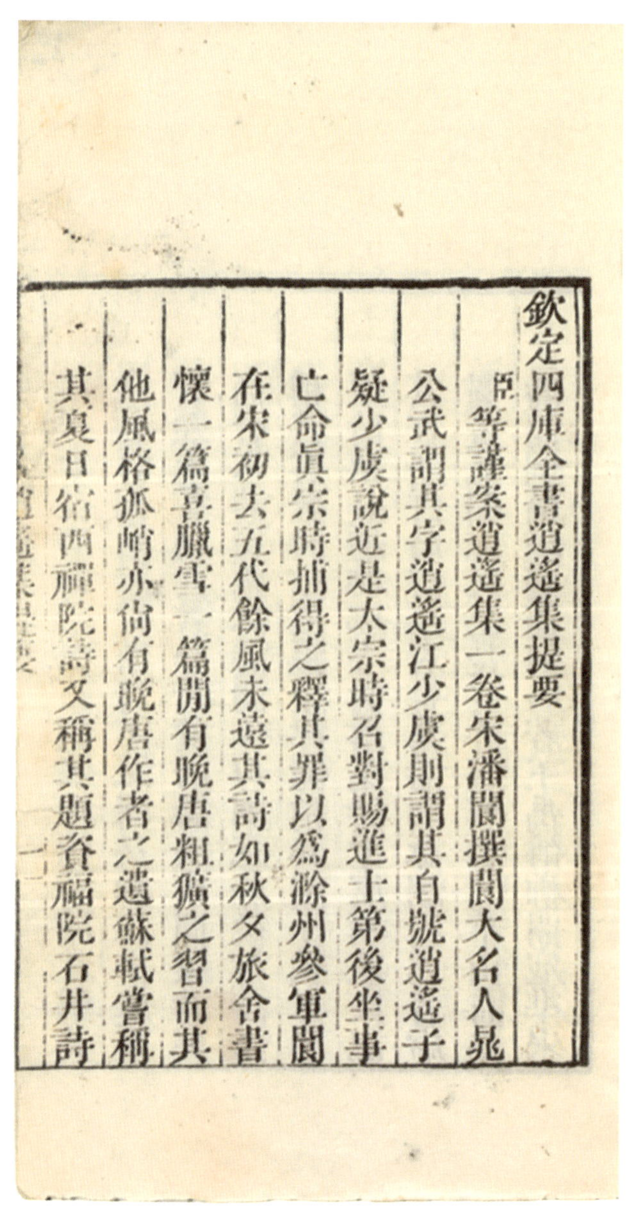

欽定四庫全書逍遙集提要

臣等謹案逍遙集一卷宋潘閬撰閬大名人晁公武謂其字逍遙江少虞則謂其自號逍遙子疑少虞說近是太宗時召對賜進士第後坐事亡命眞宗時捕得之釋其罪以爲滁州參軍閬在宋初去五代餘風未遠其詩如秋夕旅舍書懷一篇喜臘雪一篇閒有晚唐粗獷之習而其他風格孤峭亦尙有晚唐作者之遺蘇軾嘗稱其夏日宿西禪院詩又稱其題資福院石井詩

逍遙集提要　一

逍遙集

四庫全書館纂修本

大名 潘閬 著

送王長洲禹偁赴闕

蕭蘭不並香涇渭安同流小人有千險君子生百憂名重聖主識道光史策收一鶚秋空飛鳥雀徒啾啾按此時王禹偁從滁州貶所復召闕作是詩送之

曉泊岈浦寄剡縣劉既員外

曉汎剡溪水晚見剡溪山徘徊駐行櫂待月思再還漁唱深潭上烏棲高樹間應當金石交念我無暫閒按此詩從

169. 晝墁集：八卷，補遺一卷 〔宋〕張舜民撰 AC149 .Z45 v.175-176

清嘉慶八年（1803）安徽歙縣長塘鮑氏刻本　一册

半葉9行21字，細黑口，左右雙邊，無魚尾，半框13.0×9.9釐米，最大邊長20.0釐米。版心中鎸子目書名及卷次，下鎸“知不足齋叢書”。

所屬叢書：《知不足齋叢書》第二十二集。附欽定四庫全書提要。

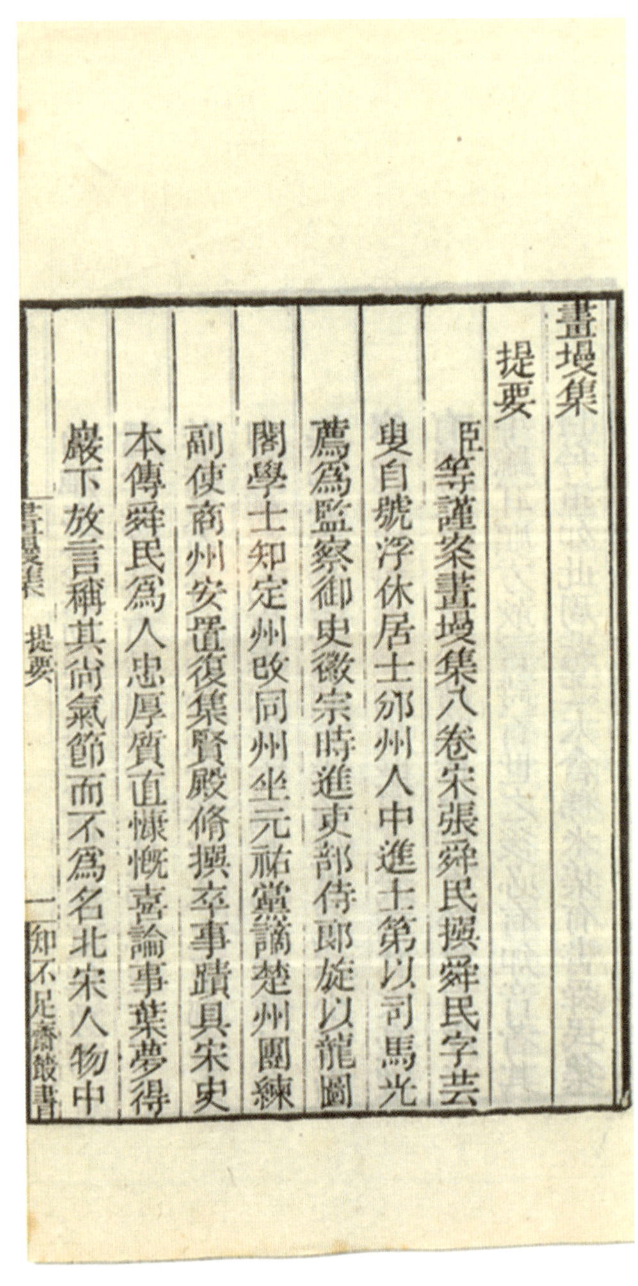
晝墁集

提要

臣等謹案晝墁集八卷宋張舜民撰舜民字芸叟自號浮休居士邠州人中進士第以司馬光薦爲監察御史徽宗時進吏部侍郎旋以龍圖閣學士知定州改同州坐元祐黨謫楚州團練副使商州安置復集賢殿脩撰卒事蹟具宋史本傳舜民爲人忠厚質直慷慨喜論事葉夢得巖下放言稱其尚氣節而不爲名北宋人物中

晝墁集　提要　一　知不足齋叢書

蕓叟集卷一

邠州 張舜民 芸叟 撰

詩

紫騮馬

紫騮馬白面郎紅銀鞍勒青油韁左牽黄犬右擎蒼鶻從灞陵獵莫宿投平康使酒不滿意按劍叱天狼今年明年一如此後年不覺鬢成霜扶肩策杖出門行抱子弄孫樓上坐忽然涕淚滿衣襟爲見驊騮面前過

關山月

170. 克庵先生尊德性齋小集：三卷，補遺一卷 〔宋〕程洵撰 AC149 .Z45 v. 225–226

清嘉慶二十三年至道光三年（1818—1823）安徽歙縣長塘鮑氏刻本　二册

半葉9行21字，細黑口，左右雙邊，無魚尾，半框13.0×9.9釐米，最大邊長20.0釐米。版心中鐫子目書名及卷次，下鐫“知不足齋叢書”。

所屬叢書：《知不足齋叢書》第三十集。

尊德性齋集

程集序

程何宋錄事參軍婺允夫氏也集何爲詩也文也詩何爲四言一爲五言古二十有六爲七言古十有五爲五言絕五爲七言絕三十有三爲五言律二爲七言律三十有九文何爲劄子十有七爲表十有一爲啟二十有七爲書二爲序二爲記三爲銘二爲跋四爲行狀三爲墓表一爲祭文一合而爲卷三爲冊一也曰尊德性何重其集也重其集何重其人也何重其人也宋至中葉傳斯道者新安朱子也允夫爲之內弟師焉自名其居

尊德性齋小集序　一　知不足齋叢書

克庵先生尊德性齋小集卷之一

榮木和陶靖節韻

我卜我居游息在兹有榮者木曰封殖之本根既固發生以時我時傾瞻中心慨而維人之生孰本孰根惟皇降衷天理具存是曰成性道義之門欽斯承斯大化以敦嗟彼世人自安淺陋德不圖新惡或念舊有干惟祿有覬惟富孰能毅然不爲利疚我懷師訓罔敢失墜匪道曷從匪義曷畏聖門雖遠率焉以冀庶幾疲駑久亦告至

171. 三山鄭菊山先生清雋集：一卷　〔宋〕鄭起撰　

清嘉慶二年至七年（1797—1802）安徽歙縣長塘鮑氏刻本　一册

半葉9行18字，細黑口，左右雙邊，無魚尾，半框13.0×9.9釐米，最大邊長20.0釐米。版心中鎸子目書名及頁碼，下鎸“知不足齋叢書”。

所屬叢書：《知不足齋叢書》第二十一集。與《所南翁一百二十圖詩集》合訂一册。

清雋集

三山鄭菊山先生清雋集序　雋粗兗切

儒有古君子之風始可以曰儒儒非〻文章

之謂文章者所以發揚其實諸而著見於實理

也豈可空有其名哉

鄭菊山先生蕴抱其實而當其名者也在昔林

鬳齋周伯弜行輩當時人物林林焉如龍虎不

可測如鳳凰不可覩非有以自植立於天地間

何以與諸公相參錯照耀一世豪傑之耳目耶

曩聞先兄秋堂先生望日先生人物昂然氣節

清雋集序　一　知不足齋叢書

三山鄭菊山先生淸雋集所南翁一百二十圖詩附

山村仇遠仁近選

爛柯山

春風萬古洞門開塵世興亡是幾回碁局至今無處覓樵人於此遇仙來飛梁横跨丹虹影絶頂平鋪白玉堆天下紛紛無好著斜陽下嶺共徘徊

卜居

久欲謀歸力不任浮雲蹤跡謾巢林功名未入

淸雋集　一　知不足齋叢書

172. 謝叠山公文集：八卷，首一卷，末一卷　〔宋〕謝枋得撰　PL2687.H63 H7 1801

清嘉慶六年（1801）東山藴德堂謝氏刻本　四册

半葉9行20字，白口，左右雙邊，單黑魚尾，半框17.5×12.5釐米，最大邊長25.0釐米。版心上鎸書名，中鎸卷次。書名頁鎸“嘉慶辛酉秋重鎸，宋謝叠山文節公集，東山藴德堂藏板”。鈐“崔少溪藏書印”。

梁承雲“序”言重刻事。

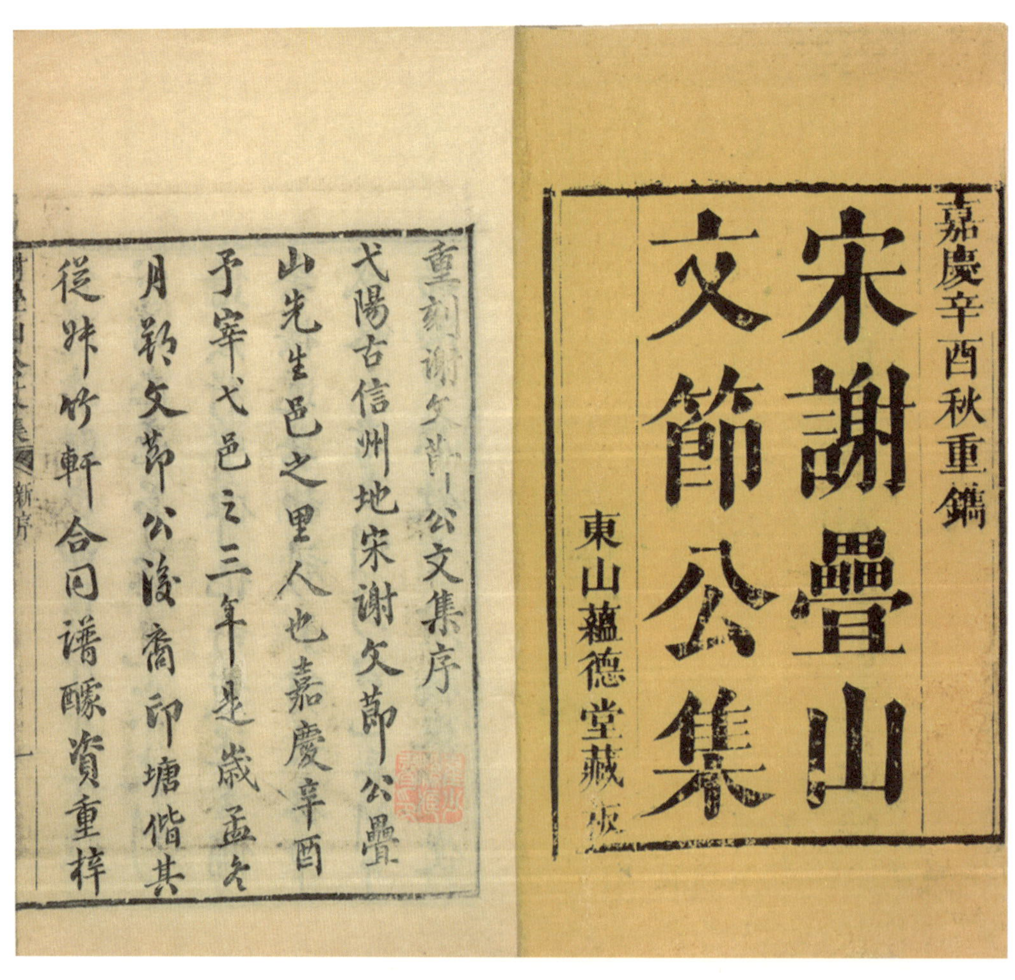
嘉慶辛酉秋重鐫
宋謝疊山
文節公集
東山藴德堂藏板

重刻謝文節公文集序
弋陽古信州地宋謝文節公疊
山先生邑之里人也嘉慶辛酉
予宰弋邑之三年是歲孟冬
月謝文節公後裔印塘偕其
從姪竹軒合同譜醵資重梓

謝疊山公文集卷首

藴德堂諸孫校訂

宋史列傳

謝枋得字君直信州弋陽人也爲人豪爽每觀書五行俱下一覽終身不忘性好直言一與人論古今治亂國家事必掀髯抵几跳躍自奮以忠義自任徐霖稱其如驚鶴摩空不可籠縶寳祐中舉進士對策極攻丞相董槐與宦官董宋臣意擢高第矣及奏名中乙科除撫州司戶參軍即棄去明年復出試教官中

173. 百正集：三卷 〔宋〕連文鳳撰

清嘉慶八年（1803）安徽歙縣長塘鮑氏刻本　一册

半葉9行21字，細黑口，左右雙邊，無魚尾，半框13.0×9.9釐米，最大邊長20.0釐米。版心中鎸子目書名及卷次，下鎸“知不足齋叢書”。

所屬叢書：《知不足齋叢書》第十三集。附欽定四庫全書提要。據四庫全書館纂修本刊。與《逍遥集》合訂一册。

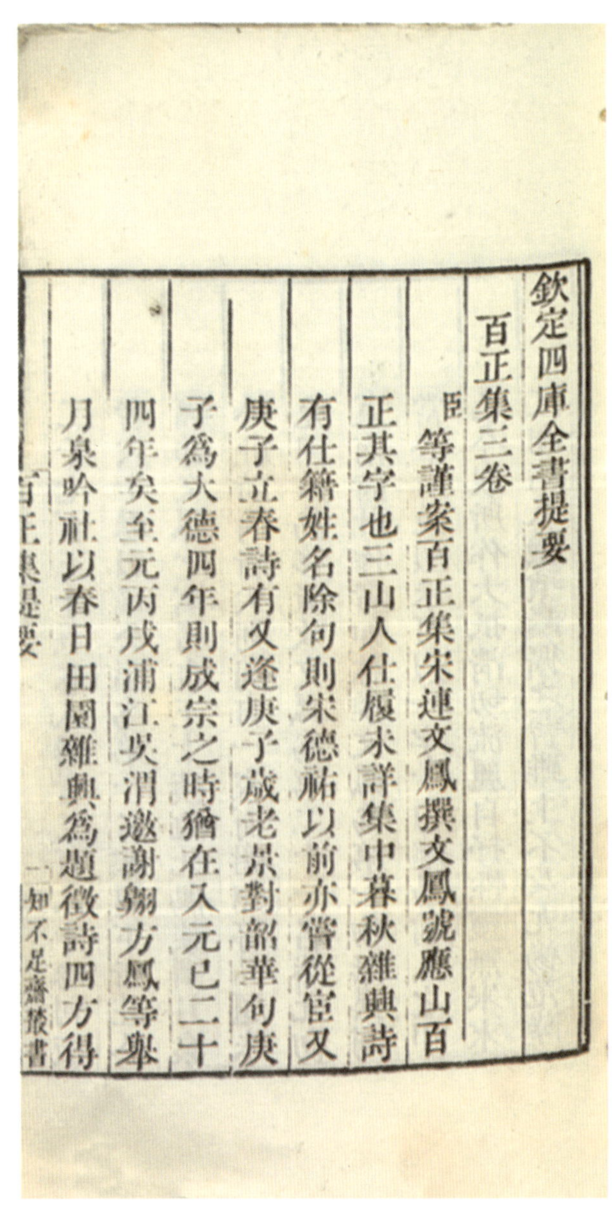
欽定四庫全書提要
百正集三卷
臣等謹案百正集宋連文鳳撰文鳳號應山百
正其字也三山人仕履未詳集中暮秋雜興詩
有仕籍姓名除句則宋德祐以前亦嘗從官又
庚子立春詩有又逢庚子歲老景對韶華句庚
子爲大德四年則成宗之時猶在入元已二十
四年矣至元丙戌浦江吳渭邀謝翱方鳳等舉
月泉吟社以春日田園雜興爲題徵詩四方得
百正集提要　一　知不足齋叢書

百正集卷上

三山 連文鳳 撰

秋懷

草木亦何情榮悴皆有時颯颯涼風至一夕失華滋壯士撫蕭晨慷慨令心悲流光日以邁西風生別離渺渺愁予懷此懷誰能知

天高正寥泬深夜聲動闃秋聲從何來淅瀝復蕭瑟須臾忽澎湃愁思苦悽惻罷琴試靜聽紛紛鳴四壁有如賈少年流涕重太息時事已淒涼俛仰一今昔嗟余復

174. 所南翁一百二十圖詩集：一卷 〔宋〕鄭思肖撰

清嘉慶二年至七年（1797—1802）安徽歙縣長塘鮑氏刻本　一册

半葉9行18字，細黑口，左右雙邊，無魚尾，半框13.0×9.9釐米，最大邊長20.0釐米。版心中鎸子目書名及頁碼，下鎸“知不足齋叢書”。

所屬叢書：《知不足齋叢書》第二十一集。與《三山鄭菊山先生清雋集》合訂一册。

一百二十圖詩集

所南翁一百二十圖詩集

黃帝洞庭張樂圖

天水相涵萬象清咸池眞樂妙無垠太音豈在
九霄外有意聽時卻不聞

堯民擊壤圖

百姓相忘堯帝春耕田鑿井澹無情只今正是
何年月日日月從東向生

巢父洗耳圖

萬事喧喧雜響中細參巢父意無窮須還半闋

175. 鄭所南先生文集：一卷 〔宋〕鄭思肖撰 AC149 .Z45 v.168

清嘉慶二年至七年（1797—1802）安徽歙縣長塘鮑氏刻本 一册

半葉9行18字，細黑口，左右雙邊，無魚尾，半框13.0×9.9釐米，最大邊長20.0釐米。版心中鎸子目書名及頁碼，下鎸“知不足齋叢書”。

所屬叢書：《知不足齋叢書》第二十一集。

鄭所南先生文集

我家清風樓記

有以嚴陵清風閣記示吾者正恨不能飛上富春山頂恣觀千尺釣臺焉吾矍然而言曰未能遂其超邁之志深有愧於古人吾當自作清風樓記非東坡所記之清風閣亦非越山赴官齋之清風樓曰清風樓者頗多皆非吾清風樓吾無家焉有樓樓固無風則有昔乾坤一索風雷生再索日月出三索山澤具先天之乾初爻始

176. 伯牙琴：一卷，續補一卷 〔宋〕鄧牧撰

清乾隆五十一年（1786）安徽歙縣長塘鮑氏刻本 一册

半葉9行21字，細黑口，左右雙邊，無魚尾，半框13.0×9.9釐米，最大邊長20.0釐米。版心中鎸子目書名及卷次。

所屬叢書：《知不足齋叢書》第十一集。附欽定四庫全書提要。

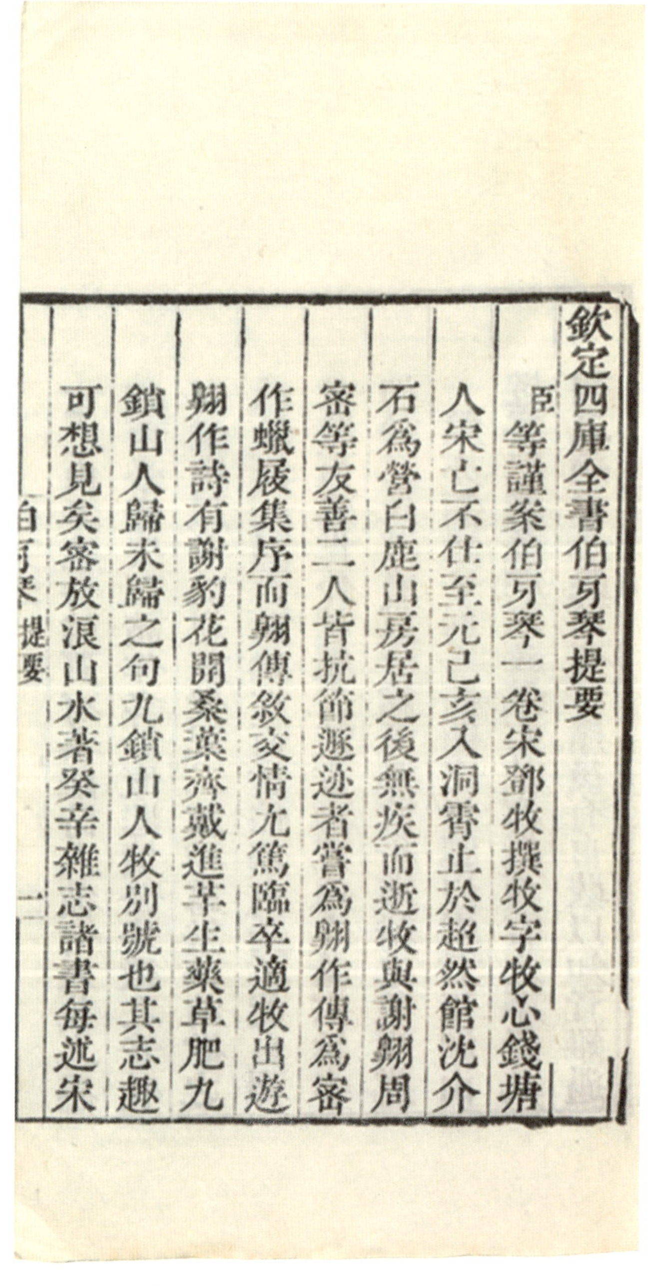

欽定四庫全書伯牙琴提要

臣等謹案伯牙琴一卷宋鄧牧撰牧字牧心錢塘人宋亡不仕至元己亥入洞霄止於超然館沈介石爲營白鹿山房居之後無疾而逝牧與謝翶周密等友善二人皆抗節遯迹者嘗爲翶作傳爲密作蠟屐集序而翶傳敘交情尤篤臨卒適牧出遊翶作詩有謝豹花開桑葉齊藏進芊生藥草肥九鎖山人歸未歸之句九鎖山人牧別號也其志趣可想見矣密放浪山水著癸辛雜志諸書每述宋

伯牙琴 提要 一

伯牙琴

錢唐 鄧 牧 牧心著

見堯賦

吳君自號漁隱富春老儒也以見堯名齋

子爲賦之

古有聖人作君作師憂民之溺由己之溺憂民之飢由己之飢故能治九年之昬墊播艱食於烝黎其德澤所浸如時雨之化其功用所及如春陽之熙蓋聖人在位問之朝野而朝野已不知今也寥寥數千載

177. 洞霄詩集：十四卷　〔元〕孟宗寶輯　

清乾隆三十八年至五十一年（1773—1786）安徽歙縣長塘鮑氏刻本　一册

半葉9行21字，細黑口，左右雙邊，無魚尾，半框13.0×9.9釐米，最大邊長20.0釐米。版心中鎸子目書名及卷次。

所屬叢書：《知不足齋叢書》第十一集。卷末元大德六年（1302）孟宗寶跋言輯書事。

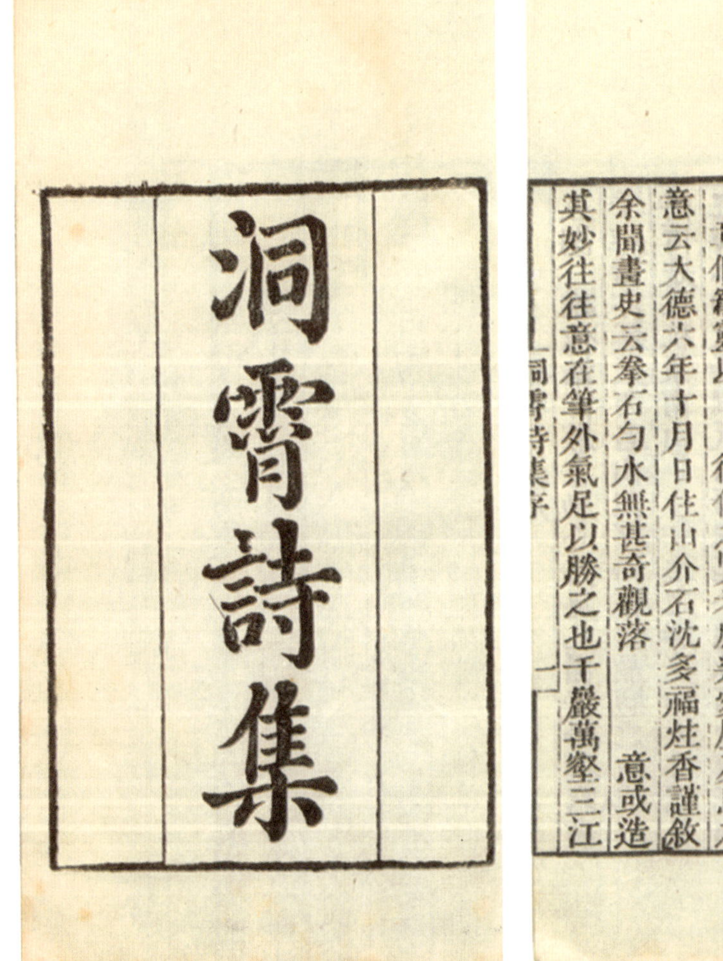

洞霄詩集

山中距舊都會僅兩舍許前　率多於　少於
出　讀書琴奕齋〻　精嚴閒從觴詠亦甚率
家法然也一時寓公貴客品題蓋稱　泉石無恙
嗚駭倒　敞賦待於二境營繕住持之
事繁矣清虛恬退寧　見於前　命工重
章假寵靈以　復傳之覽者庶幾愛屋及烏之
意云大德六年十月日住山介石沈多福炷香謹叙
余聞畫史云拳石勺水無甚奇觀落　意或造
其妙往往意在筆外氣足以勝之也千巖萬壑三江

洞霄詩集序

洞霄詩集卷第一

本山道士孟　宗寶　集虛　編

唐

酬劉侍御過草堂　宗元先生吳　筠

疇昔嬰世網就閑棲遠林豈謂軒車客來過澗壑深既懷康濟業仍許隱淪心靈液充甘飲松風代鳴琴晤言不可極貞典何愔愔貽我方來偈自然生玉音予慙乏瓊玖無以報兼金他日思良會含情時永吟

又

178. 静春堂詩集：四卷 〔元〕袁易撰 AC149 .Z45 v.215-216

清嘉慶十九年（1814）安徽歙縣長塘鮑氏刻本 二册

半葉9行21字，細黑口，左右雙邊，無魚尾，半框13.0×9.9釐米，最大邊長20.0釐米。版心中鎸子目書名及卷次，下鎸“知不足齋叢書”。

所屬叢書：《知不足齋叢書》第二十八集。與《紅蕙山房集》合訂一册。

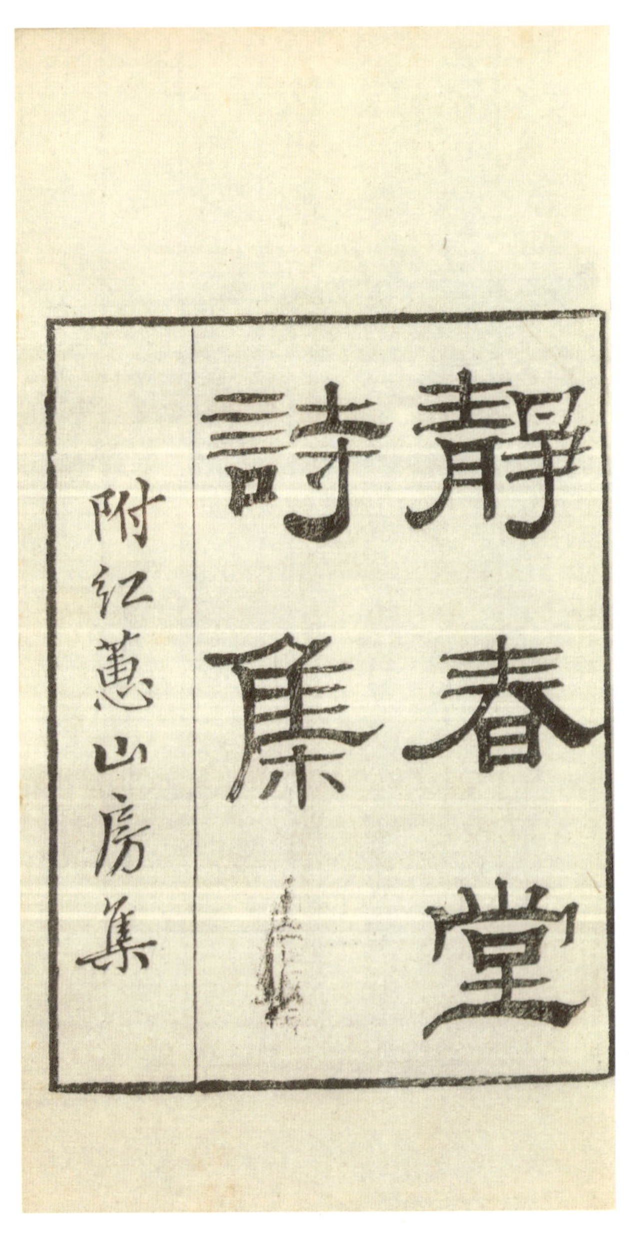

靜春堂詩集

附紅蕙山房集

靜春堂詩集卷一

吳郡袁　易通父

過泰伯廟

孤城下白日昃景射枌梓與客上河梁河水寒瀰瀰歸然吳泰伯靈瑣閟其趾升堂闃無人白雲在廉陛淳風曁南服妾婦知敬止禋祀何寂寥廟食不饎簋至德貴辭讓千乘猶敝屣豈伊常人情■食形慍喜吾嘗閱僚光同室操劒匕神孫且淪薄流俗重已矣伯也諒有靈願言振頹靡元蹤企龍德懿化慕麟趾

179. 宋景濂先生文選：七卷　〔明〕宋濂撰〔清〕李祖陶評點

PL2698.S84 A1 1845

清道光二十五年（1845）刻本　四册

半葉9行25字，白口，四周雙邊，單黑魚尾，半框19.5×12.0釐米，最大邊長27.2釐米。版心上鎸“明文選”，中鎸卷次及“景濂”。書名頁鎸“道光乙巳秋初鐫，宋景濂文選，上高李祖陶評點，廬陵李汝霖授梓”。鈐“玉笥山樓藏書印”“隱岑曾讀”印。

所屬叢書：《金元明八大家文選》。

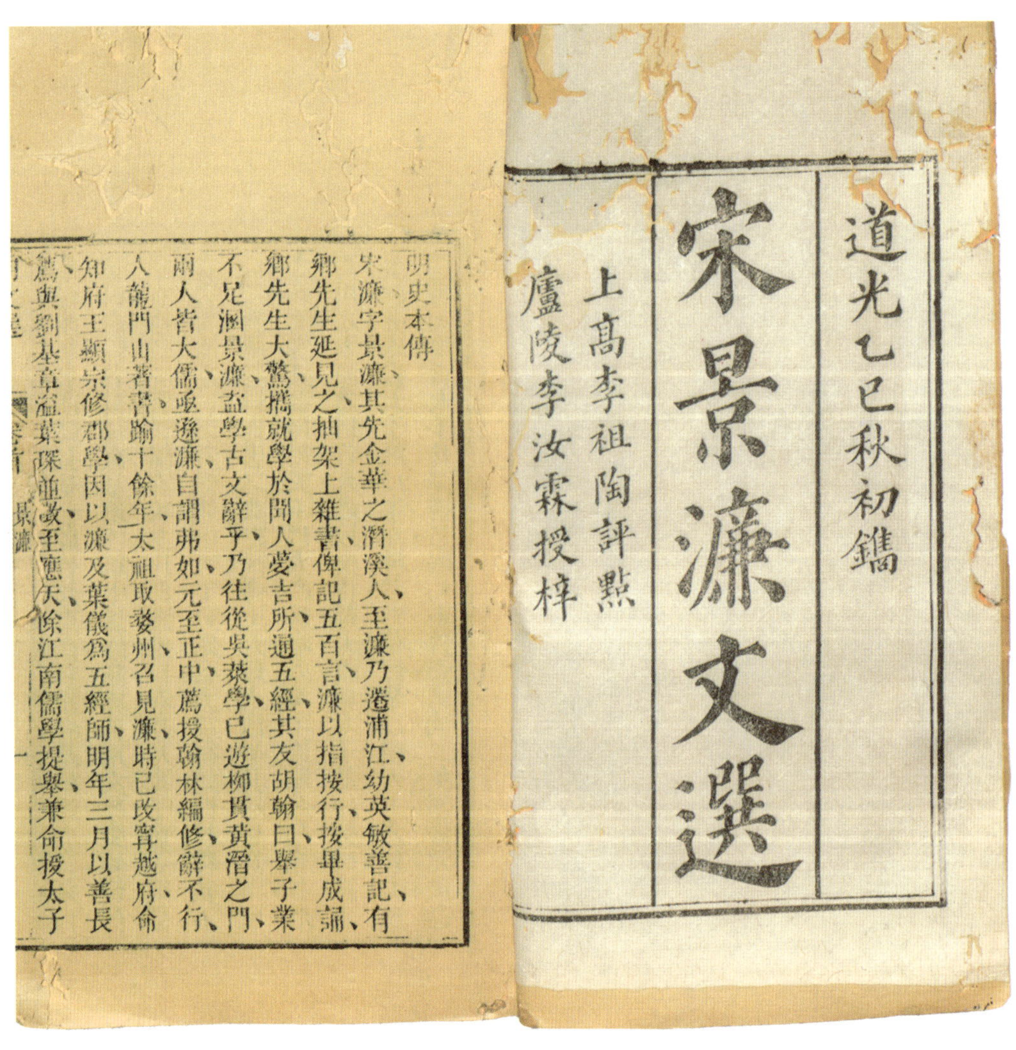

道光乙巳秋初鐫
宋景濂文選
上高李祖陶評點
廬陵李汝霖授梓

明史本傳
宋濂字景濂其先金華之潛溪人至濂乃遷浦江幼英敏善記有鄉先生延見之抽架上雜書傳記五百言濂以指按行按畢成誦鄉先生大驚攜就學於聞人夢吉所通五經其友胡翰曰舉子業不足溷景濂盍學古文辭乎乃往從吳萊學已遊柳貫黃溍之門兩人皆大儒亟遜濂自謂弗如元至正中薦授翰林編修辭不行入龍門山著書踰十餘年太祖取婺州召見濂時已改寧越府命知府王顯宗修郡學因以濂及葉儀爲五經師明年三月以善長薦與劉基章溢葉琛並徵至應天除江南儒學提舉兼命授太子

宋文選　卷首　景濂　一

宋景濂先生文選卷一

後學上高李祖陶邁堂評選

廬陵孝子李汝霖作若校刊

頌記

平江漢頌

天命皇上爲億兆生民主，旌麾所向，悉臣悉庭。初以一旅之師興濠泗間，遂撫淮南，平江東，攻浙東西，下之版圖，所入方數千里。定都江左，發政施仁，戴白之叟，垂髫之童，涵泳至化，皥皥熙熙，如承平時。於時陳友諒據有江漢之地，僭居大號，賊殺其主，餙修蒙衝，虐驅烝黎，如蹈水火，不自度力，又集蜂蟻之衆，直窺豫章，三月不

180. 王陽明先生文選：七卷　〔明〕王守仁撰〔清〕李祖陶評點

清道光二十五年（1845）刻本　四册

半葉9行25字，白口，四周雙邊，單黑魚尾，半框19.5×12.5釐米，最大邊長27.2釐米。版心上鎸“明文選”，中鎸卷次及“陽明”，下鎸頁碼。封面鎸“道光乙巳年新鎸，王陽明文選，上高李祖陶評點，萬安嚴詳授梓”。鈐“玉笥山慶藏書印”“隱岑曾讀”印。

所屬叢書：《金元明八大家文選》。

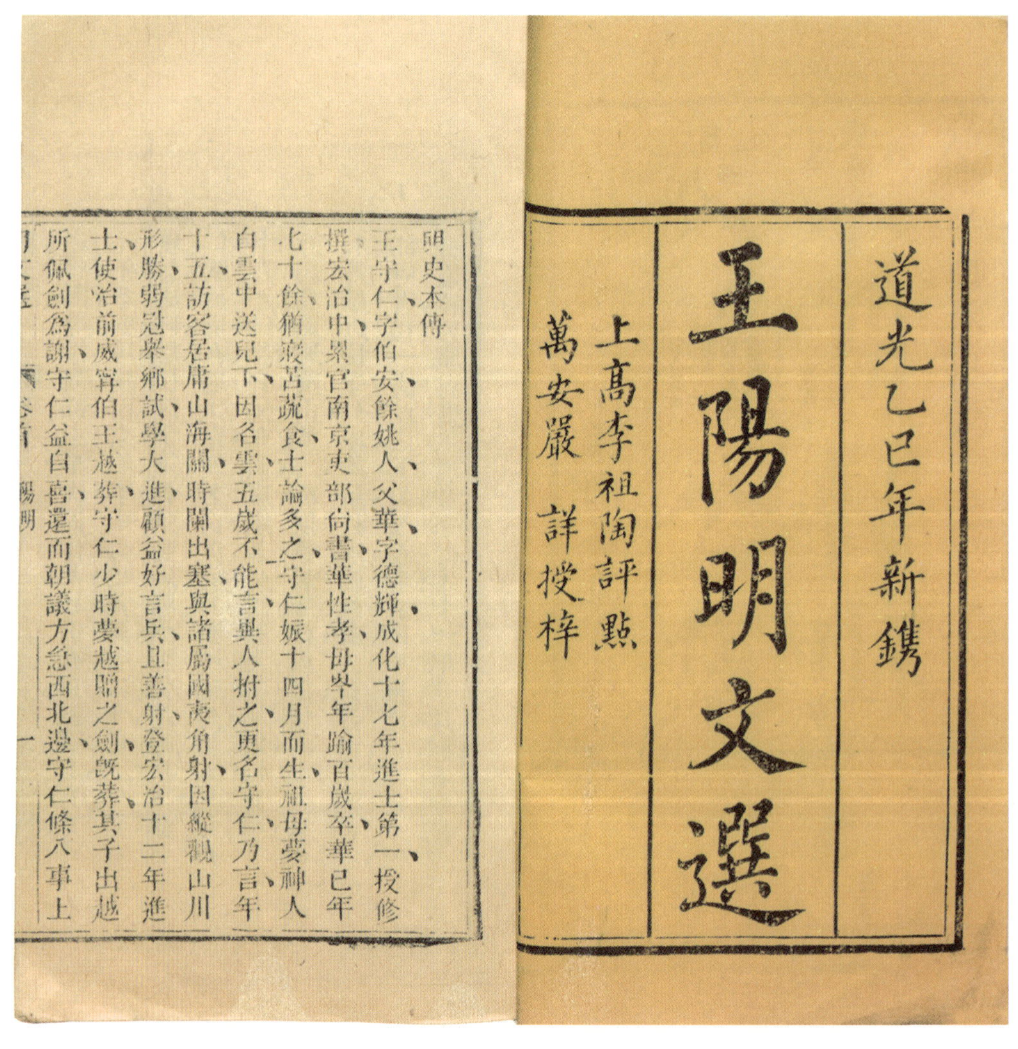

道光乙巳年新鎸

王陽明文選

上高李祖陶評點

萬安嚴詳授梓

明史本傳

王守仁、字伯安、餘姚人、父華、字德輝、成化十七年進士第一、授修撰、宏治中、累官南京吏部尚書、華性孝、母岑年踰百歲卒、華已年七十餘、猶寢苫蔬食、士論多之、守仁娠十四月而生、祖母夢神人自雲中送兒下、因名雲、五歲不能言、異人拊之、更名守仁、乃言、年十五訪客居庸山海關、時闌出塞、與諸屬國夷角射、因縱觀山川形勝、弱冠舉鄉試、學大進、顧益好言兵、且善射、登宏治十二年進士、使治前威寧伯王越葬、守仁少時夢越贈之劍、既葬、其子出越所佩劍爲謝、守仁益自喜、還而朝議方急西北邊、守仁條八事上

陽明　一

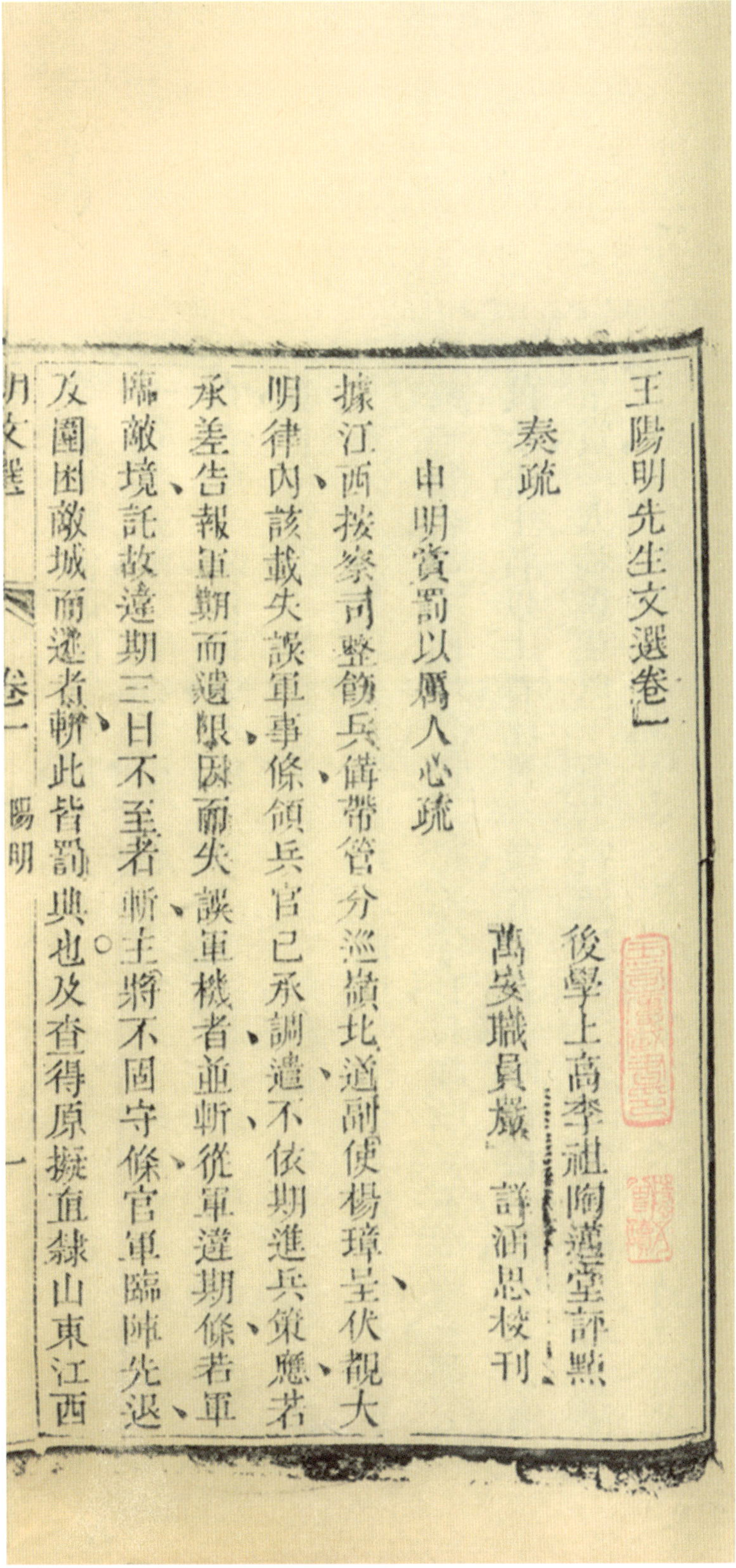

王陽明先生文選卷一

奏疏

後學上高李祖陶邁堂評點
萬安職員嚴　詳涵思校刊

申明賞罰以厲人心疏

據江西按察司整飭兵備帶管分巡嶺北道副使楊璋呈伏覩大
明律內該載失誤軍事條領兵官已承調遣不依期進兵策應若
承差告報軍期而違限因而失誤軍機者並斬從軍違期條若軍
臨敵境托故違期三日不至者斬主將不固守條官軍臨陣先退
及圍困敵城而逃者斬此皆罰典也及查得原擬直隸山東江西

181. 歸震川先生文選：六卷，首一卷　〔明〕歸有光撰〔清〕李祖陶評點

PL2698.K95 A1 1845

清道光二十五年（1845）刻本　三册

半葉9行25字，白口，四周雙邊，單黑魚尾，半框19.5×12.0釐米，最大邊長27.2釐米。版心上鎸“明文選”，中鎸卷次及“震川”。書名頁鎸“道光乙巳年新鎸，歸震川文選，上高李祖陶評點，廬陵劉珪授梓”。鈐“玉笥山房藏書印”“隱岑曾讀”印。

所屬叢書：《金元明八大家文選》。

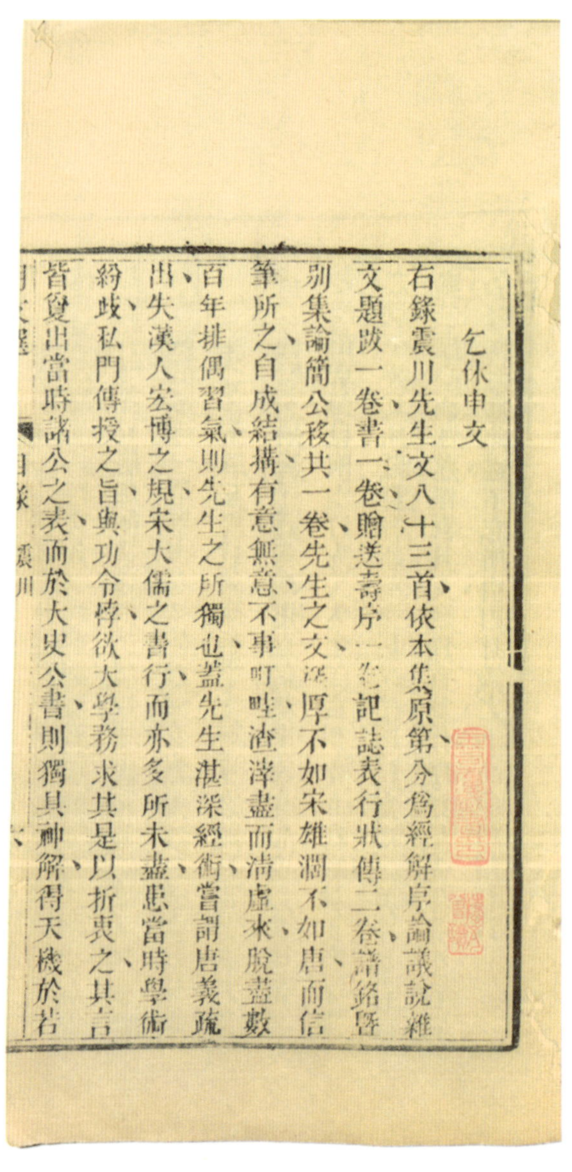

乞休申文

右錄震川先生文八十三首依本集原第分爲經解序論議說雜文題跋一卷書一卷贈送壽序一卷記誌表行狀傳二卷誥銘贊別集論箚公移共一卷先生之文深厚不如宋雄渾不如唐而信筆所之自成結搆有意無意不事叮哇渣滓盡而清虛來脫盡數百年排偶習氣則先生之所獨也蓋先生湛深經術嘗謂唐義疏出失漢人宏博之規宋大儒之書行而亦多所未盡患當時學術紛歧私門傳授之旨與功令悖欲大學務求其是以折衷之其言皆發出當時諸公之表而於太史公書則獨具神解得天機於若

明文選　目錄　震川

歸震川先生文選卷一

後學上高李祖陶邁堂評點

廬陵劉 珪景玠 校刊

經解 序 論議

易圖論上

起伸捌破

易圖非伏羲之書也此邵子之學也昔者庖羲氏之王天下也仰則觀象於天俯則觀法於地觀鳥獸之文與地之宜於是始作八卦以通神明之德以類萬物之情蓋以八卦盡天地萬物之理宇宙之間洪纖巨細往來升降生死消息之故悉著之於象矣後之人苟以一說求之無所不通故雖陰陽小數納甲飛伏坎離塡補

182. 唐荆川先生文選：七卷　〔明〕唐順之撰〔清〕李祖陶評點

清道光二十五年（1845）刻本　四册

半葉9行25字，白口，四周雙邊，單黑魚尾，半框19.5×12.0釐米，最大邊長27.2釐米。版心上鎸“明文選”，中鎸卷次及“荆川”。書名頁鎸“道光乙巳年新鎸，唐荆川文選，上高李祖陶評點，泰和孫滂授梓”。鈐“玉笥山慶藏書印”“隱岑曾讀”印。

所屬叢書：《金元明八大家文選》。

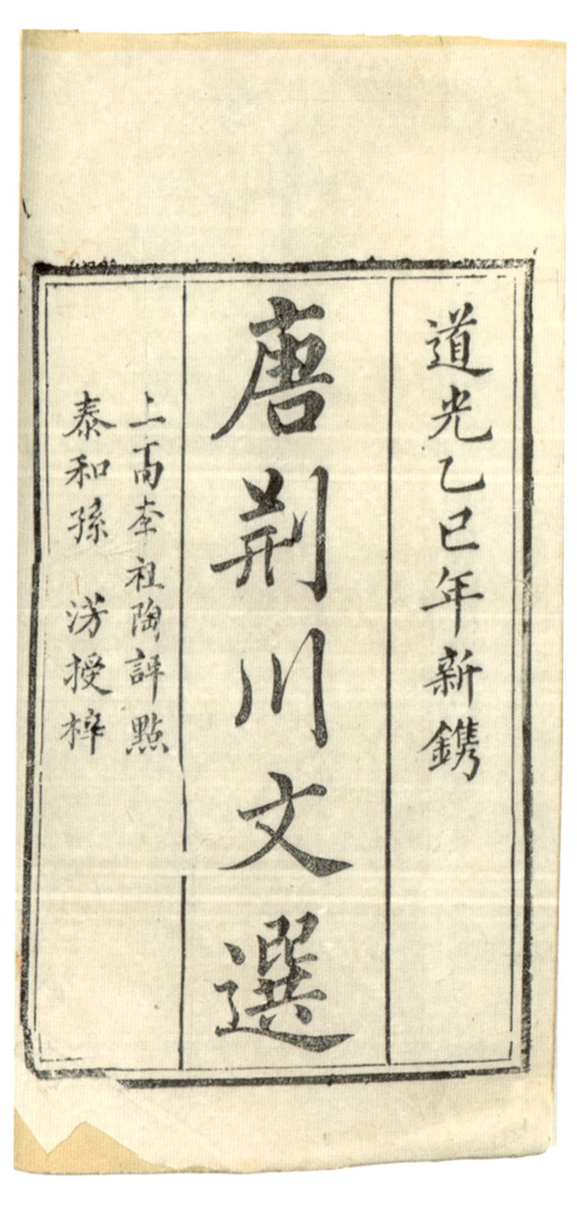

唐荆川先生文選卷一

後學上高李祖陶邁堂評點
泰和孫　淓目箕校刊

書

與王龍溪郎中

世人之不能不疑於吾輩也久矣近有士夫自浙中來者云及吾兄以佃寺之故使憲司有言且云兄以寺地據風水之勝欲作令先大夫墓地上官某人者既予之矣而憲使持之故若此紛紛也（大手最緊折有致）僕聞而竊嘆以為如兄安得有此此乃傳言之誤耳不然則必俗吏欲污蔑善人託為此說就使非傳言之誤非俗吏欲污蔑善人

183. 李石亭文集：六卷　〔清〕李化楠撰　

清嘉慶十四年（1809）刻本　二册

半葉10行21字，小字雙行字同，白口，左右雙邊，單黑魚尾，半框17.7×13.4釐米，最大邊長26.0釐米。版心上鎸"李石亭文集"，中鎸卷次及小題，下鎸頁碼。

所屬叢書：《函海》。與《蜀雅》《醒園録》《萬善堂集》合函。

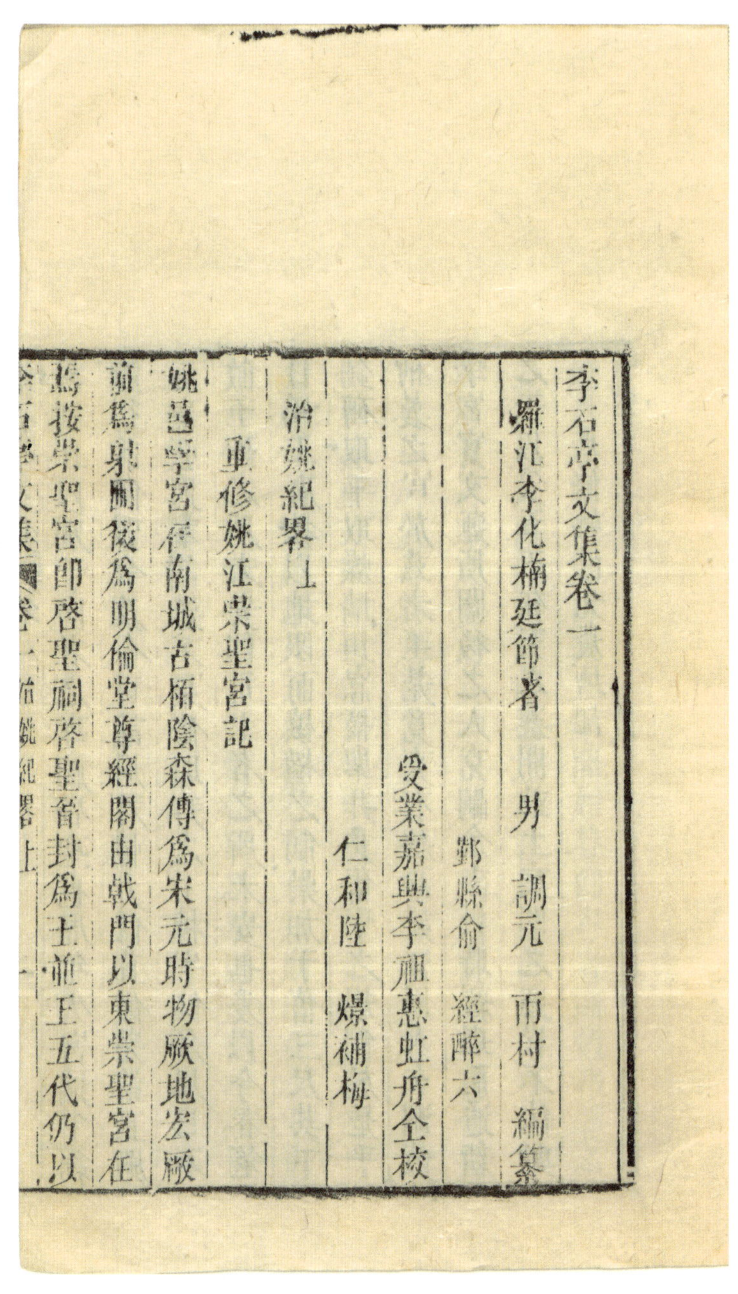
李石亭文集卷一
羅江李化楠廷節著　男　調元　雨村　編纂
鄞縣俞　經　醉六
受業嘉興李祖惠虹舟仝校
仁和陸　熼　補梅

治姚紀畧上
重修姚江崇聖宮記
姚邑學宮在南城古栢陰森傳爲宋元時物厥地宏敞
前爲泉圃後爲明倫堂尊經閣由戟門以東崇聖宮在
焉按崇聖宮卽啓聖祠啓聖肇封爲王追王五代仍以
李石亭文集　卷一　治姚紀畧上　一

李石亭文集卷二

羅江李化楠廷節著　男　調元　雨村　編纂

德清陳　墉厚堂

受業嘉興李　祖惠虹舟仝校

淳安王　世維維之

治姚紀畧下

姚江書院志畧序

書院之興廢人才之隆替所關也故近自督撫大吏以至州長邑宰興教勸學莫此爲先姚邑江山明秀靈潮吐納浙東精華於是焉聚竊怪兹土自　叉成藏倡學天

184. 萬善堂集：十卷　〔清〕李化楠撰〔清〕李調元編

清嘉慶十四年（1809）刻本　二册

半葉10行21字，小字雙行字同，細黑口，左右雙邊，單黑魚尾，半框17.7×13.4釐米，最大邊長26.0釐米。版心上鎸“李石亭詩集”，中鎸卷次，下鎸頁碼。卷二卷端題“李石亭詩集”。

所屬叢書：《函海》。與《蜀雅》《醒園録》《李石亭文集》合函。

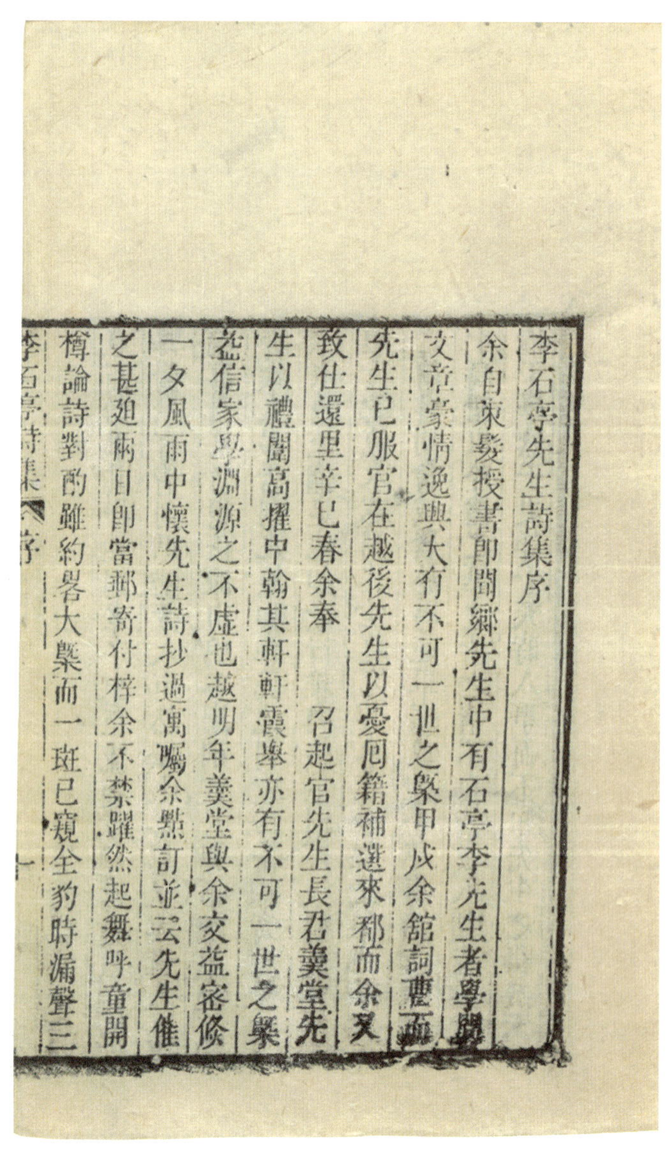

李石亭先生詩集序
余自束髮授書即聞鄉先生中有石亭李先生者學問
文章豪情逸興大有不可一世之槩甲戌余舘詞曹而
先生已服官在越後先生以憂回籍補選來都而余又
致仕還里辛巳春余奉　召起官先生長君羹堂先
生以禮闈高擢中翰其軒軒霞舉亦有不可一世之槩
益信家學淵源之不虛也越明年羹堂與余交益密倏
一夕風雨中懷先生詩抄過寓囑余點訂並云先生催
之甚廹兩日即當郵寄付梓余不禁躍然起舞呼童開
樽論詩對酌雖約畧大槩而一斑已窺全豹時漏聲三
李石亭詩集　序　一

萬善堂集卷一

羅江李化楠讓齋著

男 調元 雨村 編纂

杭州陸 燝補梅

受業嘉興李祖惠虹舟全校

紹興黃 璋稚圭

古今體

古風 贈何文淵

古人有高風留在古簡牘滄謝杜陵歸三徑自衎子孫子蘇門嘯一聲振山谷此人八孰與儔近代寡所續惟君志槃澗永矢而弗告紛華世競趨抱璞志逾篤柔間自

185. 潛研堂文集：五十卷 潛研堂詩集：十卷 潛研堂詩續集：十卷 〔清〕錢大昕撰

清嘉慶十一年（1806）刻本　二十二册

半葉10行21字，白口，四周單邊，單黑魚尾，半框19.2×14.0釐米，最大邊長25.6釐米。版心上鎸書名，中鎸卷次，下鎸頁碼。鈐“顒盦藏本”印。

清嘉慶十一年段玉裁“潛研堂文集序”言刻書事。

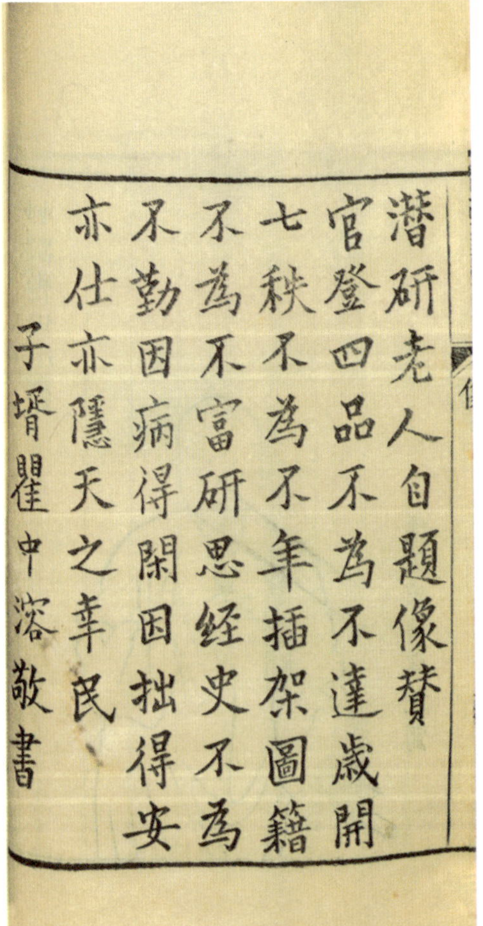

潛研老人自題像贊
官登四品不爲不達歲開
七秩不爲不年插架圖籍
不爲不富研思經史不爲
不勤因病得閑因拙得安
亦仕亦隱天之幸民
子壻瞿中溶敬書

潛研堂文集卷一

嘉定錢大昕

賦

御試石韞玉賦

伊荆山之奇珍韜光華於巖隙外皎若以騰輝內温如以含澤紀瑤琨於禹貢質可配乎精鏐徵繅藉于周官禮必先以束帛懷寶五都之市元璐白珩程材六瑞之司黄琮蒼璧飄來瓊佩猶含石氣之青捧出瑛盤若帶巖間之赤追琢效玉人之技其知價重乎連城菁華標地產之奇詎識秀鍾乎盤石爾其連岡崱屴彌望孱顔

186. 童山詩集：四十二卷 〔清〕李調元撰

清嘉慶十四年（1809）李氏萬卷樓刻本 四册

半葉10行21字，粗黑口，左右雙邊，單黑魚尾，半框17.3×11.8釐米，最大邊長26.0釐米。版心上鎸書名，中鎸卷次。

所屬叢書：《函海》。

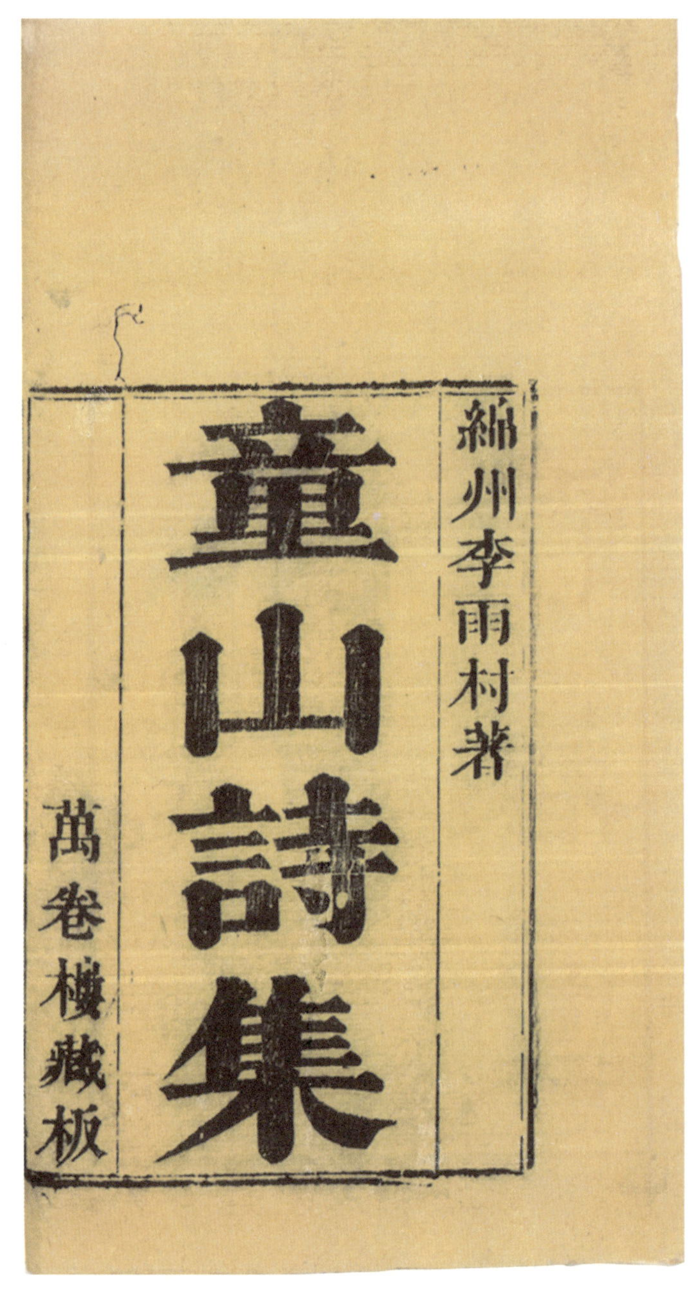

童山詩集卷一

綿州李調元雨村

戊辰

雜興

衣冠入倮國相驚以爲怪繩彼以禮文其苦如縲械人固安所習改飾終不變假使我輩倮豈復成人類陶人使爲冶鑄器必不良冶子使爲陶瓦合必相妨茅茨與土堦後王無此殿玉杯與象箸前王無此宴所以合聖人因時隨俗便

人身一小天天道固難曉五官不列眉眉胡主壽考百

187. 清琅室詩鈔：二卷，續鈔一卷 〔清〕夏儼撰 〔清〕孫墉輯

PL2710.S562 Q25 1806

清嘉慶十一年（1806）刻本　三册

半葉9行18字，小字雙行字同，粗黑口，左右雙邊，單黑魚尾，半框16.8×12.1釐米，最大邊長25.6釐米。版心中鎸書名及卷次。書名頁鎸“嘉慶丙寅刊，清琅室詩鈔，金粟張燕昌題”。

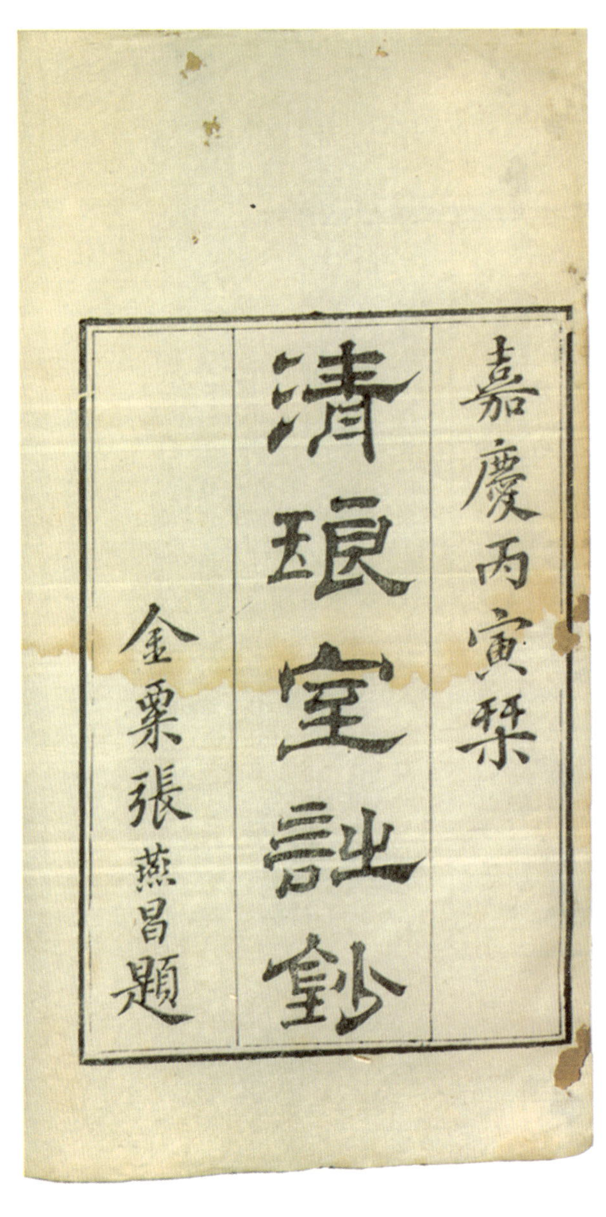

嘉慶丙寅栞

清琅室詩鈔

金粟張燕昌題

清琅室詩鈔卷上

秀水夏儼守白氏學

門人 孫墉 編次

蒹葭秋水樓賦爲沈潛

蒼蒼者蒹葭邪淼淼者秋水也若有一人兮在水之涘也落落則少負不羈也循循則動視素履也爾乃扆藺莣以翳垣繚薜荔以植樊絓野煙於華戶席清月於澗門旣冥心於鐘鼓遂忘懷於輪軒愛客蔣生但闢徑下帷董子不闚園

188. 稻香吟館詩稿：六卷，文稿一卷 〔清〕李賡芸撰

清道光四年（1824）刻本　二册

半葉10行20字，白口，左右雙邊，單黑魚尾，半框17.0×13.3釐米，最大邊長25.0釐米。版心上鎸書名，中鎸卷次。書名頁鎸“稻香吟館詩文集”。

刻書年取自陳壽祺序。

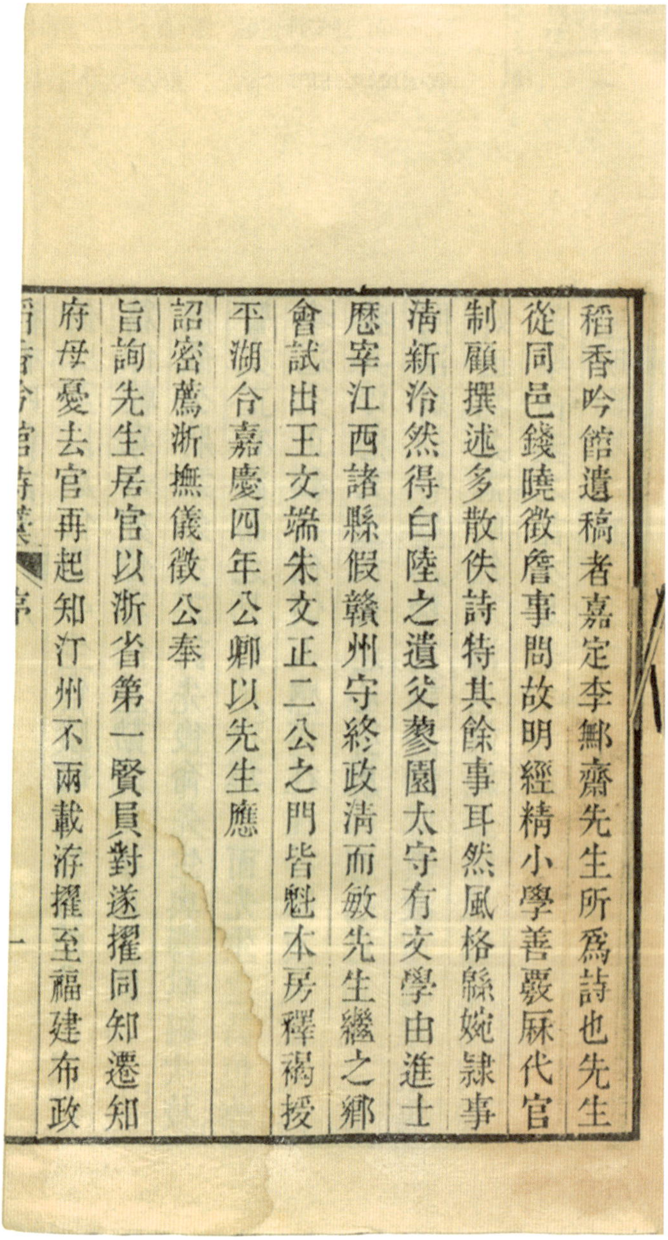

稻香吟館遺稿者嘉定李鄦齋先生所爲詩也先生從同邑錢曉徵詹事問故明經精小學善擘麻代官制顧撰述多散佚詩特其餘事耳然風格緜婉隷事清新洽然得白陸之遺爻蓼園太守有文學由進士歷宰江西諸縣假贛州守終政清而敏先生繼之鄉會試出王文端朱文正二公之門皆魁本房釋褐授平湖令嘉慶四年公卿以先生應
詔密薦浙撫儀徵公奉
旨詢先生居官以浙省第一賢員對遂擢同知遷知府母憂去官再起知汀州不兩載洊擢至福建布政

稻香吟館詩稿　序　一

稻香吟館詩藁卷一

嘉定李賡芸生甫

懷四明袁秀才陶軒

草橋門對西陵渡渡口春山綠無數翠嵐隔斷曹娥江我有神交江上住人生不如鹿豕羣南北浮雲終不遇去年鼓櫂鏡湖濱信宿山陰卻歸去蒼煙茫茫月迢迢推起烏篷屢回顧見君無由重思君跳躍雙丸春又暮欲飛殘夢過錢江惱殺簾旌撲輕絮

蘇李泣別圖

羝乳餘生返漢京河梁不改故人情片時低首雙揮

189. 紅蕙山房集：一卷　〔清〕袁廷檮撰　

清嘉慶十九年（1814）安徽歙縣長塘鮑氏刻本　一册

半葉9行21字，小字雙行字同，細黑口，左右雙邊，無魚尾，半框13.0×9.9釐米，最大邊長20.0釐米。版心中鐫子目書名及卷次，下鐫"知不足齋叢書"。

所屬叢書：《知不足齋叢書》第二十八集。與《静春堂詩集》合訂一册。

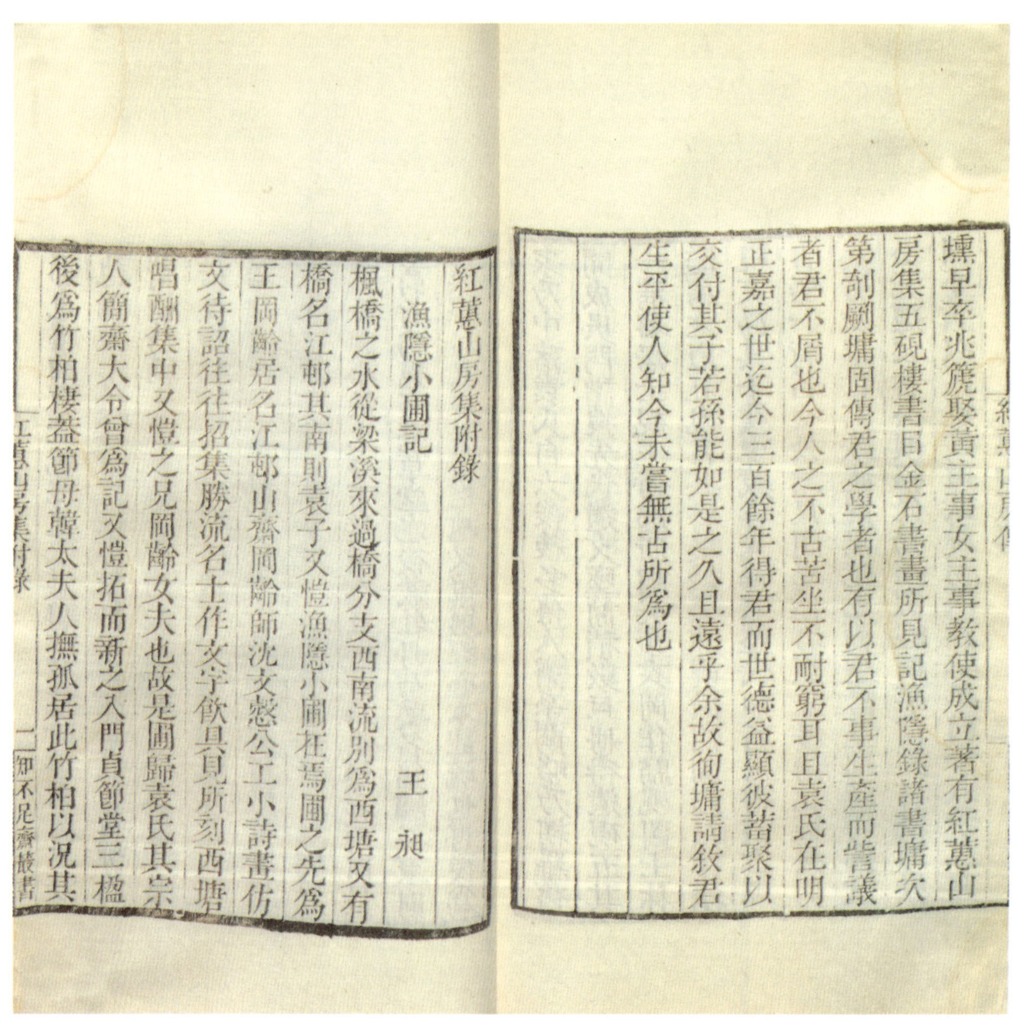

壖早卒兆篪娶黃主事女主事教使成立著有紅蕙山房集五硯樓書目金石書畫所見記漁隱錄諸書壖次第剞劂壖固傳君之學者也有以君不事生產而訾議者君不屑也今人之不古苦坐不耐窮耳且袁氏在明正嘉之世迄今三百餘年得君而世德益顯彼蓄聚以交付其子若孫能如是之久且遠乎余故徇壖請敘君生平使人知今未嘗無古所爲也

紅蕙山房集附錄

漁隱小圃記　王昶

楓橋之水從梁溪來過橋分支西南流別爲西塘又有橋名江邨其南則袁子又愷漁隱小圃在焉圃之先爲王岡齡居名江邨山齋岡齡師沈文愨公工小詩書仿文待詔往往招集勝流名士作文字飲具見所刻西塘唱酬集中又愷之兄岡齡女夫也故是圃歸袁氏其宗人簡齋大令曾爲記又愷拓而新之入門貞節堂三楹後爲竹柏樓蓋節母韓太夫人撫孤居此竹柏以況其

紅蕙山房集附錄　一　知不足齋叢書

紅蕙山房吟稾

吴縣袁廷檮又愷

丁巳夏日移居西塘漁隱小圃偶成七律四首

路轉楓橋有敝廬竹林好臥復移居與舍姪同居常依喬木思餘蔭藉寄閒身讀古書開徑還宜栽杞菊結鄰只合伴樵漁却離闤闠囂塵斷門外惟停長者車

童丱曾於此釣遊手栽梅樹已成虬將驚雪色侵華鬢忍使光陰付逝流白石清泉非樂志寒楓老桂易悲秋徘徊最是傷心處午夜青鐙竹柏樓

紅蕙山房吟稾　一　知不足齋藏書

190. 初月樓文鈔：十卷 初月樓詩鈔：四卷 〔清〕吴德旋著 〔清〕康兆晉等校

清道光三年（1823）康兆晉刻本 四册

半葉10行22字，細黑口，左右雙邊，單黑魚尾，半框17.2×12.1釐米，最大邊長24.0釐米。版心上鎸書名，中鎸卷次。書名頁鎸“初月樓文鈔，道光癸未季夏惲彙昌篆”。

康兆晉序言刻書事。刻書年取自序言。

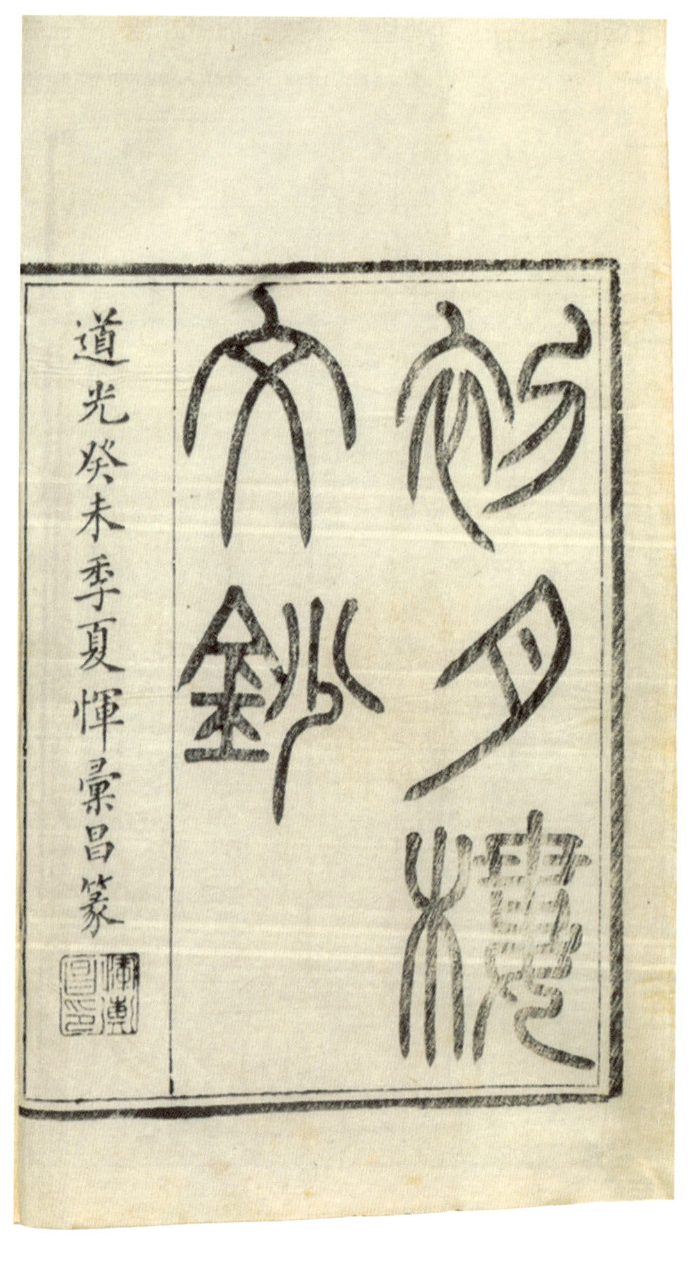

初月樓文鈔

道光癸未季夏惲彙昌篆

初月樓文鈔卷一

宜興吳德旋仲倫甫著

受業興縣康兆晉康侯校

雜著

學校貢舉論

古者國有學鄉有校州有序黨有庠家有塾民八歲入小學教之以明父子之倫長幼之序灑掃應對進退之節十五入大學擇其才之可教者聚之不肖者復之農畝其爲士者師教之以誠意正心修身齊家治國平天下之道知仁聖義中和之德孝友睦婣任恤之行禮樂射御書數之

191. 過學齋詩鈔：六卷 〔清〕王蔭槐撰

清道光十一年（1831）刻本　二册

半葉9行19字，小字雙行字同，白口，左右雙邊，單黑魚尾，半框17.3×13.2釐米，最大邊長25.2釐米。版心上鐫書名，中鐫卷次。書名頁鐫“過學齋詩鈔，道光辛卯孟春刊，蠊廬夏翼朝書”。

刻書者據序言。

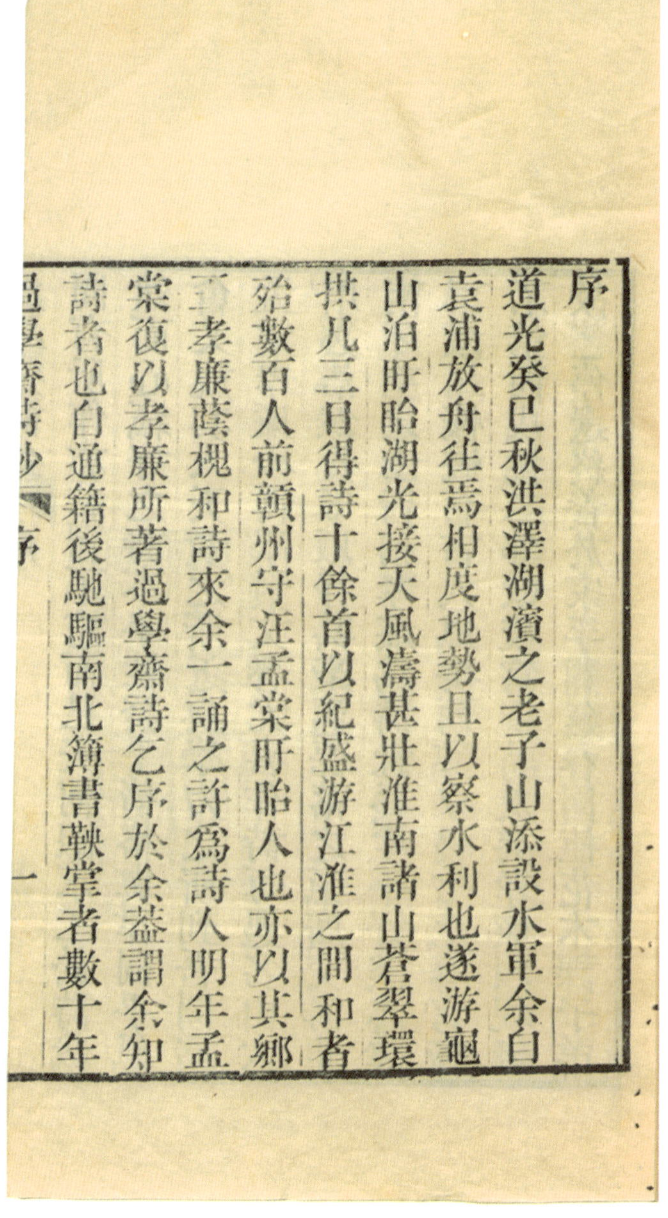

序

道光癸巳秋洪澤湖濱之老子山添設水軍余自袁浦放舟往焉相度地勢且以察水利也遂游龜山泊盱眙湖光接天風濤甚壯淮南諸山蒼翠環拱凡三日得詩十餘首以紀盛游江淮之間和者殆數百人前贛州守汪孟棠盱眙人也亦以其鄉王孝廉蔭槐和詩來余一誦之許爲詩人明年孟棠復以孝廉所著過學齋詩乞序於余蓋謂余知詩者也自通籍後馳驅南北簿書鞅掌者數十年

過學齋詩鈔　序　一

過學齋詩鈔卷一

盱眙　王蔭槐　子和

擬古

樠蠹梧桐枝，百尺森高陰。鳳凰期不來，寂寞空山岑。空山雖寂寞，自有太古音。幽人截其材，繚爲碧玉琴。撫絃一再鼓，猿鳥爲哀吟。巖岡鬱蓊薆，濱渤窅然深。並世有鍾期，庶幾知此心。

天門詄蕩開，四方覲皇都。車馬紛雜沓，冠蓋交九衢。翩翩誰少年，言家城南隅。朝趨丞相府，暮謁通

192. 容山教事録：一卷 〔清〕張履撰 PL2705.A525 1838

清道光十八年（1838）華陽精舍刻本　一册

半葉11行22字，小字雙行字同，白口，左右雙邊，單黑魚尾，半框18.5×14.0釐米，最大邊長25.7釐米。版心鎸書名。書名頁鎸“道光戊戌嘉平月刊，容山教事録，華陽精舍藏”。鈐“淵甫”印。

有清道光十七年（1837）李璋煜叙，清道光十八年沈兆澐叙。

道光戊戌嘉平月刊
容山教事録
華陽精舍藏

容山教事錄

震澤張履譔

募修句容學宮文

昔漢文翁治蜀修起學官於成都市中（師古注學官學之官舍也賈誼傳學者所學之官也）宋胡安定在湖州爲經義治事二齋以造諸士誠以型民善俗教化爲先而學校爲教化所從出故賢達之徒必於此盡心焉句容之有儒學昉於唐之開元至宋元豐二年而改建於斯嗣後屢壞屢修具載志乘乾隆末曾加繕葺而歷年已久日就陊隤每大雨之後禮殿皆水其餘崇聖忠孝鄉賢名宦諸祠並屋瓦殘缺而明倫堂尤甚其東鹵齋舍椽露牆圮不蔽風日及今不修後必大壞此

193. 微尚齋詩：二卷 汪兆鏞撰

清宣統三年（1911）刻本　一册

半葉11行21字，小字雙行字同，粗黑口，左右雙邊，無魚尾，半框15.8×11.8釐米，最大邊長26.0釐米。版心鎸書名及卷次。牌記鎸“辛亥冬刊”。

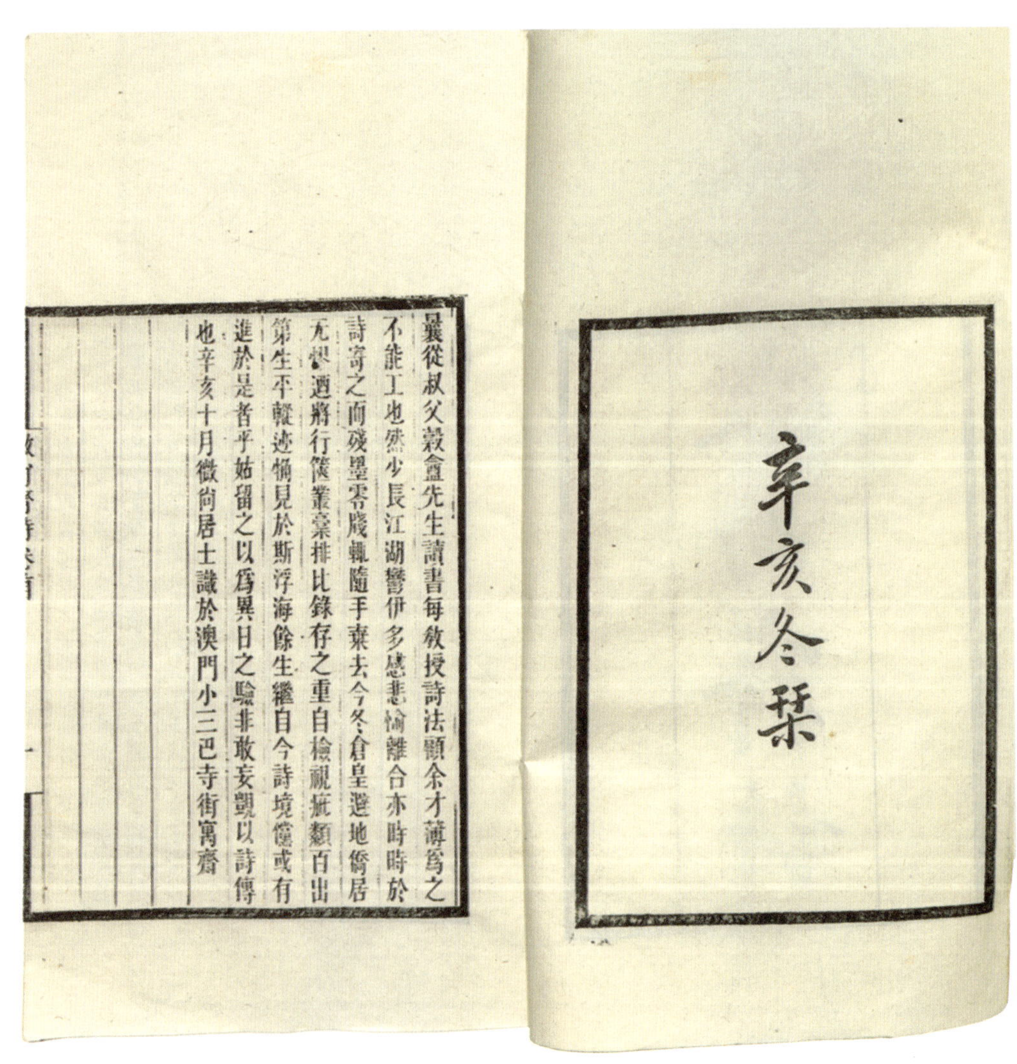
曩從叔父穀盦先生讀書每教授詩法顧余才薄爲之不能工也然少長江湖鬱伊多感悲愉離合亦時時於詩寄之而殘墨零牋輒隨手棄去今冬倉皇避地僑居无礜適將行篋叢稾排比錄存之重自檢覼疵纇百出第生平鞿迹悃見於斯浮海餘生繼自今詩境儻或有進於是者乎姑留之以爲異日之驗非敢妄覬以詩傳也辛亥十月微尚居士識於澳門小三巴寺街寓齋

辛亥冬槧

微尙齋詩卷上 起乙酉 訖壬寅

番禺　汪兆鏞　伯序

江上

扣舷西望莽山川，江上愁心總黯然。款欸煞田家斜照裏，瓦盆濁酒話殘年。

讀書

急就凡將篇漢世教學僮如何晚近來擾擾諸老翁小學號顯門箸述多紛彙騂顏尊洨長依託計至工沿流益破碎榛塞嗟塗窮昔賢起九原知必鳴鼓攻稽古尋微言討原資深衷喉鈐有神會皮傅無苟同誰能箴膏肓勿徒箋魚蟲讀書觀其大服膺諸葛公

總集類

194. 南北朝文鈔：二卷　〔清〕彭兆蓀輯　

清光緒元年（1875）番禺陳起榮刻本　二册

半葉11行24字，白口，四周雙邊，單黑魚尾，半框18.0×13.0釐米，最大邊長23.0釐米。版心上鐫書名，中鐫卷次。

清光緒元年林昌彝跋言刻書事。刻書地、刻書者、刻書年取自跋。

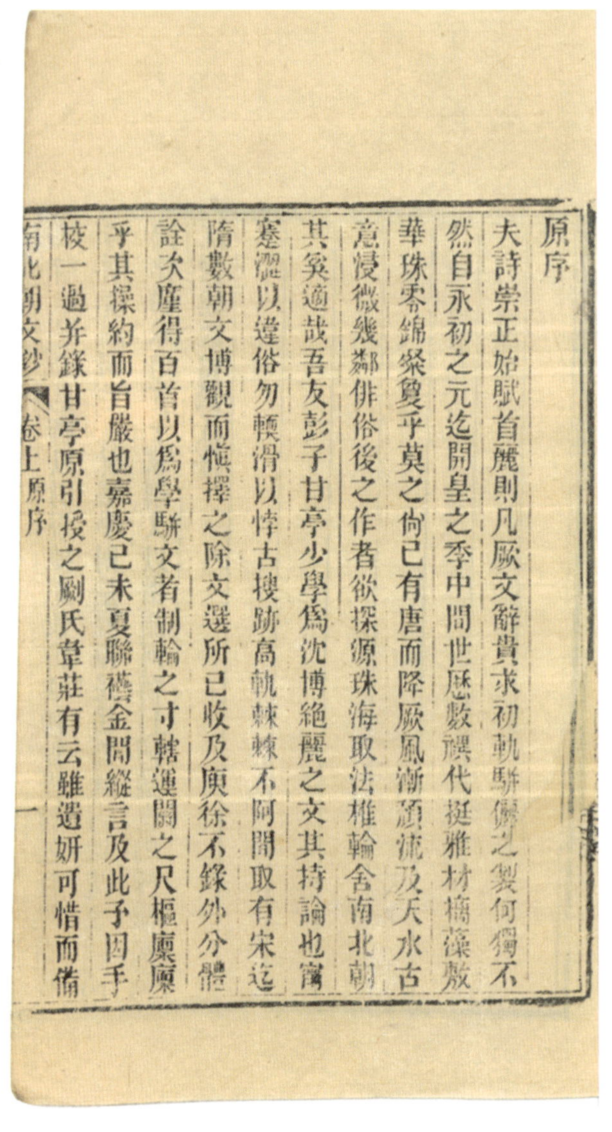

原序

夫詩崇正始賦首麗則凡厥文辭貴求初軌駢儷之製何獨不
然自永初之元迄開皇之季中間世歷數禩代挺雅材摛藻敷
華珠零錦粲㚇乎莫之尚已有唐而降厥風漸頹流及天水古
意寖微幾鄰俳俗後之作者欲探源珠海取法椎輪舍南北朝
其奚適哉吾友彭子甘亭少學爲沈博絶麗之文其持論也甯
蹇澀以違俗勿輭滑以悖古捜跡高軌棘轅不阿間取有宋迄
隋數朝文博觀而愼擇之除文選所已收及庾徐不錄外分體
詮次廑得百首以爲學駢文者制輪之寸轄運闗之尺樞廑廑
乎其操約而旨嚴也嘉慶己未夏聯襼金閶縱言及此予因手
校一過幷錄甘亭原引綴之剛氏韋莊有云雖遺妍可惜而備

南北朝文鈔　卷上　原序　一

南北朝文鈔卷上

婁東彭兆蓀甘亭採輯

番禺陳起榮奎垣校刊

宋武帝

與臧熹勅

頃學尚廢弛後進頹業衡門之內淸風輟響良由戎車屢警禮樂中息浮夫近志情與事染豈可不敷崇墳籍敦厲風尚此境人士子姪如林明發搜訪想聞令軌然荆玉含寶要俟開瑩匠斲檏器事資廣發獨習寡悟義著周典今經師不遠而赴業無聞非惟志學者鮮或是勸誘未至耶想復宏之

釋名云勅飭也漢制度曰帝之下書有四一策書二制書三詔書四誡勅緗素雜記謂唐以前帝王命令尚未稱勅謂千

195. 全唐詩逸：三卷　（日）河世寧撰　

清嘉慶二十三年至道光三年（1818—1823）安徽歙縣長塘鮑氏刻本　一册

半葉9行21字，小字雙行字同，細黑口，左右雙邊，無魚尾，半框13.0×9.9釐米，最大邊長20.0釐米。版心中鎸子目書名及卷次，下鎸“知不足齋叢書”。

所屬叢書：《知不足齋叢書》第三十集。

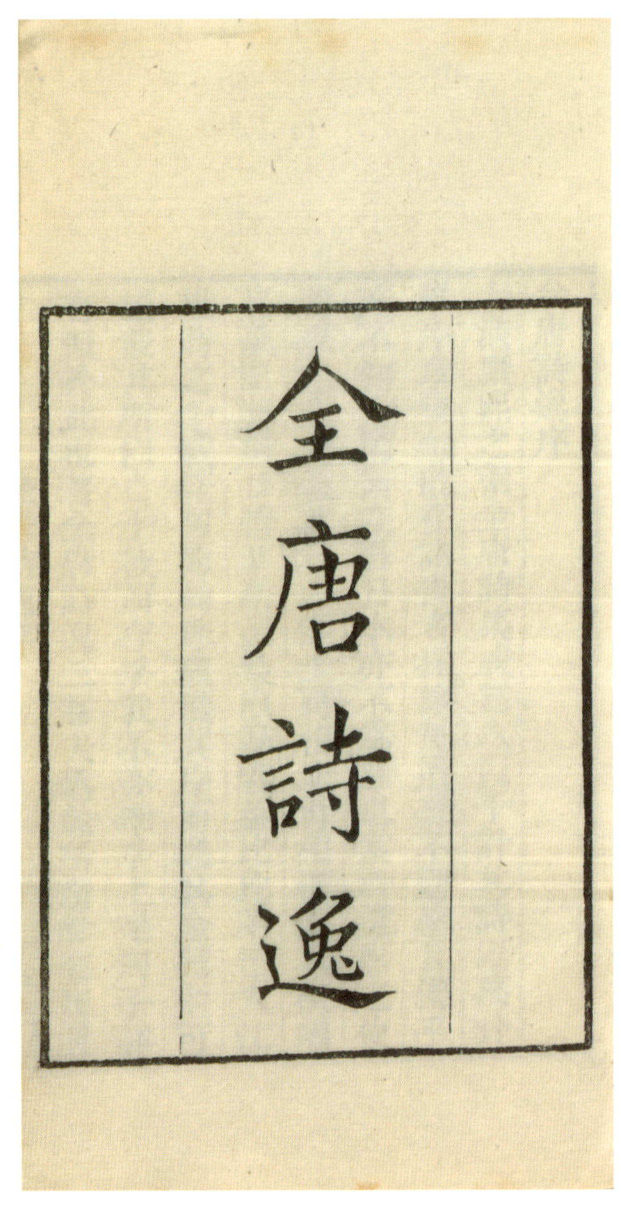

全唐詩逸卷上

日本上毛河世寧纂輯

男三亥校

明皇帝

送日本使 日本高僧傳云天平勝寶四年藤原清河爲遣唐大使至長安見元宗元宗曰聞彼國有賢君今觀使者趨揖有異乃號日本爲禮儀君子國命晁衡導清河等視府庫及三教殿又圖清河貌納於蕃藏中及歸賜詩

日下非殊俗天中嘉會朝念余懷義遠矜爾畏途遥漲海寬秋月歸帆駃夕飇因驚彼君子王化遠昭昭

196．全五代詩：一百卷　〔清〕李調元輯　　AC149 .H36 1809 case 15

清嘉慶十四年（1809）李氏萬卷樓刻本　六册

半葉10行21字，小字雙行字數不等，白口，左右雙邊，單黑魚尾，半框16.7×13.4釐米，最大邊長26.0釐米。版心上鎸書名，中鎸卷次及小題，下鎸頁碼。

所屬叢書：《函海》。

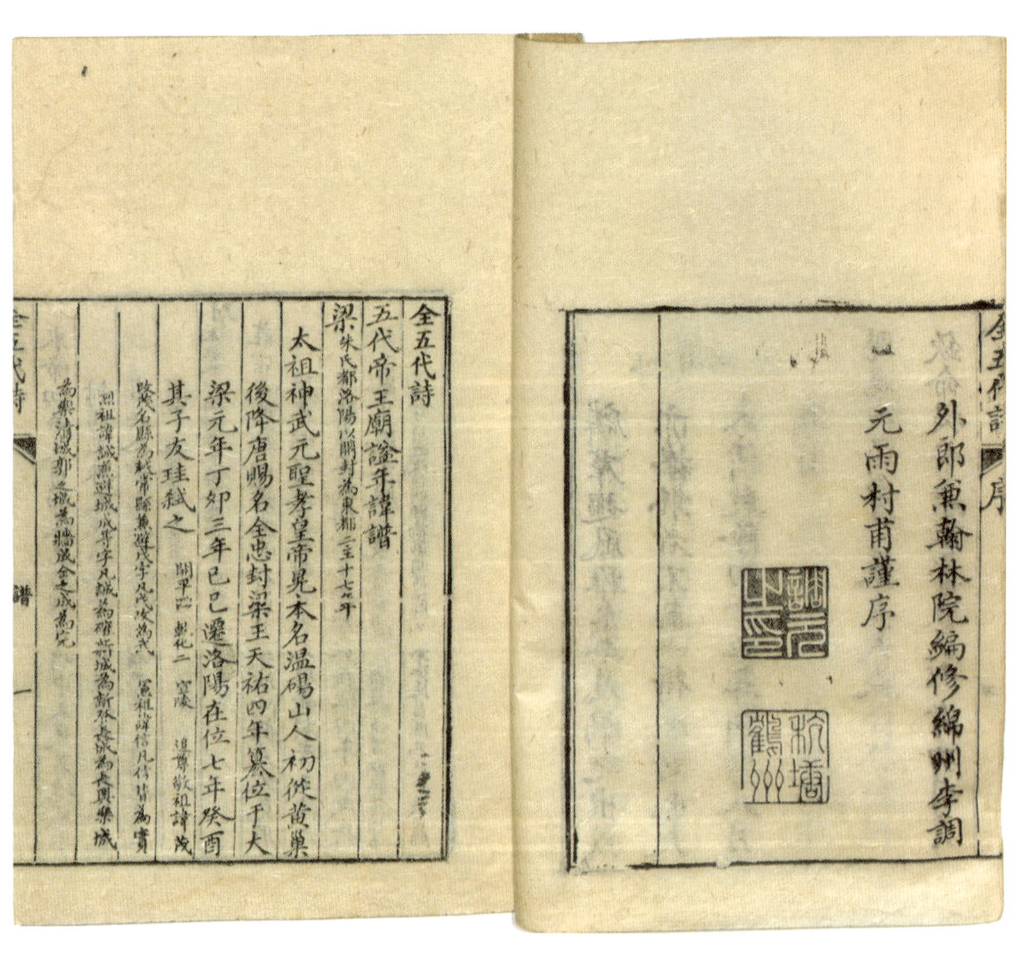
全五代詩
五代帝王廟謚年諱譜
梁　朱氏都洛陽以開封為東都　三主十七年
太祖神武元聖孝皇帝晃本名溫碭山人初從黃巢
後降唐賜名全忠封梁王天祐四年篡位于大
梁元年丁卯三年己巳還洛陽在位七年癸酉
其子友珪弒之　開平四　乾化二　宣陵　追尊敬祖諱茂
避茂名縣為越常縣兼避戊字凡戊改為武　憲祖諱信凡信皆為實
烈祖諱誠兼避城成等字凡誠為[illegible]城為[illegible]城為新及長城為長興樂城
為樂清城郭之城為牆成全之成為完
全五代詩　譜　一

全五代詩　序
外郎兼翰林院編修綿州李調
元雨村甫謹序

全五代詩巻一

羅江李調元雨村 編

梁

趙光逢

光逢字延吉京兆奉天人唐僕射隱之子乾符五年登進士第拜御史中丞唐亡仕梁為中書侍郎同中書門下平章事累遷左僕射進司徒拜太保封齊國公五代史光逢少以文行知名時人稱其方直温潤謂之玉界尺

梁郊祀樂章

就陽位昇圜丘仰纓玉御大裘膺天命擁神休萬靈感

197. 文苑英華辨證：十卷 〔宋〕彭叔夏撰

清乾隆五十三年至六十年（1788—1795）安徽歙縣長塘鮑氏刻本　二册

半葉9行21字，細黑口，左右雙邊，無魚尾，半框13.0×9.9釐米，最大邊長20.0釐米。版心中鎸子目書名及卷次，下鎸“知不足齋叢書”。

所屬叢書：《知不足齋叢書》第十九集。與《馮汝言詩紀匡謬》合訂一册。

文苑英華辨證敘

叔夏嘗聞

太師益公先生之言曰校書之法實事是正

多聞闕疑叔夏年十二三時手鈔

太祖皇帝實錄其間云興衰治亂之源闕一

字意謂必是治亂後得善本廼作治忽三折

肱爲良醫信知書不可以意輕改文苑英華

一千卷字書魚魯篇次混淆比他書尤甚曩

經

文苑英華辨證敘　一　知不足齋叢書

198. 明詩綜：一百卷　〔清〕朱彝尊輯　

清雍正（1723—1735）六峰閣刻本　三十二册

半葉11行21字，小字雙行27字，白口，左右雙邊，單黑魚尾，半框19.2×14.2釐米，最大邊長25.0釐米。版心中鐫書名及卷次，下鐫頁碼。書名頁題“朱竹垞太史選本，明詩綜，六峰閣藏版”。鈐“寶應喬氏吾園珍藏”“喬載繇印”“信齋”等印。

有清康熙四十四年（1705）朱彝尊序。

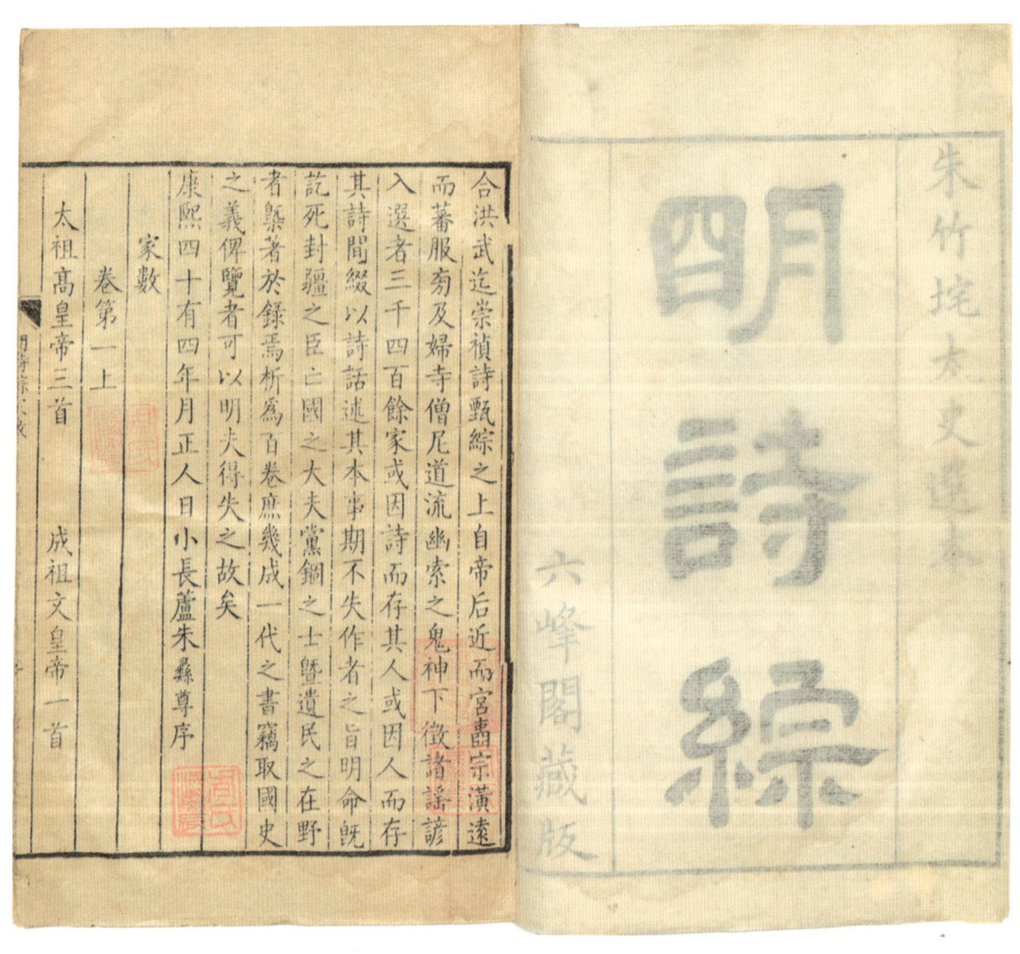

朱竹垞太史選本
明詩綜
六峰閣藏版

合洪武迄崇禎詩甄綜之上自帝后近而宮壼宗潢遠
而蕃服旁及婦寺僧尼道流幽索之鬼神下徵諸謠諺
入選者三千四百餘家或因詩而存其人或因人而存
其詩間綴以詩話述其本事期不失作者之旨明命既
訖死封疆之臣亡國之大夫黨錮之士暨遺民之在野
者槩著於録焉析爲百卷庶幾成一代之書竊取國史
之義俾覽者可以明夫得失之故矣
康熙四十有四年月正人日小長蘆朱彝尊序

家數

卷第一上

太祖高皇帝三首　成祖文皇帝一首

明詩綜卷一上

小長蘆 朱彝尊 錄

休陽 汪森 緝評

太祖高皇帝 三首

帝諱元璋，姓朱氏，字國瑞，濠之鍾離東鄉人。元至正十一年辛卯起兵，丁未稱吴元年，戊申建元洪武，在位三十一年崩，葬孝陵。在應天府治東北鍾山之陽。永樂元年上尊謚曰聖神文武欽明啓運俊德成功統天大孝高皇帝，廟號太祖。嘉靖十七年改上尊謚曰開天行道肇紀立極大聖至神仁文義武俊德成功高皇帝。有御製詩集五卷。

199. 古文淵鑒：六十四卷　〔清〕徐乾學等編注　

清康熙二十四年（1685）内府五色套印本　三十四册

半葉9行20字，小字雙行字同，粗黑口，四周單邊，雙順黑魚尾，半框18.8×13.4釐米，最大邊長28.0釐米。版心中鎸"古文淵鑒正集"、卷次、卷名和篇名，眉端刻注。序題"御製古文淵鑒序"。封底内頁題"中華民國二十三年九月以家藏古本贈與麥錦泉君，符葆心"。鈐"符葆心印"。

刻書年據序文。

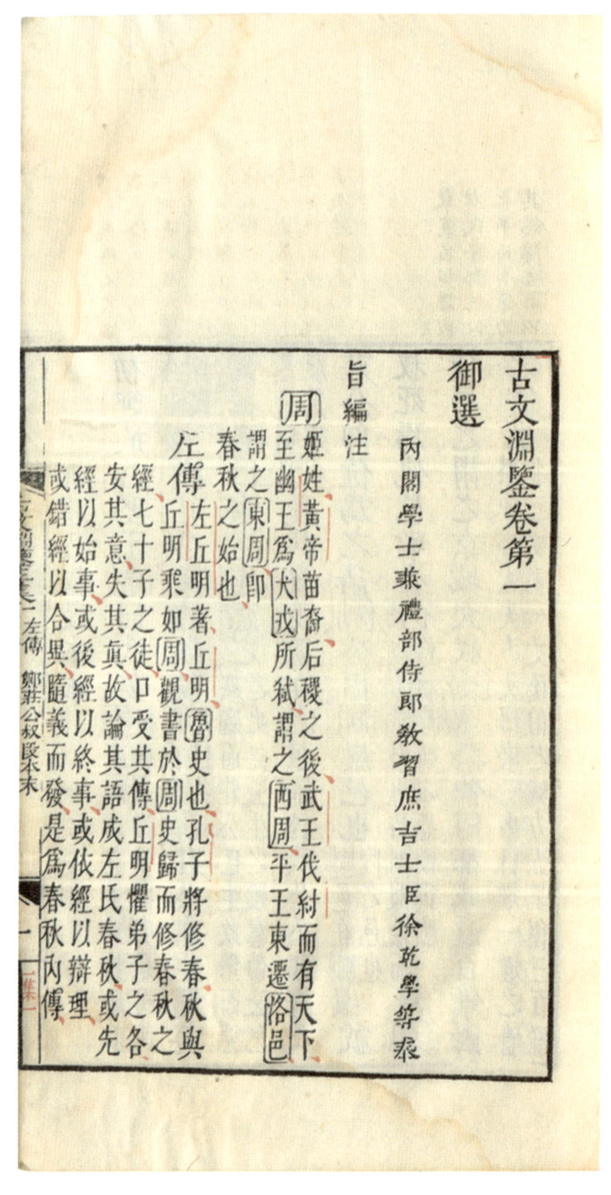

古文淵鑒卷第一

御選　內閣學士兼禮部侍郎教習庶吉士臣徐乾學等奉

旨編注

周 姬姓黃帝苗裔后稷之後武王伐紂而有天下至幽王爲犬戎所弑謂之西周平王東遷洛邑謂之東周卽春秋之始也

左傳 左丘明著丘明魯史也孔子將修春秋與丘明乘如周觀書於周史歸而修春秋之經七十子之徒口受其傳丘明懼弟子之各安其意失其眞故論其語成左氏春秋或先經以始事或後經以終事或依經以辯理或錯經以合異隨義而發是爲春秋內傳

古文淵鑒卷一 左傳 鄭莊公叔段本末　一　正集一

書曰烝烝乂不格姦人倫之至萬世之訓也以武姜之偏溺叔段之貪愚莊公初無孝友之誠心遂不明於予奪之大義養成弟惡而後以兵取之其失德多矣

東萊呂祖謙曰左氏序鄭莊公之事極有筆力其怨端之所以

鄭莊公叔段本末　隱公元年

初鄭武公娶于申曰武姜（鄭姬姓周宣王封其母弟桓公友傳子掘突是爲武公申姜姓國）生莊公及共叔段（段出奔共故曰共叔）莊公寤生驚姜氏故名曰寤生遂惡之（寐寤而莊公已生故驚而惡之史記云生之難應劭云兒墮地開目視爲寤生）愛共叔段欲立之亟請於武公公弗許及莊公卽位爲之請制公曰制巖邑也（制邑在鄭巖險之邑也）號叔死焉他邑唯命（號叔東號君也恃制巖險而不修德鄭滅之恐段復然）請京使居之謂之京城大叔（京鄭邑）祭仲曰都城過百雉國之害也（祭仲鄭大夫方丈曰堵三堵曰雉一雉之墻長三丈高一丈侯伯之城方五里徑三百雉）

200. 才調集：十卷　〔清〕韋縠集　PL2517 .T73 1704

清康熙四十三年（1704）汪氏垂雲堂刻本　四册

半葉8行19字，小字雙行22字，白口，左右雙邊，單黑魚尾，半框18.0×13.0釐米，最大邊長27.0釐米。版心中鐫書名及卷次，下鐫“垂雲堂”。書名頁鐫“宋本校正，虞山二馮先生閱本，宛委堂藏板”。鈐“宛委堂圖書”“墨南所藏”印。有“EXLIBRIS S. I. Hsiung”藏書簽。

有馮武“二馮先生評閱才調集凡例”。二馮即馮舒、馮班。清康熙四十三年汪瑶“才調集後”言刻書事。

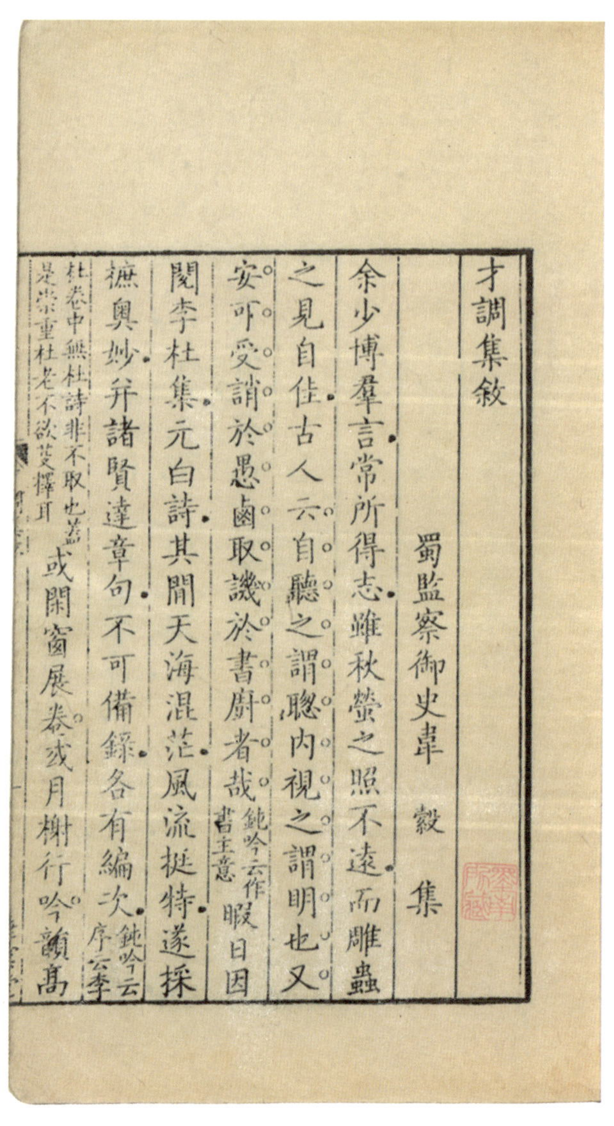
才調集敘
蜀監察御史韋　縠　集
余少博羣言常所得志雖秋螢之照不遠而雕蟲之見自佳古人云自聽之謂聰内視之謂明也又安可受誚於愚鹵取譏於書厨者哉鈍吟云作書主意暇日因閱李杜集元白詩其間天海混茫風流挺特遂採摭奥妙并諸賢達章句不可備録各有編次鈍吟云序云李杜卷中無杜詩非不取也蓋是崇重杜老不欲芟擇耳或閑窗展卷或月榭行吟韻高

才調集卷第一

蜀監察御史韋縠集

古律雜歌詩一百首

鈍吟云家兄看詩多言起承轉合此教初學之法如此書正要脱盡此板法方見才調

白居易一十九首

鈍吟云此卷以白公爲首惟選長律及諷刺不選小律及閑適詩蓋以白公爲大詩之式也閑適詩與此書體不合小律却博取諸家○長律倡和盛于元白其妍媸正是一例此選白不選元非不選也舉白以例元也元却選[illegible]體

代書一百韻寄微之

201. 馮汝言詩紀匡謬：一卷 〔清〕馮舒撰

清乾隆五十三年至六十年（1788—1795）安徽歙縣長塘鮑氏刻本 一册

半葉9行21字，細黑口，左右雙邊，無魚尾，半框13.0×9.9釐米，最大邊長20.0釐米。版心中鎸子目書名及卷次，下鎸"知不足齋叢書"。

所屬叢書：《知不足齋叢書》第十九集。與《文苑英華辨證》合訂一册。

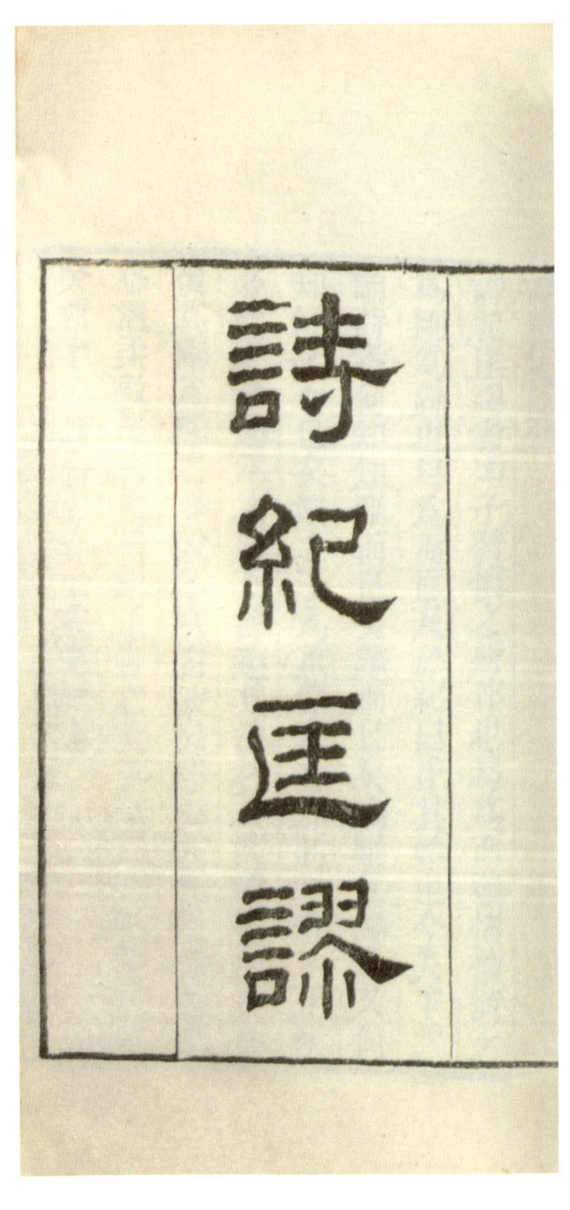

馮汝言詩紀匡謬

凡例云一上古迄秦以箴銘誦誄備載原夫書契既興英賢代作文章流別其來久矣若箴銘誦誄可以備載則賦亦詩家六義之一何以區分若云有韻之語可以廣收則國策管韓之屬何往非韻素問一書通篇有韻易之文言本自聖製書之數言出於孔壁亦自諧聲不專辭達可得混爲詩耶作俑於兹濫觴無極焦氏易林居然入詩矣豈不可歎

一漢以後詩人先帝王次諸家以世次爲序

詩紀匡謬　　一　　知不足齋叢書

202. 蜀雅：二十卷 〔清〕李調元選 AC149.H36 1809 case 14

清嘉慶十四年（1809）刻本 三册

半葉9行20字，小字雙行字同，白口，四周雙邊，單黑魚尾，半框18.0×13.5釐米，最大邊長26.0釐米。版心上鎸書名，中鎸卷次，下鎸頁碼。書名頁鎸“綿州李雨村選，蜀雅，億書樓藏板”。

所屬叢書：《函海》。與《李石亭文集》《醒園録》《萬善堂集》合函。

蜀雅卷一

羅江李調元雨村選

吕大器

大器字儼若號東川遂寧人崇正戊辰進士官至吏部尚書大學士入　國朝自稱東川老人有塞上草

王漁洋皇華紀聞吕公蜀人明末總督江楚駐九江會左良玉避賊舒逍遥江上以病自託楚撫王揚基至臥内覘之良玉使二婢扶脚偃蹇自如吕公至不即起謁命子孟庚代叅吕公叱之曰而父病軍事不可曠軍中有可代者以名來吾立疏以聞即疏遊擊盧鼎各將上之良玉怒史公可法移書勉以文武和衷大器以

203. 道光庚子恩科直省鄉墨文的：二集，附庚子會墨，試帖　〔清〕趙霖選輯

清道光二十年(1840)刻本　四册

半葉9行25字，小字夾注，白口，四周雙邊，單黑魚尾，半框17.0×12.8釐米，最大邊長22.3釐米。版心下鎸省份。

題名取自書名頁，選輯者取自序言。

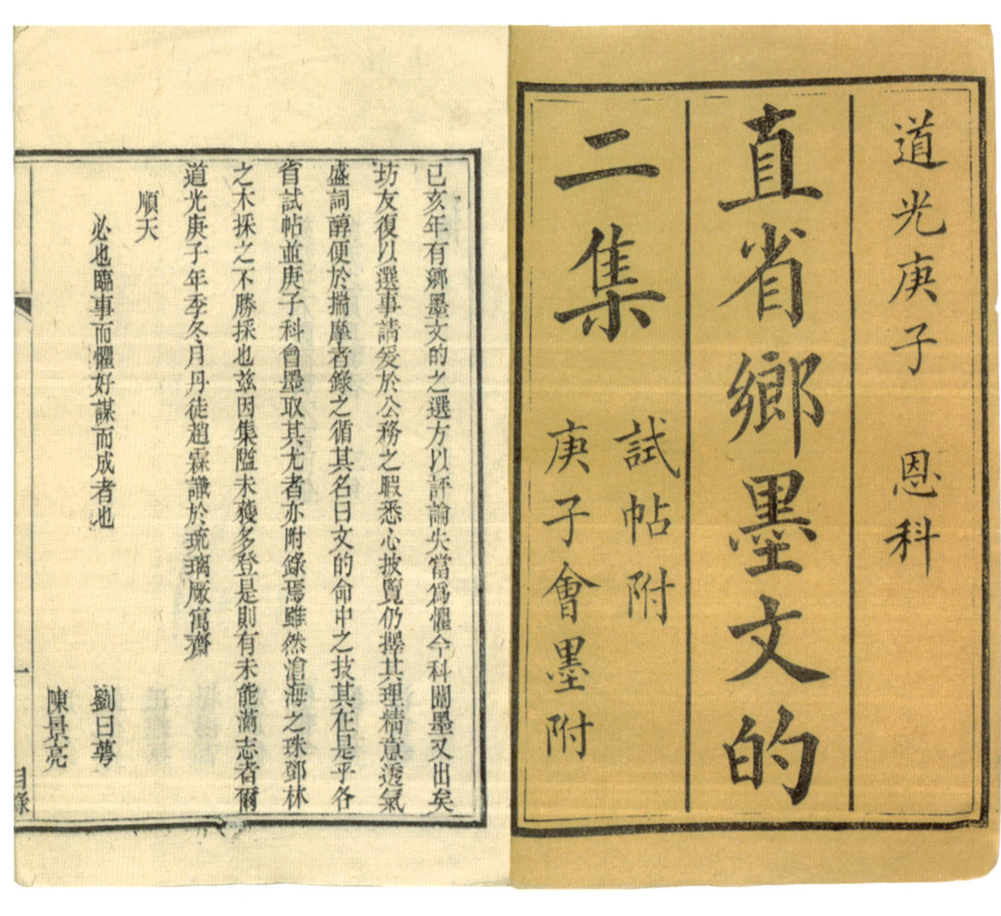
已亥年有鄉墨文的之選方以評論失當爲懼今科闈墨又出矣坊友復以選事請爰於公務之暇悉心披覽仍擇其理精意透氣盛詞醇便於揣摩者錄之循其名曰文的命中之技其在是乎各省試帖並庚子科會墨取其尤者亦附錄焉雖然滄海之珠鄧林之木採之不勝採也茲因集隘未獲多登是則有未能滿志者爾

道光庚子年季冬月丹徒趙霖識於琉璃廠寓齋

順天　劉日蕚

必也臨事而懼好謀而成者也　陳景亮

道光庚子恩科

直省鄉墨文的

試帖附

二集

庚子會墨附

必也臨事而懼好謀而成者也　一名　劉曰𡟰

懼以成其謀知行軍之非徒勇矣蓋事以謀而定謀尤以懼而成也觀夫子之所與而徒勇者可惕然戒矣且用兵者不恃有果敢之氣也而恃有慎重之心蓋以小心定大計則思艱圖易其操心危者其慮患必深而以一心策萬全則圖始要終其戒心嚴者其料敵必審吾甚異夫好勇之人不思運籌而還欲決勝也暴虎馮河吾既不與矣今夫三軍之事未有無所懼而能相與以有成者也國家招攜懷遠以德禮不以兵戎至不得已而天威肅將則必當震動恪恭以副艱難之任而後變故不患其猝乘帝王柔遠能

（排若出之有薄大言朗氣象）

（從高渦處立論妙在緊還到題非好為大言者比）

詩文評類

204. 藏海詩話：一卷　〔宋〕吴可撰　

清嘉慶八年（1803）安徽歙縣長塘鮑氏刻本　一册

半葉9行21字，細黑口，左右雙邊，無魚尾，半框13.0×9.9釐米，最大邊長20.0釐米。版心中鎸子目書名及卷次，下鎸“知不足齋叢書”。

所屬叢書：《知不足齋叢書》第二十二集。附欽定四庫全書提要。據四庫館輯《永樂大典》本刊。與《吴禮部詩話》合訂一册。

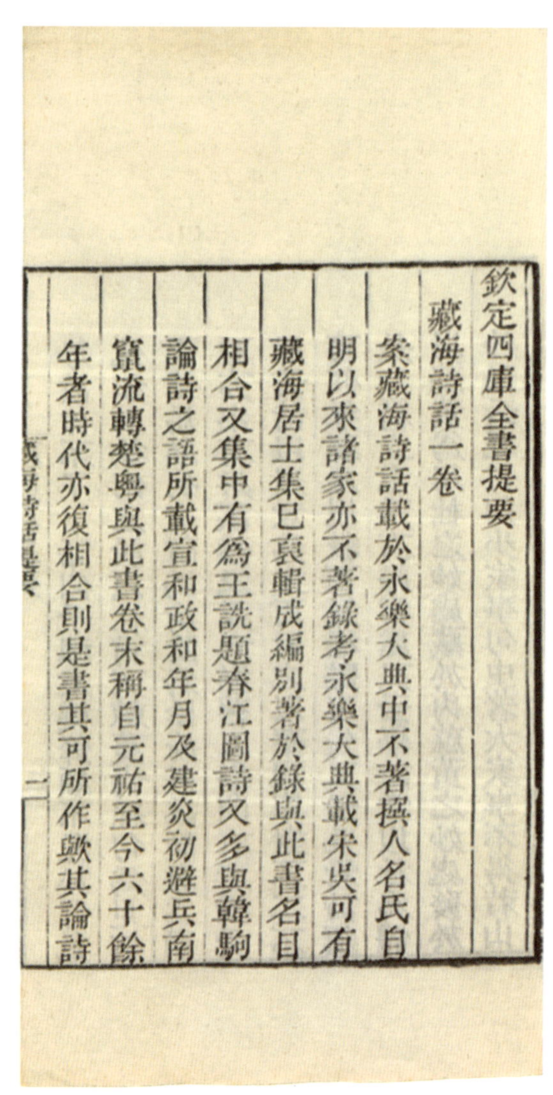

欽定四庫全書提要
藏海詩話一卷
案藏海詩話載於永樂大典中不著撰人名氏自
明以來諸家亦不著錄考永樂大典載宋吳可有
藏海居士集已裒輯成編別著於錄與此書名目
相合又集中有爲王詵題春江圖詩又多與韓駒
論詩之語所載宣和政和年月及建炎初避兵南
竄流轉楚粵與此書卷末稱自元祐至今六十餘
年者時代亦復相合則是書其可所作歟其論詩

藏海詩話提要　一

藏海詩話

宋 吳可 撰

明不虧案明不虧姓名諸書不載未詳何人題畫山水扇詩云淋漓戲墨隨毫端雨涇溪山作小寒家在嚴陵灘上住風煙不是夢中看後二句騷雅

葉集之詩云層城高樓飛鳥邊落日置酒清江前明不虧詩云故鄉深落落霞邊鴈斷魚沉二十年寫盡彩箋無寄處洞庭湖水闊於天落霞邊不如飛鳥邊三字不凡也評明詩首句已盡末句在内此所以佳也柰何以飛鳥落霞較量工拙耶即葉詩亦未見不凡也

205. 吴禮部詩話：一卷 〔元〕吴師道撰

清嘉慶八年（1803）安徽歙縣長塘鮑氏刻本 一册

半葉9行21字，細黑口，左右雙邊，無魚尾，半框13.0×9.9釐米，最大邊長20.0釐米。版心中鎸子目書名及卷次，下鎸“知不足齋叢書”。

所屬叢書：《知不足齋叢書》第二十二集。跋言曰“此本爲小山堂鈔本，以元刻本正之”。與《藏海詩話》合訂一册。

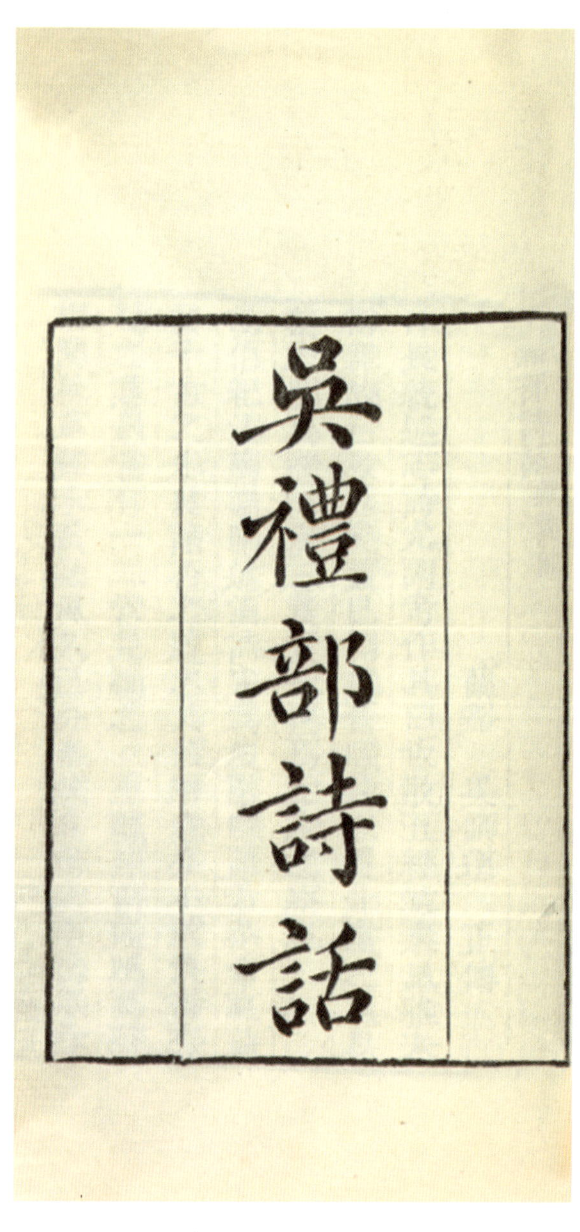

吳禮部詩話 雜說附

蘭谿 吳師道 正傳

仲長統述志詩允謂奇作其曰叛散五經滅棄風雅者得罪於名教甚矣蓋已開魏晉曠達之習元虛之風昌黎志闢異端而漢三賢贊統與焉殆未之察也

湯伯紀注陶淵明述酒詩定爲廋辭隱語蓋恭帝哀詩發千古之未發諸否之題之其難解處亦不敢決得存疑之意愚嘗有一二管見補之。重離照南陸鳴鳥聲相聞秋草雖未黃融風久已分素礫皛脩渚南岳無餘

206. 山房隨筆：一卷 〔元〕蔣正子撰

清乾隆五十三年至六十年（1788—1795）安徽歙縣長塘鮑氏刻本　一册

半葉9行21字，細黑口，左右雙邊，無魚尾，半框13.0×9.9釐米，最大邊長20.0釐米。版心中鎸子目書名及卷次，下鎸“知不足齋叢書”。

所屬叢書：《知不足齋叢書》第十九集。與《西塘集耆舊續聞》合訂一册。

山房隨筆

全愚 蔣 正子 平仲

辛稼軒帥浙東時晦菴南軒任倉憲使劉改之欲見辛不納二公為之地云某日公燕至後筵便坐君可來門者不納但喧爭之必可入既而改之如所教門外果諠譁辛問故門者以告辛怒甚二公因言改之豪傑也善賦詩可試納之改之至長揖公問能詩乎曰能時方進羊腰腎羹辛命賦之改之對寒甚欲乞卮酒酒罷乞韻時飲酒手顫餘瀝流於懷因以流字為韻即吟云拔毫

207. **麓堂詩話：一卷** 〔明〕李東陽撰 AC149 .Z45 v.22

清乾隆四十年（1775）安徽歙縣長塘鮑氏刻本 一册

半葉9行21字，細黑口，左右雙邊，無魚尾，半框13.0×9.9釐米，最大邊長20.0釐米。版心中鎸子目書名及卷次，下鎸“知不足齋叢書”。

所屬叢書：《知不足齋叢書》第三集。鮑氏跋言乾隆四十年據倪建中抄本刊。與《南濠詩話》合訂一册。

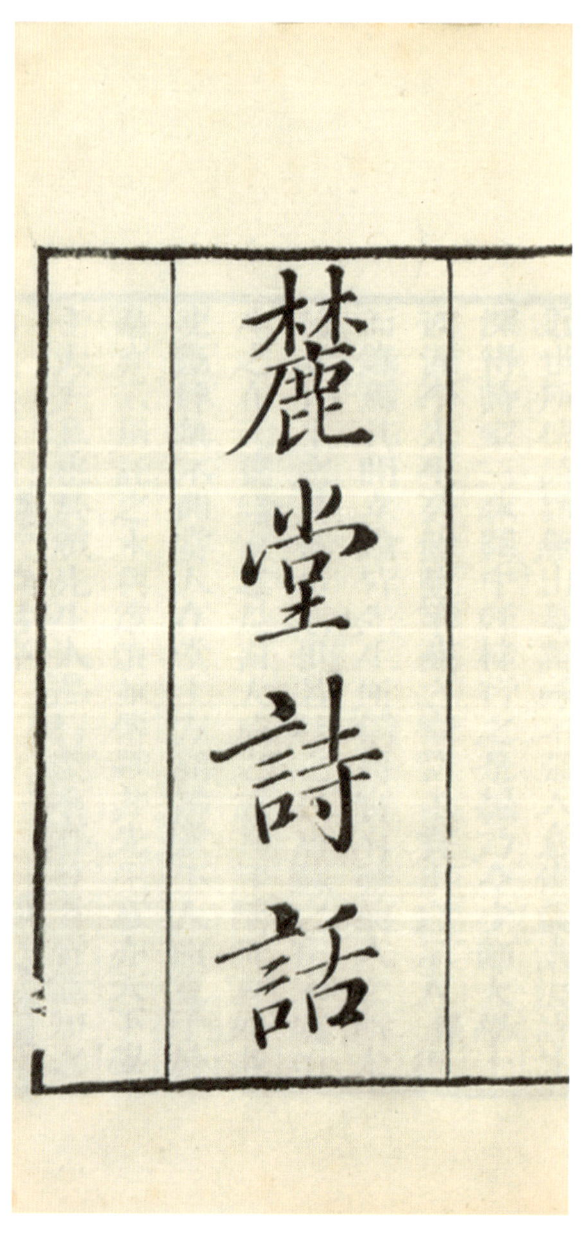

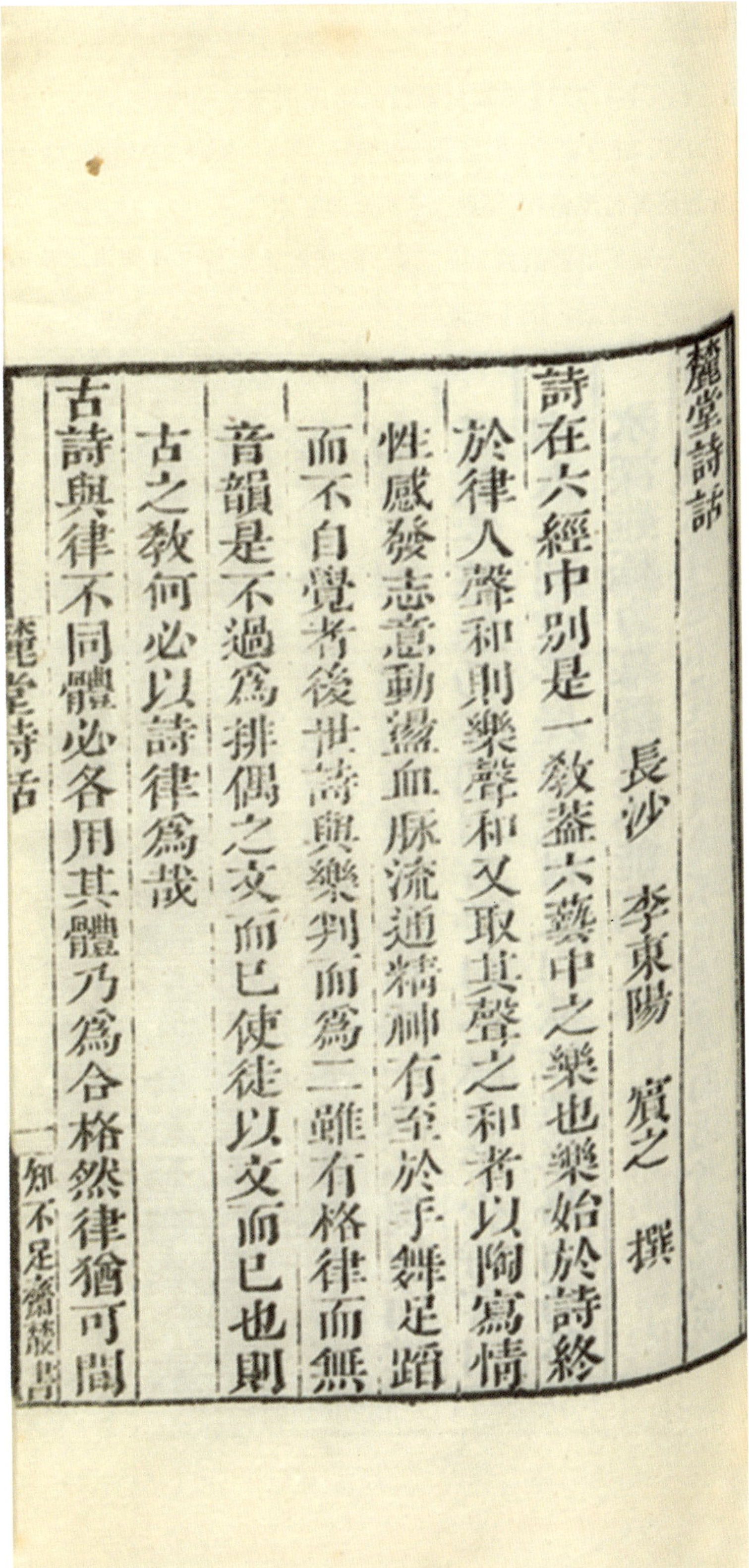

麓堂詩話

長沙 李東陽 賓之 撰

詩在六經中別是一教蓋六藝中之樂也樂始於詩終於律人聲和則樂聲和又取其聲之和者以陶寫情性感發志意動盪血脉流通精神有至於手舞足蹈而不自覺者後世詩與樂判而爲二雖有格律而無音韻是不過爲排偶之文而已使徒以文而已也則古之教何必以詩律爲哉

古詩與律不同體必各用其體乃爲合格然律猶可間

208. 南濠詩話：一卷 〔明〕都穆撰

清乾隆三十八年（1773）安徽歙縣長塘鮑氏刻本　一册

半葉9行21字，細黑口，左右雙邊，無魚尾，半框13.0×9.9釐米，最大邊長20.0釐米。版心中鎸子目書名及卷次，下鎸“知不足齋正本”。

所屬叢書：《知不足齋叢書》第三集。鮑氏跋言乾隆三十八年據黄桓本、文衡山本合校刊。與《麓堂詩話》合訂一册。

都南濠先生詩話序
詩話無慮數十家若蘜坡艇齋冷齋諸公皆其傑然
者而國朝元老麓堂集尤爲精純會衆說而折其中
詩道畢矣偶得都公是集俯而讀仰而思知其學問
該博而用意精勤鉤深致遠而雅有樞要誠足以備
一家之體而與諸公並馳焉如讀太宗之詩而知貞
觀之治誦清碧之集而慨宋室之亡王孟端感久客
之娶婦曹子建助老瞞之奸雄是又即其人知其世
而良有深意公之詩話大率類此非瑣瑣章句之末

南濠詩話序

知不足齋正本

南濠詩話

吳郡　都　穆　撰

陳后山曰陶淵明之詩切於事情但不文耳此言非也如歸田園居云曖曖遠人村依依墟里煙狗吠深巷中雞鳴桑樹顛東坡謂如大匠運斤無斧鑿痕如飲酒其一云衰榮無定在彼此更共之山谷謂類西漢文字如飲酒其五云結廬在人境而無車馬喧問君何能爾心遠地自偏王荆公謂詩人以來無此四句又如桃花源記云不知有漢無論

南濠詩話　一　知不足齋正本

209. 歸田詩話：三卷　〔明〕瞿佑撰　

清乾隆四十年（1775）安徽歙縣長塘鮑氏刻本　一册

半葉9行21字，細黑口，左右雙邊，無魚尾，半框13.0×9.9釐米，最大邊長20.0釐米。版心中鎸子目書名及卷次，下鎸“知不足齋叢書”。

所屬叢書：《知不足齋叢書》第三集。卷末朱文藻跋言是書乾隆四十年據明刊本刊。

歸田詩話序
古詩三百篇孔子取思無邪一言以蓋之夫思無邪者
誠也人能以誠誦詩則善惡皆有益學詩之要豈有外
於誠乎余觀歷代工詩者在漢魏晉則有曹劉陶謝輩
在唐則有李杜柳岑輩在宋則有歐蘇黃陳輩在元則
有虞楊揭范輩諸賢詩刊行久固足以爲後學法矣余
同鄉宗吉瞿先生蚤以明經薦叅任於仁和臨安宜陽
三邑庠暨國子助教文名播於篇章膾炙人口舊矣復
陞藩府長史克勝輔導之任無何居閒寓金臺太師英
歸田詩話序　一　知不足齋叢書

歸田詩話上卷

錢塘瞿佑宗吉著

鄉飲用古詩

古詩三百篇皆可弦歌以爲樂除施於朝廷宗廟者不可其餘固上下得通用也洪武間予參臨安教職望縣王謙北方老儒也歲終行鄉飲酒禮選諸生少俊者十人習歌鹿鳴等篇吹笙撫琴以調其音節至日就講堂設宴席地而歌之器用罍爵執事擇吏卒巾服潔淨者賓主懽醉父老歎息稱頌儼然有古風後遂以爲常凡

210. 聲調前譜：一卷，後譜一卷，續譜一卷，談龍録一卷 〔清〕趙執信撰

PL2705.A5887 S44 1759

清乾隆二十四年（1759）雅雨堂刻本　一册

半葉9行19字，白口，四周雙邊，單黑魚尾，半框18.7×14.0釐米，最大邊長24.6釐米。版心上鎸“聲調前譜”“聲調後譜”“聲調續譜”，下鎸“雅雨堂”。

清乾隆二十四年盧見曾序言刻書事。

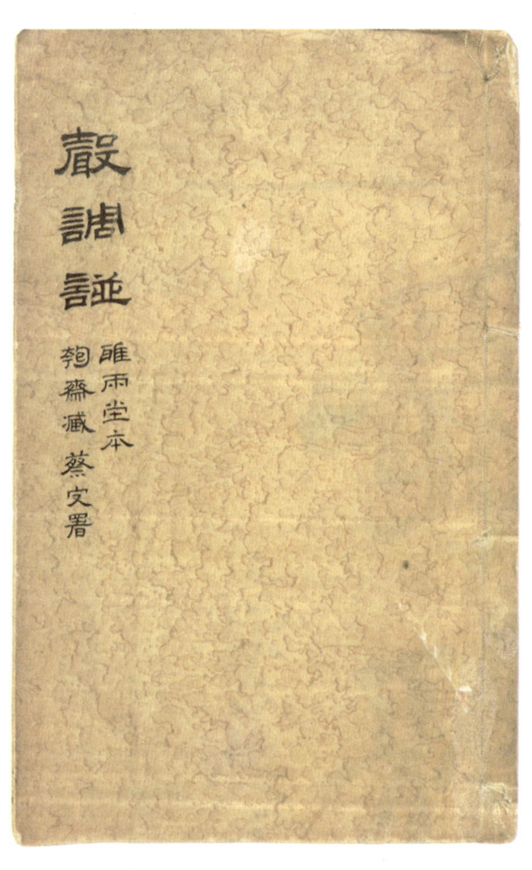

聲調前譜

博山 趙執信 秋谷

五言古詩

秦越人洞中詠 于鵠

扁鵲得●拗字仙處傳是西。南。峰。三平聲字年年山。下人。下句是律上句第五字必平○第三字平亦拗以別律長見騎。白●龍上註言凡下句是律之調如此非謂此句而此句亦非律也洞門黑●無。底拗句同律日夜惟。雷。風。三平清齋將。入時。平戴●星兼。抱松拗律句○拗在第一字仄第三字平石徑陰且寒。平地響●知。遠●鐘古句似行。山。林。三平外

211. 對床夜語：五卷 〔宋〕范晞文撰

清乾隆三十七年(1772)安徽歙縣長塘鮑氏刻本　一册

半葉9行20字，細黑口，左右雙邊，無魚尾，半框13.0×9.9釐米，最大邊長20.0釐米。版心中鎸子目書名及卷次，下鎸“知不足齋叢書”。

所屬叢書：《知不足齋叢書》第三集。鮑氏跋言是書乾隆三十七年覆舊抄本，以明活字本校刊。

景定三年十月予友范君景文授以所著書一編語
甚綺而文甚高時夜將半翦燭疾讀不能去手大類
葛常之韻語陽秋雞戒晨而畢株連節解激發人意
作而曰美哉此書也杜子美詩王介甫談經以爲優
于經其爲史學者又視爲史無他事覈而理勝也韓
退之謂李長吉歌詩爲騷而進張籍詩于道楊大年
倡西崑體一洗浮靡而尚事實至送王欽若行君命
有所不受其名節有如此者若論詩而遺理求工于
言詞而不及氣節予竊惑之輒序于對牀夜語之首

對牀夜語序　一　知不足齋叢書

對牀夜語卷第一

孤山人　范晞文　景文

羔羊之皮素絲五紽詩人美在位者之詞也充耳琇瑩會弁如星叉馴馬旣閑輶車鸞鑣之類皆借服御以美其君也若楚辭高予冠之岌岌兮長余佩之陸離是亦以服御自美也

古詩十九首有云冉冉孤生竹結根泰山阿與君爲新婚兔絲附女蘿兔絲生有時夫婦會有宜千里遠結婚悠悠隔山陂思君令人老軒車來何遲言

對牀夜語卷一　一　知不足齋叢書

212. 江西詩派小序：一卷　〔宋〕劉克莊撰　

清乾隆四十九年（1784）安徽歙縣長塘鮑氏刻本　一册

半葉9行21字，細黑口，左右雙邊，無魚尾，半框13.0×9.9釐米，最大邊長20.0釐米。版心中鎸子目書名及卷次，下鎸“知不足齋叢書”。

所屬叢書：《知不足齋叢書》第十集。據桐華館宋本刊。與《江西詩社宗派圖録》《萬柳溪邊舊話》合訂一册。

江西詩派小序　桐華館宋本重雕

劉克莊　潛夫

山谷

國初詩人如潘閬魏野規規晚唐格調寸步不敢走作楊劉則又專爲崑體故優人有尋扯義山之誚蘇梅二子稍變以平淡豪俊而和之者尚寡至六一坡公巍然爲大家數學者宗焉然二公亦各極其天才筆力之所至而已非必鍛鍊勤苦而成也豫章稍後出會稡百家句律之長究極歷代體製之變蒐獵奇書穿穴異聞作

213. 江西詩社宗派圖録：一卷　〔清〕張泰來撰　

清乾隆四十九年（1784）安徽歙縣長塘鮑氏刻本　一册

半葉9行21字，細黑口，左右雙邊，無魚尾，半框13.0×9.9釐米，最大邊長20.0釐米。版心中鎸子目書名及卷次，下鎸“知不足齋叢書”。

所屬叢書：《知不足齋叢書》第十集。據厲樊榭抄本刊。與《江西詩派小序》《萬柳溪邊舊話》合訂一册。

余嘗以西江詩派論課士於豫章率昧於題旨鮮當人
意者張吏部扶長以致政家居耄年好學爰徧覽羣籍
摭拾遺事錄其有關於呂居仁宗派圖者人各立一小
傳且推原作圖之意編次成帙名曰西江詩社宗派圖
錄俾後學得以觀覽其盛舉也然詩有統有派余友劉
子山蔚曰統猶水行於地滙於歸墟而總為天一之所
生非支流別汊之所得偏據以為名至於四瀆百川之
既分分而滃滃而溯其所由出然後稱派以別之派者
蓋一流之餘也居仁之名山谷始以一流小之非尊之

江西詩社宗派圖錄序　一　知不足齋叢書

江西詩社宗派圖錄

南州　張泰來　扶長述

呂居仁作江西詩社宗派圖自黃山谷而下列陳後山等凡二十五人　陳師道　潘大臨　謝逸　洪朋　洪芻　饒節　祖可　徐俯　林敏脩　洪炎　汪革　李錞　韓駒　李彭　晁沖之　江端本　揚符（廷博案揚原作楊今據宋刻劉後村集校正）　謝薖　夏倪　林敏功　潘大觀　王直方　善權　高荷　呂本中

此浚儀王伯厚小學紺珠定本也胡氏苕溪漁隱與

詞類

214. 張子野詞：二卷，補遺二卷　〔宋〕張先撰　

清乾隆五十三年（1788）安徽歙縣長塘鮑氏刻本　一册

半葉9行21字，細黑口，左右雙邊，無魚尾，半框13.0×9.9釐米，最大邊長20.0釐米。版心中鎸子目書名及卷次，下鎸“知不足齋叢書”。

所屬叢書：《知不足齋叢書》第十三集。清乾隆五十三年鮑廷博跋言此本據緑斐軒抄本刊。

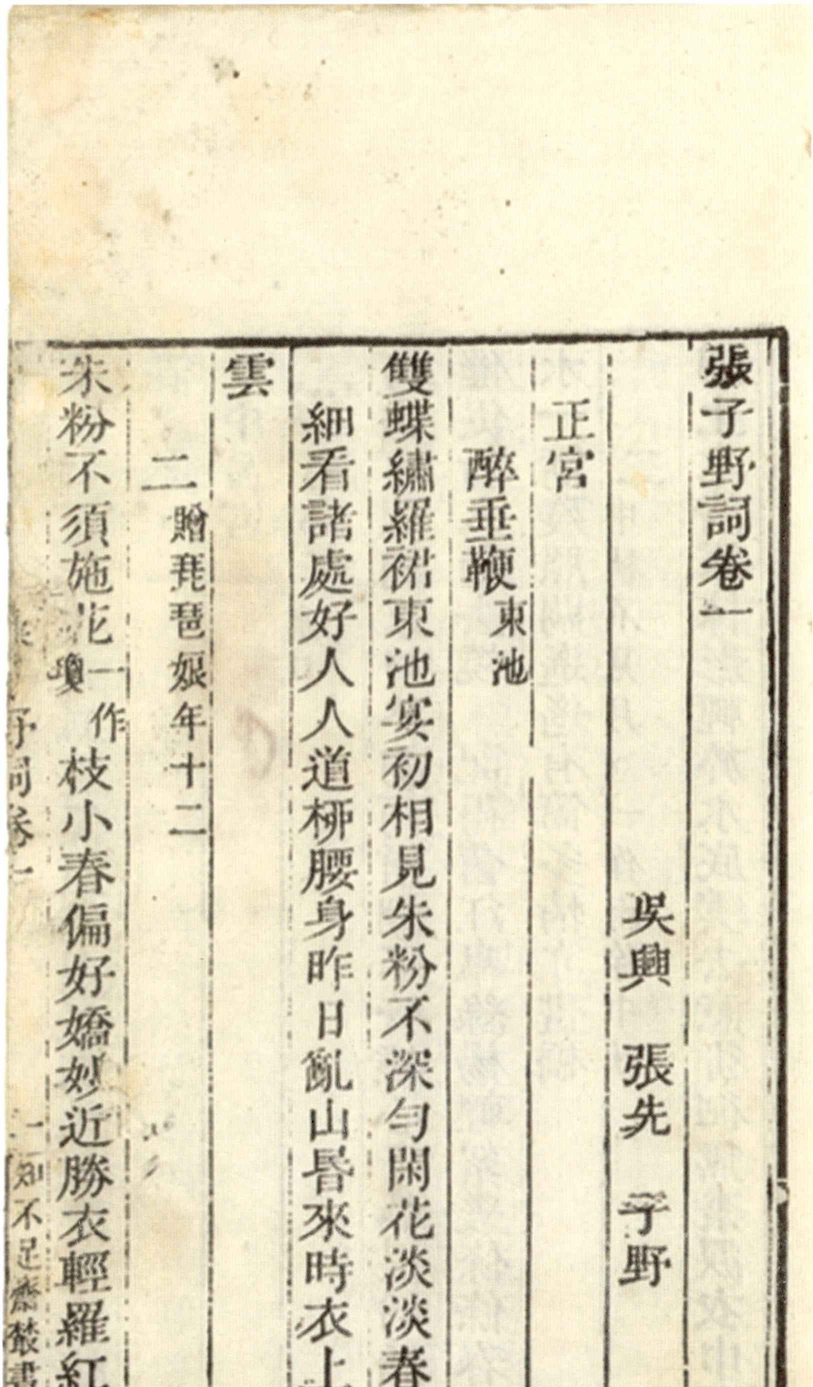

張子野詞卷一

吴興 張先 子野

正宫

醉垂鞭 東池

雙蝶繡羅裙東池宴初相見朱粉不深勻閑花淡淡春細看諸處好人人道柳腰身昨日亂山昏來時衣上雲

二 贈琵琶娘年十二

朱粉不須施花一作嬌枝小春偏好嬌妙近勝衣輕羅紅

張子野詞卷一 一 知不足齋叢書

215. 石湖詞：一卷，補遺一卷 〔宋〕范成大撰 AC149 .Z45 v.88

清乾隆三十八年至五十一年（1773—1786）安徽歙縣長塘鮑氏刻本　一册

半葉9行20字，細黑口，左右雙邊，無魚尾，半框13.0×9.9釐米，最大邊長20.0釐米。版心中鐫子目書名及卷次。

所屬叢書：《知不足齋叢書》第十一集。與《花外集》合訂一册。

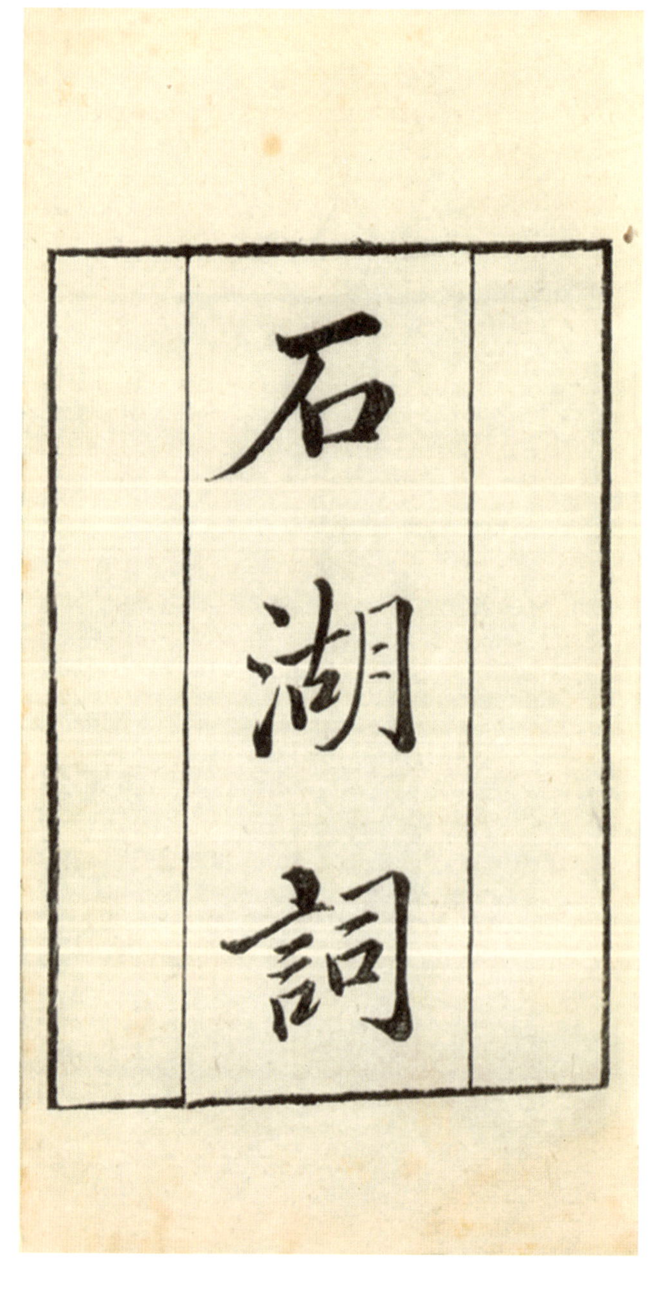
石湖詞

石湖詞

吳郡 范成大 致能 著

滿江紅 冬至

寒谷春生薰叶氣玉筩吹穀新陽後便占新歲吉雲清穆休把心情關藥裹但逢節序添詩軸笑强顔風物豈非癡終非俗 清晝永佳眠熟門外事何時足且團欒同社笑歌相屬著意調停雲露釀從頭檢舉梅花曲縱不能將醉作生涯休拘束

又

216. 花外集：一卷　〔宋〕王沂孫撰　

清乾隆三十八年至五十一年（1773—1786）安徽歙縣長塘鮑氏刻本　一册

半葉9行21字，細黑口，左右雙邊，無魚尾，半框13.0×9.9釐米，最大邊長20.0釐米。版心中鐫子目書名及卷次，下鐫“知不足齋叢書”。

所屬叢書：《知不足齋叢書》第十一集。一名《碧山樂府》。與《石湖詞》合訂一册。

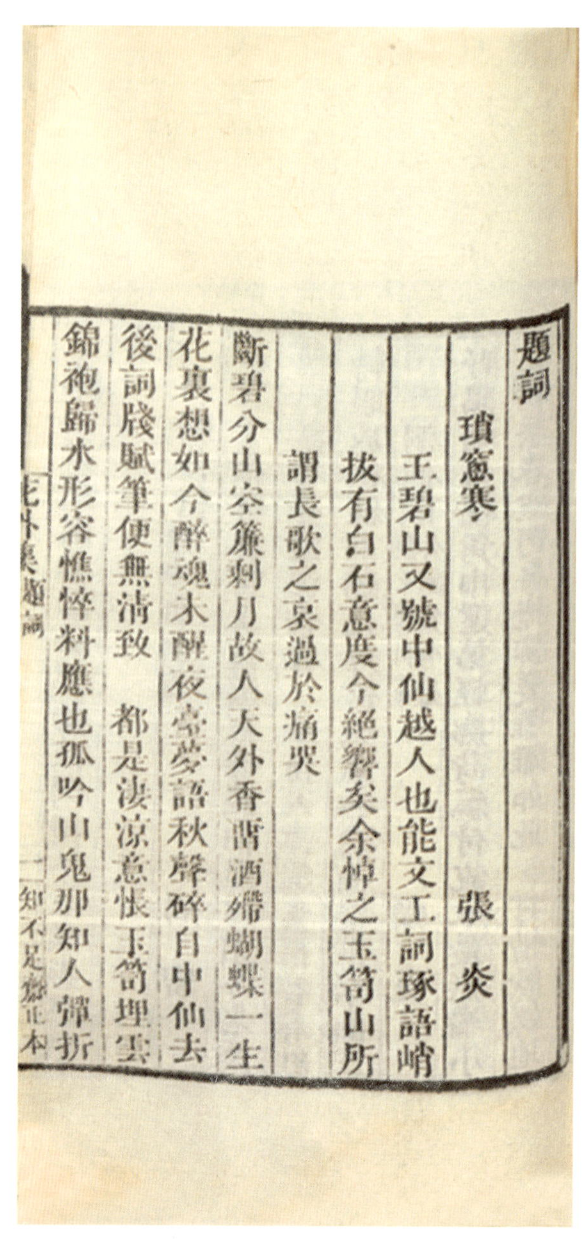

題詞

瑣窗寒　張炎

王碧山又號中仙越人也能文工詞琢語峭拔有白石意度今絕響矣余悼之玉笥山所謂長歌之哀過於痛哭

斷碧分山空簾剩月故人天外香留酒殢蝴蝶一生花裏想如今醉魂未醒夜臺夢語秋聲碎自中仙去後詞牋賦筆便無清致　都是淒涼意悵玉笥埋雲錦袍歸水形容憔悴料應也孤吟山鬼那知人彈折

花外集題詞　一　知不足齋正本

花外集 一名碧山樂府

玉笥山人王沂孫

天香 龍涎香

孤嶠蟠煙層濤蛻月驪宮夜採鉛水汛遠槎風夢深薇露化作斷魂心字紅甆候火還乍識冰環玉指一縷縈簾翠影依稀海天雲氣樂府補題海天作海山幾回殢嬌半醉翦春鐙夜寒花碎更好故溪飛雪小窗深閉荀令如今頓老總忘卻樽前舊風味謾惜餘熏空篝素被

花犯 苔梅

217. 貞居詞：一卷，補遺一卷 〔元〕張雨撰

清嘉慶八年（1803）安徽歙縣長塘鮑氏刻本　一册

半葉9行21字，細黑口，左右雙邊，無魚尾，半框13.0×9.9釐米，最大邊長20.0釐米。版心中鎸子目書名及卷次，下鎸“知不足齋叢書”。

所屬叢書：《知不足齋叢書》第十三集。據厲樊榭抄本刊。

貞居詞

句曲張 天雨 伯雨

摸魚兒 雙蓮一幹爲人折去仲舉邀予賦之

問淩波並頭私語夜涼誰共料理柔情早被鴛鴦妒怕擎水晶如意香旎旎一作旖旎待微雨清塵略爲新妝一作梳洗騷辭漫擬搴木末芙蓉同心輕絕未說已先醉　空折損又墮偸香夢裏藕絲不斷新脃哭娃小艇無蹤跡也怪半池萍碎還略記是月冷鷗眠鷺宿曾一作重驚起高荷恨倚揔回首西風露盤傾瀉清淚似鉛水

曲類

218. 新鐫古今大雅北宮詞紀：六卷　〔明〕陳所聞選〔明〕陳邦泰輯

PL2556 .X56 1604

明萬曆三十二年（1604）刻本　六册

半葉10行20字，白口，四周單邊，無魚尾，半框21.4×13.8釐米，最大邊長26.1釐米。書眉刻評。

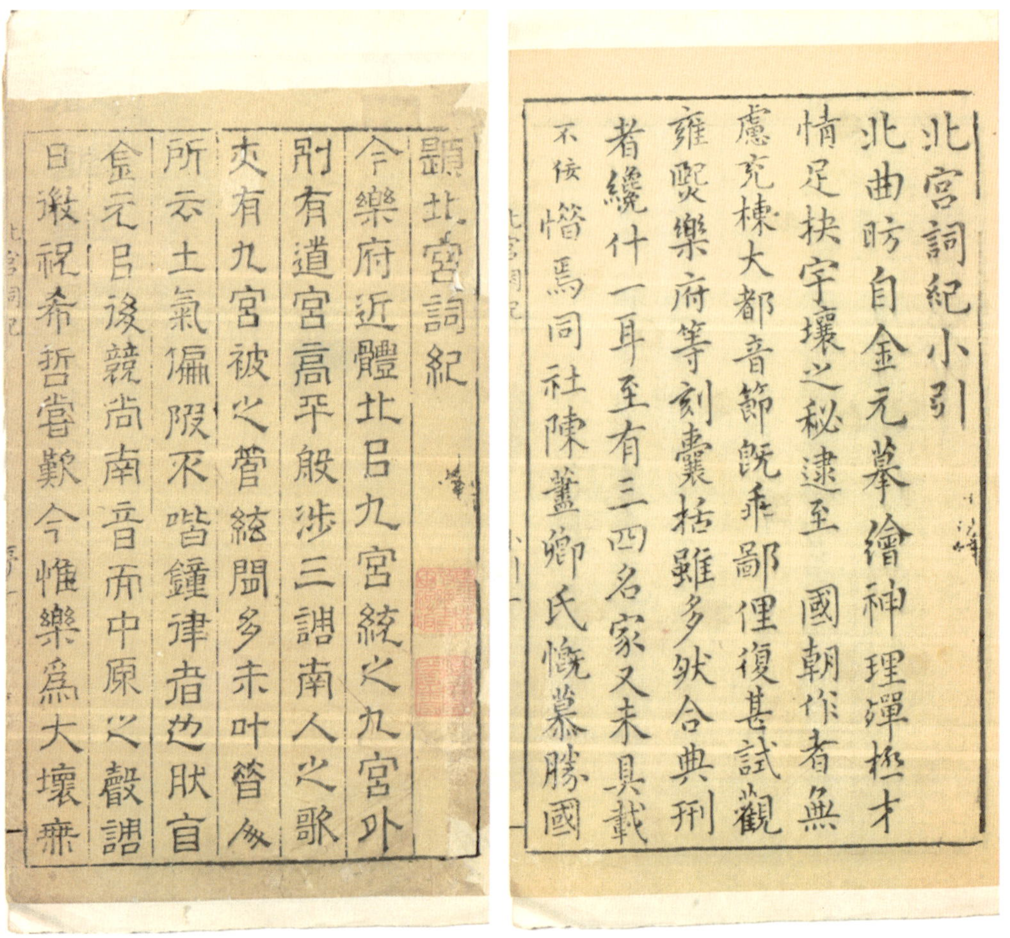
北宮詞紀小引
北曲昉自金元摹繪神理殫極才
情足抉宇壤之秘逮至　國朝作者無
慮充棟大都音節既乖鄙俚復甚試觀
雍熙樂府等刻囊括雖多然合典刑
者纔什一耳至有三四名家又未具載
不佞惱焉同社陳藎卿氏慨慕勝國

題北宮詞紀
今樂府近體北呂九宮統之九宮外
別有道宮高平般涉三調南人之歌
亦有九宮被之管絃間多未叶皆無
所云土氣偏限不皆鐘律者也然自
金元呂後競尚南音而中原之聲調
日微祝希哲嘗歎今惟樂為大壞無

新鐫古今大雅北宫詞紀一卷

秣陵　陳所聞藎卿　粹選

陳邦泰大來　輯次

套數

讌賞

元宵賞燈　　明賈仲名

（北黄鍾醉花陰）國祚風和太平了。是處産靈芝瑞艸。聖天子美臣僚。法正官清。百姓每都安樂。喜佳節值元宵。點萬盞花燈直到曉

（南畫眉序）花燈兒巧粧描。萬朵金蓮綻池沼。任銅壺

219. 新鐫古今大雅南宫詞紀：六卷　〔明〕陳所聞選〔明〕陳邦泰輯

明萬曆三十三年（1605）刻本　六册

半葉10行20字，白口，四周單邊，單黑魚尾，半框21.6×13.9釐米，最大邊長25.0釐米。書眉刻評。

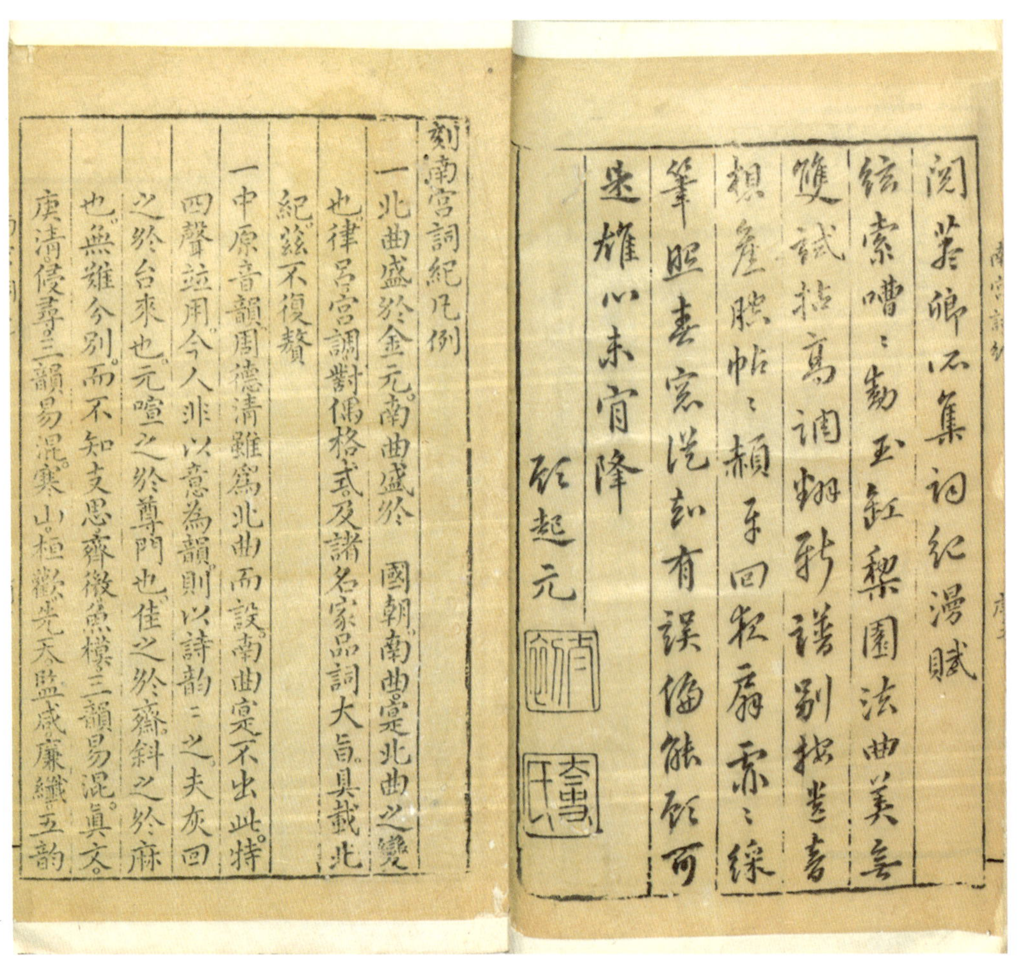

刻南宮詞紀凡例

一北曲盛於金元。南曲盛於　國朝。南曲寔北曲之變也。律呂宮調對偶格式及諸名家品詞大旨。具載北紀。茲不復贅

一中原音韻。周德清雖爲北曲而設。南曲寔不出此。特四聲竝用。今人非以意爲韻。則以詩韻。韻之失。灰回之於台來也。元喧之於尊門也。佳之於齋。斜之於麻也。無雖分別。而不知支思齊微魚模三韻易混。眞文庚清侵尋三韻易混。寒山桓歡先天監咸廉纖五韻

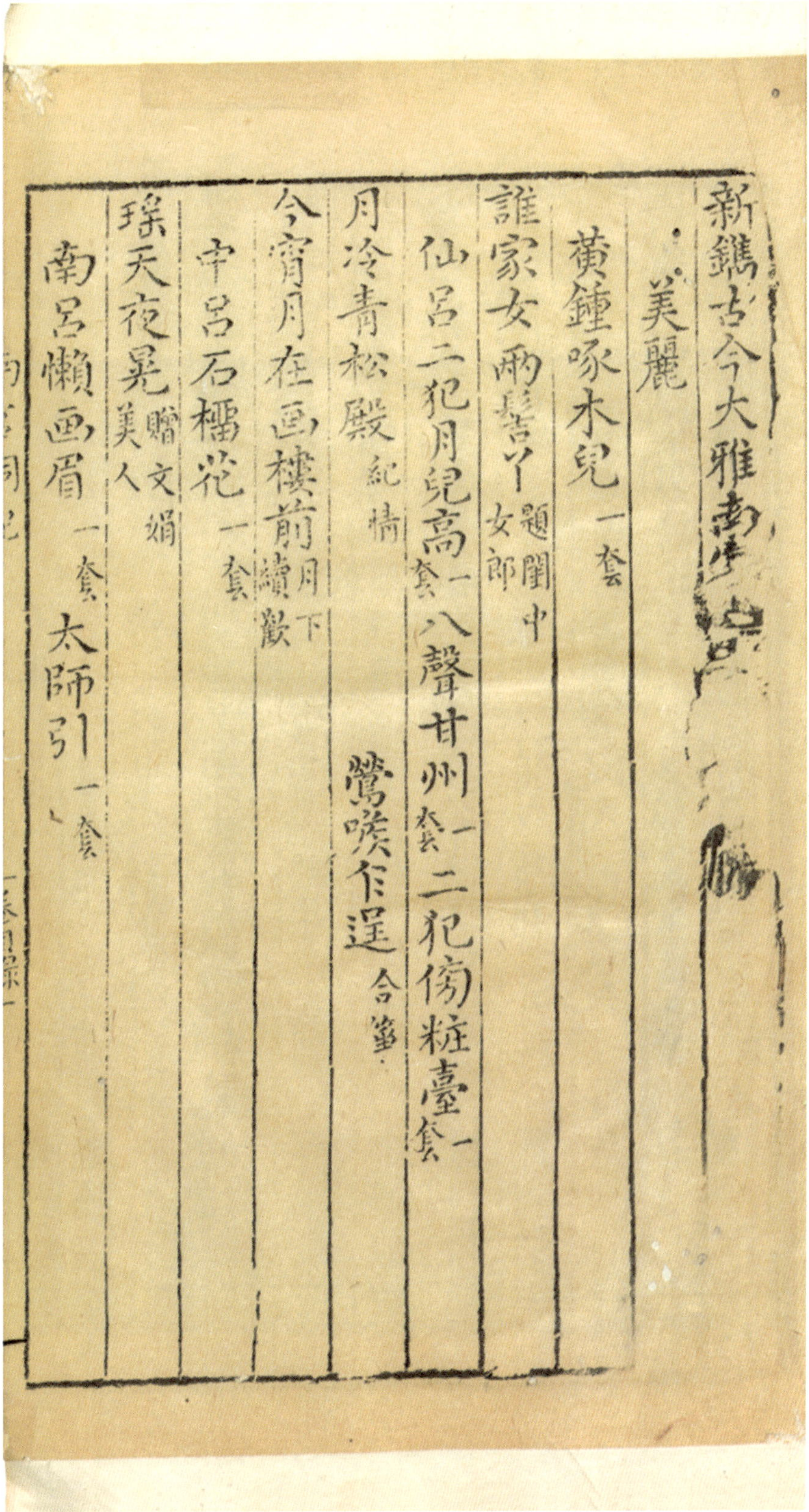

新鐫古今大雅南宫詞紀

美麗

黄鍾啄木兒一套

誰家女兩髻丫題閨中女郎

仙吕二犯月兒高一套　八聲甘州一套　二犯傍粧臺一套

月冷青松殿紀情　鶯啼序合笙

今宵月在畫樓前月下續歡

中吕石榴花一套

瑶天夜晃贈文娟美人

南吕懶畫眉一套　太師引一套

220. 李卓吾先生批點西厢記真本：二卷，附錢塘夢一卷，園林午夢記一卷，圍棋闖局一卷，雙文小像二十一幅，會真記一卷，西厢摘句散譜一卷 〔元〕王實甫等撰 〔明〕李贄評

PL2693 .H47 1640

明崇禎十三年（1640）西陵醉香主人天章閣刻本　六册

半葉9行20字，白口，四周單邊，單白魚尾，半框20.0×14.3釐米，最大邊長29.0釐米。版心上鎸“西厢記”，中鎸卷次。書名頁鎸“新鎸李卓吾原評西厢記，畫仿元筆，西陵天章閣藏板”。鈐“式一”“式一小印”印。

卷首醉香主人序言刻書事。

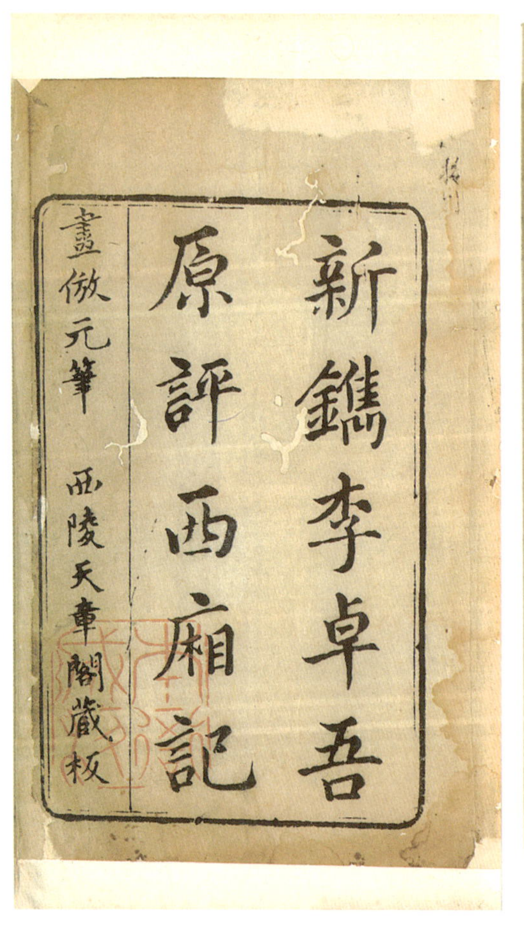

新鐫李卓吾原評西廂記

畫倣元筆　西陵天章閣藏板

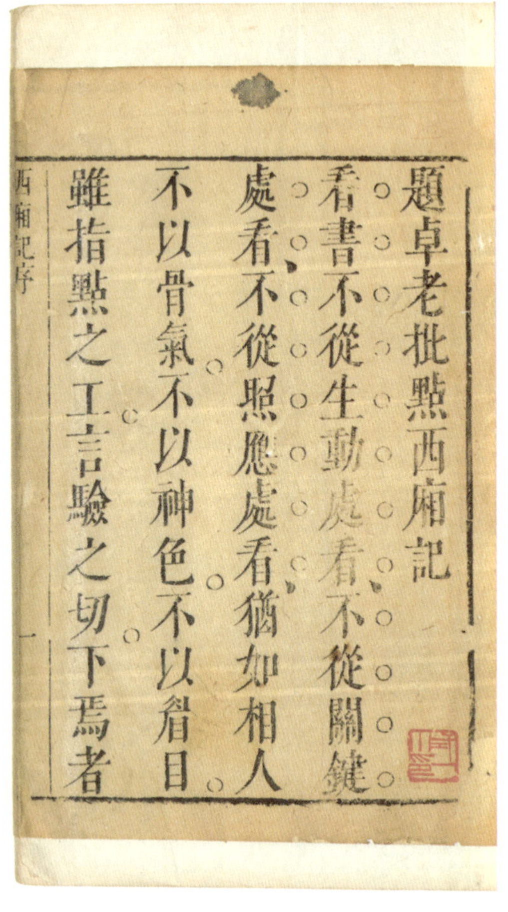

題卓老批點西廂記

看書不從生動處看不從關鍵處看不從照應處看猶如相人不以骨氣不以神色不以眉目雖指點之工言驗之切下焉者

西廂記序　一

重刻元本題評音釋西廂記卷上

徐士範先生批點西廂記真本卷上

佛殿奇逢

〔夫人鶯紅歡郎上云〕老身姓鄭，夫主姓崔，官拜前朝相國，不幸因病告殂。祇生得這箇小姐，小字鶯鶯，年一十九歲，針指女工、詩詞書筭無不能者。老相公在日，曾許下老身之姪，乃鄭尚書之長子鄭恒爲妻。因俺孩兒父喪未滿，未得成合。這小妮子是自幼伏侍孩兒的，喚做紅娘。這一箇小厮兒，喚做歡郎。先夫棄世之後，老身與女孩兒扶柩至博

221. 琴香堂繪像第六才子書：八卷 〔元〕王實甫撰 〔元〕關漢卿續撰 〔清〕金人瑞批 PL2693 .H75 1767

清乾隆三十二年（1767）松陵周約琴香堂刻本　六册

半葉8行16字，白口，無界行，四周雙邊，單黑魚尾，半框10.0×7.0釐米，最大邊長14.0釐米。版心上鐫書名，中鐫卷次，下鐫"琴香堂"。書名頁鐫"聖嘆先生評點，繡像第六才子書，琴香堂藏板"。鈐"式一""式一小印"印。

周約序言刻書事。

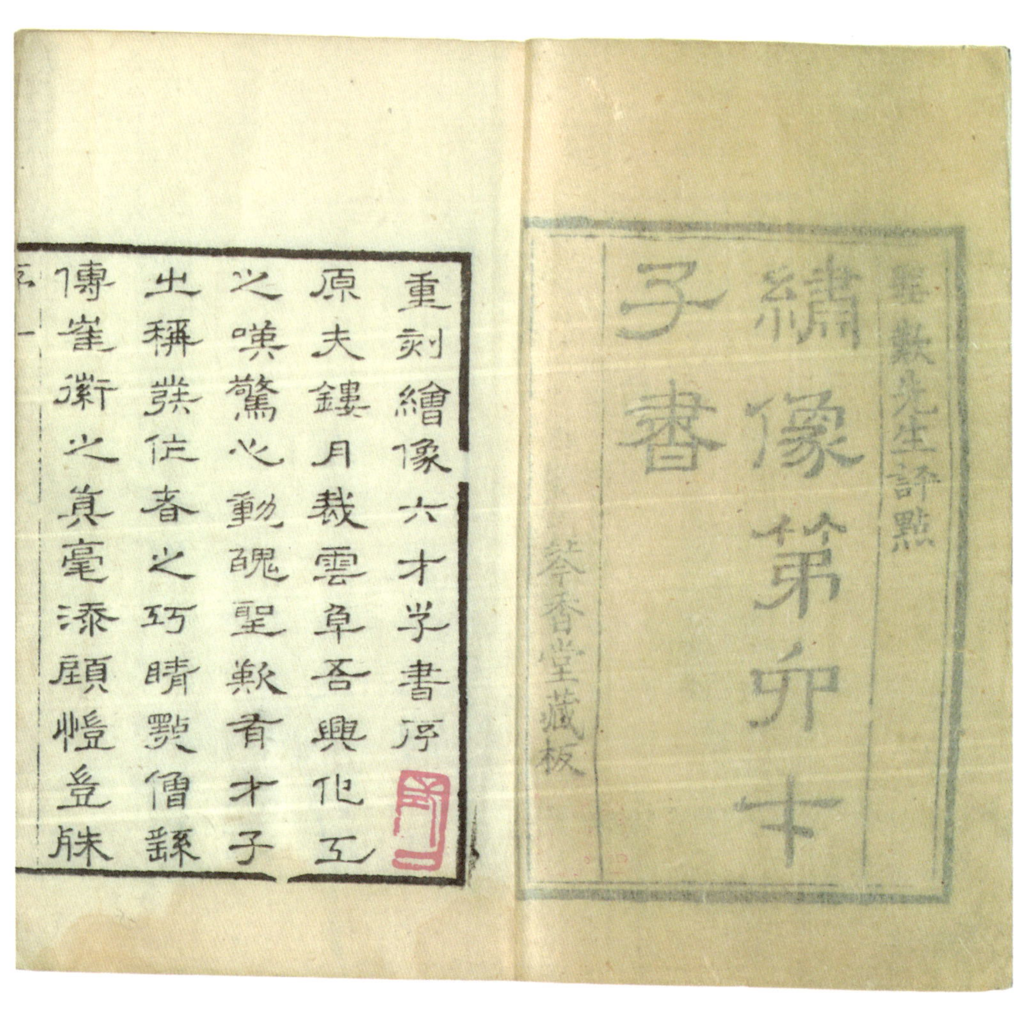
聖歎先生評點
繡像第六才子書
琴香堂藏板

重刻繪像六才子書序

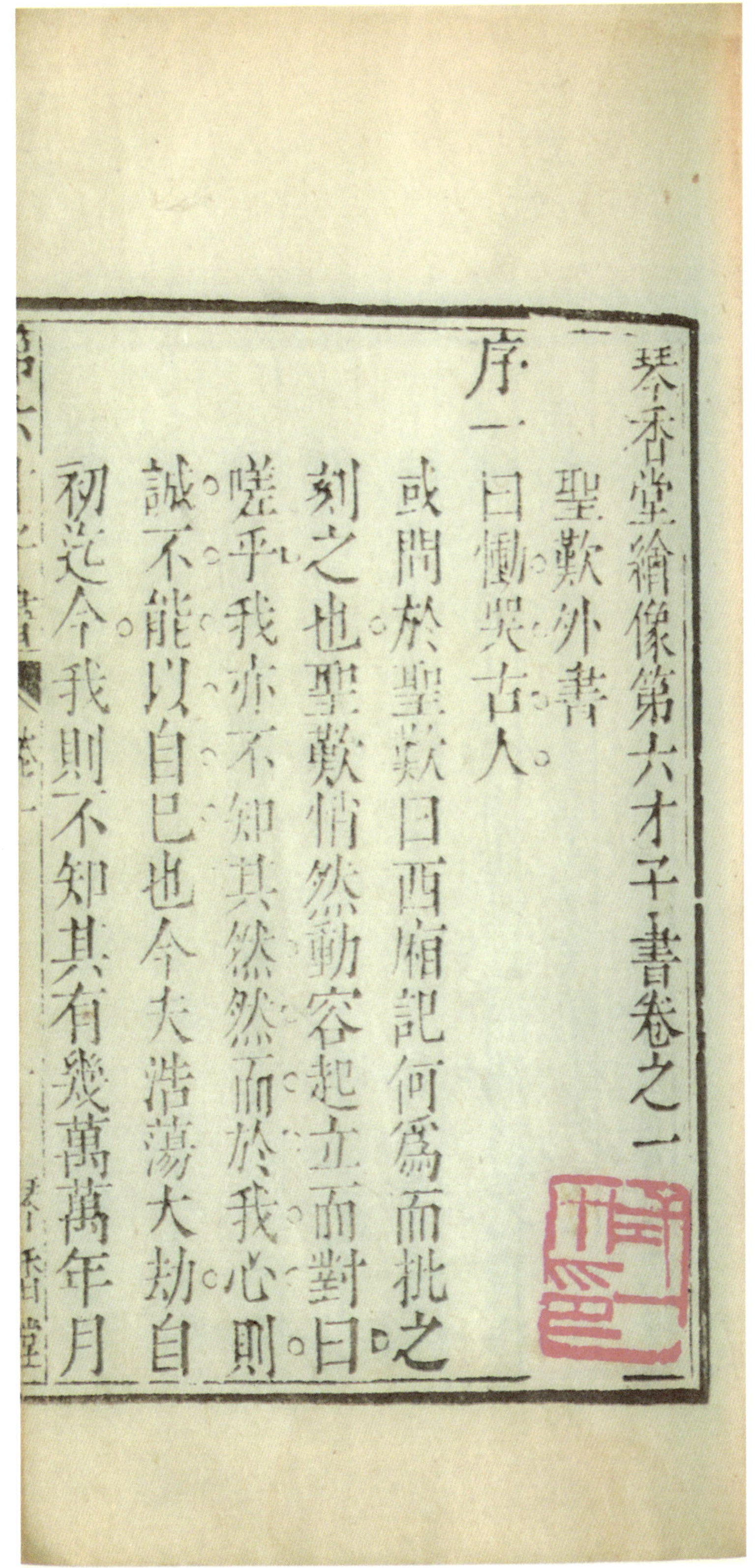
琴香堂繪像第六才子書卷之一

序一　曰慟哭古人

聖歎外書

或問於聖歎曰：西廂記何爲而批之刻之也？聖歎悄然動容，起立而對曰：嗟乎！我亦不知其然，然而於我心則誠不能以自已也。今夫浩蕩大劫自初迄今，我則不知其有幾萬萬年月

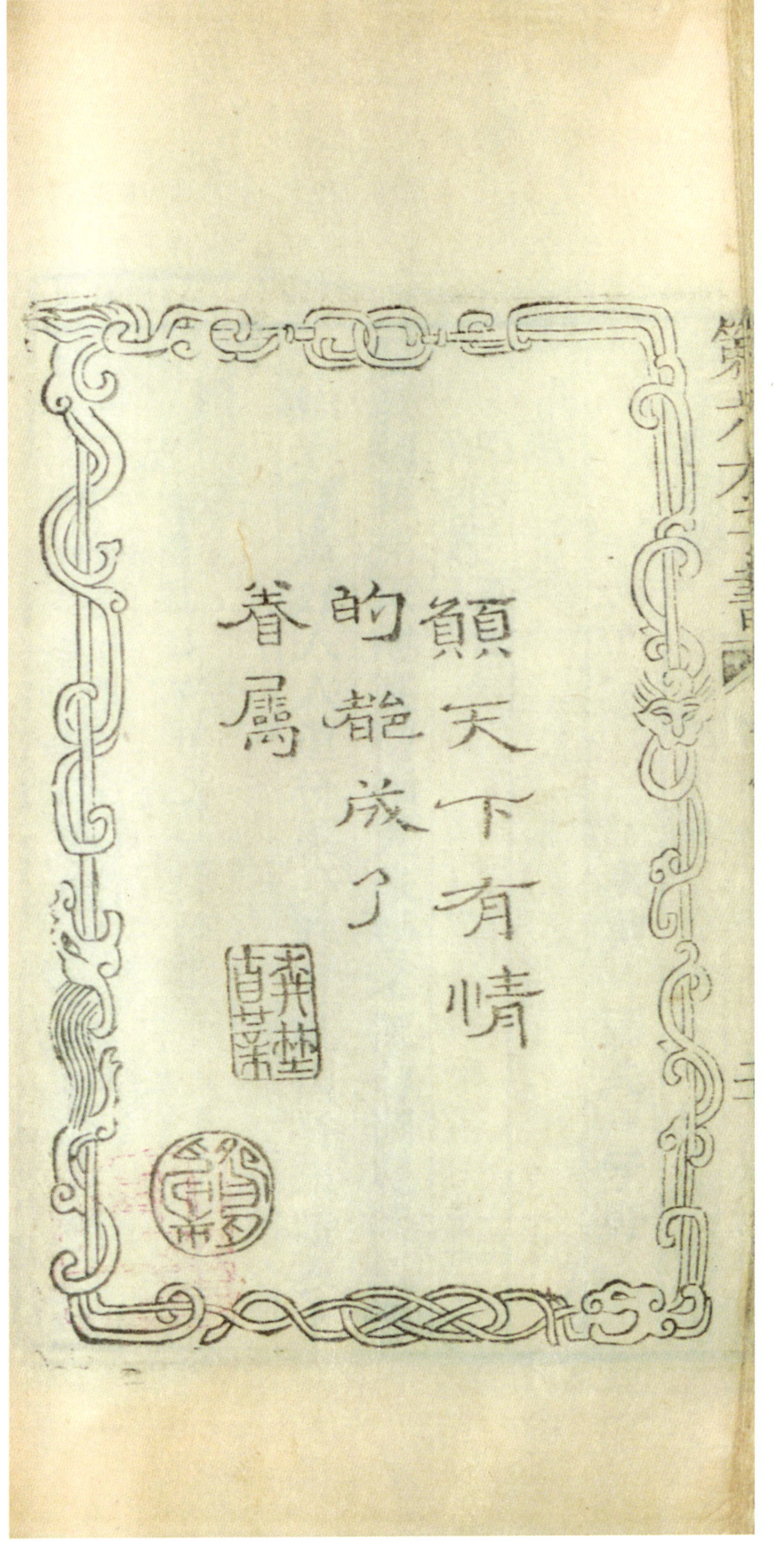
願天下有情
的都成了
眷屬

222. 樓外樓訂正妥注第六才子書：六卷，首一卷　〔元〕王實甫撰〔清〕金人瑞批〔清〕鄒聖脉妥注〔清〕鄒汝宜訂正　

清乾隆間（1736—1795）九如堂刻本　三册

半葉13行24字，小字雙行字同，有眉欄，行7字，白口，四周單邊，單黑魚尾，半框27.0×14.5釐米，最大邊長25.0釐米。版心上鐫“妥注第六才子書”，中鐫卷次及卷名。書名頁鐫“聖嘆先生批點，妥注第六才子書，郭汝寧音義，九如堂梓行”。鈐“式一小印”。

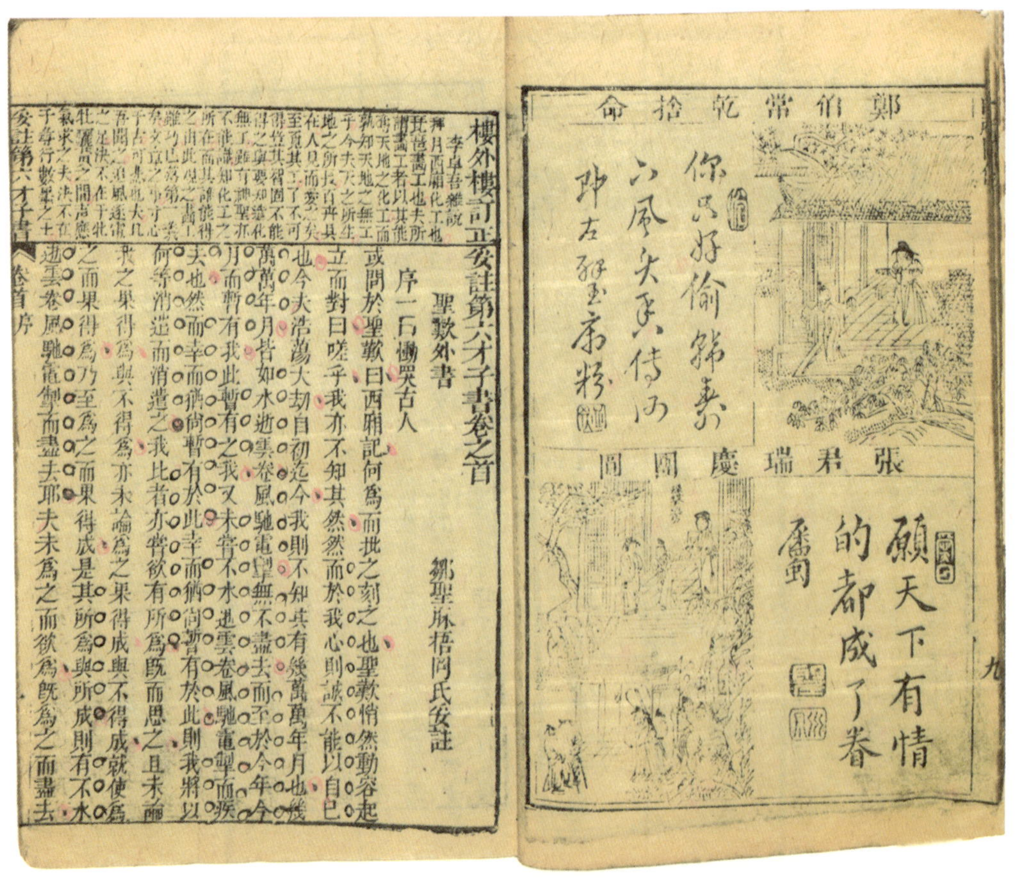

樓外樓訂正妥註第六才子書卷之首
聖歎外書
鄒聖脉梧岡氏妥註
序一曰慟哭古人
或問於聖歎曰西厢記何爲而批之刻之也聖歎愴然動容起
立而對曰嗟乎我亦不知其然然而於我心則誠不能以自已
也今夫浩蕩大劫自初迄今我則不知其有幾萬萬年月也幾
萬萬年月皆如水逝雲卷風馳電掣無不盡去而至於今年今
月而暫有我此暫有之我又未嘗不水逝雲卷風馳電掣而疾
去也然而幸而猶尚暫有於此幸而猶尚暫有於此則我將以
何等消遣而消遣之我比者亦嘗欲有所爲既而思之且未論
我之果得爲與不得爲亦未論爲之果得成與不得成就使爲
之而果得爲乃至爲之而果得成是其所爲與所成則有不水
逝雲卷風馳電掣而盡去耶夫未爲之而欲爲既爲之而盡去

223. 貫華堂第六才子書西厢記：八卷 〔元〕王實甫撰 〔清〕金人瑞批點
才子西厢醉心篇：一卷 〔清〕陳維崧訂 PL2693 .H471

清順治至光緒間（1644—1881）刻本　八册

半葉9行19字，白口，四周單邊，單黑魚尾，半框17.8×12.5釐米，最大邊長25.0釐米。版心上鎸“第六才子書”，中鎸卷次。書名頁鎸“繡像全本，聖嘆先生原本，第六才子書，内附醉心篇，本衙藏板”。《才子西厢醉心篇》：半葉9行20字，白口，左右雙邊，無界行，單黑魚尾，半框17.8×12.8釐米，版心上鎸“才子西厢文”，中鎸篇名。

貫華堂第六才子書西廂記卷之五

聖歎外書

序一曰慟哭古人

或問於聖歎曰西廂記何爲而批之刻之也

聖歎悄然動容起立而對曰嗟乎我亦不知

其然然而於我心則誠不能以自已也今夫

浩蕩大劫自初迄今我則不知其有幾萬萬

年月也幾萬萬年月皆如水逝雲卷風馳電

掣無不盡去而至於今年今月而暫有我此

224. 第六才子書：八卷　〔元〕王實甫撰〔清〕金人瑞批點

PL2693 .H473

清光緒（1875—1881）刻本　六册

半葉11行22字，白口，四周單邊，無界行，單黑魚尾，半框21.0×14.7釐米，最大邊長26.0釐米。版心上鎸書名，中鎸卷次。書名頁鎸“繪像真本，金聖嘆先生批點，貫華堂第六才子書，金谷園藏板”。鈐“曾在鮑子年處”印。

“曾在鮑子年處”印爲鮑康藏書印，鮑康（1810—1881），字子年。

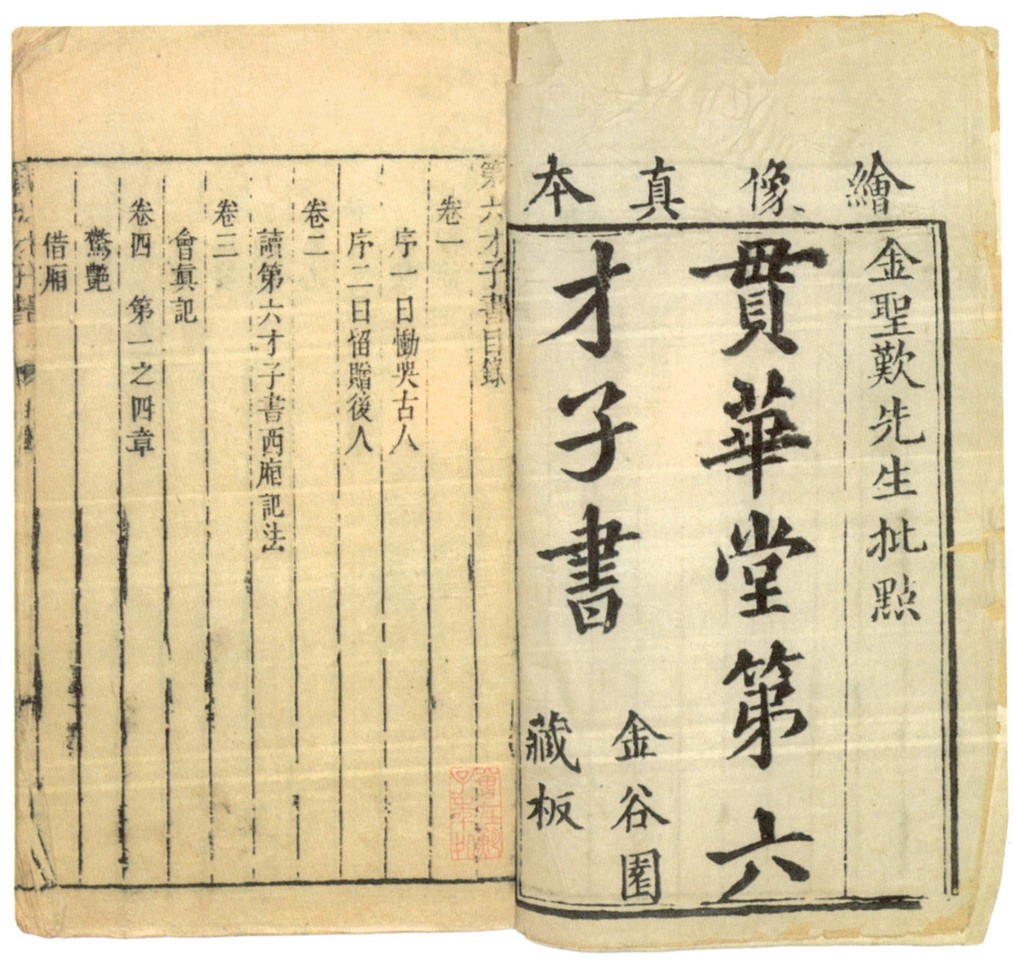

繪像真本
金聖歎先生批點
貫華堂第六才子書
金谷園藏板

第六才子書目錄
卷一
序一曰慟哭古人
序二曰留贈後人
卷二
讀第六才子書西廂記法
卷三
會真記
卷四　第一之四章
驚艷
借廂

第六才子書卷之一

聖歎外書

序一曰慟哭古人

或問於聖歎曰：西廂記何爲而批之刻之也？聖歎悄然動容，起立而對曰：嗟乎！我亦不知其然，然而於我心則誠不能以自已也。今夫浩蕩大劫，自初迄今，我則不知其有幾萬萬年月也。幾萬萬年月，皆如水逝雲卷，風馳電掣，無不盡去，而至於今年今月而暫有我。此暫有之我，又未嘗不水逝雲卷，風馳電掣而疾去也。然而幸而猶尚暫有於此。幸而猶尚暫有於此，則我將以何等消遣而消遣之？我比者亦嘗欲有所

225. 第五才子書水滸傳：七十五卷七十一回　〔元〕施耐庵撰〔清〕金人瑞批點

清雍正十二年（1734）刻本　二十册

半葉10行23字，白口，左右雙邊，單黑魚尾，半框12.0×9.5釐米，最大邊長17.1釐米。版心上鎸"第五才子書"，中鎸卷次，下鎸頁碼。書名頁鎸"聖嘆外書，施耐庵先生水滸傳，繡像第五才子書，堂藏板"。序末鎸"雍正甲寅上伏日句曲外史書"。

缺1卷：卷十七。

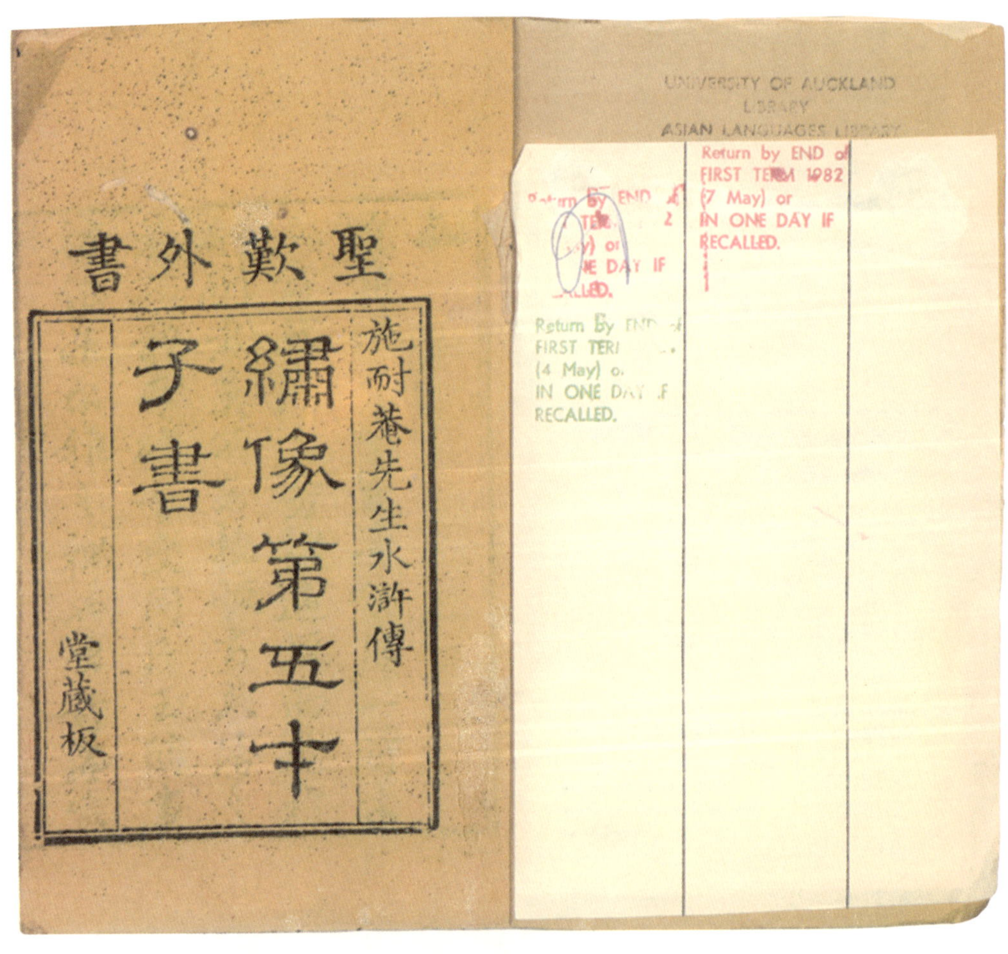

第五才子書水滸傳卷之二

聖歎外書

宋史綱

淮南盜宋江掠京東諸郡知海州張叔夜擊降之史臣斷曰赦罪者天子之大恩定罪者君子之大法宋江掠京東諸郡其罪應死此書降而不書誅則是當時已赦之也蓋盜之初非生而爲盜也父兄失教於前饑寒驅迫於後而其才與其力又不堪以鬱鬱讓人於是無端入草一嘯群聚始而奪貨既而稱兵皆有之也然其實誰致之失教誰致之饑寒誰致之有才與力而不得自見萬

第五才子書　卷之二　一

226. 增注第八才子書花箋記：四卷 題〔清〕静净齋評

清（1644—1911）刻本 四册

半葉9行20字，白口，四周單邊，單黑魚尾，半框12.5×10.2釐米，最大邊長17.5釐米。版心上鎸“八才子箋注”，中鎸卷數。書名頁鎸“静净齋評，情子外集，繡像第八才子箋注，續輯文章，禪山福文堂藏板”。

自序言刻書事。

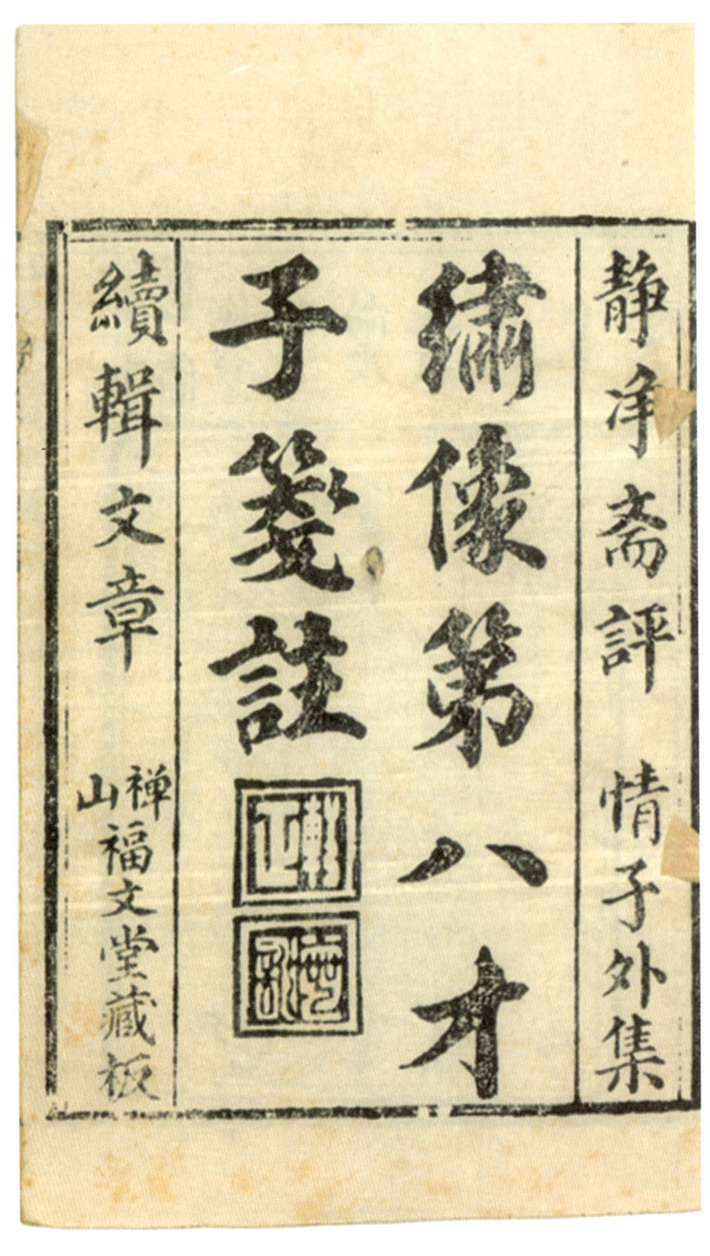

增註第八才子書花箋記卷一

情子外集　　靜淨齋評選

○○自序

子批花箋記甫畢，客有過而譏之者曰：子之評此書也，善則善矣。然獨不思此書雖佳，不過歌本，乃鄙童俗婦人人得讀之書，吾輩文人又何暇寄筆削於歌謠之末乎？子聞此語，憮然者久之，不禁喟然而嘆曰：嗚呼，爾之爲此言也，毋乃深没古人之肺腑乎？古人之爲此書也，亦大不得已耳。彼其心，豈但欲與鄙童

八才子箋注　卷一　一

227. 玉獅堂十種曲：十五卷 〔清〕陳烺撰

PL2705.E534 Y87 1891

清光緒十七年（1891）徐光瑩刻本　十册

半葉9行22字，白口，四周雙邊，單黑魚尾，半框18.5×13.5釐米，最大邊長26.0釐米。版心上鎸書名，中鎸卷次，下鎸頁碼。鈐“式一小印”印。子目：

仙緣記傳奇二卷

蜀錦袍傳奇二卷

燕子樓傳奇二卷

海虬記傳奇二卷

梅喜緣傳奇二卷

同亭宴傳奇一卷

回流記傳奇一卷

海雪吟傳奇一卷

負薪記傳奇一卷

錯姻緣傳奇一卷

書名取自書名頁，版刻年據序年。俞樾總序前五種曲，譚適獻總序後五種曲，末爲劉炳照、徐光瑩後序，後序言刻書事。

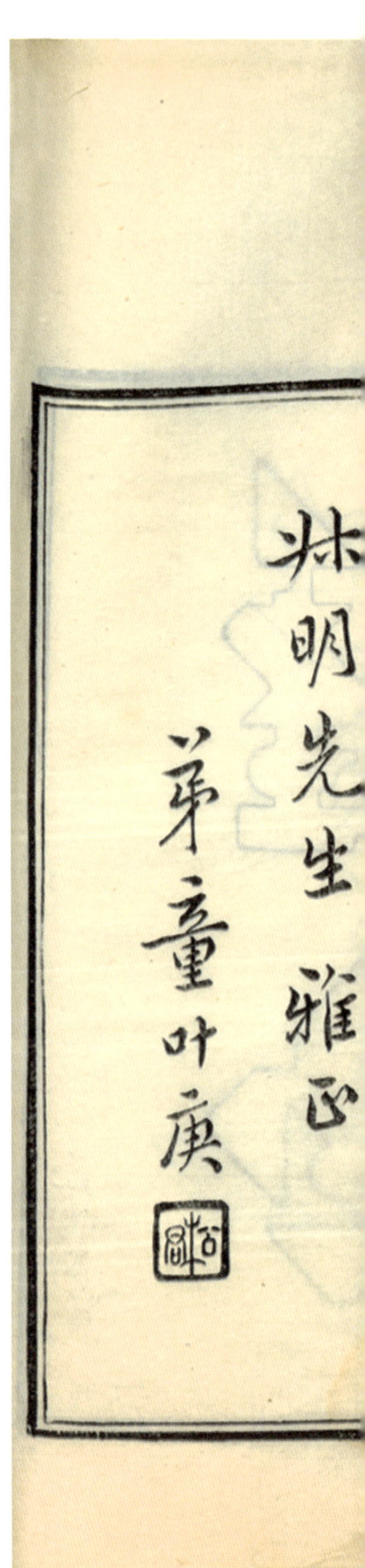

辛卯秋九月校

仙緣記 卷上 一

仙緣記傳奇卷上

陽湖陳烺潛翁塡詞

鐵嶺宗山嘯吾校正

第一齣　辭宦

外長鬚冠帶上

【正宫】【破陣子】天半朱霞白鶴，逍遥世外神僊。治譜棠甘思昔日，桃李新陰種隔年。鄉心夢遠天。

烟水何曾息世機，眼前萬事與心違。浮沈莫笑閒鷗鷺，獨立寒江守釣磯。下官孫禮，字中立，淮陽人氏。由甲第

228. 梅花夢：二卷　〔清〕張道撰　

清光緒二十年（1894）長沙張預刻本　六册

半葉9行22字，白口，左右雙邊，單黑魚尾，半框17.5×13.2釐米，最大邊長24.0釐米。版心上鎸書名及卷次，中鎸折名。書名頁鎸“光緒甲午年十月，梅花夢，小門生曹篤光署檢”。鈐“式一小印”“式一”印。

張預跋言刻書事。

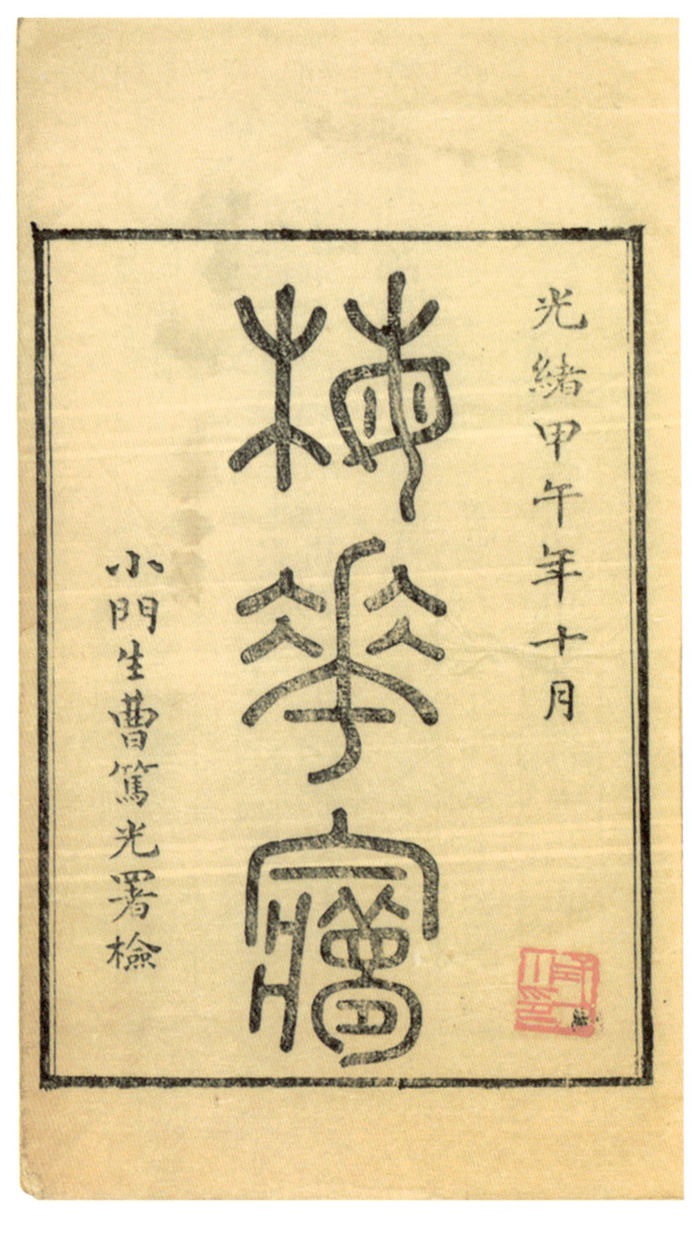

梅花夢卷上

劫海逸叟錢塘張道塡詞

醒一折　寫概

（末三鬚氊巾道袍上）

（仲呂引子）蝶戀花前老大江湖無賴甚地贅天荒不入時人品月下狂歌花畔飲閒情要把閒愁禁

春流接富陽老屋認錢塘不作揚州夢無端上戲場老夫淸虛山人隱姓弢名愛閒投老讀書無用不妨遯跡菰蘆入世何能且自尋歡烟月今日聽得西崦村有戲

小説類

229. 侯鯖録：八卷　〔宋〕趙令畤撰　　AC149 .Z45 v.171–172

清嘉慶八年（1803）安徽歙縣長塘鮑氏刻本　一册

半葉9行21字，細黑口，左右雙邊，無魚尾，半框13.0×9.9釐米，最大邊長20.0釐米。版心中鎸子目書名及卷次，下鎸“知不足齋叢書”。

所屬叢書：《知不足齋叢書》第二十二集。鮑廷博嘉慶八年跋曰：“此本覆舊鈔本，以明刊本校刊。”

侯鯖錄序
漢樓護字君卿精辨議論聽者皆竦有樓君卿脣舌之
號爲王氏五侯上客會五侯競致奇膳護合以爲鯖世
謂之五侯鯖蓋天下之至味矣夫聊復翁趙德麟名令
時爲前宋宗室安定郡王以才美見喜於海虞本無於字蘇文
忠公嘗取諸儒先佳詩緒論逸事與夫書傳中及人所
嘗談隱語奇字世共聞見而未知出處者冥蒐遠證著
之爲書名曰侯鯖錄意亦以譬之味比鯖也余未第時
每以不獲一經目迨今深實恨焉正德歲乙亥冬乃以
侯鯖錄序　一　知不足齋叢書

侯鯖録卷第一

聊復翁趙德麟

文選古詩云文彩雙鴛鴦裁爲合歡被著以長相思緣以結不解注被中著綿謂之長相思綿綿之意緣被四邊綴以絲縷結而不解之意余得一古被四邊有緣眞此意也著謂充以絮出文選第五卷

正俗云或問今以臥氈著裏施緣者何以呼爲池氈荅曰禮云魚躍拂池池者緣飾之名謂其形象水池耳左太沖嬌女詩云衣被皆重池即其證也今人被頭

侯鯖録卷一　一　知不足齋叢書

230. 西塘集耆舊續聞：十卷 〔宋〕陳鵠撰

清乾隆五十三年至六十年（1788—1795）安徽歙縣長塘鮑氏刻本　二册

半葉9行21字，細黑口，左右雙邊，無魚尾，半框13.0×9.9釐米，最大邊長20.0釐米。版心中鎸子目書名及卷次，下鎸"知不足齋叢書"。

所屬叢書：《知不足齋叢書》第十九集。與《山房隨筆》合訂一册。

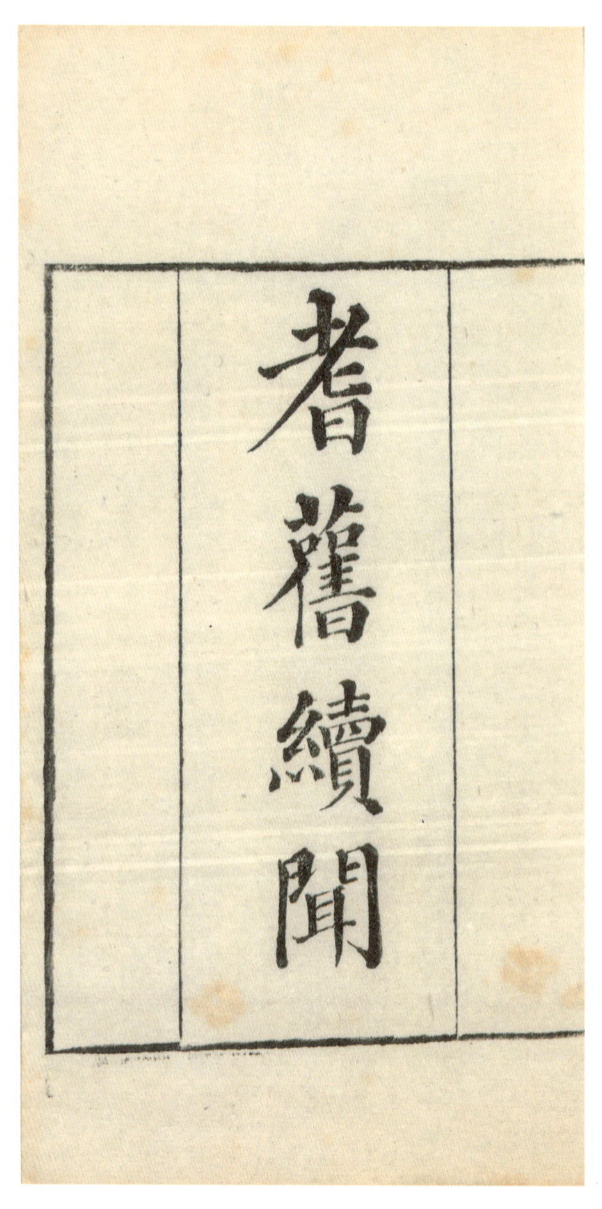

西塘集耆舊續聞卷第一

南陽陳鵠錄正

朱司農載上嘗分教黃岡，時東坡謫居黃，未識司農公。客有誦公之詩云：「官閑無一事，蝴蝶飛上階。」東坡愕然曰：「何人所作？」客以公對，東坡稱賞再三，以為深得幽雅之趣。異日公往見，遂為知己，自此時獲登門。偶一日謁至，典謁已通名，而東坡移時不出，欲留則伺候頗倦，欲去則業已達姓名。如是者久之，東坡始出，愧謝久候之意，且云：「適了些日課，失於探知。」坐定，他

231. 新評龍圖神斷公案：十卷 〔明〕李贄評

清嘉慶二十一年（1816）一經堂刻本 五册

半葉11行24字，白口，左右雙邊，單黑魚尾，半框13.0×10.0釐米，最大邊長17.6釐米。版心上鐫“龍圖公案”，中鐫卷次。書名頁鐫“嘉慶丙子年新鐫，一經堂梓行”。

有陶烺元序。

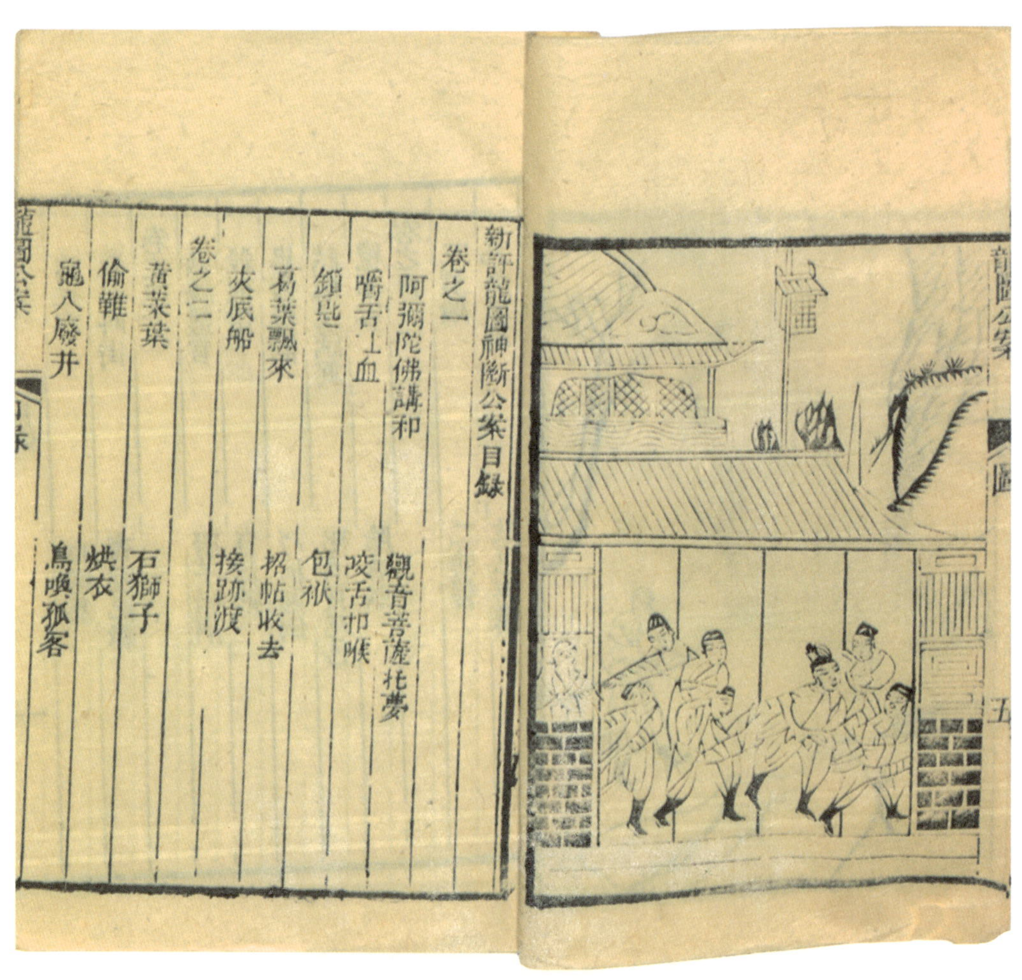

新評龍圖神斷公案目録

卷之一

阿彌陀佛講和 觀音菩薩托夢

嚼舌吐血 咬舌扣喉

鎖匙 包袱

葛葉飄來 招帖收去

夾底船 接跡渡

卷之二

黃菜葉 石獅子

偷鞋 烘衣

龜入廢井 鳥喚孤客

新評龍圖神斷公案卷之一

阿彌陀佛講和

話説德安府孝感縣有一秀才姓許名獻忠。年方十八。眉清目秀丰神俊雅對門一屠戶蕭輔漢有一女名淑玉年十七歲甚有姿色每在樓上綉花其樓近路時見許生行過兩下相看各有相愛的意時日積久亦通言許生以言挑之女郎首肯其夜許生以樓梯暗引上去與女携手蘭房情交意美雞鳴生欲下樓歸約次夜又來女道倘梯在樓恐夜有人經過看見不便我已備員木在樓枋將白布一疋半掛員木半垂樓下汝次夜只將手緊攬白布我在上弔扯上來豈不甚便許生喜悦不勝如此往來半年鄰舍頗知只蕭輔漢不曉有一夜許生因朋友請

232. 繡像今古奇觀：四十卷 題〔明〕抱甕老人輯

清順治至道光間（1644—1824）芥子園刻本 十册

半葉11行25字，白口，四周單邊，單黑魚尾，半框12.0×9.3釐米，最大邊長16.5釐米。版心上鎸"今古奇觀"，下鎸"芥子園"。封面鎸"墨憨齋手定，福文堂藏板"。

卷前有姑蘇笑花主人序。

第一卷

三孝廉讓産立高名

紫荆枝下還家日　花萼樓中合被時
同氣從來兄與弟　千秋羞詠豆萁詩

這首詩爲勸人兄弟相順而作用着三個故事看官聽在下一一分剖第一句說紫荆枝下還家日昔時有田氏兄弟三人從小同居合爨長的娶妻叫田大嫂次的娶妻叫田二嫂妯娌和睦無間言惟第三的年小隨着哥嫂過日後來長大娶妻叫田三嫂那田三嫂爲人不賢恃着自已有些粧奩看見大家一鍋裏煮飯一桌上喫食不用私錢不動私秤便私房要喫些東西也不方便日夜在丈夫面前攛掇公堂錢庫田産都是伯伯們掌管一出一入

類叢部

類書類　叢書類

233. 新刻天如張先生精選石渠彙要萬寶全書：三十二卷　〔明〕張溥彙編

清乾隆二十三年（1758）文雅堂刻本　六册

上下兩欄，上欄半葉13行14字，小字雙行字同，下欄半葉10行15字，小字雙行字同，白口，四周單邊，無魚尾，上欄半框8.0×11.8釐米，下欄半框10.6×11.8釐米，最大邊長23.8釐米。版心上鎸“萬寶全書”，中鎸小題及卷次。書名頁鎸“諸名家合選，大萬寶全書，正祖文雅堂梓行”，目録題“新鎸增補萬寶全書”。

刻書年據序言。

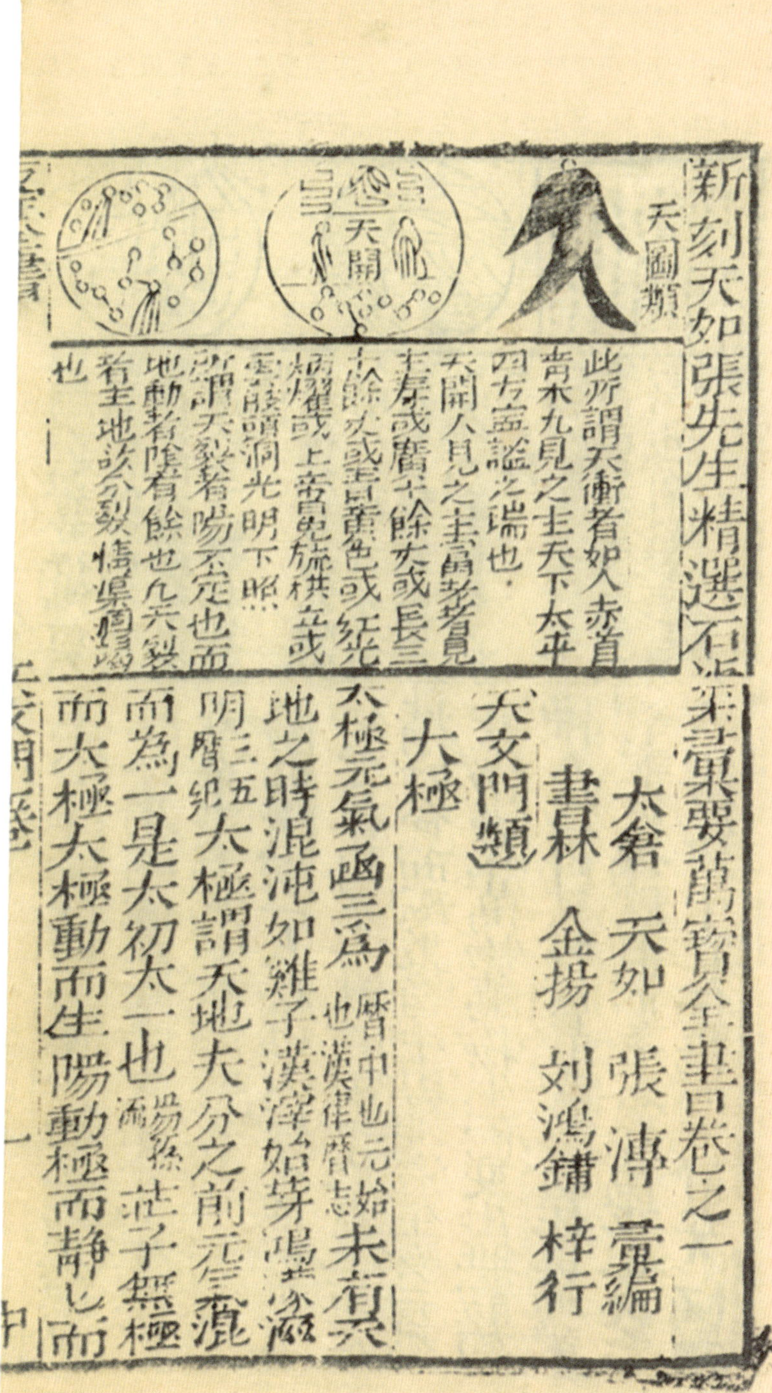
新刻天如張先生精選石渠彙要萬寶全書卷之一

天圖類

此所謂天衝者如人赤首青衣九見之主天下太平四方寧謐之瑞也。天開人見之主壽高老者見主壽或暦千餘丈或長三千餘丈或青黃色或紅光燦爛或上有宮殿旋拱主或雲龍頭洞光明下照。所謂天裂者陽不足也而地動者陰有餘也凡天裂者主地必分裂情渠鴉鴉也

太倉　天如　張溥　彙編

書林　金揚　刘鴻鏞　梓行

天文門類

大極

太極元氣函三為一〔曆中也元始未有天地之時混沌如雞子溟滓始芽鴻濛滋〕明〔曆三五紀〕太極謂天地未分之前元氣混而為一是太初太一也〔孫爐語〕莊子無極而太極太極動而生陽動極而靜靜而

234. 佩文韻府：一百六卷　〔清〕張玉書等奉敕纂　

清（1711—1911）刻本　四十五册

半葉12行25字，小字雙行字同，白口，四周雙邊，單黑魚尾，半框16.6×11.8釐米，最大邊長21.7釐米。版心上鐫書名，中鐫卷次及頁碼。

存49卷：卷七至十三、二十至二十三、四十五至六十九、八十至八十九、九十一至九十三。

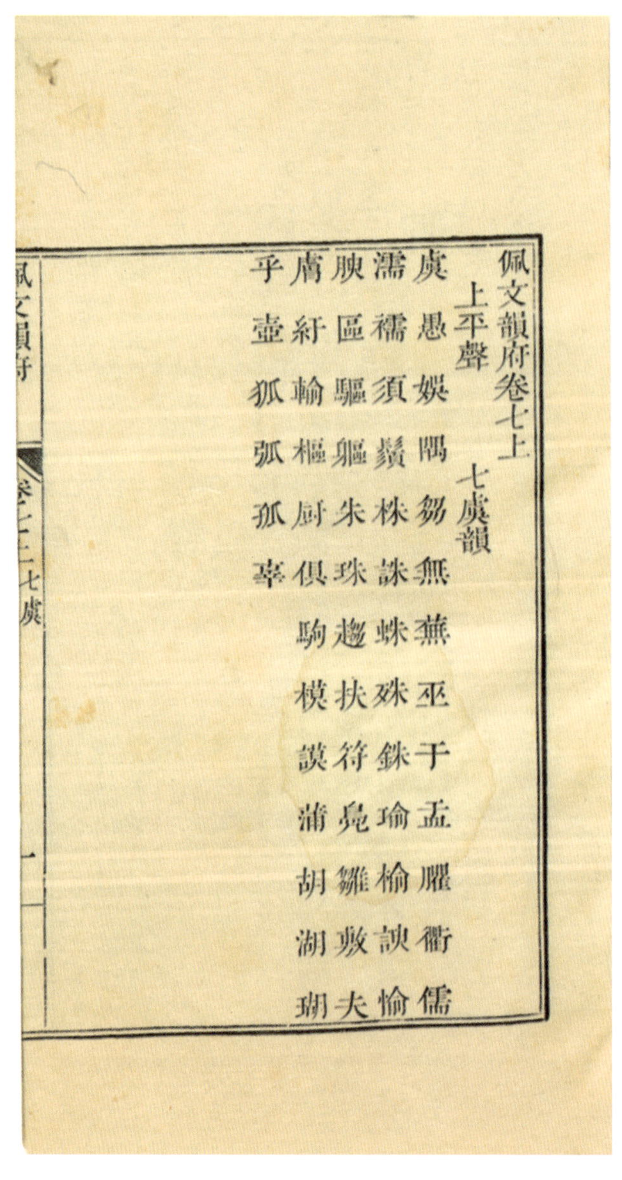

佩文韻府卷七上
上平聲　七虞韻
虞愚娛隅芻無蕪巫于盂臞衢儒
濡孺須鬚株誅蛛殊銖瑜榆諛愉
腴區驅軀朱珠趨扶符鳧雛敷夫
膚紆輸樞廚俱駒模謨蒲胡湖瑚
乎壺狐弧孤辜

佩文韻府　卷七上　七虞　一

佩文韻府卷七上

上平聲 七虞韻

虞 遇俱切度也慮也又安樂也又舜國號曰丨又詩有丨芮春秋有丨虢又掌山澤之官曰丨又姓

韻藻

無虞 易即鹿无虞 又 書 儆戒丨丨 又四方丨丨予一人以寧 詩無貳丨丨 晉書 陶侃傳 西門不鍵華圻丨丨者侃之功也 舊唐書 禮儀志 國家四表丨丨人和歲稔作範垂訓今也其時 唐書 百官志 防禦使以丨丨為上考 高士傳 摯峻 贊 知足丨丨守玄默辱 崔駰 北巡頌 羅容清廟謐爾丨丨 庾信 擬連珠 虛舟不忤令德丨丨 杜甫 草堂詩 今我歸草堂成都適丨丨 陸游 詩 天下丨丨國論深書生端合老山林 程俱 詩 事賤反多暇居早適丨丨

不虞 易 澤上於地萃君子以除戎器戒丨丨 詩 質爾人民謹爾侯度用戒丨丨 左傳 燕人畏鄭三軍而丨丨制人六月鄭二公子以制人敗燕師于北制君子曰不備丨丨不可以師 又 丨丨君之涉吾地也何故 又 疆埸之事慎守其一而備其丨丨 又 備預丨丨善之大者也 又 右廣初駕數及日中左則受之以至于昏內官序當其夜以待丨丨不可謂無備 孟子 有丨丨之譽 後漢書 虞詡傳 兵法日行不過三十里以戒丨丨 北齊書 神武帝紀 羣臣僉言假稱南伐內外戒嚴一則防黠獺丨丨二則可威吳楚 宋史 魏了翁傳 遂寧闕守了翁行郡事即具奏乞修城郭備丨丨廷議靳其費了翁增埤浚隍如待敵至後一年潰卒攻掠郡縣知其有備不敢逞人始服 吳越春秋 范蠡曰審備則可戰慎守以待丨丨備

235. 韻府拾遺:一百六卷 〔清〕張廷玉等奉敕撰 AE4 .P42 1720

清康熙五十九年(1720)武英殿刻本 八册

半葉12行25字,小字雙行字同,白口,四周雙邊,單黑魚尾,半框16.8×11.5釐米,最大邊長23.5釐米。版心上鎸書名,中鎸卷次及韻目名稱。

存30卷:卷一至三十。

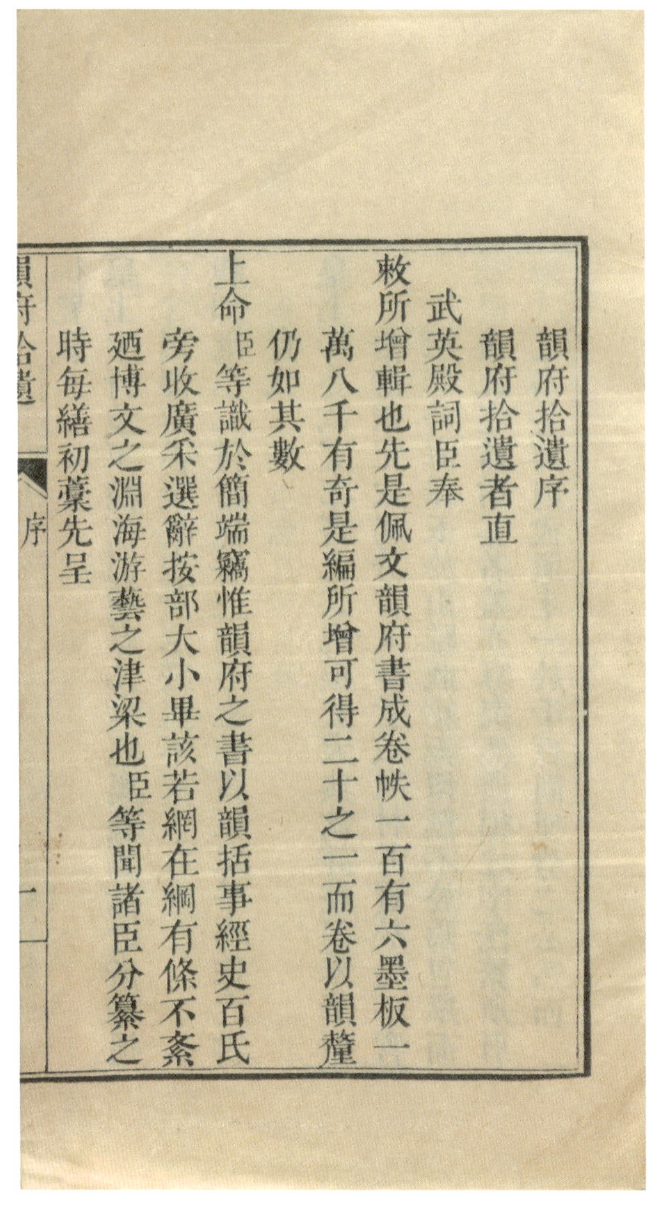

韻府拾遺序
韻府拾遺者直
武英殿詞臣奉
敕所增輯也先是佩文韻府書成卷帙一百有六墨板一
萬八千有奇是編所增可得二十之一而卷以韻釐
仍如其數
上命臣等識於簡端竊惟韻府之書以韻括事經史百氏
旁收廣采選辭按部大小畢該若網在綱有條不紊
洒博文之淵海游藝之津梁也臣等聞諸臣分纂之
時每繕初藁先呈

韻府拾遺 序 一

韻府拾遺卷一

上平聲　一東韻

東 唐韻正韻德紅切集韻韻會都籠切並音蝀

補藻 **北東** 書導沇水又丨丨入于海漢書地理志註師古曰丨折而丨丨也遼史地理志淶流河自西北南流遶京三面東入于曲江其丨丨丨流爲按出河 **角東** 詩序情發于聲疏五聲之配五方丨丨商西徵南羽北宮中央 **沫東** 詩爰采葑矣丨之丨矣按沫衛邑 **豐東** 詩丨水丨注箋豐邑在豐水之西鎬京在丨水之丨 **衛東** 詩式微箋黎國在衛西今所寓在丨丨 **秦東** 詩渭陽疏雍在渭南水北日陽晉在丨丨行必渡渭 **洛東** 詩鄭國譜疏濟西丨丨河南潁北是四水之間其子男之國有十唯虢鄶爲大又雒同史記鄭世家桓公東徙其民雒東而虢鄶果獻十邑竟國之 **出東** 禮記日丨于丨月生于西漢書天文志太白當期而出其國昌丨丨爲東方入爲北方出西爲西方入爲南方 **日東** 周禮地官大司徒以土圭之法測土深正地景以求地中丨丨則景夕多風日西則景朝多陰 **薦東** 儀禮士冠禮冠者升筵坐左執爵右祭脯醢祭酒與筵末坐啐酒降筵拜賓荅拜冠者奠爵于丨丨立于筵西唐書禮樂志皇帝帨手取觶以柶祭醴啐醴建柶奠觶于丨丨 **寢東** 儀禮燕禮膳宰具官饌于丨丨 **几東** 儀禮士昏禮婦拜扱地坐奠菜于丨丨丨席上還又拜如初 **尊東** 儀禮鄉射禮主人揖讓以大夫

236. 廣事類賦：四十卷 〔清〕華希閔輯　　AE4 .H83 1799

清嘉慶四年（1799）刻本　九册

半葉11行20字，小字雙行字同，白口，左右雙邊，單黑魚尾，半框17.6×13.1釐米，最大邊長24.0釐米。版心中鎸書名、卷次及篇名。書名頁鎸“嘉慶四年新鐫，重訂廣事類賦，劍光閣藏板”。天頭有墨筆批注。

清乾隆二十九年（1764）華希閔序言刻書事。

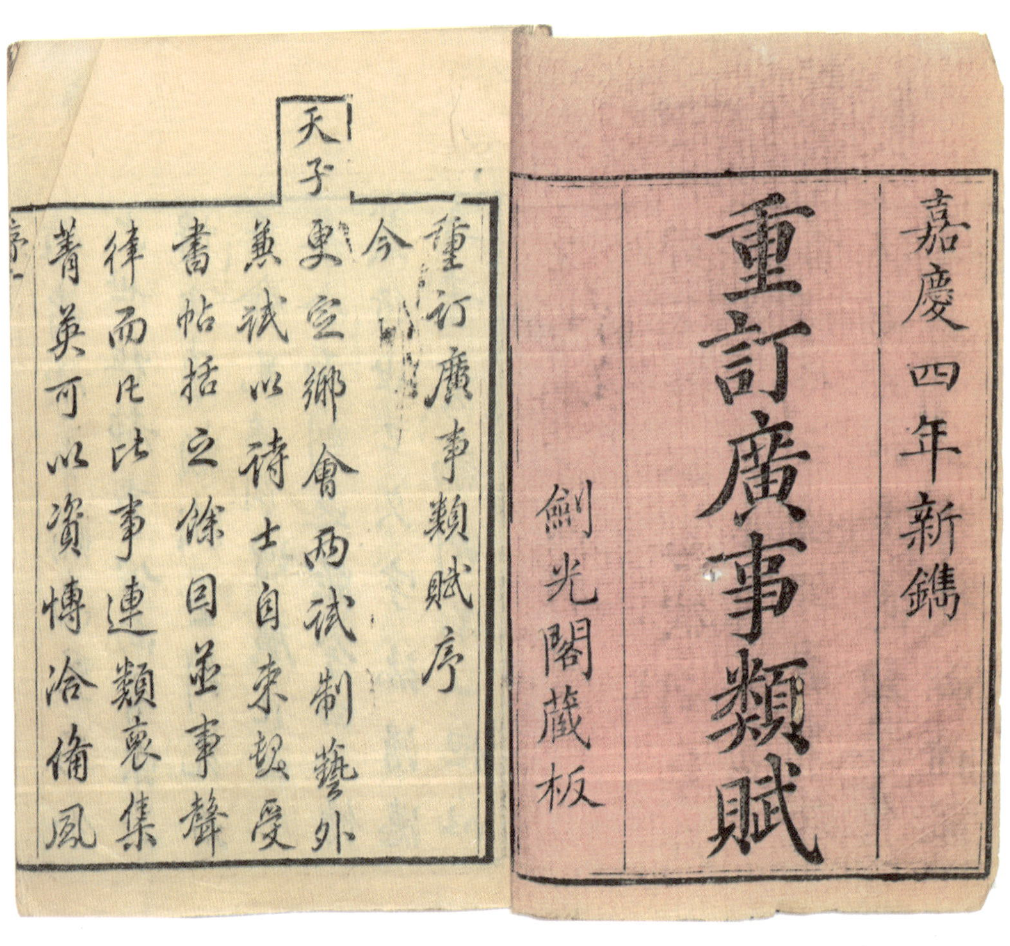

嘉慶四年新鐫

重訂廣事類賦

劍光閣藏板

重訂廣事類賦序

今

天子更定鄉會兩試制藝外

兼試以詩士自束髮受

書帖括之餘因並事聲

律而凡比事連類裒集

菁英可以資博洽備風

三垣

中宮、即北辰也。

廣事類賦卷第一

錫山華希閔芋園著　同學鄒升恒愼齋　叅

胞弟　希閎贊囿重訂

天部　星象　渾天儀

星象上

中元紫微垣上元太微垣下元天市垣

天有三垣一曰紫微星官書三垣紫微垣太微垣天市垣也紫微宮室之位帝朝夕在焉史記亦云紫宮天皇會通中垣紫微天子之大內也北極之位天帝常居史記天官書中宮天極星其一明者太一常居考要天極一名北極位在中央四方所取正故曰中宮曰天極即北辰也春秋合誠圖北極星五在紫微宮中紫微大帝室太乙之精也史記正義太乙天帝之別名也天神之最尊貴者星經天極凡五星其第二座明而赤者即太乙之座爲天帝星主日其前第一星爲太子主月其後第三爲庶子主五行第四爲后妃最小第五星爲天樞徐發天元曆理天樞星與北極最近

237. 事類統編：九十三卷，首一卷　〔清〕林意誠編〔清〕黃葆真補輯

清道光十九年（1839）南海味經堂刻本　九册

半葉9行21字，小字雙行字同，白口，四周雙邊，單黑魚尾，半框13.5×10.0釐米，最大邊長21.0釐米。版心上鐫書名，中鐫卷次及卷名。牌記鐫“道光己亥孟冬柏溪林氏開雕”，書名頁鐫“事類統編，鳳山鮑俊書”。

有清道光十九年陶慧榮序，宋紹興十六年（1146）仲夏廿三日右迪功郎特差監潭州南岳廟邊惇德“重訂事類賦序”，華雲“重刻事類賦叙”，清乾隆二十九年（1764）華希閎“重訂廣事類賦序”，清康熙三十八年（1699）華希閎“重訂廣事類賦序”，清嘉慶元年（1796）涇上吳世旃“廣事類賦序”，李夢松“續廣事類賦序”。

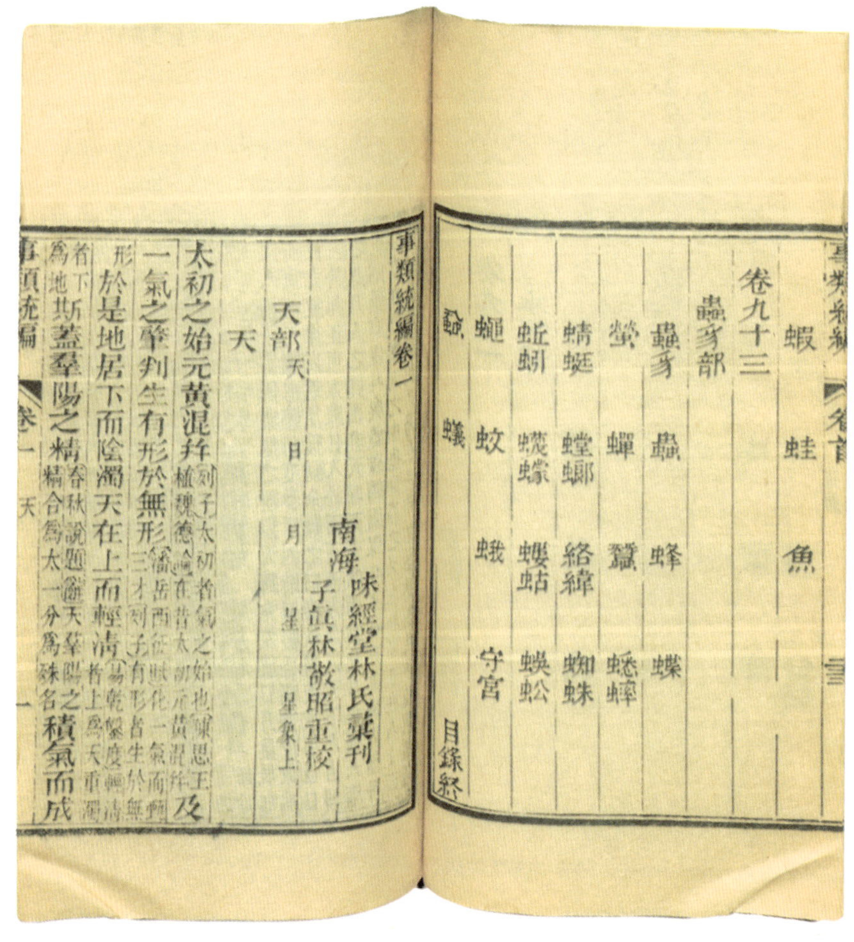

蝦　蛙　魚

卷九十三

蟲豸部

蟲豸　蟲　蜂　蝶

螢　蟬　蠶　蟋蟀

蜻蜓　螳螂　絡緯　蜘蛛

蚯蚓　蠛蠓　螻蛄　蜈蚣

蠅　蚊　蛾　守宮

蝨　蟻

目錄終

事類統編卷一

南海味經堂林氏彙刊

子眞林敬昭重校

天部　天　日　月　星　星象上

天

太初之始元黃混并（列子太初者氣之始也陳思王植魏德論在昔太初元黃混并）及一氣之肇判生有形於無形（潘岳西征賦化一氣而甄三才列子有形者生於無形）於是地居下而陰濁天在上而輕清（易乾鑿度輕清者上為天重濁者下為地）斯蓋羣陽之精（春秋說題辭天羣陽之精合為太一分為殊名）積氣而成

事類統編序

將欲洽聞殫見博極羣書其在天才穎異萬卷勤披者無論矣或囿於鄉曲聞見不廣則一鴟之借難抵荆州又或藏書雖富而四部浩如烟海探討匪易比櫛尤難此類書文約事備既可作糧以饋貧并不啻裘之集腋焉類書不一種唐以前多不傳傳者唐歐陽詢等藝文類聚爲較著迨宋秘閣校理吳淑著事類賦百篇儷以排偶諧以聲律與高測韻對鄭澣經語韻對體例固殊與虞世南兎園白居易六帖剪裁亦異太宗嘗嘉之其

事類統編　卷首　序　一

238. 陸放翁全集：四種一百五十五卷　〔宋〕陸游撰　　PL2687.L8 C5534

明崇禎間（1628—1644）虞山毛氏汲古閣刻本　三十册

半葉8行18字，白口，左右雙邊，無魚尾，半框18.5×14.3釐米，最大邊長25.8 釐米。版心上鎸子目書名，中鎸卷次，下鎸“汲古閣”。子目：

南唐書十八卷，附南唐書音釋一卷　〔元〕戚光撰

放翁逸稿二卷

家世舊聞一卷

齋居紀事一卷

老學庵筆記十卷

渭南文集五十卷

劍南詩稿八十五卷，存15卷：卷一至十五

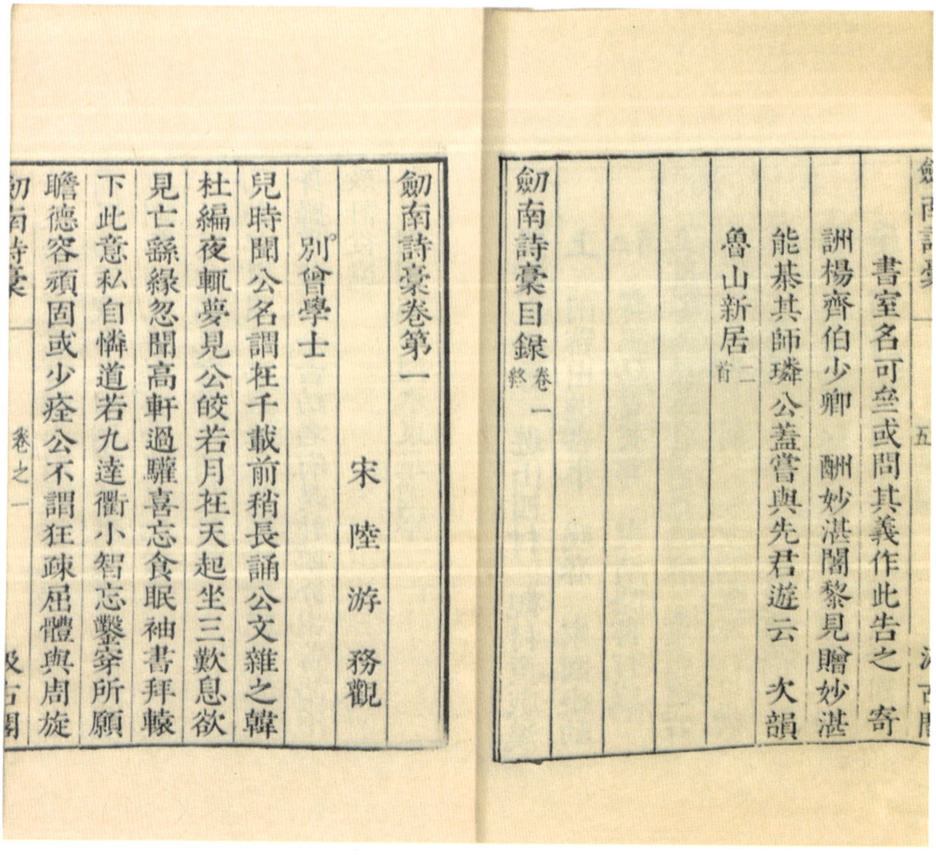

題劍南詩

近歲詩人雜博者堆隊仗空疎者窘材料出奇者費搜索縛律者少變化惟放翁記問足以貫通力量足

新學類

史志

239. 萬國歷史彙編：一百卷 〔清〕江子雲等輯 D20 .W36 1903

清光緒二十九年(1903)上海官書局石印本　十六册

半葉18行40字，白口，四周雙邊，單黑魚尾，半框16.5×11.5釐米，最大邊長19.8釐米。版心上印書名，中印卷次，下印"上海官書局印"，書名頁鎸"萬國歷史彙編，盛宣懷署"，牌記鎸"光緒癸卯孟秋月上海官書局石印"。

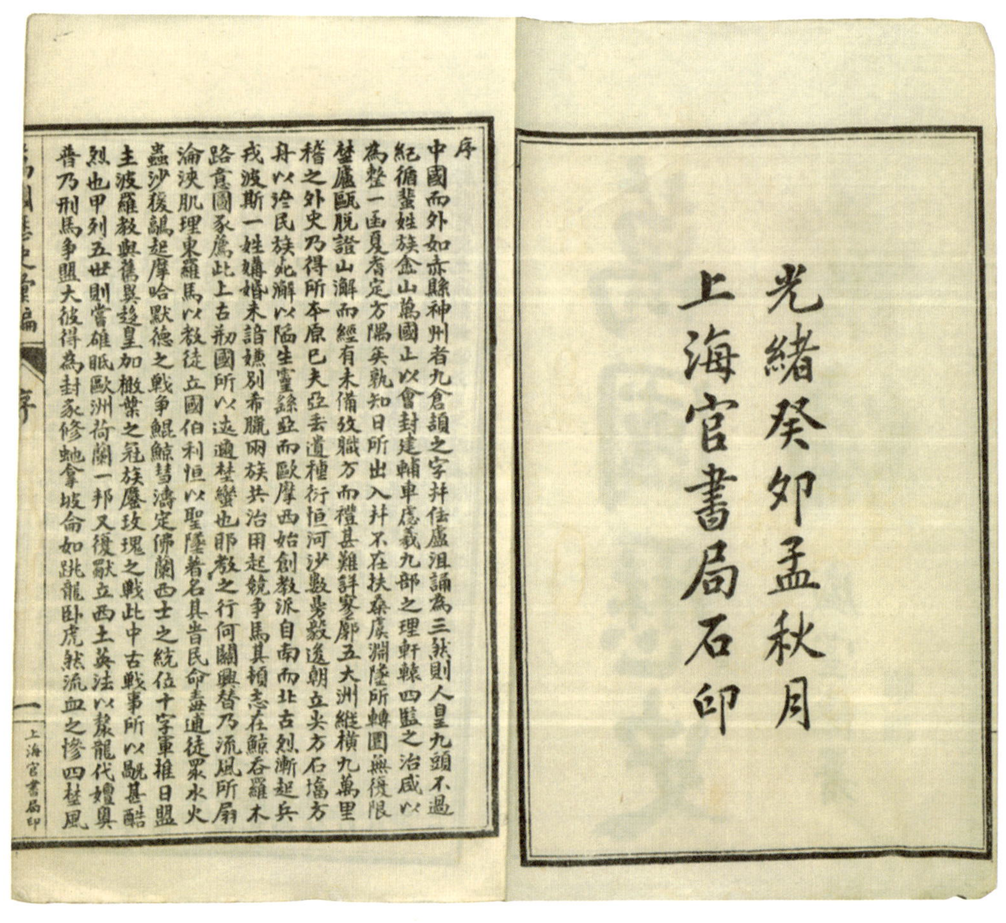

光緒癸卯孟秋月
上海官書局石印

序

中國而外如赤縣神州者九倉頡之字并佉盧沮誦為三然則人皇九頭不過紀循蜚姓族金山萬國止以會封建輔車虙羲九部之理軒轅四監之治咸以為整一函夏者定方隅矣孰知日所出入并不在扶桑虞淵隆所轉圜無從限蜚廬甌脱證山瀨而經有未備致職方而禮甚難詳寥廓五大洲縱橫九萬里稽之外史乃得所本原巳夫亞妻遺種衍恒河沙數易毅遂朝立尖方石墖方舟以捨民族死獮以臨生靈綠亞而歐摩西始創教派自南而北古烈漸起兵戎波斯一姓媾婚未諳嫖别希臘兩族共治用起競争馬其頓志在鯨吞羅木路意國豕薦此上古剏國所以迹適楚蠻也耶教之行何關興替乃流風所扇淪浹肌理東羅馬以教徒立國伯利恒以聖墜著名具昔民命盡遁徒眾水火蟲沙獲䴙起摩哈默德之戰争鯤鯨彗濤定佛蘭西士之統位十字軍推日盟主波羅教與舊異趨皇加檄叢之冠族壓玫瑰之戰此中古戰事所以亂甚酷烈也甲列五世則嘗雄眡歐洲荷蘭一邦又復獻立西土英法以豢龍代嬗與普乃刑馬争盟大彼得為封豕修蛇拿坡命如跳龍卧虎然流血之慘四楚風

萬國歷史彙編　序　一　上海官書局印

萬國歷史彙編卷之一

埃及

總論

泰古之世艸昧未開其詳不可得而知之矣故泰西紀世斷自埃及始埃及在斐洲或曰阿斐利加洲言斐洲者從省也

斐洲當赤道之下地極炎熱雨澤甚稀以全境言南北迤邐冬數千里東西略狹西北有地曰撒哈爾即譯言沙漠也沙漠之地艸木不生然其中恒有如井形者有井必有水間有艸木青葱蔚生則亦格致家之問題也

越撒哈爾北行有大山山極高雖盛夏冰雪不融迤東漸隤下以英度計之大祗皆不盈千尺山下頗有藪澤地肥沃可耕種埃及之生計賴此

洲角有大水一曰尼羅江發源斐洲南境之大湖北流入地中海計長一萬五百里有支江二一曰白尼羅一曰藍尼羅蓋以色別之也白尼羅發源洲東南大湖下流而至平原長二千八百五十里與藍尼羅合兩江合流又三千六百里入地中海蓋兩岸之被澤宏矣查古尼羅江入海尾閭有七今湮其五其可知者惟現存兩大海口埃及自古及今惟藉此地帶兩條以立國又南北尼羅合流後經六百里有一水來會其色渾黑或名之曰黑尼羅其發源出阿塱西尼屋每當春雨時行山水暴漲則浮積黑沙因而衝刷土人以黑尼羅名之實此義也

埃及初本游牧之地後以水潤土沃漸至聚族而居然其時無君長也無部酋也營兵廟祝實司一國之權埃及信神廟祝固自居上品營兵則藉以防盜者也其品亦甚貴重故兩族人與平民不通昏姻平民

書名筆畫索引

五畫

六畫

七畫

八畫

九畫

十畫

十一畫

十二畫

十三畫

十四畫

十五畫

十六畫

十七畫

十八畫

十九畫

著者名筆畫索引

七畫

八畫

九畫

十畫

十一畫

十二畫

十九畫

二十畫

二十三畫